职业教育汽车专业课程改革创新教材

# 汽车机械制图

## Automobile Mechanical Drawing

黎宴林　陈淑玲 ◎ 主编
郭晓 钱敏 游振荣　王晖 ◎ 副主编
肖建章 ◎ 主审

人 民 邮 电 出 版 社
北　京

图书在版编目（CIP）数据

汽车机械制图 / 黎宴林，陈淑玲主编. -- 北京 ：人民邮电出版社，2013.7（2016.8 重印）
职业教育汽车专业课程改革创新教材
ISBN 978-7-115-31363-8

Ⅰ. ①汽… Ⅱ. ①黎… ②陈… Ⅲ. ①汽车－机械制图－职业教育－教材 Ⅳ. ①U462

中国版本图书馆CIP数据核字(2013)第106694号

## 内 容 提 要

本书根据教育部于2009年发布的《中等职业学校机械制图教学大纲》，以培养汽车相关专业学生识读零件图和装配图的基本能力为目标编写的。全书共8章，主要内容包括制图的基本知识、三视图投影原理及基本体投影、组合体、机件的表达方法、标准件与常用件、汽车零件图、汽车装配图以及展开图与焊接图。本书将传统机械制图的教学内容和汽车零部件图实例结合起来编写，具有鲜明的针对性和专业性。

本书可作为职业院校汽车类等相关专业的教学用书，也可供有关汽车维修专业技术人员参考、学习和培训之用。

◆ 主　　编　黎宴林　陈淑玲
副 主 编　郭　晓　钱　敏　游振荣　王　晖
主　　审　肖建章
责任编辑　刘盛平
责任印制　焦志炜

◆ 人民邮电出版社出版发行　　北京市丰台区成寿寺路11号
邮编　100164　　电子邮件　315@ptpress.com.cn
网址　http://www.ptpress.com.cn
三河市潮河印业有限公司印刷

◆ 开本：787×1092　1/16
印张：13.25　　2013年7月第1版
字数：339千字　　2016年8月河北第6次印刷

定价：32.00元

读者服务热线：(010)81055256　印装质量热线：(010)81055316
反盗版热线：(010)81055315
广告经营许可证：京东工商广字第8052号

# 前言 PREFACE

本书是根据职业院校、技工学校汽车专业的培养目标要求，以培养学生识读零件图和装配图的基本能力，训练学生严谨求实、一丝不苟的学习态度为指导思想，按照学生识图能力的渐进规律安排编写内容，具有较好的实用性和合理性。本书的零件图、装配图识读两章专门收集了大量汽车零部件图实例，介绍汽车中典型的零件和部件装置，是为汽车类专业学生量身而编写，具有鲜明的针对性和专业性。本书将传统制图的教学内容和汽车零部件图实例结合起来编写，便于技工学校和职业院校的专业教师根据自己学校的专业设置情况取舍教学内容和安排教学，教材具有普遍的适用性。

本书的内容主要包括制图的基本知识、三视图投影原理及基本体投影、组合体、机件的表达方法、标准件与常用件、汽车零件图、汽车装配图以及展开图与焊接图。全书章节编排合理，思路清晰，重点突出，符合专业培养要求。配套习题集数量适中，突出读图能力训练，与教材相得益彰。

本书可作为职业院校、技工院校等汽车类专业机械制图课程的教材，也可作为电大、职大及相近专业培训班的教材，还可供从事汽车工程的技术人员参考使用。

本课程参考教学时数为100学时，各课题的参考教学课时见以下的学时分配表。

学时分配表

| 章　节 | 课 程 内 容 | 学　时 |
|---|---|---|
| 第一章 | 制图的基本知识 | 10 |
| 第二章 | 三视图投影原理及基本体投影 | 20 |
| 第三章 | 组合体 | 12 |
| 第四章 | 机件的表达方法 | 12 |
| 第五章 | 标准件与常用件 | 12 |
| 第六章 | 汽车零件图 | 16 |
| 第七章 | 汽车装配图 | 14 |
| 第八章 | 展开图与焊接图 | 4 |
| 课 时 总 计 | | 100 |

本书由黎宴林、陈淑玲任主编，郭晓、钱敏、游振荣、王晖任副主编，肖建章主审。黎宴林编写了第一章、第七章、第八章和整书的统稿工作，陈淑玲编写了第二章和部分附录内容，郭晓、钱敏编写了第三章、第四章和部分附录内容、游振荣编写了第五章并对书中的汽车零件插图做了大量处理工作，王晖编写了第六章。

由于编者水平和经验有限，书中难免有欠妥和错误之处，恳请读者批评指正。

编者

2013年1月

# 目录 CONTENTS

# 第一章 1 制图的基本知识

制图是一门研究绘制和阅读机械图样的技术基础课。图样是人们表达设计思想、传递设计信息、交流创新构思的重要工具之一，是现代工业生产部门、管理部门和科技部门中一种重要的技术资料，在工程设计、施工、检验、技术交流等方面具有极其重要的地位，因此，图样被誉为工程技术界的通用语言。

在职业院校中，机械制图是相关专业培养高级工程技术应用型人才必须学习的一门主要课程，同时，也是每个从事工程技术相关专业的技术人员都必须学习和熟练掌握的基本技能。通过本章的学习，了解机械制图国家标准的相关规定，并且学会使用制图工具，熟练掌握绘制平面图形的步骤。在学习过程中不断加强重视绘图的国家标准相关规定及其准确应用，养成良好的绘图习惯并掌握一定的绘图技巧。

**教学目的**

（1）了解图样及其内容的相关标准规定。
（2）熟练使用常用制图工具。
（3）掌握尺寸标注的相关规定。
（4）掌握简单的平面几何作图方法和步骤。

**学习重点**

（1）关于绘图的国家标准相关规定，能绘制规范的几何图样。
（2）能熟练运用常用几何作图方法绘制简单的平面图形。

**学习难点**

（1）图样的相关国家标准的规定。
（2）平面图形作图方法和步骤。

# 第一节 制图的国家标准相关规定

根据投影原理、标准或有关规定来表示工程对象，并有必要的技术说明的图称为图样。在生产实践中，主要有零件图和装配图两种，如图 1-1 和图 1-2 所示。

(a) 活塞立体图

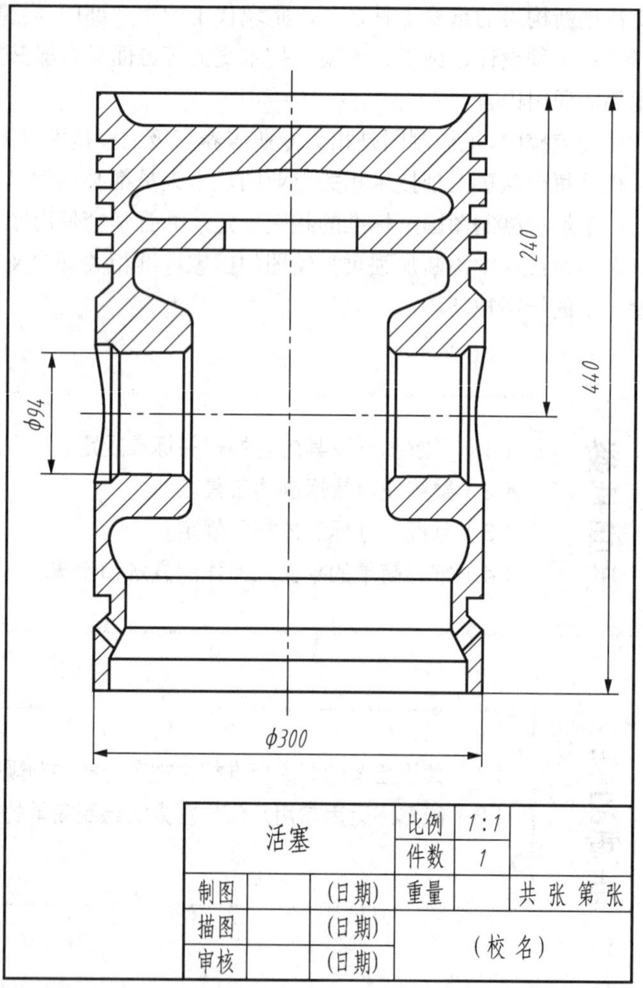


(b) 活塞零件图

图 1-1 活塞

（a）活塞连杆立体图

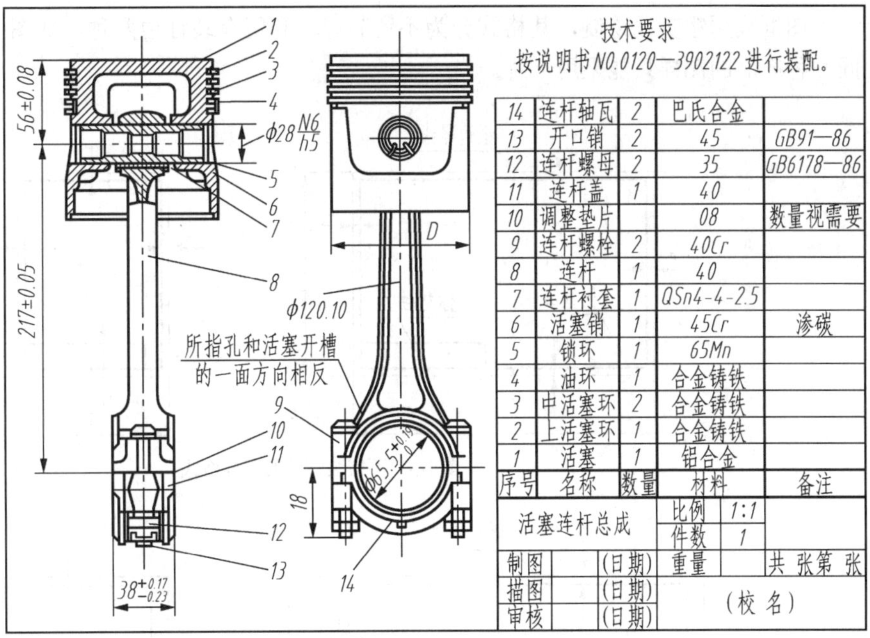


（b）活塞连杆装配图

图 1-2　活塞连杆

## 一、图纸幅面和标题栏

图纸幅面及格式要依据国家标准 GB/T 14689—2008[1]，具体规定如下。

1．图纸幅面

基本幅面分为 5 种：A0、A1、A2、A3 和 A4，如表 1-1 所示。后一号图幅大小约为前一号图幅的一半，基本幅面的尺寸关系，如图 1-3 所示。

表 1-1　图纸的基本幅面（mm）

<table>
<tr><th>幅面代号</th><th>B×L</th><th>a</th><th>c</th><th>e</th></tr>
<tr><td>A0</td><td>841×1189</td><td rowspan="5">25</td><td rowspan="3">10</td><td rowspan="2">20</td></tr>
<tr><td>A1</td><td>594×841</td></tr>
<tr><td>A2</td><td>420×594</td><td rowspan="3">10</td></tr>
<tr><td>A3</td><td>297×420</td><td rowspan="2">5</td></tr>
<tr><td>A4</td><td>210×297</td></tr>
</table>

注：a、c、e 为留边宽度，参见图 1-4 和图 1-5。

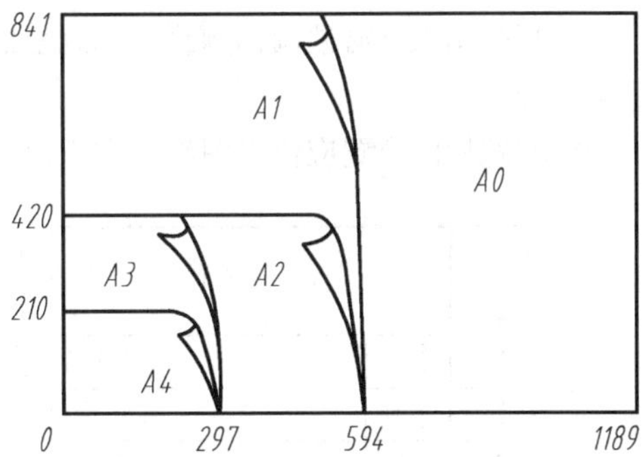


图 1-3　基本幅面的尺寸关系

绘制图样时，应优先选用基本幅面，必要时允许加长图幅，加长后图幅尺寸是由基本幅面的短边成倍数增加得出的。

[1] GB—国标；T—推荐使用；14689—该标准系列号；2008—该标准制定年号。

2．图框格式

图框线用粗实线绘制，其格式分为不留装订边和留有装订边两种，如图 1-4 和图 1-5 所示。同一种产品的图样只能采用一种。

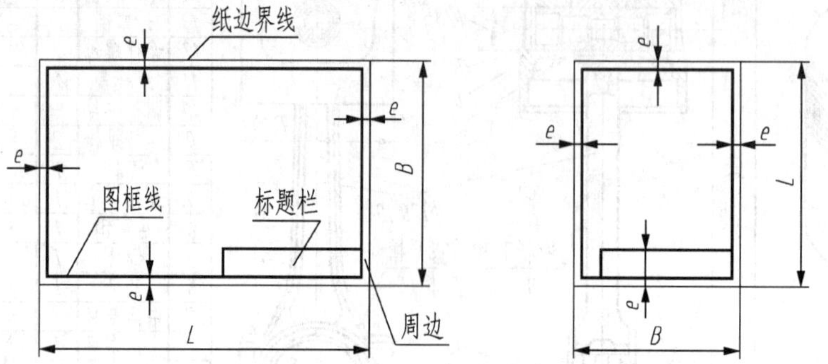


图 1-4 不留装订边的图框格式

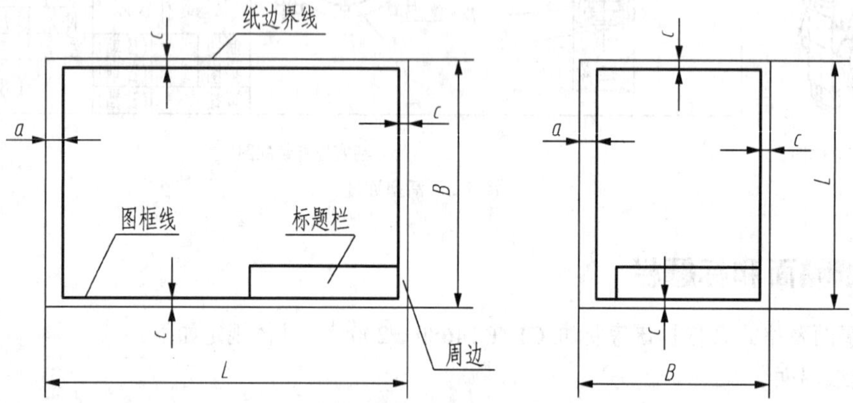


图 1-5 留装订边的图框格式

3．标题栏及方位

① 每张图纸都必须画标题栏，标题栏的格式和尺寸应按 GB/T 10609.1—2008 的规定画，如图 1-6 所示。

② 标题栏的位置应位于图纸的右下角，看图方向与看标题栏文字方向一致。

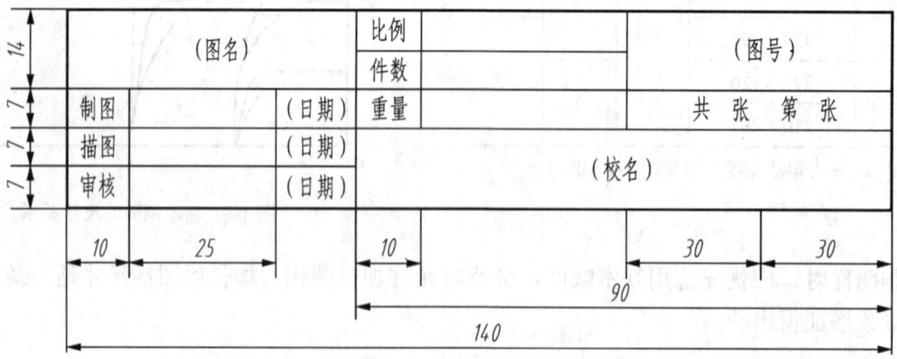


图 1-6 标题栏格式

## 二、比例

图样的比例设置应遵守国家标准 GB/T 14690—1993。

图中图形与其实物相应要素的线性尺寸之比称为图样的比例。需要按比例绘制图样时，应从表 1-2 所规定的系列中选取适当的比例。比例一般应标注在标题栏中，必要时可在视图名称下方或右侧标注。

表 1-2　　比例系列

| 种　类 | 优先选用系列 | 允许选用系列 |
|---|---|---|
| 原值比例 | 1∶1 | |
| 放大比例 | 5∶1　2∶1<br>$5\times10^n$∶1　$2\times10^n$∶1 | 4∶1　2.5∶1<br>$4\times10^n$∶1　$2.5\times10^n$∶1 |
| 缩小比例 | 1∶2　1∶5　1∶10<br>1∶$2\times10^n$　1∶$5\times10^n$　1∶$1\times10^n$ | 1∶5　1∶2.5　1∶3<br>1∶$1.5\times10^n$　1∶$2.5\times10^n$　1∶$3\times10^n$<br>1∶4　1∶6　1∶$4\times10^n$　1∶$6\times10^n$ |

注：*n* 为正整数。

注意　图样不论放大或缩小，图形上所注尺寸数字必须是实物的实际大小。绘制图形中的角度，不论图形放大或缩小，均按物体实际角度绘制和标注，与图形的比例无关，如图 1-7 所示。

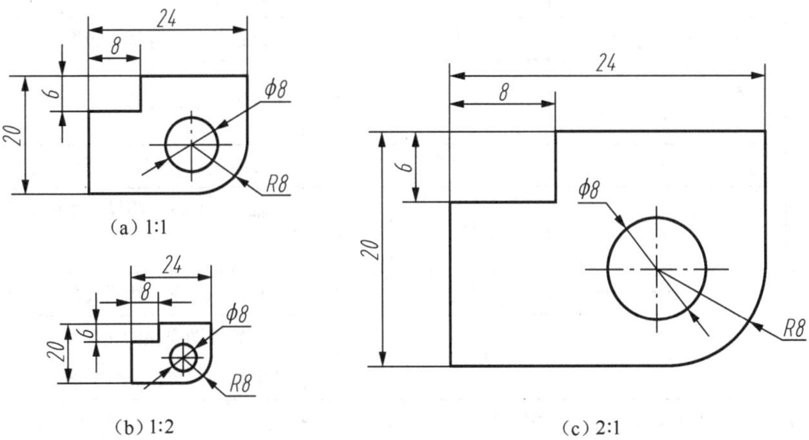


图 1-7　采用不同比例绘制的同一图形

## 三、字体

图样中字体的设置应遵守国家标准 GB/T 14691—1993。

图样上和技术文件中书写的汉字、数字和字母必须做到：字体工整、笔画清楚、间隔均匀、排列整齐。字体高度（用 h 表示）的公称尺寸系列为：1.8mm、2.5mm、3.5mm、5mm、7mm、10mm、14mm、20mm。如需书写更大的字，其高度按 $\sqrt{2}$ 的比率递增。

1．汉字

汉字应写成长仿宋体，高度 $h$ 不应小于 3.5 mm，其字宽一般为 $h/\sqrt{2}$ 。

2．字母和数字

字母和数字分为 A 型和 B 型。A 型笔画宽度 $d=\frac{1}{14}h$，B 型笔画宽度 $d=\frac{1}{10}h$。字母和数字可写成斜体和直体。斜体字头向右倾斜，与水平基准线成 75°，如下：

*A B C D E F G H I J K L M N O P Q R S T U V W X Y Z*

*1 2 3 4 5 6 7 8 9 0*

## 四、图线

图样中图线的使用应遵守国家标准 GB/T 4457.4—2002 和 GB/T 17450—1998。

1．图线的种类及应用

图线及其应用如表 1-3 所示。图线及其应用示例如图 1-8 所示。

表 1-3　　图线及其应用

| 图线名称 | 图 线 型 式 | 图线宽度 | 线宽 | 主 要 用 途 |
|---|---|---|---|---|
| 粗实线 | | 粗线 | $d$ | 可见轮廓线 |
| 细实线 | | 细线 | $d/2$ | 尺寸线、尺寸界线、剖面线、辅助线、重合断面的轮廓线、引出线、螺纹的牙底线及齿轮的齿根线 |
| 波浪线 | | 细线 | $d/2$ | 断裂处的边界线、视图和剖视的分界线 |
| 双折线 | | 细线 | $d/2$ | 断裂处的边界线 |
| 细虚线 | | 细线 | $d/2$ | 不可见的轮廓线、不可见的过渡线 |
| 细点画线 | | 细线 | $d/2$ | 轴线、对称中心线、轨迹线 齿轮的分度圆及分度线 |
| 粗点画线 | | 粗线 | $d$ | 有特殊要求的线或表面的表示线 |
| 细双点画线 | | 细线 | $d/2$ | 相邻辅助零件的轮廓线、中断线极限位置的轮廓线、假想投影轮廓线 |

注：图线的宽度（$d$）为粗实线宽度，应按图样的类型和大小在下列数系中选取：0.25mm、0.35mm、0.5mm、0.7mm、1.0mm、1.4mm、2mm。

2．图线的画法注意事项

① 同一图样中，同类线型线宽应一致，虚线、点画线及双点画线的线段长度和间隔应大致相等。

② 绘制圆的中心线时，圆心是线段的交点。点画线和双点画线的首末两端应是线段而不是短画。当图形比较小，用点画线绘制有困难时可用细实线代替。

③ 虚线、点画线及双点画线与其他图线相交时，应在线段处相交，不应在空隙处相交。

④ 当虚线圆弧与虚线直线相切时，虚线圆弧应画到切点，而虚线直线应留有空隙。

⑤ 当虚线处于粗实线的延长线上时，虚线应留有空隙，而粗实线应画到交点，如图 1-8 所示。

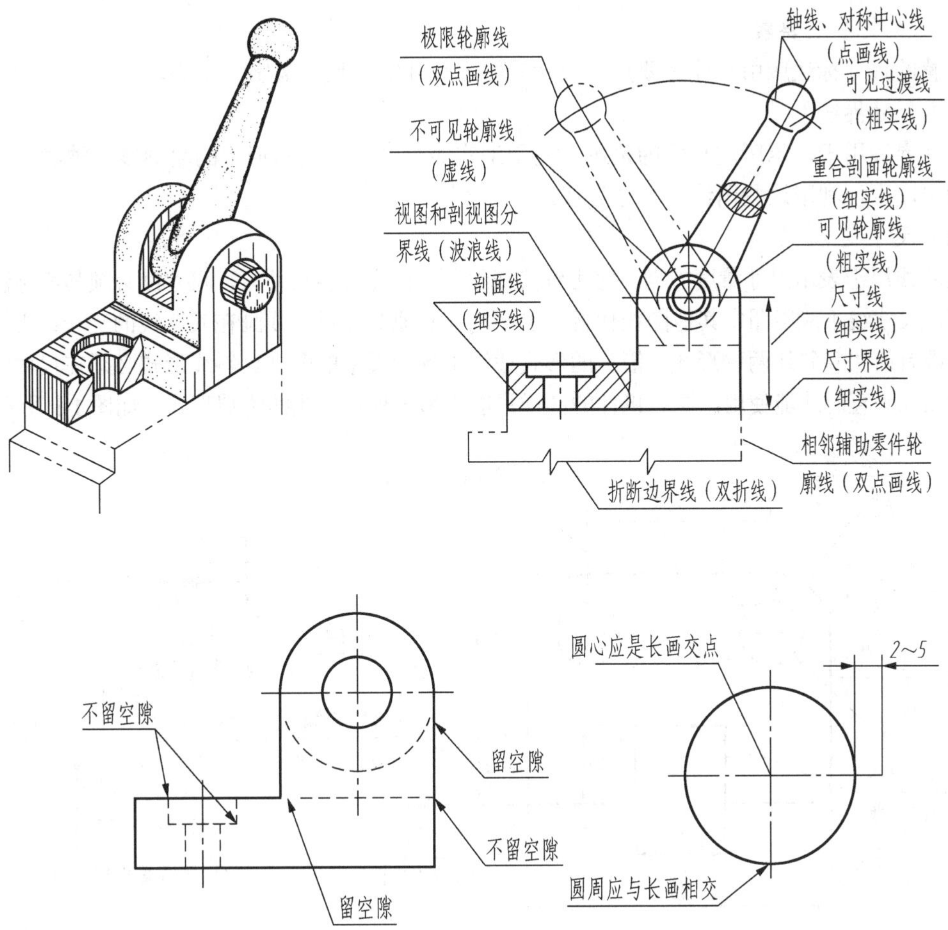


图 1-8　图线及其应用示例

## 五、尺寸注法

1. 尺寸标注的基本规则

图样的尺寸标注应符合国家标准 GB/T 16675.2—2012 和 GB/T4458.4—2003。主要有以下 3 点。

① 机件的真实大小应以图样所注的尺寸数值为依据，与图形比例及绘图的准确度无关。

② 图样中的尺寸一般以毫米为单位，不需标注其计量单位（mm）的符号或名称，若采用其他单位则须另外注明。

③ 机件上每一个尺寸，一般只标注一次，并标注在反映该结构最清晰的图上。

④ 标注尺寸时，应尽可能使用符号和缩写词。常用的符号和缩写词如表 1-4 所示。

表 1-4　常用的符号和缩写词

| 名　　称 | 符号或缩写词 | 名　　称 | 符号或缩写词 | 名　　称 | 符号或缩写词 |
|---|---|---|---|---|---|
| 直径 | $\phi$ | 厚度 | $t$ | 沉孔或锪平 | ⊔ |
| 半径 | $R$ | 正方形 | □ | 埋头孔 | ∨ |
| 球直径 | $S\phi$ | 45° 倒角 | $C$ | 均布 | EQS |
| 球半径 | $SR$ | 深度 | ↧ | 弧长 | ⌒ |

2．尺寸标注三要素

完整的尺寸标注应由尺寸三要素（尺寸界线、尺寸线和尺寸数字）组成。

（1）尺寸界线

尺寸界线用于表示所注尺寸的范围。它用细实线绘制，并由图形中的轮廓线、轴线、对称中心线引出，也可利用这些图线作尺寸界线。

（2）尺寸线

尺寸线用于表示尺寸量度方向。它用细实线绘制，标注线性尺寸时，尺寸线必须与所标注的线段平行。尺寸线不能用图中其他图线代替，也不能与其他图线重合或画在其图线的延长线上。尺寸线的终端有箭头和斜线两种形式。箭头的形式适用于各种类型的图样。斜线形式必须在尺寸线与尺寸界线相互垂直时才能使用，同一机件的图样只能采用一种尺寸线的终端形式，如图 1-9 所示。

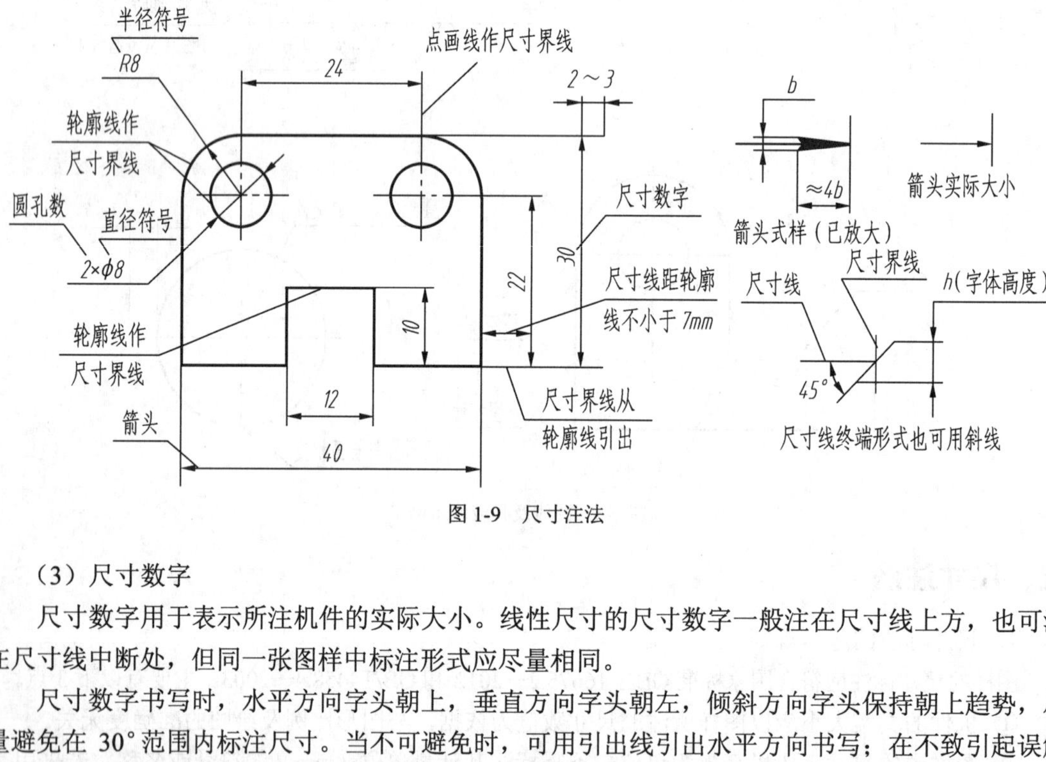


图 1-9 尺寸注法

（3）尺寸数字

尺寸数字用于表示所注机件的实际大小。线性尺寸的尺寸数字一般注在尺寸线上方，也可注在尺寸线中断处，但同一张图样中标注形式应尽量相同。

尺寸数字书写时，水平方向字头朝上，垂直方向字头朝左，倾斜方向字头保持朝上趋势，尽量避免在 30° 范围内标注尺寸。当不可避免时，可用引出线引出水平方向书写；在不致引起误解时，非水平方向的尺寸数字可水平地注写在尺寸线中断处。图中所注尺寸数字不允许被任何图线通过，当不可避免时，必须把图线断开，如图 1-10 所示。

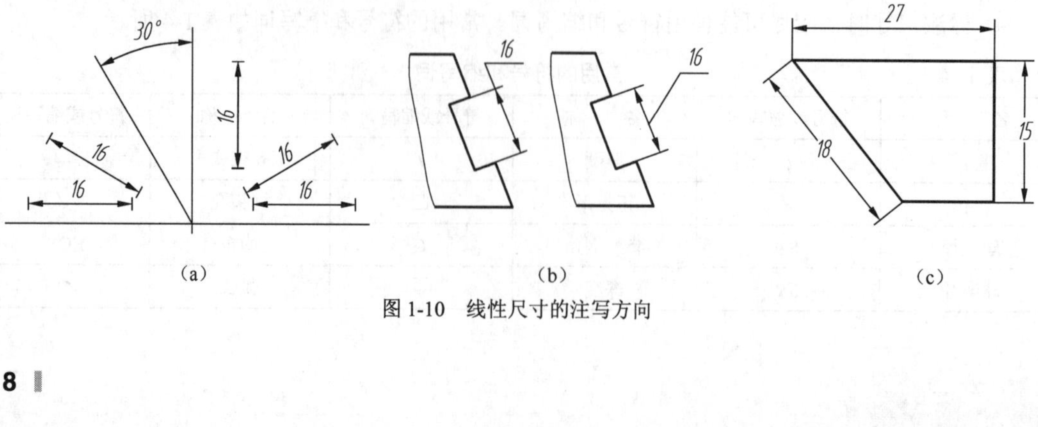


（a）　（b）　（c）

图 1-10 线性尺寸的注写方向

3．常用尺寸的注法

（1）直线尺寸的标注

有关联的串联尺寸应注在一直线上；并联尺寸应小尺寸的在内，大尺寸的在外，如图 1-11 所示。

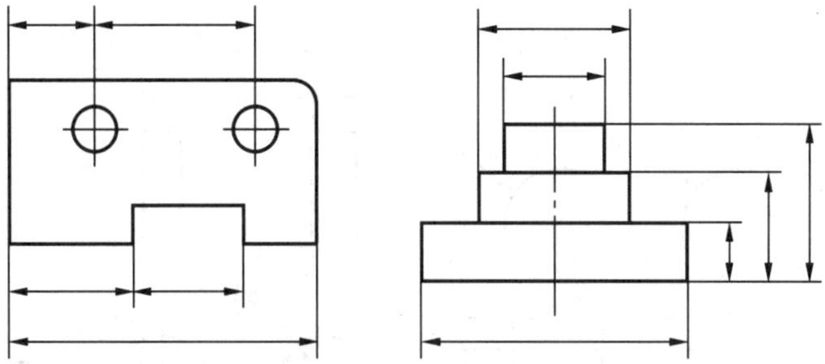

图 1-11　直线尺寸的标注

（2）圆及圆弧的标注

① 标注直径尺寸时，应在尺寸数字前加注直径符号“$\phi$”。

② 标注半径尺寸时，应在尺寸数字前加半径注符号“$R$”。

③ 小于或等于半圆的圆弧一般应注半径，圆和大于半圆的圆弧应注直径，跨于两边的同心圆弧也应注直径。

④ 半径过大，圆心不在图面上或圆心距离太远时，可采用如图 1-12 所示的形式标注。

（3）角度的标注

① 角度的尺寸界线应沿径向引出，尺寸线应以角的顶点为圆心画弧。

② 角度的数字一律写成水平方向，一般写在尺寸线中断处；必要时，也可注写在尺寸线上方、外面或引出标注，如图 1-13 所示。

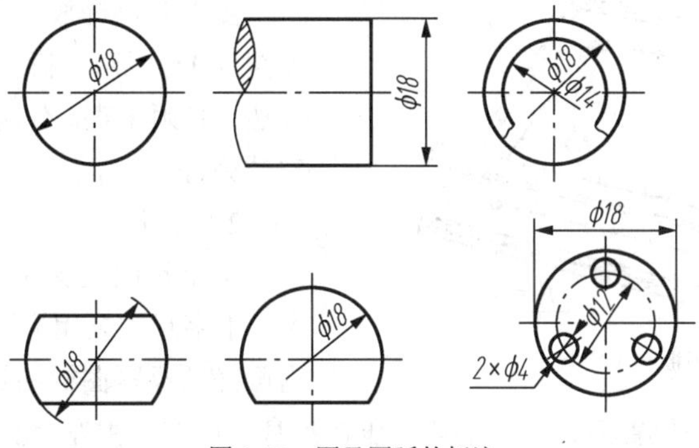


图 1-12　圆及圆弧的标注

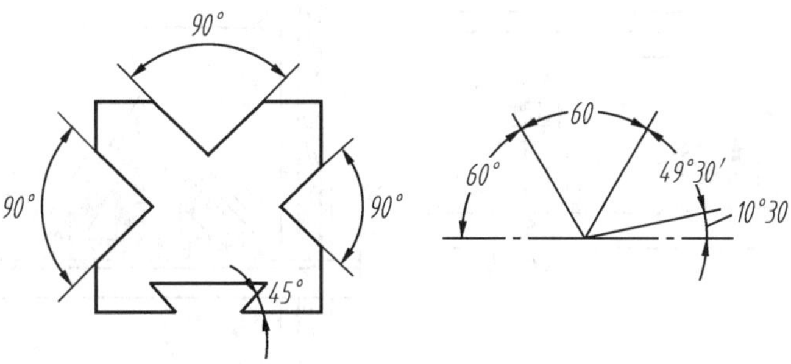


图 1-13　角度尺寸的标注

（4）小尺寸的标注

当没有足够位置注写数字或画箭头时，可把箭头或数字布置在图形外，也可把箭头与数字都布置在图形外面。标注串联小尺寸时，可用小圆点或斜线代替箭头，但两端的箭头仍画，如图 1-14 所示。

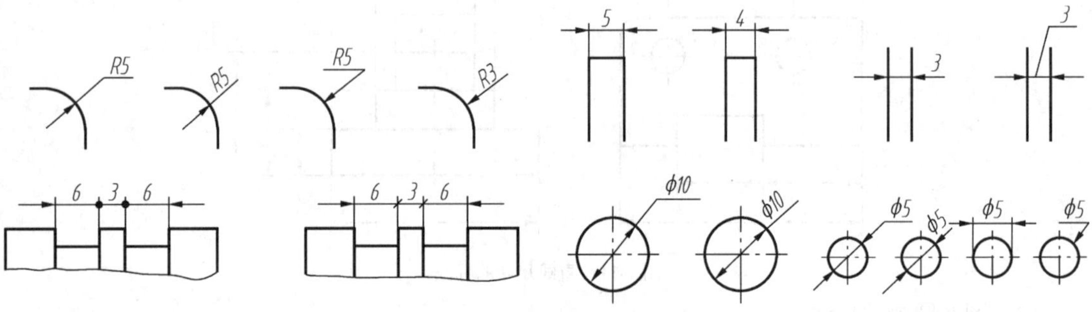


图 1-14　狭小尺寸的标注

# 第二节　绘图工具的使用及几何作图

## 一、常用绘图工具的使用方法

常用的绘图工具有：图板、丁字尺、三角板、比例尺、曲线板等；绘图用品包括铅笔、绘图纸、橡皮、胶带纸、擦线板、软笔刷等；绘图仪器有分规和圆规两种。使用方法如下。

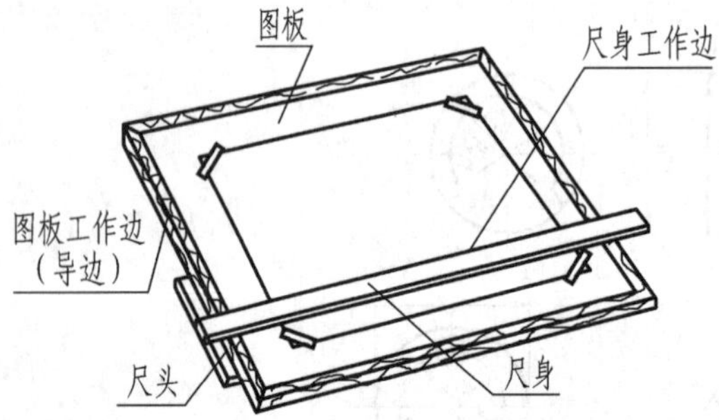


图 1-15　图板和丁字尺

1．图板

图板是供铺放、固定图纸用的矩形木板，如图 1-15 所示。板面要求平整光滑，左侧为导边，必须平直。使用时，应注意保持图板的整洁完好。

2．丁字尺

丁字尺由尺头和尺身构成，如图 1-16 所示。丁字尺主要用来画水平线。使用时，尺头内侧必须靠紧图板的导边，用左手推动丁字尺上、下移动；移动到所需位置后，改变手势，压住尺身，用右手由左至右画水平线。

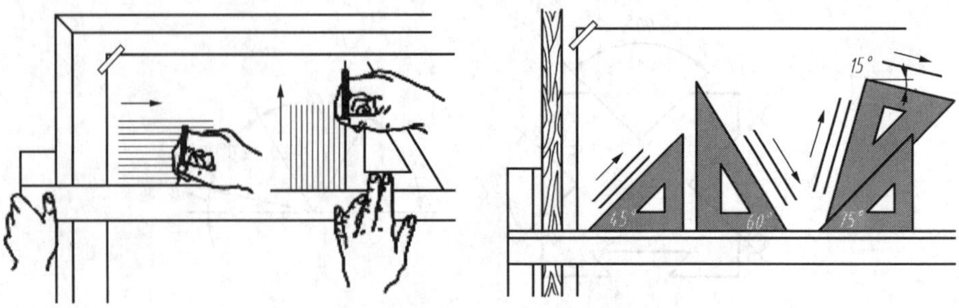


图 1-16　各种位置直线的画法

3．三角板

一副三角板由 45° 和 30°（60°）两块直角三角板组成。将三角板和丁字尺配合使用，可画出各种垂直线、倾斜线和一些常用的特殊角度直线，如 15°、75°、105° 等（见图 1-16）。

4．圆规

圆规主要用来画圆或圆弧。圆规的附件有钢针插脚、铅芯插脚等。

画圆时，圆规的钢针应使用有肩台的一端，并使肩台与铅芯尖平齐，圆规的使用方法如图 1-17 所示。

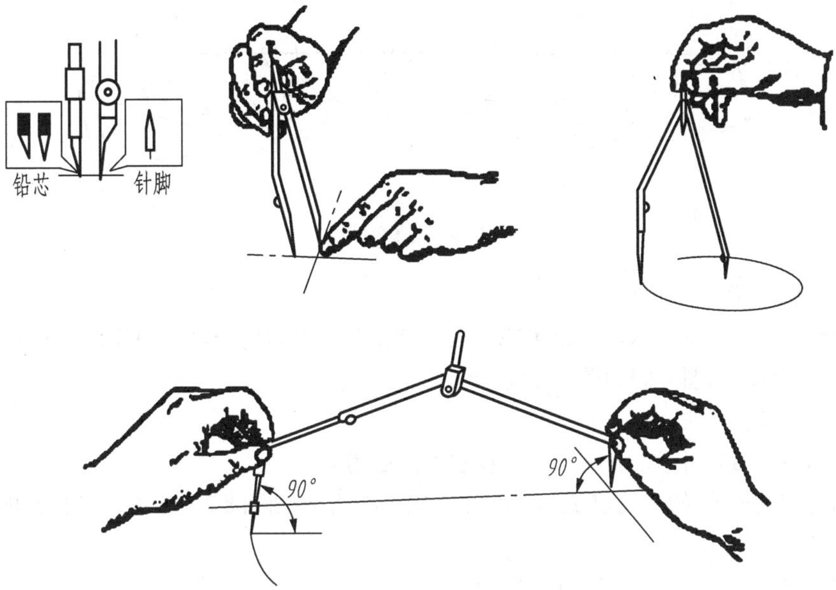


图 1-17　圆规的用法

5．铅笔

铅笔分硬、中、软 3 种。标号有：6H、5H、4H、3H、2H、H、HB、B、2B、3B、4B、5B 和 6B 共 13 种。6H 为最硬，HB 为中等硬度，6B 为最软。

绘制图形底稿时，建议采用 2H 或 3H 铅笔，并削成尖锐的圆锥形；描黑底稿时，建议采用 HB、B 或 2B 铅笔，削成扁铲形。铅笔应从没有标号的一端开始使用，以便保留软硬的标号，如图 1-18 所示。

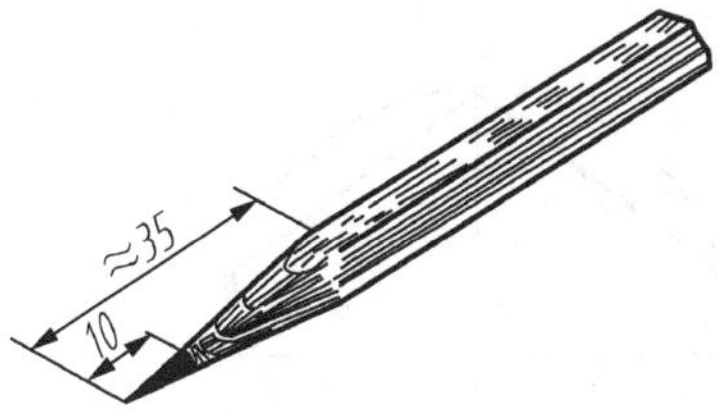


（a）**圆锥形**

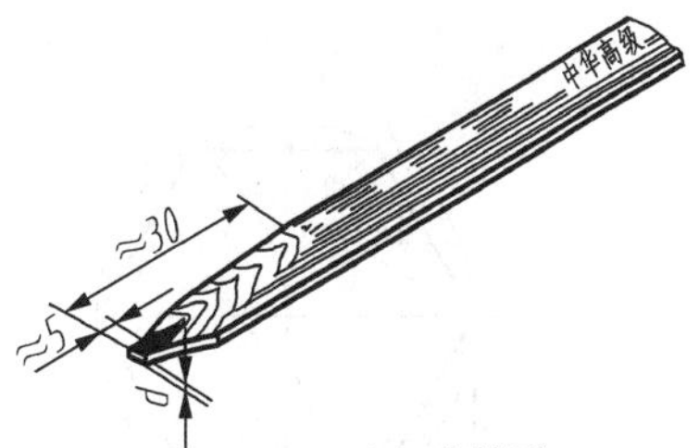


（b）**扁铲形**

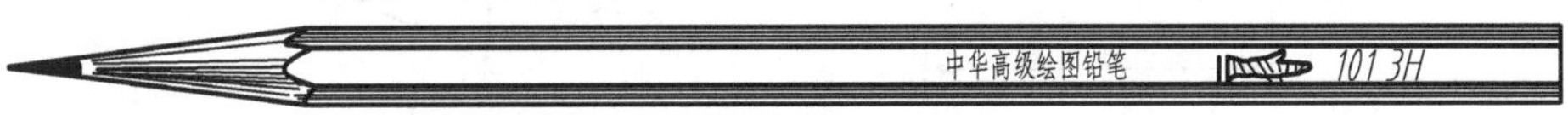


（c）**从无字端削法**

图 1-18　铅笔的削法

## 二、几何作图

1．平行线法等分线段

如图 1-19 所示，过点 *A* 作任意射线 *AC*，并用分规从 *A* 点出发任取七个等分点为 *1*、*2*、*3*、*4*、*5*、*6*、*7*。连接 *7B*，过点 *6*、*5*、*4*、*3*、*2*、*1* 作 *7B* 的平行线。与 *AB* 相交的各点即为 *AB* 线段的等分点。

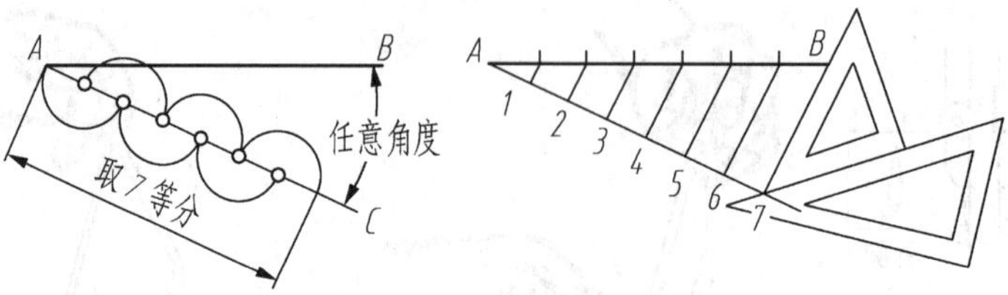


图 1-19　七等分线段

2．等分圆周及作正多边形

正六边形的内角是特殊角，可以用三角板直接作图。当然也可以用圆规来平分半径和圆弧，作图相对比较简单，作图步骤如图 1-20 所示。

（1）正六边形的画法

① 如图 1-20（a）所示，作一个圆，设它的圆心为 *O*；

② 分别以中心轴线的二端点 *1*、*4* 为圆心，以 *D*/2 为半径画圆弧，求得与外接圆的交点 *2*、*6*、*3*、*5* 点；

③ 依次连接 *1*、*2*、*3*、*4*、*5*、*6* 点即可。

（2）正五边形的画法

① 如图 1-20（b）所示，作一个圆，设它的圆心为 *O*；

② 作圆的两条互相垂直的直径 *AZ* 和 *XY*；

③ 作 *OY* 的中点 *M*；

④ 以点 *M* 为圆心，*MA* 为半径作圆，交 *OX* 于点 *N*；

⑤ 以点 *A* 为圆心，*AN* 为半径，在圆上连续截取等弧，使弦 *AB*=*BC*=*CD*=*DE*=*EA*=*AN*，则五边形 *ABCDE* 即为正五边形。

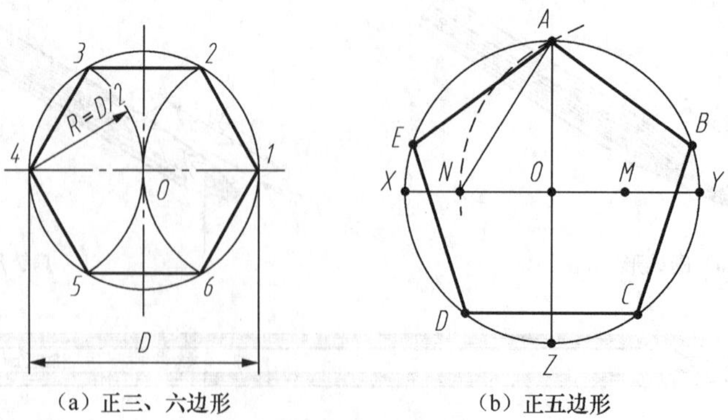


（a）正三、六边形　　（b）正五边形

图 1-20　正多边形的画法

3．斜度和锥度

（1）斜度

斜度是指一直线（或平面）对另一直线（或平面）的倾斜程度。其大小用它们之间夹角的正切值表示。其符号及标注方向应与斜度方向一致，如图 1-21 所示。

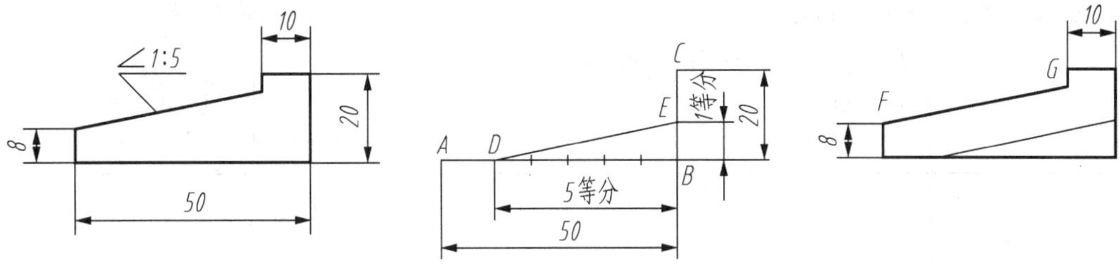


（a）已知图形

（b）在 BA 上取五等分得 D，在 BC 上取 1 等分得 E，连 DE 为 1:5 参考斜度线

（b）按尺寸定出 F、G 点，过 F 作 DE 的平行线，完成作图，即为所求

图 1-21　斜度及其标注

（2）锥度

锥度是指正圆锥底圆直径与锥高的比值。若为圆锥台，则为上、下两底圆直径之差与锥台高之比。其符号及标注方向应与锥度方向一致，如图 1-22 所示。

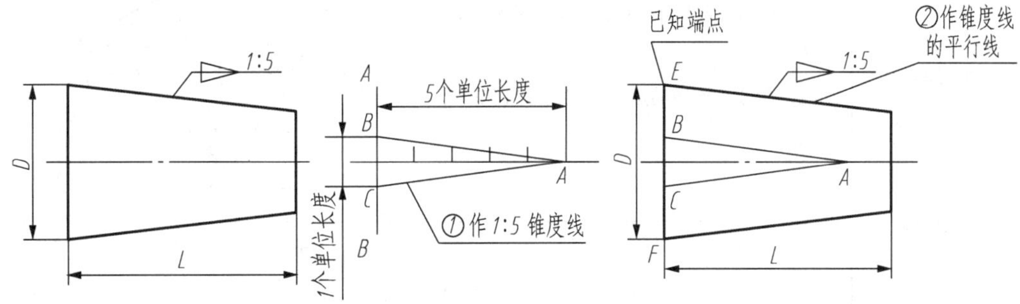


（a）已知图形

（b）在直径方向取 1 个单位长度，在轴线方向上取 5 个单位长度，连接 AB/AC，此锥度即为 1:5

（c）依尺寸 D 在直径方向上取 EF，过 E、F 分别作 BA、CA 的平行线，并截取轴高 L，即为所求

图 1-22　锥度及其标注

4．圆弧连接

圆弧连接就是用一圆弧光滑地连接两个已知几何要素。圆弧连接的关键是准确地找到连接弧的圆心和切点。圆弧连接的连接类型如表 1-5 所示。

表 1-5　圆弧连接

| 连接类型 | 连接圆心和切点 | 图示 |
|---|---|---|
| 连接两已知直线 | 圆心：与两已知直行分别相距为 $R$ 的平行线的交点<br>切点：所求圆心到两直线的最短距离 $OM$、$ON$ | 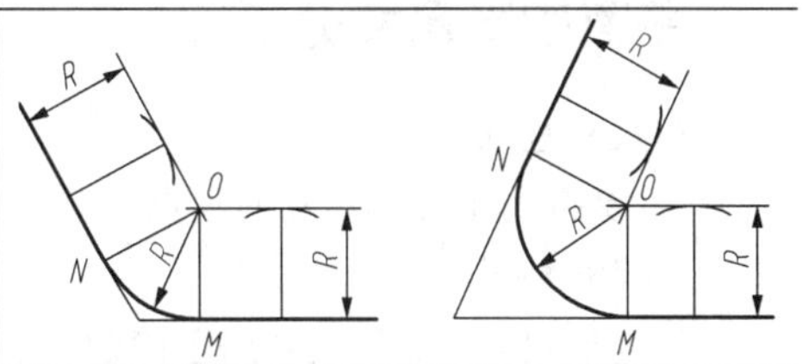 |

续表

| 连接类型 | 连接圆心和切点 | 图示 |
| --- | --- | --- |
| 连接已知圆弧和直线 | 圆心：平移直线 $R$ 与作同心圆弧（半径 $R_1+R$）的交点<br>切点：所求圆心 $O$ 到两要素的最短距离 $OA$、$OB$ | 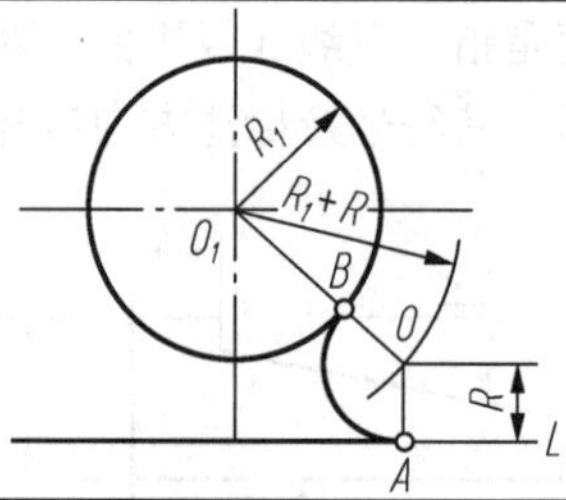 |
| 外连接两已知圆弧 | 圆心：两已知圆弧的同心圆弧（半径 $R_n+R$）的交点<br>切点：两圆心连线与已知圆的交点 $K_1$、$K_2$ | 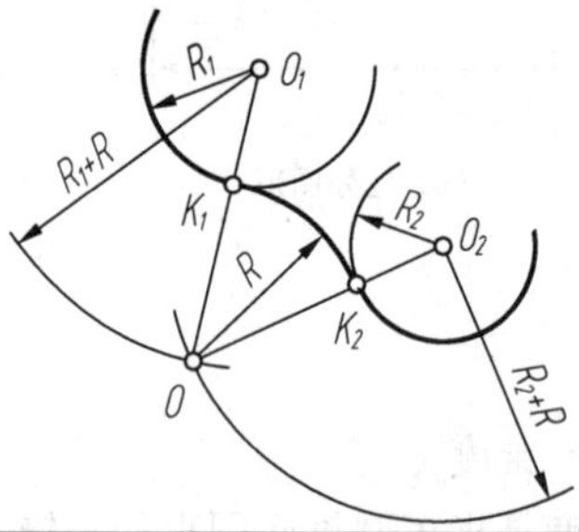 |
| 内连接两已知圆弧 | 圆心：分别以两已知圆弧的圆心，半径 $R-R_n$ 作圆弧交点<br>切点：两圆心连线的延长线与已知圆弧的交点 $K_1$、$K_2$ | 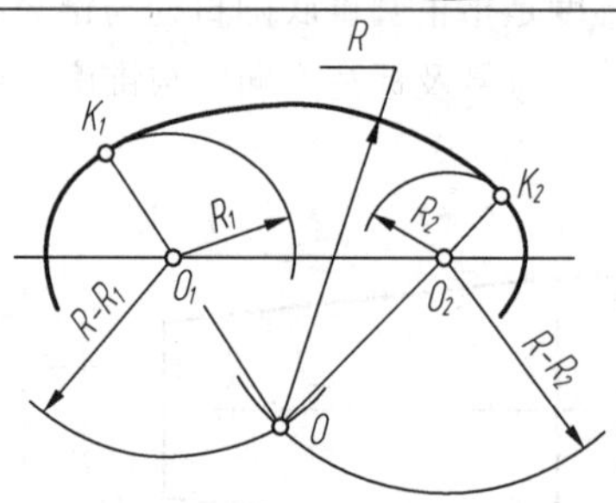 |
| 内外连接两已知圆弧 | 圆心：分别画出内外连接的圆弧的交点<br>切点：分别连接已知圆心和连接弧圆心的交点或延长线交点 $K_1$、$K_2$ | 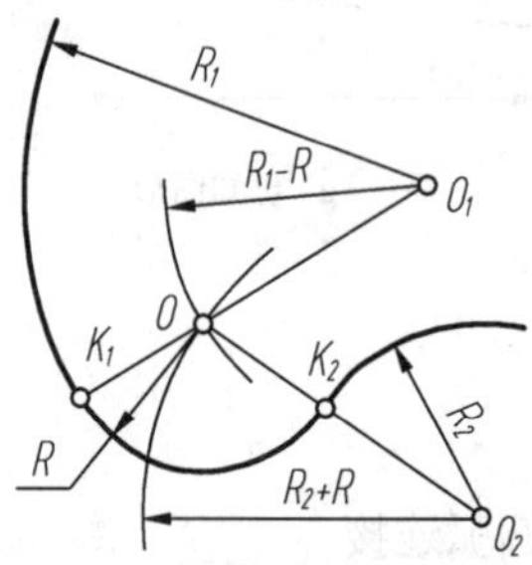 |

# 第三节 平面图形的画法

## 一、平面图形尺寸分析

1．尺寸基准

尺寸基准用于标注尺寸的起点。

2．尺寸种类

① 定形尺寸。定形尺寸用于确定平面图形上线段的长度、圆的直径、圆弧半径以及角度等的

尺寸。

② 定位尺寸。定位尺寸用于确定平面图形上的各线段或封闭图形之间相对位置的尺寸。

## 二、平面图形线段分析

1．已知线段

具有定形尺寸和齐全的定位尺寸的线段称为已知线段。

2．中间线段

具有定形尺寸和不齐全定位尺寸的线段称为中间线段。

3．连接线段

只有定形尺寸没有定位尺寸的线段称为连接线段。

## 三、画汽车起重吊钩平面图形

图 1-23 所示为汽车起重吊钩平面图形，其作图步骤如下。

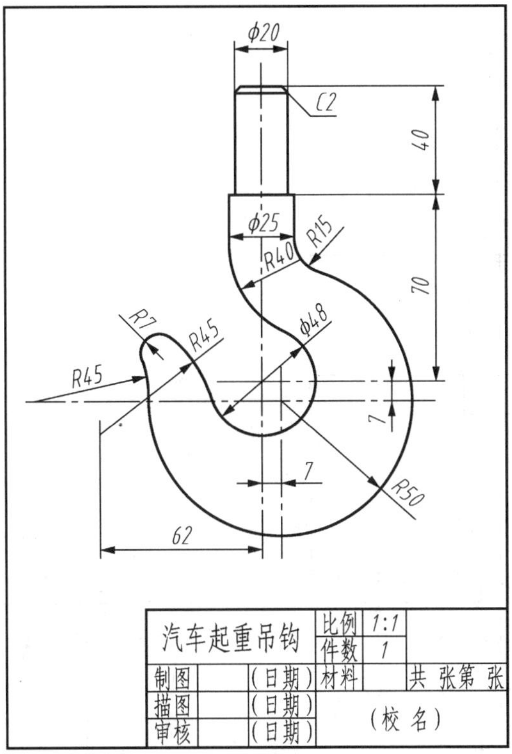


图 1-23 汽车起重吊钩

① 确定尺寸基准并作出图形的基准线。根据该平面图形的特点，选 *R*50 圆弧的中心线为水平、竖直方向基准，如图 1-24（a）所示。

② 画已知线段，如图 1-24（b）所示。

③ 画中间线段。大圆弧 *R*45 是中间圆弧，圆心位置尺寸只有一个方向是已知的，另一方向位置需根据 *R*45 圆弧与 *R*50、$\phi$40 圆弧外切的关系画出，如图 1-24（c）所示。

④ 画连接线段。$R7$、$R15$、$R40$ 的圆弧只给出半径，所以是连接线段，应最后画出，如图 1-24（d）所示。

⑤ 校核描深。校核作图过程，擦去多余的作图线，描深图形，最终图形如图 1-23 所示。

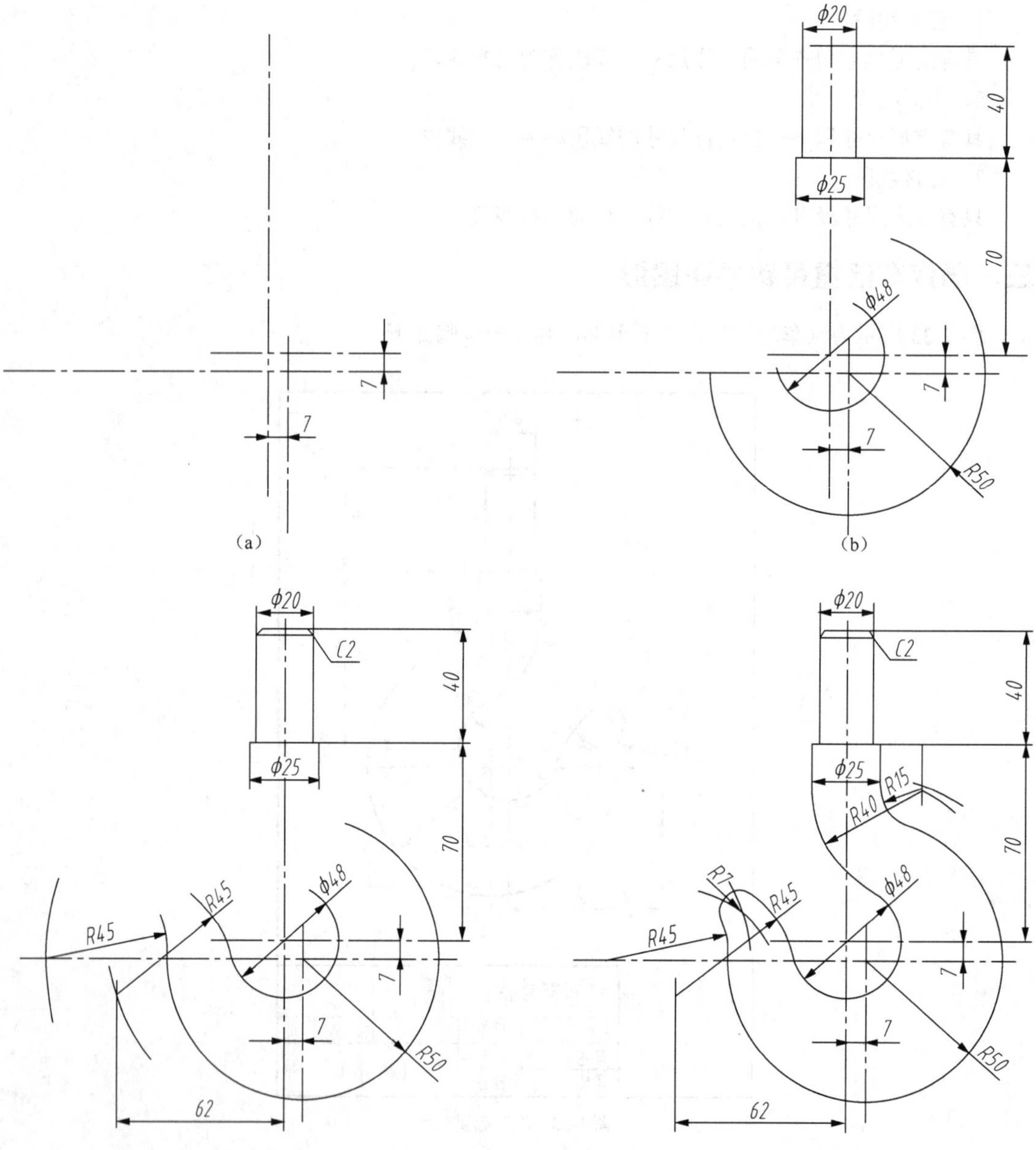


图 1-24 汽车起重吊钩作图步骤

## 四、随堂练习

根据平面图形的作图步骤，课堂完成图 1-25 所示图形练习。

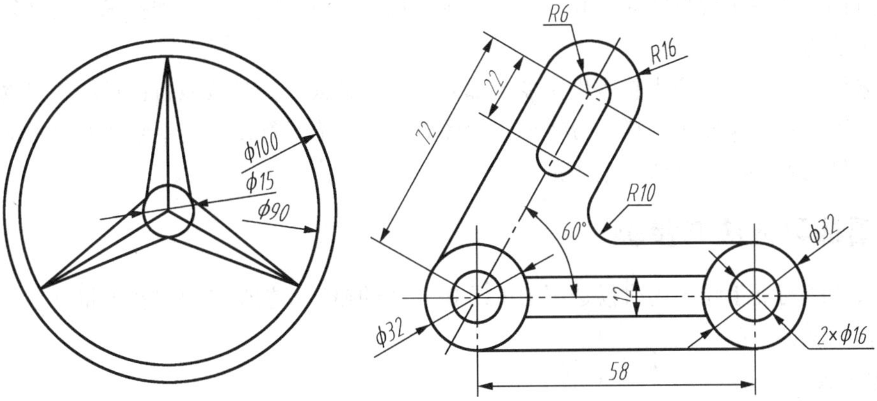


图 1-25 平面图形练习

## 五、课外练习—画汽车拖钩平面图形

画汽车拖钩平面图形，如图 1-26 所示。

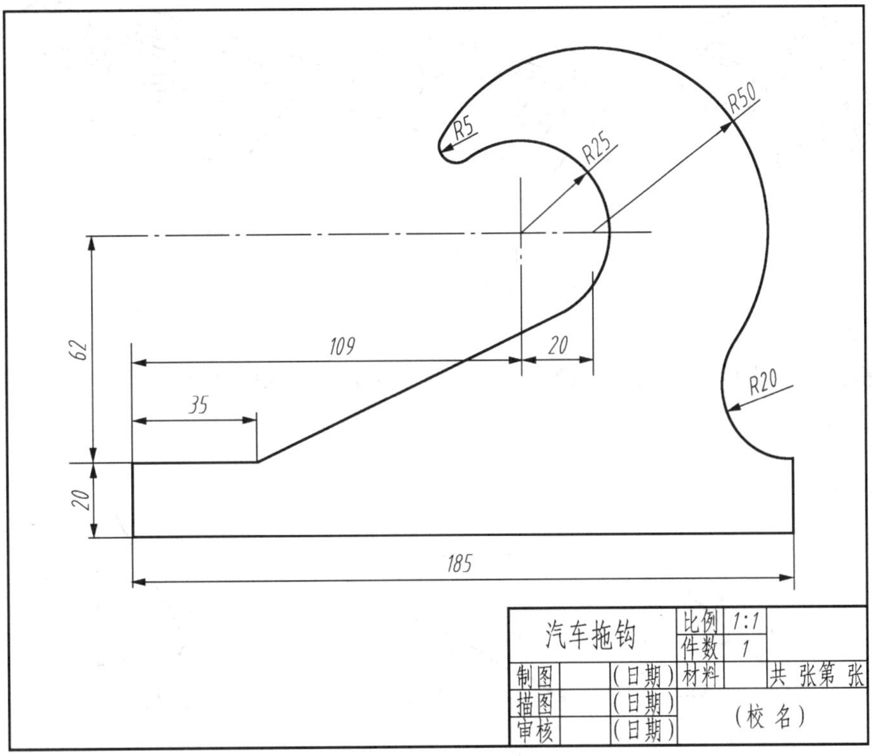


图 1-26 汽车拖钩平面图形

# 第四节 徒手绘图

徒手绘图是一种不用绘图仪器和工具而按目测比例徒手画出的图样，这种图样称为草图或徒手图。这种图主要用于现场测绘、设计方案讨论或技术交流，因此，工程技术人员必须具备徒手绘图的基本能力。

一般来说，徒手绘图应当将零件图的全部内容表达进去，并且按照自己目测的实物与图样的比例绘制，因此零件草图也同样十分重要，绘图时切不可潦草行事。徒手绘图基本上应该做到线型分明、比例均匀、图形整洁、整齐正确。

## 一、草图练习方法与步骤

一般我们练习徒手绘图的时候选用 HB 或 B、2B 的铅笔，初学者可以在方格纸上练习。各种图形的具体画法如下：

1．画直线

画短点的直线用的是手腕的力量，长的用手臂的力量；同时也可以把线段分成几段来画，最后再连接起来，如图 1-27 所示。画时小手指要稍微接触纸面，眼睛要看着线段的终点。必要时可以转动图纸来辅助绘制。

（a）　（b）　（c）

图 1-27　草画直线

2．画角度

一般机械上涉及的角度都比较特殊（30°、45°、60°）。这些角度可以通过边长比例来作图，如图 1-28 所示。

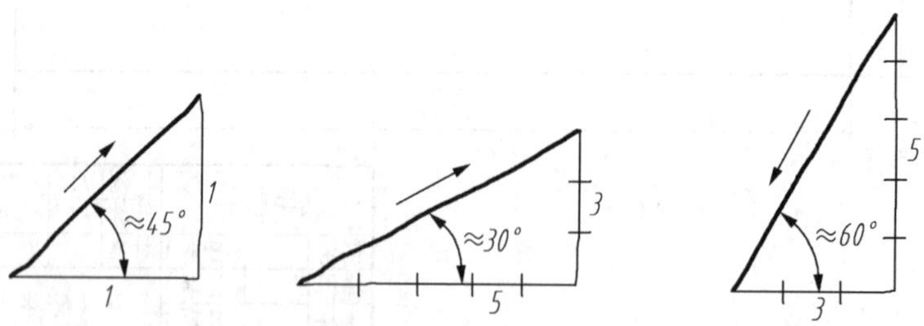


图 1-28　草画角度

3．画圆周和椭圆

小圆先画十字，然后做出半径的标记，再连接起来。大圆就多画几条线，方法一样，如图 1-29 和图 1-30 所示，只要多练习就能画出美观的圆和椭圆。

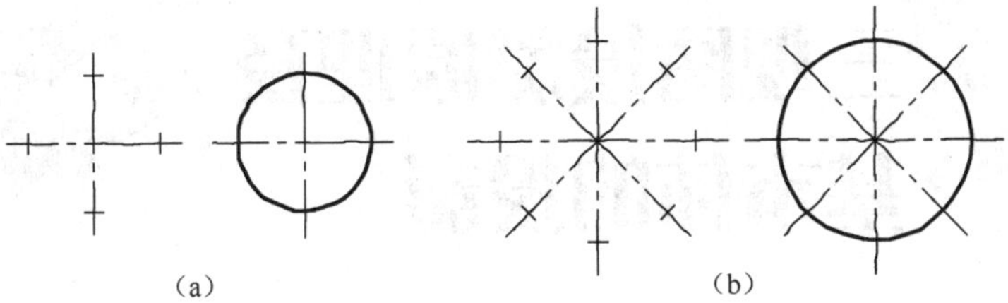

（a）　　　　　　　　　　（b）

图 1-29 草画圆周

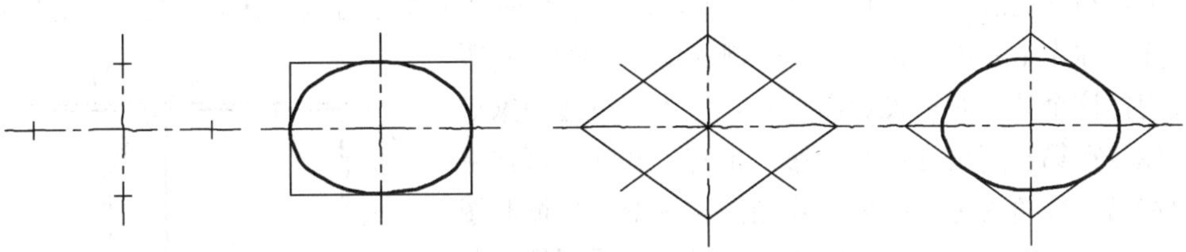

（a）矩形画法　　　　　　　　　　（b）菱形画法

图 1-30 草画椭圆

## 二、徒手画图实例

徒手画平面图形时，其步骤与仪器绘图的步骤相同。不要急于画细部，先要考虑大局，即要注意图形长与高的比例，以及图形的整体与细部的比例是否正确，要尽量做到直线平直、曲线光滑、尺寸完整。

绘制如图 1-31 所示的垫片草图的方法及步骤如下。

① 分析所绘对象，选定绘图比例及图纸大小。

② 布图、绘中心线。

③ 绘底图。

④ 加深。

⑤ 根据图形表达的需要绘尺寸界线及尺寸线。

⑥ 标注尺寸数值，填写必要的文字说明及标题栏内容，完成全图。

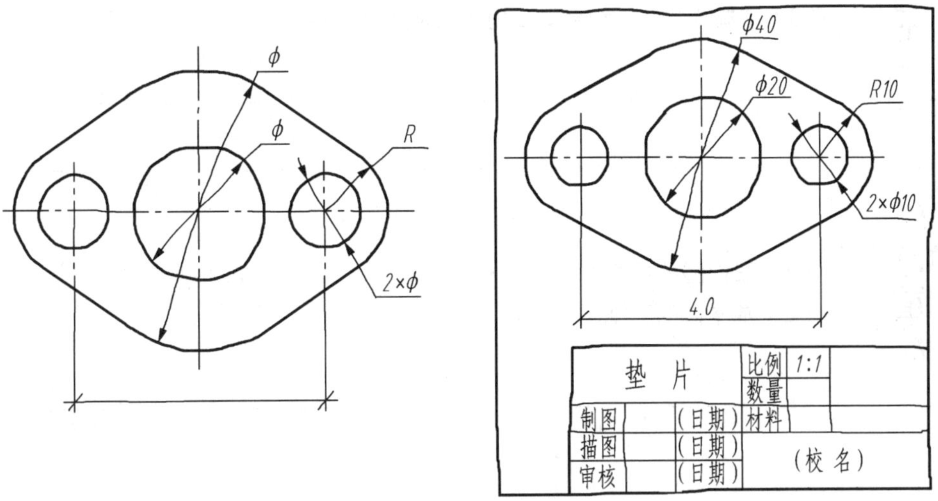


图 1-31 画垫片的平面草图

# 第二章 三视图投影原理及基本体的投影

三个互相垂直的平面，叫做三投影面。这三个平面将空间分为八个部分，每一部分叫做一个分角，分别称为Ⅰ分角、Ⅱ分角……Ⅷ分角，如图 2-1 所示，我们把这个体系叫三投影面体系。世界上有些国家规定将形体放在第一分角内进行投影，也有一些国家规定将形体放在第三分角内进行投影，我国国家标准《机械制图 图样画法 视图》（GB 4458.1—2002）规定“采用第一角投影法”。

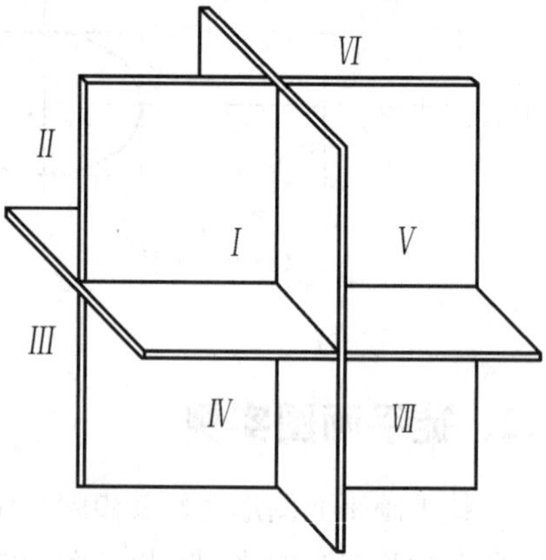

图 2-1 三维空间体系的划分

将人的视线规定为平行投影线，朝正对着物体看过去，将所见物体的轮廓用正投影法绘制出来的图形称为视图。一个物体有六个视图，分别是由前往后、由上往下、由左往右、由后往前、由下往上、由右往左投影所得。其中后面三种投影所得视图不是很常用。通常所说的三视图就是主视图（由前往后投影）、俯视图（由上往下投影）和左视图（由左往右投影）。三视图是观测者从三个不同位置观察同一个空间几何体而画出的图形，能够正确反映物体长、宽、高尺寸的正投影工程图，是工程界一种对物体几何形状约定俗成的抽象表达方式。

**教学目的**

（1）掌握投影法与三视图。
（2）掌握点、直线、平面的投影。
（3）掌握基本体、组合体三视图的画法。

**学习重点**

（1）三视图的投影原理。
（2）基本体的三视图投影。

**学习难点**

（1）基本体的尺寸标注。
（2）点线面的投影。

# 第一节 投影的基本知识及三视图的形成

## 一、投影法简介

1．投影法

（1）投影法及其投影

在日常生活中，经常可以看到一些投影现象，如照相、电影及灯光照射物体所产生的影子。人们依据生产活动的规律，对上述现象加以抽象和总结，逐渐形成投影法。

所谓投影法即一组投射线通过物体，向选定的平面投射，并在该平面上得到图形的方法。选定平面 P 称为投影面，根据投影法在投影面上得到的图形称为投影图，如图 2-2 所示。

（2）投影法的种类

工程上常见的投影法有两种：中心投影法和平行投影法。

① 中心投影法。如图 2-3 所示，投射线汇交于一点 *S* 的投影法称为中心投影法。平面 *P* 为投影面，*S* 为投射中心，*Saa*′、*Sbb*′、*Scc*′为投射线，*a*′*b*′*c*′即为空间平面 *abc* 在投影面上的投影。中心投影法所得到的投影具有较强的立体效果，但不能反映物体的真实形状和大小。在机械工程制图用得少一些。

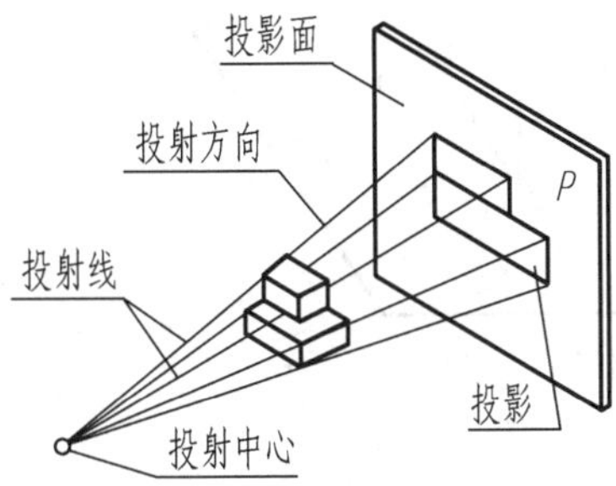


图 2-2 投影的形成

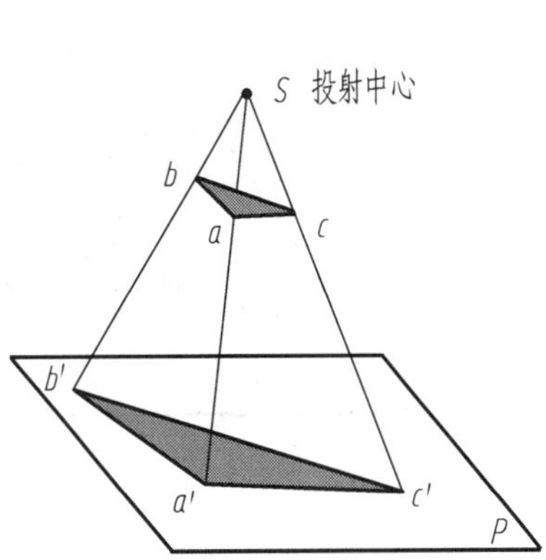


图 2-3 中心投影法

② 平行投影法。设想把图 2-3 中的 *S* 点移到无穷远时，则投射线平行，如图 2-4、图 2-5 所

示。像这种投射线互相平行的投影法称为平行投影法。根据投射线与投影面是否垂直，平行投影法又分为斜投影法与正投影法。

a．斜投影法：投射线与投影面相倾斜的平行投影法，如图 2-4 所示。

b．正投影法：投射线与投影面相垂直的平行投影法，如图 2-5 所示。根据正投影法所得到图形称正投影。因为正投影反映了物体真实形状和大小，度量性好，便于作图，所以工程上应用较广。

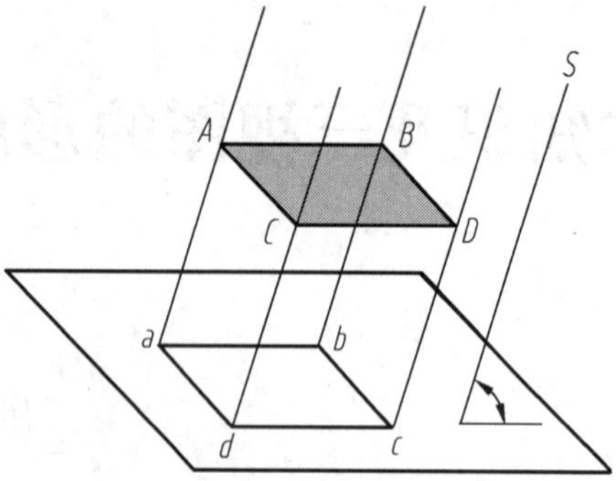


图 2-4 斜投影法

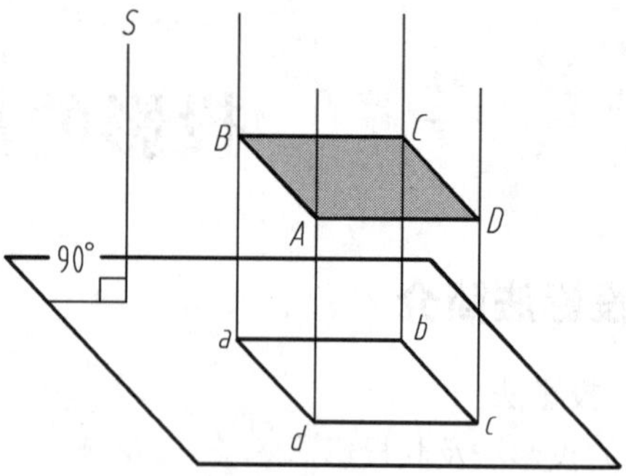


图 2-5 正投影法

（3）正投影的基本性质

如图 2-6 所示，正投影具有以下 3 种特征。

① 显实性。当直线或平面与投影面平行时，其投影反映实长（或实形）。正投影的这种特性称为显实性，如图 2-6（a）所示。

② 类似性。当直线或平面与投影面倾斜时，其投影变短（或变小），但投影的形状仍与原来的形状相似，正投影的这种特性称为类似性，如图 2-6（b）所示。

③ 积聚性。当直线或平面与投影面垂直时，其投影为一个点（或一条直线），正投影的这种特性称为积聚性，如图 2-6（c）所示。

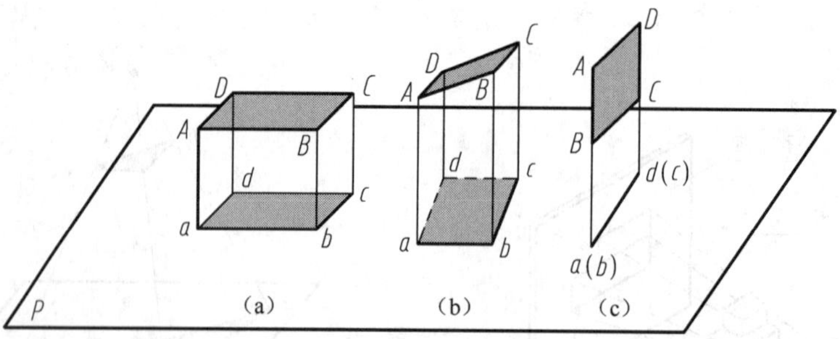


图 2-6 正投影的基本特性

## 二、三视图投影原理

1．投影面与投影轴

① 三投影面。在投影法中，得到投影的面称为投影面。在三投影面体系中有 3 个相互垂直投

影面，如图 2-7 所示。3 个投影面分别为正立投影面、水平投影面和侧立投影面。

正立投影面：简称正平面，用 *V* 表示。

水平投影面：简称水平面，用 *H* 表示。

侧立投影面：简称侧平面，用 *W* 表示。

② 三根投影轴。在三面投影体系中，相互垂直的投影面之间的交线称为投影轴。

相互垂直的 3 根轴分别用 *OX*、*OY*、*OZ* 表示，分别简称 *X* 轴、*Y* 轴、*Z* 轴。3 根投影轴交点称为原点，用 *O* 表示。

2．三视图的形成

将物体放置在三投影面体系中，按正投影法向各投影面投射，即可得到物体的正面投影、水平投影和侧面投影，如图 2-7 所示。

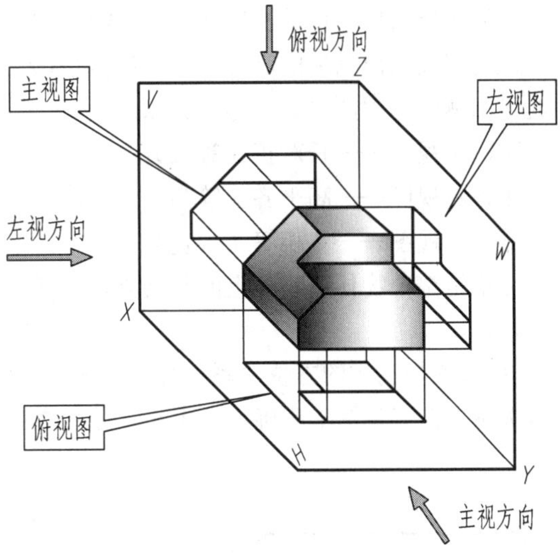

图 2-7　三投影面体系和投影

为了画图和表达方便，我们要将相互垂直的 3 个投影面摊平在同一平面上，规定 *V* 面保持不动，*H* 面绕 *OX* 轴向下旋转 90°，*W* 面绕 *OZ* 轴向右旋转 90°，使 *H*、*V*、*W* 在同一平面上（这个平面就是图纸），如图 2-8（a）所示。应注意 *H* 面和 *W* 面旋转时，*OY* 轴分为两处，分别用 $OY_H$（在 *H* 面上）和 $OY_W$（在 *W* 面上）表示。用正投影法得到的 3 个投影图称物体的三视图，分别为主视图、俯视图和左视图，如图 2-8（b）所示。

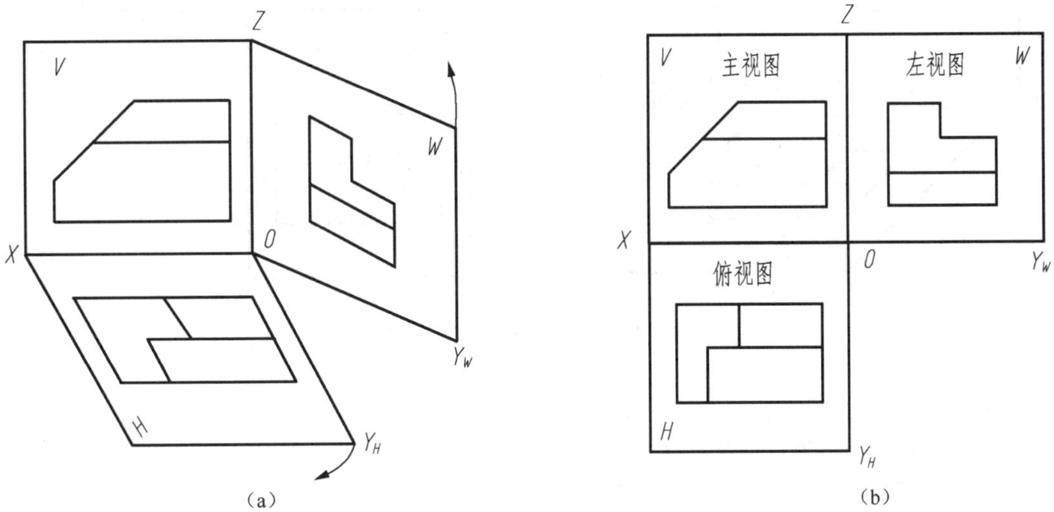

图 2-8　三个投影面的展开和三视图的投影关系

主视图：物体在 *V* 面上的投影，也就是由前向后投射所得的视图。

俯视图：物体在 *H* 面上的投影，也就是由上向下投射所得的视图。

左视图：物体在 $W$ 面上的投影，也就是由左向右投射所得的视图。

3．三视图之间的关系

① 视图配置关系。以主视图为基准，俯视图在它的下面，左视图在它的右面。

② 物体的长、宽、高在三视图上的对应关系。从三视图的形成过程可以看出，每个视图只反映出物体长、宽、高 3 个尺度中的两个。即：

主视图反映出物体的长度（$X$）和高度（$Z$）；

俯视图反映出物体的长度（$X$）和宽度（$Y$）；

左视图反映出物体的高度（$Z$）和宽度（$Y$）。

由此可归纳出三视图的“三等”关系：

主、俯视图——长对正（等长）；

主、左视图——高平齐（等高）；

俯、左视图——宽相等（等宽）。

无论是整个物体或物体上的某要素，其三面投影必须符合“长对正，高平齐，宽相等”的“三等”规律。

③ 视图与物体的方位关系。物体在三投影面体系内的位置确定后，它的前后、左右和上下的位置关系也在三视图上明确反映出来，如图 2-9 所示。

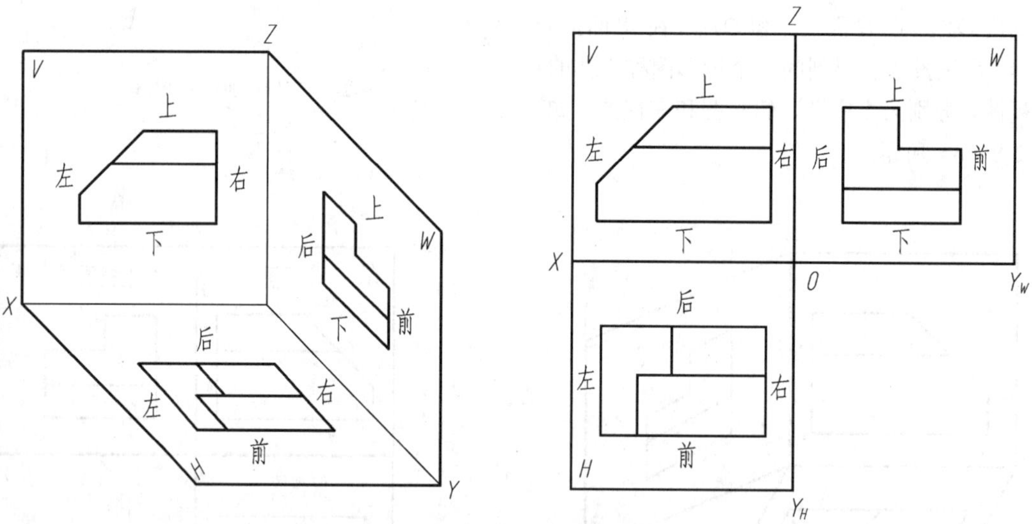


图 2-9 三视图中物体的方位关系

主视图：反映物体的上、下和左、右。

俯视图：反映物体的左、右和前、后。

左视图：反映物体的上、下和前、后。

一般只有把三视图中任意两视图组合起来看，才能看清物体的上、下、左、右、前、后。俯视图、左视图靠近主视图的一边（里边），均表示物体的后面；俯视图、左视图远离主视图的一边（外边），均表示物体的前面。

# 第二节 点、直线和平面的投影

点、线、面是组成机械零件的最基本的几何要素，如图 2-10 所示的正三棱锥，由锥顶 $S$ 点、底面为$\triangle ABC$ 组成。它有三个侧面$\triangle SAB$、$\triangle SBC$、$\triangle SCA$ 和一个底面$\triangle ABC$，四个面分别相交于三条棱 $SA$、$SB$、$SC$ 和底边长 $AB$、$BC$、$CA$。线可看成是点的集合，因此点是最基本的几何要素，所以首先应掌握点的三视图投影规律。

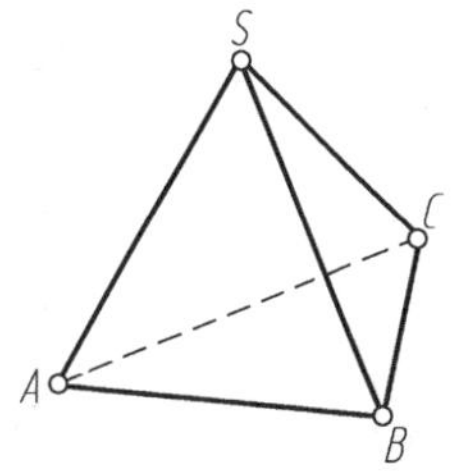

图 2-10 正三棱锥

## 一、点的三面投影

1．点在三投影面体系中的投影及其规律

空间点 $A$ 位于 $V$ 面、$H$ 面和 $W$ 面构成的三投影面体系中，如图 2-11 所示，由点 $A$ 分别向 $V$、$H$、$W$ 面作垂线，依次得点 $A$ 的正面投影 $a'$，水平投影 $a$，侧面投影 $a''$[2]。为使 3 个投影面展到同一平面上，$V$ 面保持不动，$H$ 面绕 $OX$ 轴向下旋转 90°，$W$ 面绕 $OZ$ 轴向右后方向旋转 90°。投影图上若省略投影面的边框与投影面的标记 $H$、$V$ 和 $W$，由此概括出点在三投影面体系的投影规律。

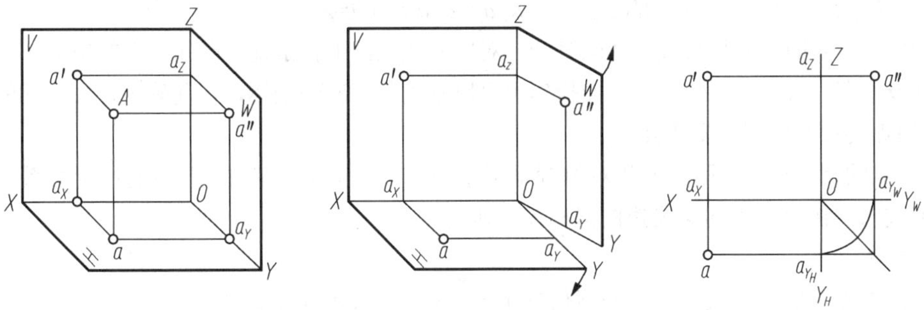

图 2-11 点的三面投影

① 点的两面投影的连线，必定垂直于相应的投影轴，即：

点的正面投影和水平投影的连线垂直于 $OX$ 轴，$aa' \perp OX$；

点的正面投影和侧面投影的连线垂直于 $OZ$ 轴，$a'a'' \perp OZ$。

点的水平投影和侧面投影不能直接连线，需借助 45°斜线或 1/4 圆弧实现联系，这时 $a$、$a''$ 满足：$aa_{Y_H} \perp OY_H$、$a''a_{Y_W} \perp OY_W$。

② 点的投影到投影轴的距离，等于空间点到相应的投影面的距离，即：

$a'a_x = a''a_y = A$ 点到 $H$ 面的距离（高度）；

$aa_x = a''a_z = A$ 点到 $V$ 面的距离（宽度）；

$aa_y = a'a_z = A$ 点到 $W$ 面的距离（长度）。

[2] 本书关于空间点及其投影的标记，空间点用大写字母，例如 $A$、$B$、$C$…；水平投影用相应的小写字母，如 $a$、$b$、$c$…等；正面投影用相应的小写字母加一撇表示，如 $a'$、$b'$、$c'$…等；侧平面上的投影用相应的字母加两撇表示，如 $a''$、$b''$、$c''$…等。

2．点的投影与直角坐标的关系

将 3 个投影面体系看作是一个空间直角坐标系，空间点 $A$ 的位置可以用 3 个坐标值 $x$、$y$、$z$ 来表示，如图 2-12 所示。因为每个投影面都可看作坐标平面，而每个平面的投影坐标都是由两个坐标轴决定的，所以空间点在任一个投影面上的投影，只能反映其两个坐标值，即 $V$ 面投影反映点的 $X$、$Z$ 坐标；$H$ 面投影反映点的 $X$、$Y$ 坐标；$W$ 面投影反映点的 $Y$、$Z$ 坐标，则点的投影与坐标之间的关系为：

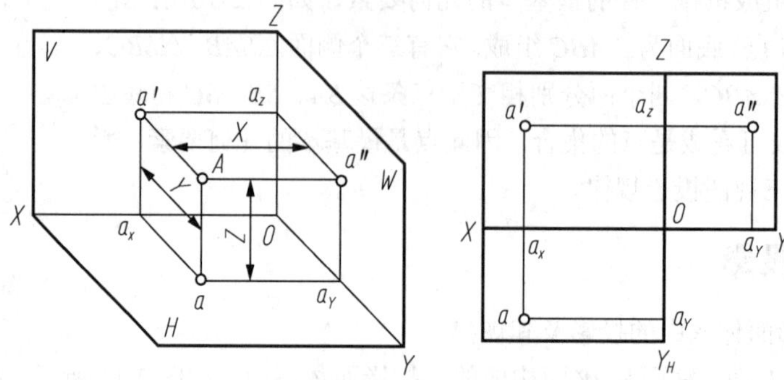


图 2-12 点的投影与直角坐标的关系

点 $A \rightarrow W$ 面的距离等于点 $A$ 的 $x$ 坐标：$a_z a'=a_y a=a''A=X$；

点 $A \rightarrow V$ 面的距离等于点 $A$ 的 $y$ 坐标：$a_x a=a_z a''=a'A=Y$；

点 $A \rightarrow H$ 面的距离等于点 $A$ 的 $z$ 坐标：$a_x a'=a_y a''=aA=Z$。

由此可见，点的坐标与其投影之间有一一对应的关系，也就是说，已知一点的坐标，可以作出点的三面投影图；反之，已知点的三面投影也可以求出其相应的坐标，从而确定点在空间的位置。

3．两点的相对位置与重影点

① 两点的相对位置。两点的相对位置是指空间两点的上下、左右、前后的位置关系。位置关系可以通过投影图上各组同面投影的坐标差来确定。

判断方法如下：

两点间的左、右位置关系由 $x$ 坐标值来确定：$x$ 坐标大者在左边；

两点间的前、后位置关系由 $y$ 坐标值来确定：$y$ 坐标大者在前边；

两点间的上、下位置关系由 $z$ 坐标值来确定：$z$ 坐标大者在上边。

如图 2-13 所示，$A$、$B$ 两点的相对位置可以这样来判断：以 $B$ 点为基准点，已知 $a_x>b_x$、$a_y>b_y$、$a_z<b_z$，所以，可以得出 $A$ 点在 $B$ 点的左、前、下方。

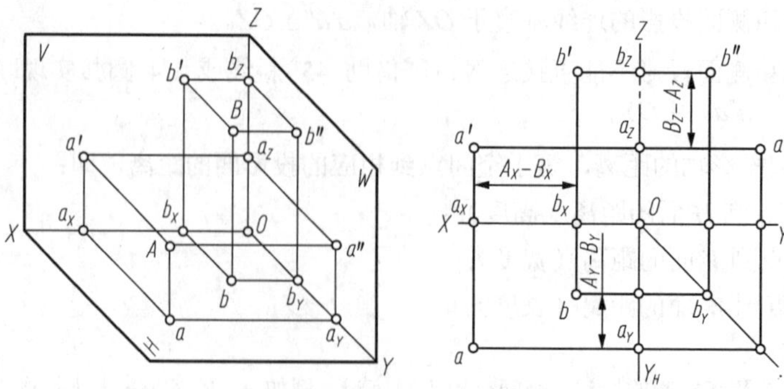


（a） （b）

图 2-13 两点的相对位置

② 重影点及其可见性。若两点位于同一条垂直于某投影面的投射线上，则这两点在该投影面上的投影重合，这两点称为该投影面的重影点。重影点的可见性可根据两点不重影的投影的投影坐标来判别。即：

当两点在 $V$ 面的投影重合时，则 $y$ 坐标大者可见（在正前方）；

当两点在 $H$ 面的投影重合时，则 $z$ 坐标大者可见（在正上方）；

当两点在 $W$ 面的投影重合时，则 $x$ 坐标大者可见（在正左方）。

如图 2-14（a）所示，位于垂直于 $H$ 面的同一条投射线上的 $A$、$B$ 两点 $x_a$=$x_b$、$y_a$=$y_b$，$a$ 和 $b$ 重合，由于 $z_a > z_b$，这表示点 $A$ 位于点 $B$ 的上方，由上往下投影，可判断俯视图上投影 $a$ 可见，$b$ 不可见，用（$b$）表示。主视图上的重影点，如图 2-14（b）中的 $C$、$D$ 点；左视图上的重影点，如图 2-14（b）中的 $C$、$F$ 点。

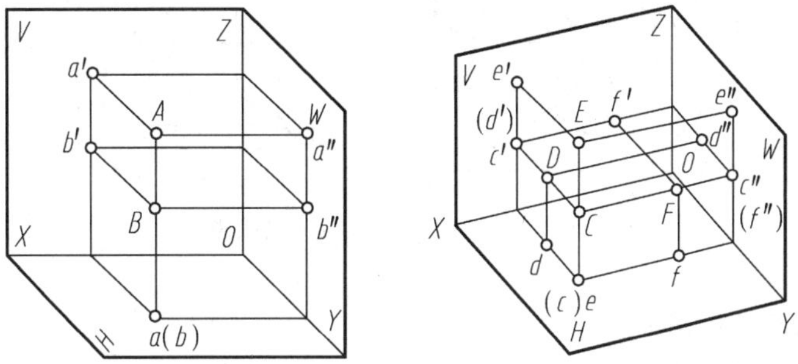


图 2-14 三视图上的重影点可见性判断

## 二、直线的投影

1．直线在三投影面体系中的投影

直线的投影一般仍为直线。求作直线的三面投影时，可分别作出直线两个端点的三面投影，然后将同一投影面上的投影用直线连接起来，即得直线的三面投影。首先作出直线上两端点 $A$、$B$ 的三面投影，然后连接直线上两个端点的同面投影（即同一投影面上的投影），$ab$、$a'b'$、$a''b''$即为直线 $AB$ 的三面投影，如图 2-15 所示。

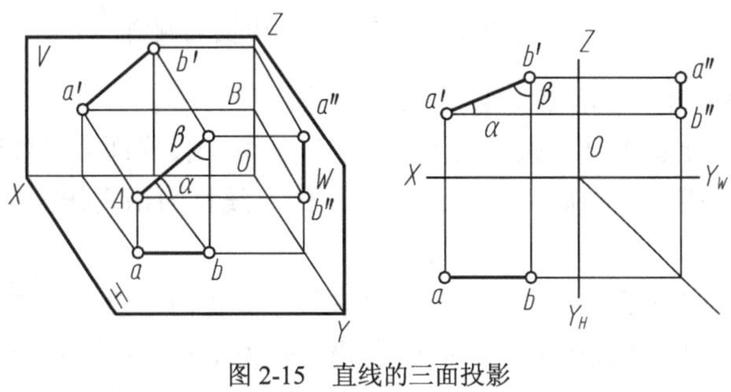


图 2-15 直线的三面投影

直线与其投影面之间的夹角称为直线对该投影面的倾角。直线 $AB$ 对投影面 $H$、$W$ 的倾角分别为 $\alpha$、$\beta$，与 $V$ 面平行。

2．直线上的点

根据投影的基本性质，直线上的点具有从属性。直线上的点的投影一定在该直线的同面投影上，且符合点的投影规律；反之，如果点的投影都在直线的同面投影上，且符合点的投影规律，那么这个点一定在该直线上。

如图 2-16 所示，$c$、$c'$、$c''$分别在 $ab$、$a'b'$、$a''b''$上，符合点的投影规律，因此，$C$ 点在直线 $AB$ 上。反之，如果点的一个投影不在直线的同面投影上，则可判定该点一定不在直线上。

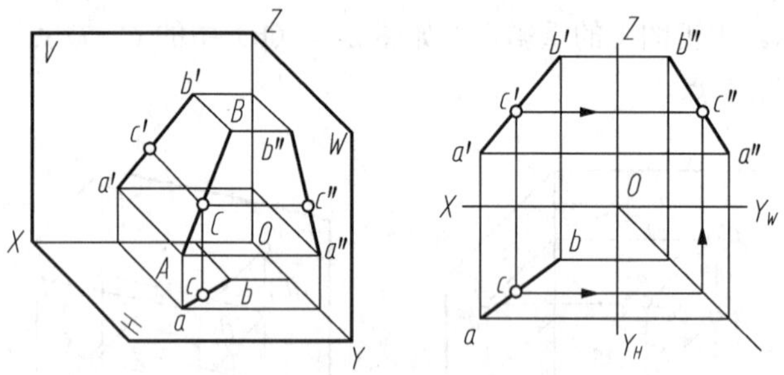

图 2-16 直线 *AB* 上的点 *C* 的投影

3．各种位置直线的投影

直线相对投影面的位置有 3 种情况：投影面垂直线、投影面平行线和一般位置直线。

- **不同位置直线**
  - **垂直线**
    - **铅垂线** ⊥于 *H* 面，//于 *V* 面和 *W* 面
    - **正垂线** ⊥于 *V* 面，//于 *H* 面和 *W* 面
    - **侧垂线** ⊥于 *W* 面，//于 *H* 面和 *V* 面
  - **平行线**
    - **水平线** // 于 *H* 面，∠于 *V* 面和 *W* 面
    - **正平线** // 于 *V* 面，∠于 *H* 面和 *W* 面
    - **侧平线** // 于 *W* 面，∠于 *H* 面和 *V* 面
  - **一般位置直线** 对 *H*、*V*、*W* 面均倾斜

其中，投影面的垂直线和平行线又称为特殊位置直线。

① 投影面垂直线。垂直于某个投影面（平行于其他两个投影面）的直线，称为该投影面的垂直线。垂直于 $V$ 面的直线称为正垂线；垂直于 $H$ 面的直线称为铅垂线；垂直于 $W$ 面的直线称为侧垂线。

② 投影面平行线。平行于某个投影面且同时倾斜于其他两个投影面的直线，称为该投影面的平行线。平行于 $V$ 面且同时倾斜于 $H$、$W$ 面的直线，称为正平线；平行于 $H$ 面且同时倾斜于 $V$、$W$ 面的直线，称为水平线；平行于 $W$ 面且同时倾斜于 $V$、$H$ 面的直线，称为侧平线。

③ 一般位置直线。对 3 个投影面均处于倾斜位置的直线，称为一般位置直线。各种位置直线的三面投影图例及投影特征如表 2-1 所示。

表 2-1　　各种位置直线的投影图例及投影特性

| 类型 | 名称 | 投 影 图 例 | 投 影 特 性 |
|---|---|---|---|
| 投影面垂直线 | 铅垂线 | 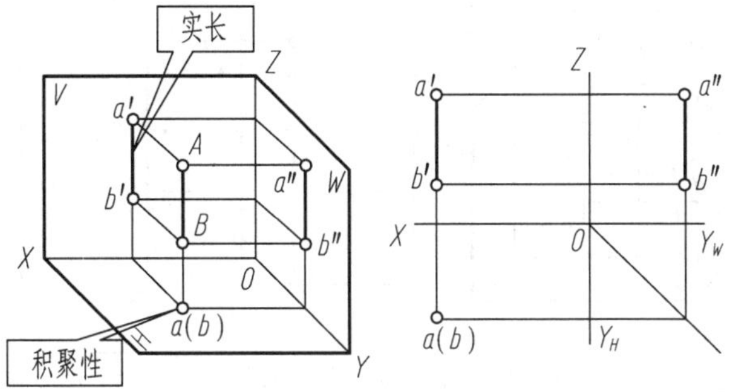  | （1）水平投影 *a*（*b*）积聚成一点<br>（2）正面投影和侧面投影反映实长，即 $a'b'=a''b''=AB$<br>（3）$a'b'$、$a''b''$ // $OZ$ |
|  | 正垂线 | 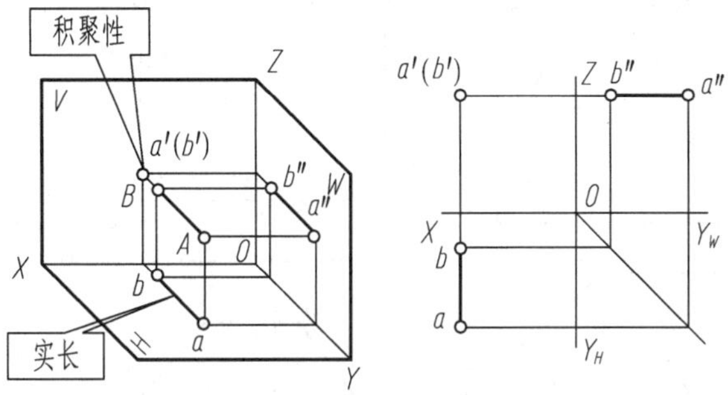  | （1）正面投影 $a'$（$b'$）积聚成一点<br>（2）水平投影和侧面投影反映实长，即 $ab=a''b''=AB$<br>（3）$ab$ // $OY_H$，$a''b''$ // $OY_W$ |
|  | 侧垂线 | 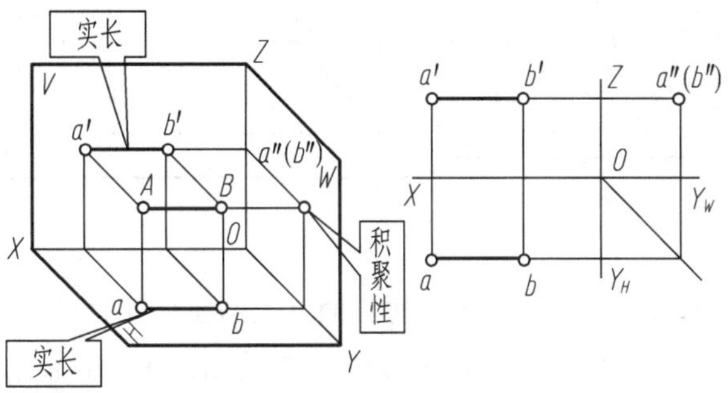  | （1）侧面投影 $a''$（$b''$）积聚成一点<br>（2）水平投影和正面投影反映实长，即 $ab=a'b'=AB$<br>（3）$ab$、$a'b'$ // $OX$ |
| 投影面平行线 | 水平线 | 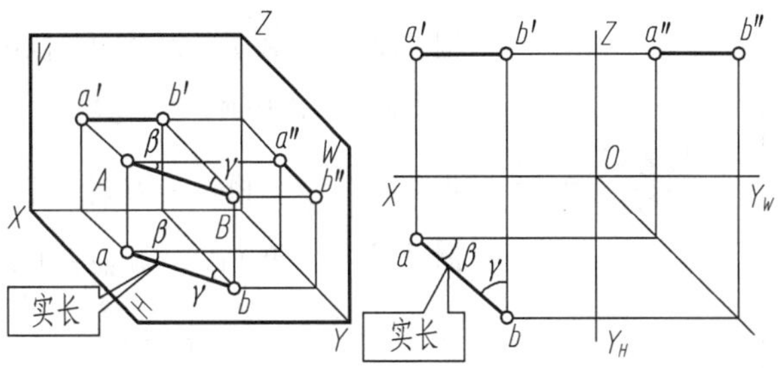  | （1）水平投影反映实长，即 $ab=AB$<br>（2）$\beta$、$\gamma$ 反映直线对 *V* 面、*W* 面的倾角<br>（3）$a'b'$ // $OX$<br>$a''b''$ // $OY_W$<br>$a'b'$、$a''b''<AB$ |

续表

| 类型 | 名称 | 投影图例 | 投影特性 |
|---|---|---|---|
| 投影面平行线 | 正平线 | 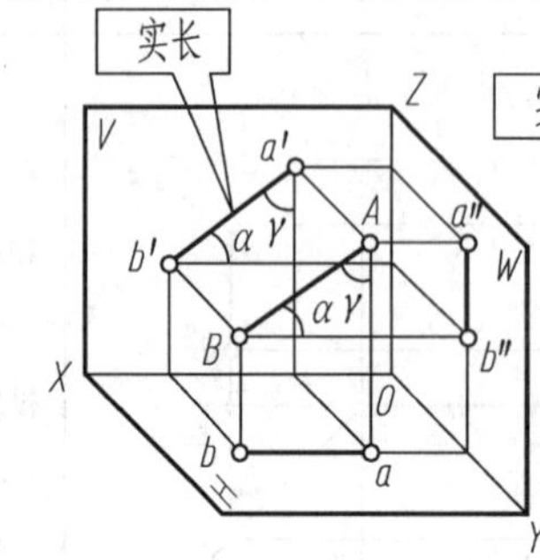  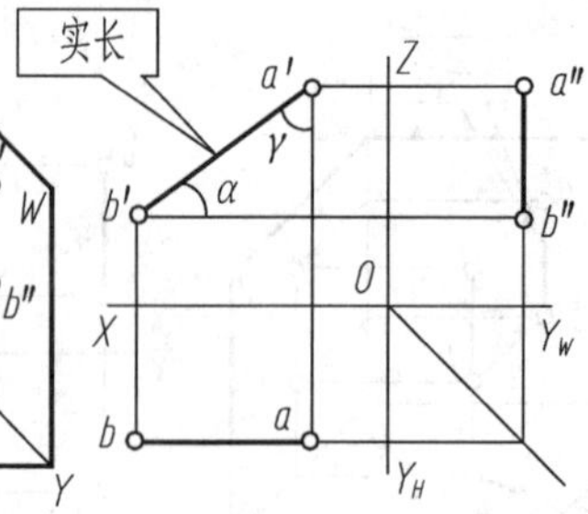  | （1）正面投影反映实长，即 $a'b'=AB$<br>（2）$\alpha$、$\gamma$ 反映直线对 $H$ 面、$W$ 面的倾角<br>（3）$AB \parallel OX$<br>$A''B'' \parallel OZ$<br>$ab$、$a''b''<AB$ |
|  | 侧平线 | 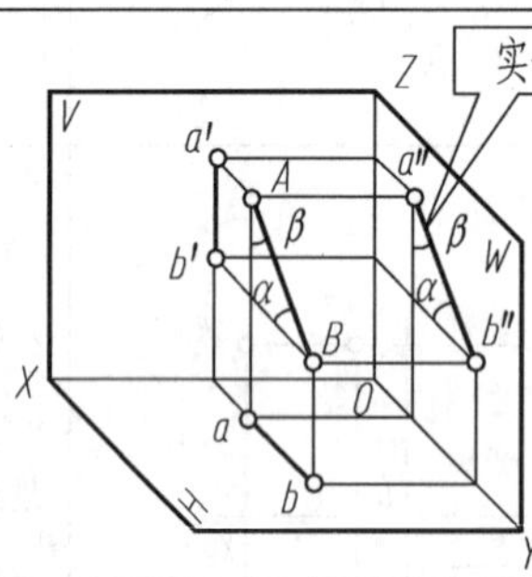  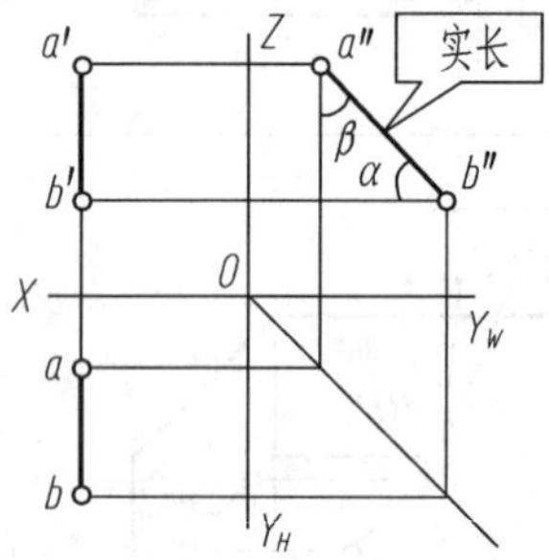  | （1）侧面投影反映实长，即 $a''b''=AB$<br>（2）$\alpha$、$\beta$ 反映直线对 $H$ 面、$V$ 面的倾角<br>（3）$ab \parallel OY_H$<br>$a'b' \parallel OZ$<br>$ab$、$a'b'<AB$ |
| 一般位置直线 |  | 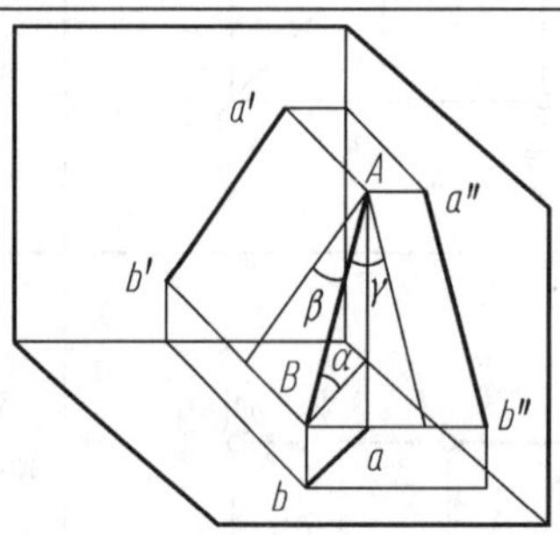 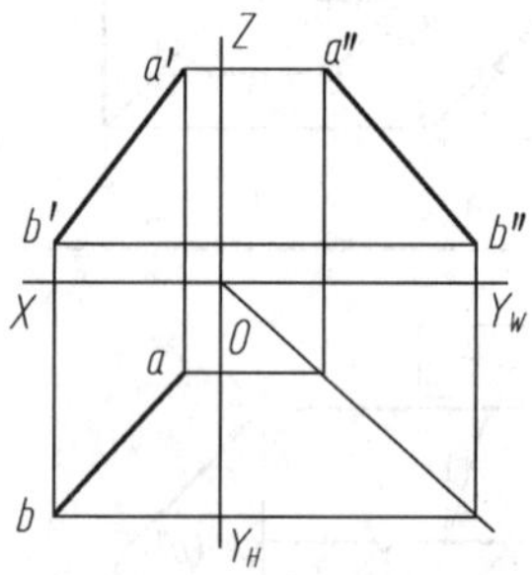 | （1）各投影的长度均小于直线本身的实长<br>（2）直线的各投影均不平行于各投影轴 |

## 三、平面的投影

平面相对投影面的位置有 3 种情况：投影面垂直面、投影面平行面和一般位置平面。

- 不同位置平面
  - 投影面垂直面
    - 铅垂面　$\perp H$ 面，对 $V$、$W$ 面均倾斜
    - 正垂面　$\perp V$ 面，对 $H$、$W$ 面均倾斜
    - 侧垂面　$\perp W$ 面，对 $H$、$V$ 面均倾斜
  - 投影面平行面
    - 水平面　$\parallel H$ 面，$\perp V$ 面，$\perp W$ 面
    - 正平面　$\parallel V$ 面，$\perp H$ 面，$\perp W$ 面
    - 侧平面　$\parallel W$ 面，$\perp H$ 面，$\perp V$ 面
  - 一般位置平面　对 $H$、$V$、$W$ 面均倾斜

其中投影面的垂直面和平行面又称为特殊位置平面。

① 投影面垂直面。垂直于一个投影面且同时倾斜于其他两个投影面的平面，称为投影面垂直面。垂直于 $V$ 面的平面，称为正垂面；垂直于 $H$ 面的平面，称为铅垂面；垂直于 $W$ 面的平面，称为侧垂面。

② 投影面平行面。平行于一个投影面的平面称为投影面平行面。平行于 $V$ 面的平面，称为正平面；平行于 $H$ 面的平面，称为水平面；平行于 $W$ 面的平面，称为侧平面。

③ 一般位置平面。对 3 个投影面都处于倾斜位置的平面，称为一般位置平面。表 2-2 列举了 3 种投影面平行面的投影及其投影特性。

表 2-2 投影面平行面的投影及其特性

<table>
<tr><th>类别</th><th>名称</th><th>投影图例</th><th>投影特性</th></tr>
<tr><td rowspan="3">投影面垂直面</td><td>铅垂面</td><td>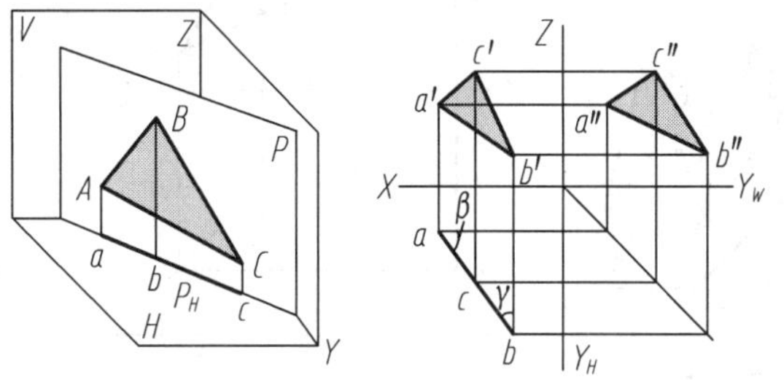
</td><td>1. 水平投影积聚成直线<br>2. 水平投影反映直线对 $V$ 面、$W$ 面的倾角 $\beta$、$\gamma$<br>3. 正面投影和侧面投影均为原形的类似形</td></tr>
<tr><td>正垂面</td><td>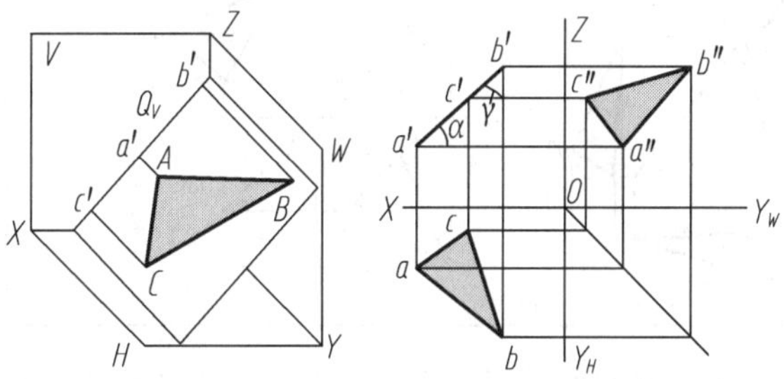
</td><td>1. 正面投影积聚成直线<br>2. 正面投影反映直线对 $H$ 面、$W$ 面的倾角 $\alpha$、$\gamma$<br>3. 水平投影和侧面投影均为原形的类似形</td></tr>
<tr><td>侧垂面</td><td>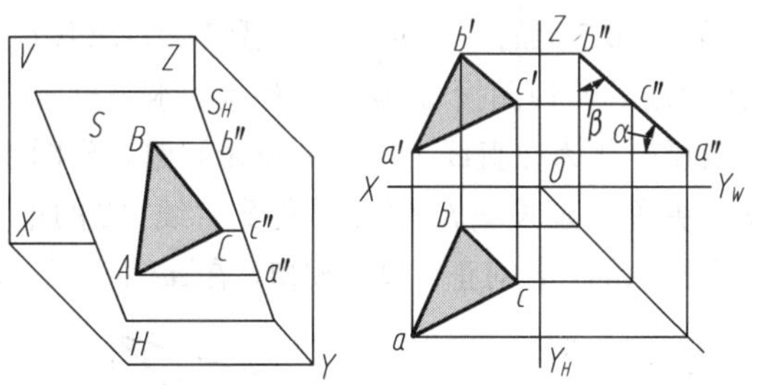
</td><td>1. 侧面投影积聚成直线<br>2. 侧面投影反映平面对 $H$ 面、$V$ 面的倾角 $\alpha$、$\beta$<br>3. 水平投影和侧面投影均为原形的类似形</td></tr>
<tr><td>投影面平行面</td><td>水平面</td><td>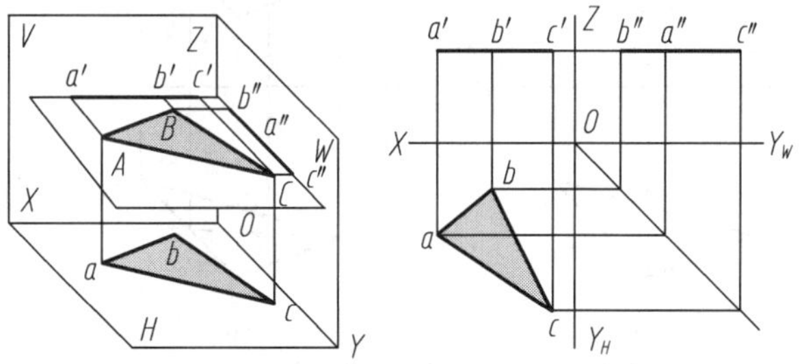
</td><td>1. 水平投影反映实形<br>2. 正面投影积聚成直线，且平行于 $OX$ 轴<br>3. 侧面投影积聚成直线，且平行于 $OY_W$ 轴</td></tr>
</table>

续表

| 类别 | 名称 | 投影图例 | 投影特性 |
|---|---|---|---|
| 投影面平行面 | 正平面 | 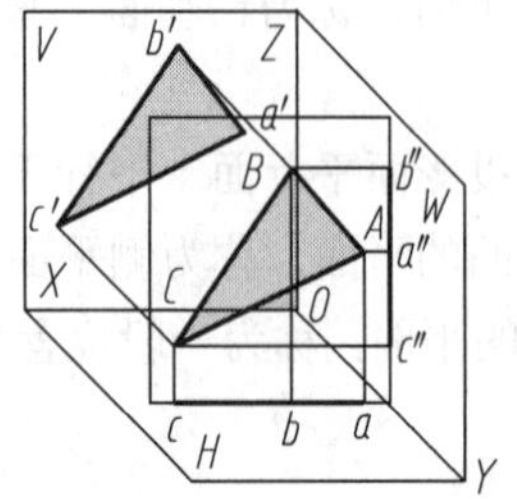 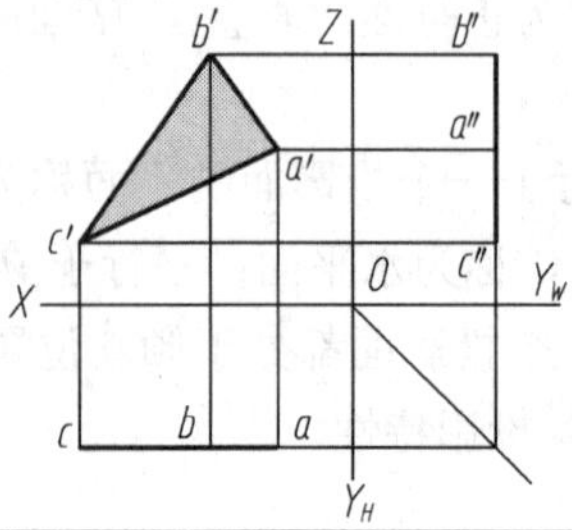 | 1．正面投影反映实形<br>2．水平投影积聚成直线，且平行于 OX 轴<br>3．侧面投影积聚成直线，且平行于 OZ 轴 |
| | 侧平面 | 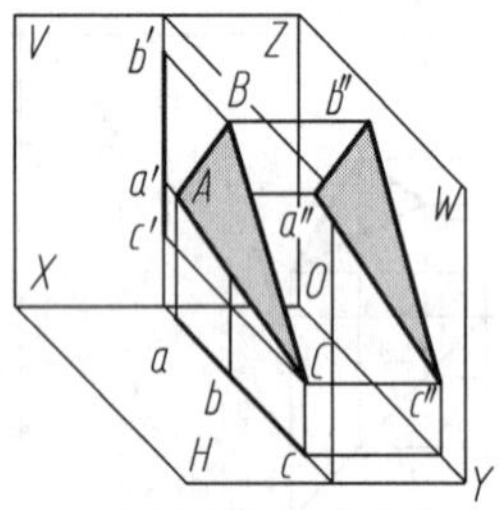 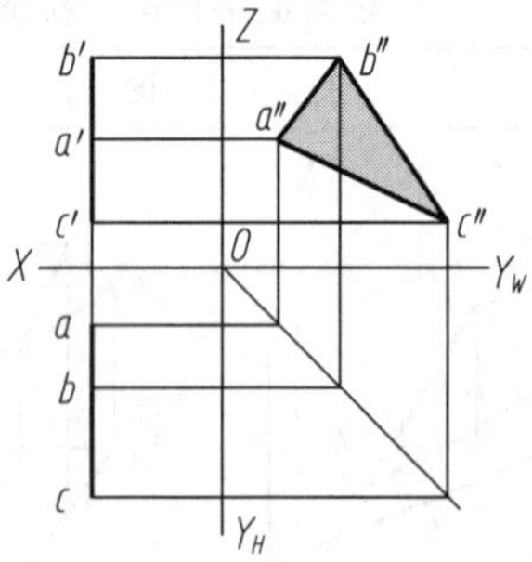 | 1．侧面投影反映实形<br>2．水平投影积聚成直线，且平行于 OY 轴<br>3．正面投影积聚成直线，且平行于 OZ 轴 |
| 一般位置平面 | | 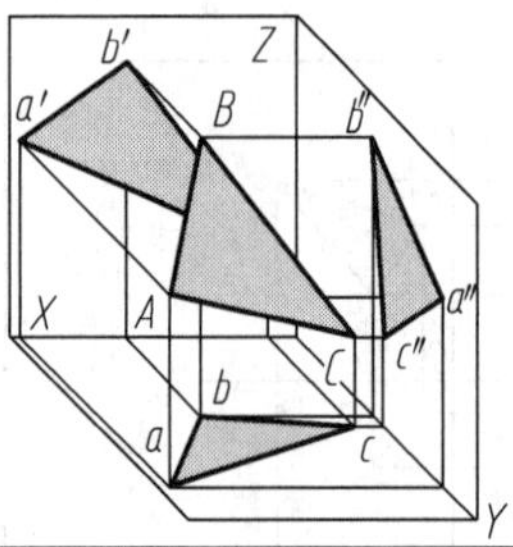 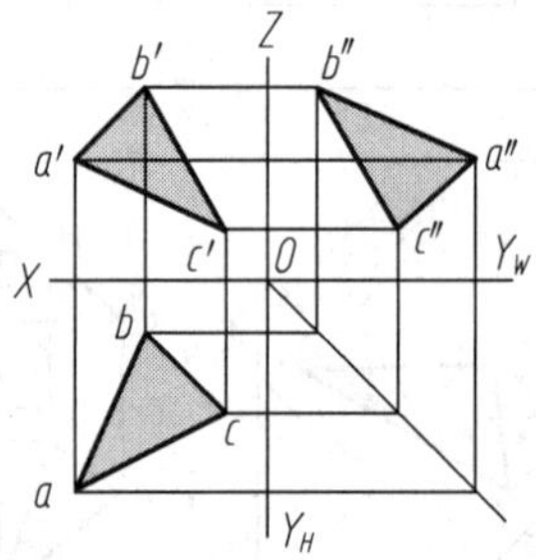 | 三面投影△abc、△a'b'c'、△a"b"c"均为原形的类似形，不反映实形，也不真实反映该平面与投影面的倾角 |

由于一般位置平面的投影都不是直线，所以在求平面上点的投影时，需要在平面上作一条辅助线。如图 2-17 所示，已知平面△ABC 上的一点 K 的正面投影 k'，求其水平投影 k。首先过点 k' 在平面上作直线 a'e'，然后作出直线的俯视图投影 ae，则 K 点的水平投影 k 必在此直线的投影 ae 上。这样就把求点在平面上的投影转化为在直线上求点的投影问题。作图步骤如下：

① 在正面投影上连接 a'k'，并将其延长交 b'c'于 e'，得到直线 AE 的正面投影 a'e'。

② 作 a'e'的水平投影 ae，根据点的“长对正”投影规律，在 ae 上作出 k，如图 2-17（b）所示。

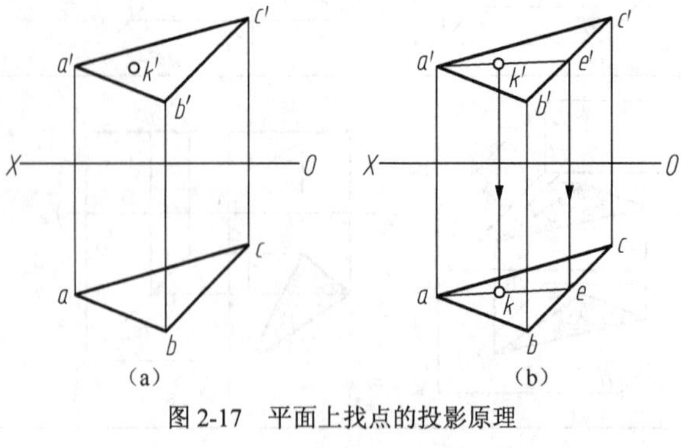


（a）　　　　（b）

图 2-17　平面上找点的投影原理

# 第三节　基本体的投影

如图 2-18 所示，任何物体都可以看成是由柱、锥、台、球、环等基本几何形体（简称基本体）按一定的方式组合而成的。按其表面性质不同，常见基本体通常分为平面基本体和曲面基本体两类。如图 2-19 所示，平面基本体有棱柱和棱锥两种，曲面基本体有圆柱、圆锥、球和圆环四种。

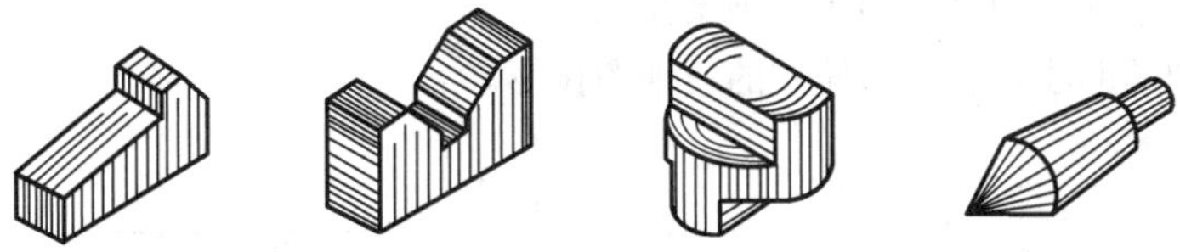

（a）钩头楔键　（b）V 形铁　（c）接头　（d）顶尖

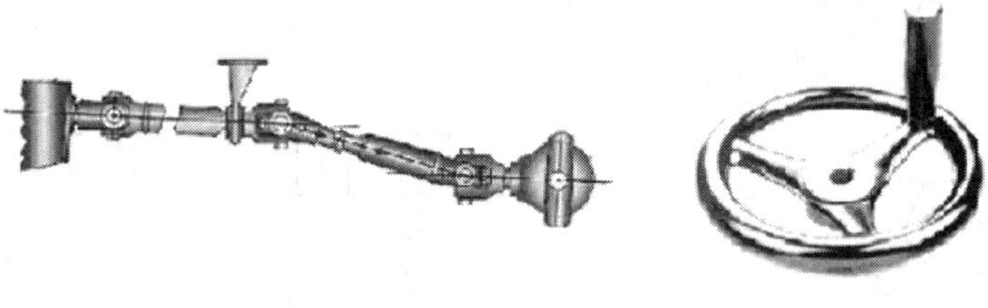

（e）汽车传动结构　（f）手轮

图 2-18　机件的基本组成

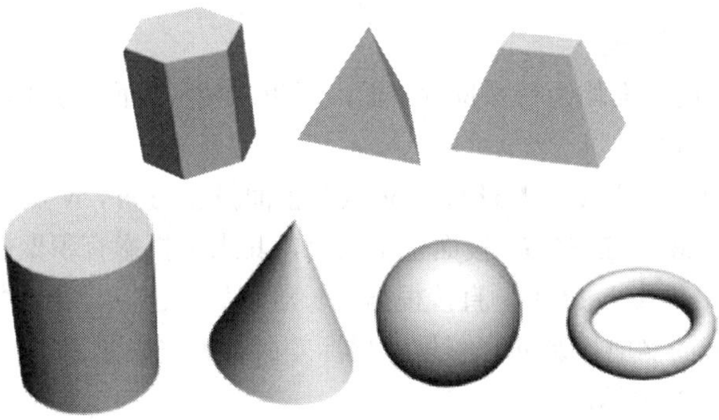

图 2-19　常见的基本体

## 一、平面立体的投影

所有表面由若干个平面所围成的几何形体，称为平面体。平面体有棱柱体和棱锥体两种。要作出平面基本体的投影，实质是作出其各个表面的平面投影。

1．棱柱体

（1）棱柱体的三视图

图 2-20 所示为一个正六棱柱的投影情况。它由 8 个面组成，分别是上顶面、下底面和 6 条棱组成的 6 个侧面。上下两个面为水平面，前、后侧面为正平面，其余 4 个为铅垂面，6 条棱线均为铅垂线。正六棱柱的三视图投影正是这些棱和组成表面的投影形成。俯视图投影是正六边形顶

面和底面的真实形状，其中每条边又都是侧面的积聚性投影；主视图反映了前、后正面的真实性投影；主视图中的两个侧面和左视图则是 4 个铅垂面的类似性投影，其中上、下两条直线分别是六棱柱的顶面和底面的积聚性投影，竖直直线则是棱线的真实投影。

画正六棱柱三视图的步骤如图 2-21 所示。

① 画展开后的三视图投影基准线，并作出 45° 辅助线。

② 先画能反映真实性投影的俯视图，即是棱柱的顶面和底面投影正六边形。

③ 根据“长对正”原理画主视图，截取上下底面之间的高度。

④ 根据“高平齐”和“宽相等”画出左视图。

⑤ 去除作图辅助线，留下六棱柱的三视图投影。

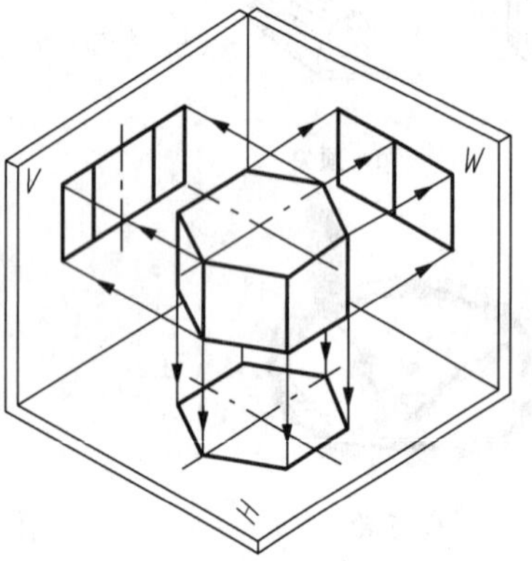


图 2-20 正六棱柱的投影

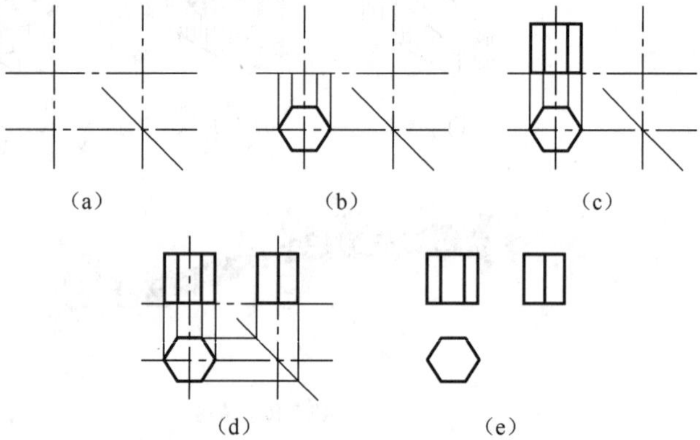


图 2-21 画棱柱三视图的步骤

（2）棱柱表面上点的投影

一般情况下，棱柱的表面均为特殊位置平面，所以求棱柱表面上点的投影均可利用平面投影的积聚性作图，并判断可见性。

如图 2-22 所示，已知正六棱柱的表面上 *M* 点的正面投影为 ***m′***，*N* 点的侧面投影为 ***n″***，求 *M*、*N* 的另两面投影。由于 *M* 点在 *BCGF* 棱面正平面上，其水平投影有积聚性，因此 *M* 点的水平投影 ***m*** 必在该侧面的水平投影 ***bcgf*** 上，直接根据“长对正”求出 ***m***，再根据 ***m′***和 ***m*** 求出 ***m″***，***m″*** 可见。同理，根据 *N* 点的侧面投影 ***n″***，量取 *y* 坐标差Δ*y*，首先确定水平投影 ***n***，最后求出正面投影 ***n′***，***n′***不可见，用（***n′***）表示。

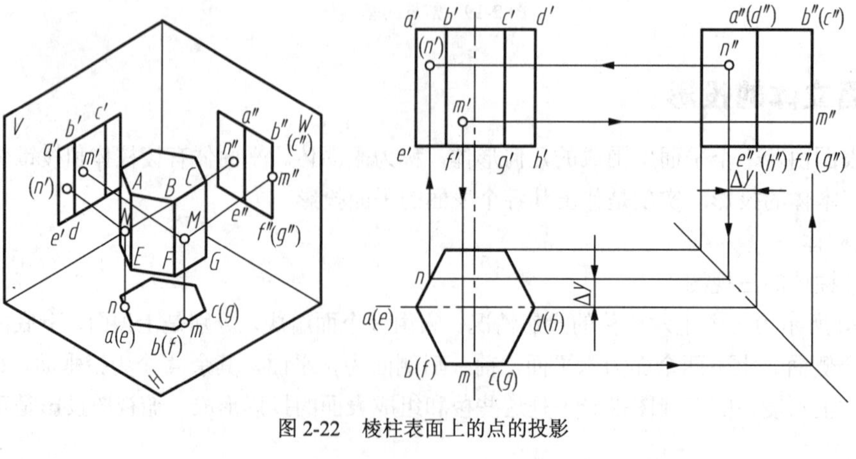


图 2-22 棱柱表面上的点的投影

熟记常见几何体的形体特征和视图特征，丰富大脑的形象储备，是深入学习复杂的组合体和汽车零件的基础。因此，图 2-23 提供了一些常见的棱柱体在不同的方位下的三视图投影，以供大家识图，为建立棱柱图平面特征提供捷径。

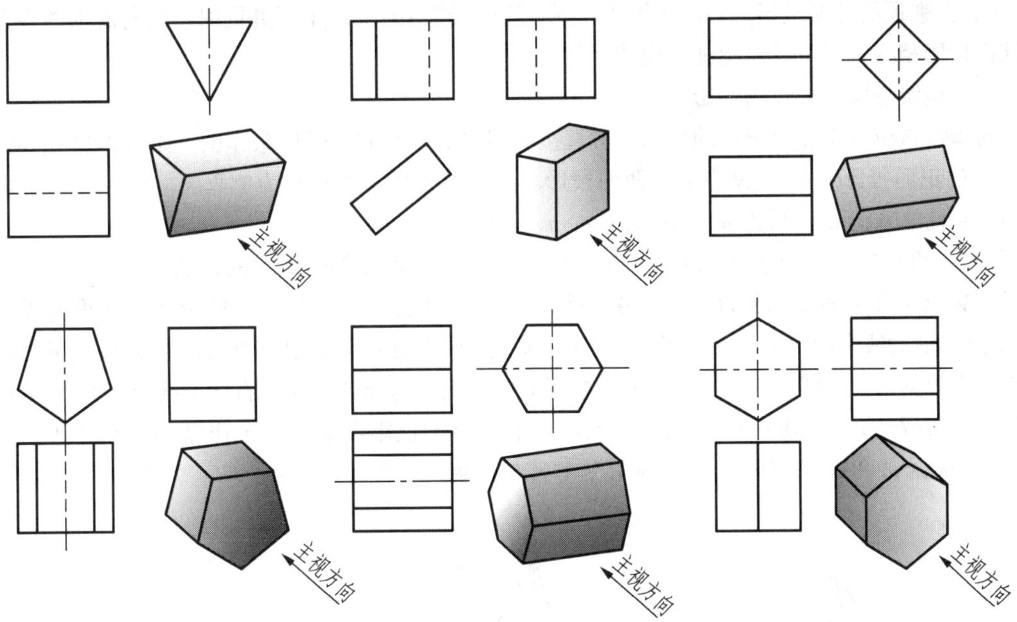


图 2-23　不同位置的棱柱体及其三视图

纵观上述棱柱体投影，可得出它们的形体特征是：棱柱体都是由两个平行且相等的多边形底面和若干个与其相垂直的矩形侧面所组成；其三视图特征是：一个视图为多边形，其他两个视图的外形轮廓均为矩形线框。

2. 棱锥体

（1）棱锥的三视图

图 2-24（a）所示为一正三棱锥的立体图，它由底面和三个棱面所组成。底面为水平面，其水平投影反映实形，正面和侧面投影均积聚为一直线；△*SAC* 为侧垂面，侧面投影积聚为一直线，水平投影和正面投影都是类似形；△*SAB* 和△*SBC* 为一般位置平面，其三面投影都是类似形。棱线 *SB* 为侧平线，*SA*、*SC* 为一般位置直线、*AC* 为侧垂线、*AB*、*BC* 为水平线。图 2-24（b）所示为其三视图投影。

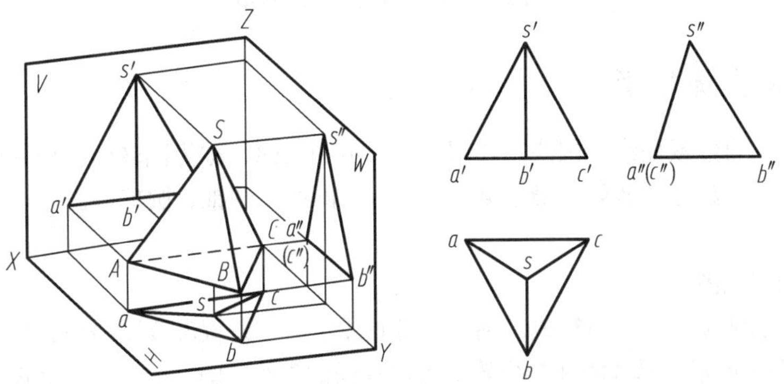


（a）　　　　（b）

图 2-24　棱锥的三视图

画棱锥三视图的步骤如下：

① 先画能反映真实形状的底面的俯视图投影△*abc*，底面为水平面，其水平投影反映实形，正面和侧面投影均积聚为一水平直线。

② 作锥顶的各面投影，并连接锥顶 *s* 到各边的投影 *sa*、*sb*、*sc*。并同时将它与底面的各顶点的同面投影相连，不可见轮廓画成虚线。

（2）棱锥表面上求点的投影

对于特殊位置平面上求点的投影，可直接利用平面投影的积聚性来作图。如图 2-25 所示，已知 *N* 点的正面投影(*n*′)，求 *N* 点的另两面投影。由于 *N* 点所在△*SAC* 为侧垂面，可利用其 *W* 面投影的积聚性先求出 *n*″，再由 *n*″和 *n*′求出 *n*，*n*、*n*″均可见。

对于一般位置平面求点的投影，则应利用在平面上作取点的辅助线的方法来作图。如图 2-25 所示，*M* 点所在平面△*SAB* 为一般位置平面，已知 *M* 点的正面投影 *m*′，求 *M* 点的另两面投影。过 *M* 点作辅助线有两种方法：①过 *M* 点作辅助线 *SM* 并延长至底边交点 *H*，求点 *m*′的另外两面投影，先根据两点连线作出 *sh* 和 *s*″*h*″，把平面上找点的问题转化为在直线上找点。②过 *m*′点作辅助线 *e*′*f*′(*EF*∥*AB*)，找到 *EF* 的水平投影 *ef*，根据点的投影规律在 *ef* 上作出 *M* 点的水平面投影 *m*。最后根据 *m*′和 *m* 求出 *m*″，3 个视图上 *M* 点的投影均可见。

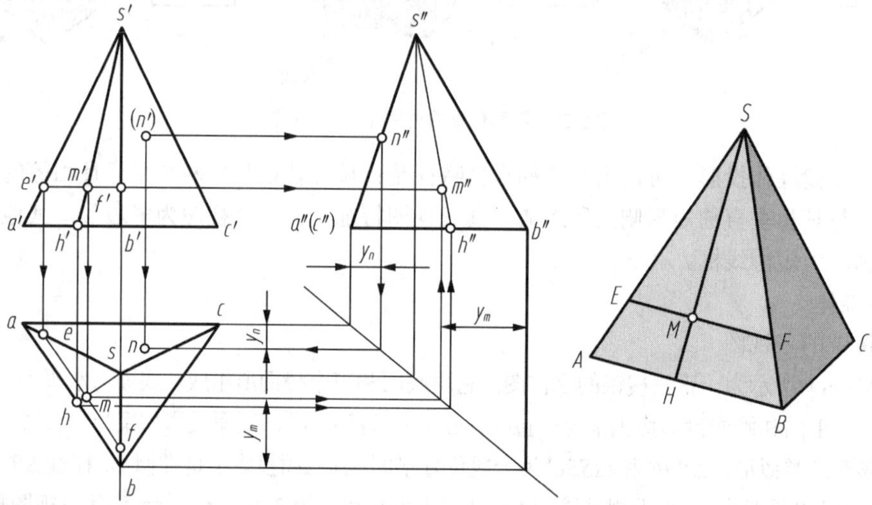


图 2-25 棱锥表面上的点的投影

## 二、回转曲面立体投影

由一条母线（直线或曲线）围绕轴线回转而形成的表面，称为回转面；由回转面或回转面与平面所围成的立体，称为回转体。最常见的回转体有圆柱、圆锥、圆球等。

1．圆柱体

（1）圆柱的三视图

圆柱由圆柱面和顶、底平面组成。圆柱面可看成是由一条直母线围绕与它平行的轴线回转而成，如图 2-26（a）所示。母线的任一位置称为圆柱面的素线。圆柱的三视图如图 2-26（b）所示，俯视图是一个圆，它是圆柱面在水平面上的积聚投影，反映了顶、底平面的实形。

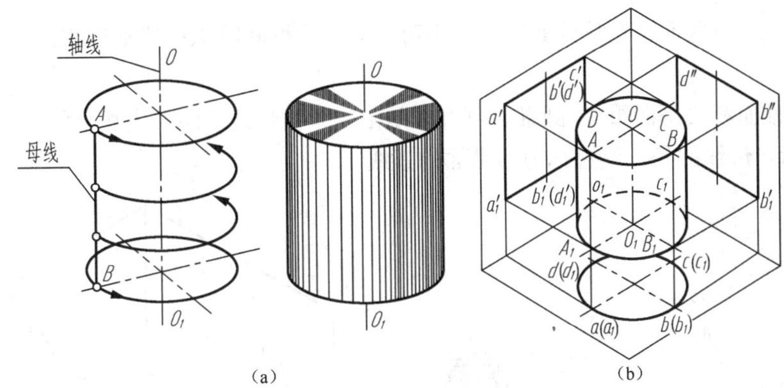


图 2-26　圆柱面的形成

圆柱的主视图、左视图投影为相同的矩形，上下两边都是顶、底面的积聚投影，长度为圆柱的直径。

主视图矩形的左右两边分别是圆柱面最左、最右素线的投影，它们是圆柱前后半圆柱的轮廓素线，也是主视图上圆柱面投影可见与不可见的分界线，其俯视图分别积聚成圆上的最左和最右象限点，最左、最右素线在左视图上与轴线重合。

左视图矩形的两边分别是圆柱面最前、最后素线的投影，它们是圆柱面左右半圆柱的轮廓线，也是左视图上圆柱面投影可见与不可见的分界线，其俯视图分别积聚圆上的最前和最后象限点，最前、最后素线在主视图上与轴线重合。

画圆柱三视图的步骤如下：

① 画三个视图中的轴线和圆对称线。

② 先画能反映投影特征的投影为圆的视图，再画其余两个投影为矩形的视图。

（2）圆柱表面求点的投影

圆柱面上点的投影，均可利用圆柱面投影的积聚性来作图。如图 2-27 所示，已知圆柱面上 *M* 点的侧面投影 ***m″***，求 *M* 点的其他两面投影。因为 *M* 点是在圆柱表面上，根据“圆柱表面的积聚性”和“宽相等”原则，可以求出落在俯视图圆周上的 *M* 点的俯视图投影 ***m***，再根据“长对正和高平齐”原理求出 *M* 点的主视图投影 ***m′***，而 *M* 点是在前半球，故正面投影 ***m′***可见。

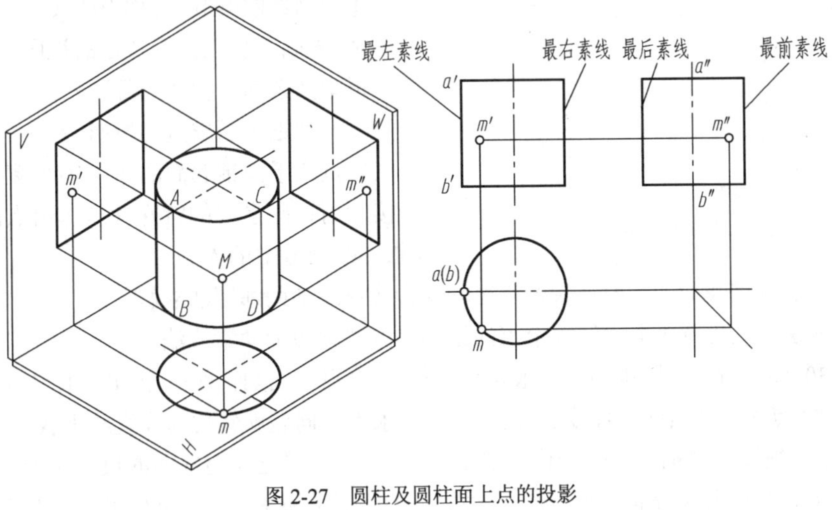


图 2-27　圆柱及圆柱面上点的投影

如果点在上、下底面或在特殊素线上，则可根据积聚性和特殊位置素线的投影直接求出。

2．圆锥体

圆锥由圆锥面和底平面组成。圆锥面可看成是由一条直母线围绕与它相交的轴线回转而成的，如图 2-28 所示。母线的任一位置称为圆锥面的素线。

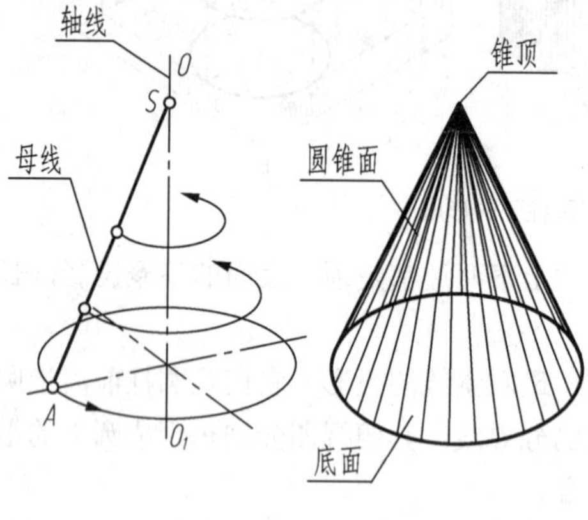


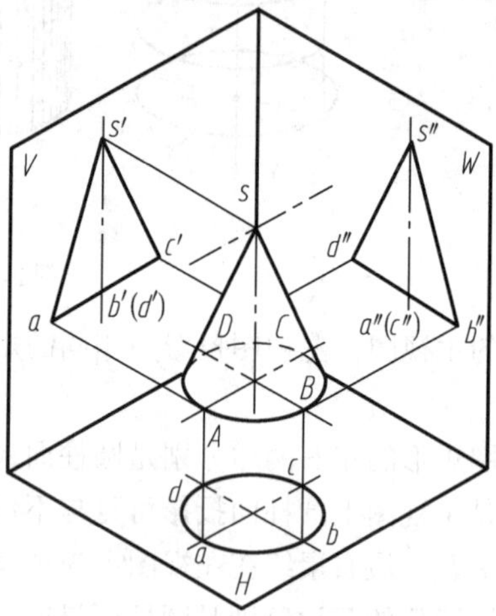


图 2-28 圆锥面的形成

（1）圆锥的三视图

如图 2-29 所示，圆锥的轴线垂直于水平面，圆锥的俯视图是一个圆，它既是圆锥面的水平投影，又是底平面实形的投影。

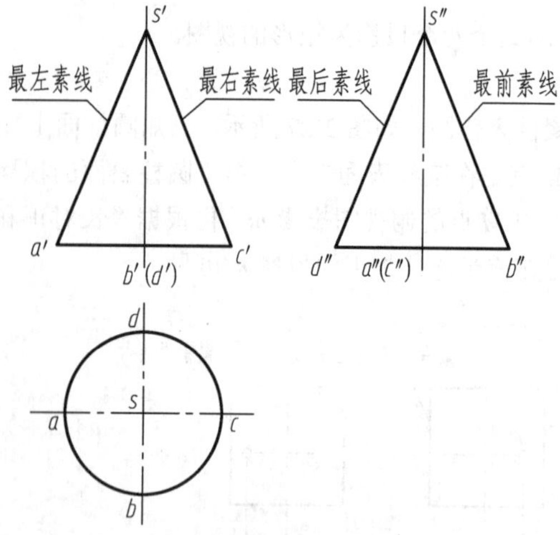


图 2-29 圆锥的三视图

主、左视图是两个相等的等腰三角形，它表示了圆锥面的投影，三角形底边是底圆的积聚性投影。主、左视图三角形的两腰分别是圆锥最左、最右素线和最前、最后素线的投影。

画圆锥三视图步骤如下：

① 画轴线和圆的对称中心线。

② 先画能反映投影特征的视图，即俯视图为圆。再画其余两个视图为等腰三角形。

（2）圆锥表面求点的投影

当点位于圆锥表面的 4 条特殊素线上时，可直接利用这些素线的特殊性质作出点的投影，如图 2-30（b）中的 *N* 点。

如果点处于圆锥表面的一般位置，需用辅助素线法或辅助纬圆法求解。

辅助素线法：利用圆锥面素线来求点的投影的方法称为辅助素线法。

如图 2-30（a）所示，圆锥面上一般位置上有一 *M* 点，已知正面投影 *m*′，求它的其他两面投影。可通过 *M* 点作辅助素线 *SA*，这样把圆锥面上求点的问题就转化为在直线上找点。如图 2-30（b）所示，在主视图上过锥顶 *s*′和 *m*′作一辅助线 *s*′*m*′，并将其延长至底面的投影交于 *a*′，根据“长对正”的投影原理作出其 *H* 面投影 *sa*，再根据点的投影关系求出 *m*、*m*″。由于 *M* 点是左前半圆锥面上的点，故 $m$、$m''$均可见。

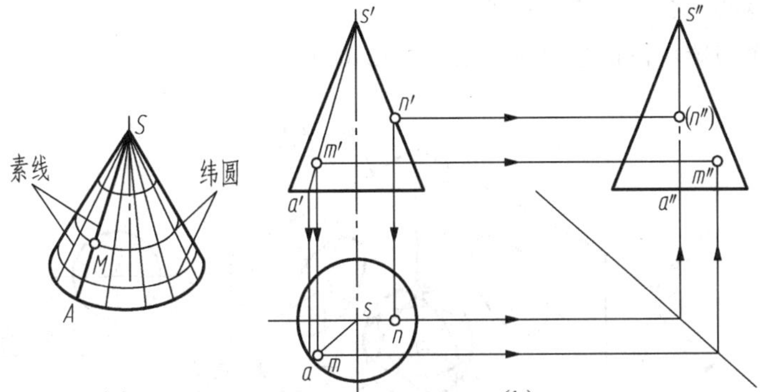


（a） （b）

图 2-30 辅助线法求圆锥面上的点的投影

辅助纬圆法：如图 2-30（a）所示，在圆锥面上可以作出无数个垂直于轴线的平面圆，利用这些圆来求点的投影的方法称为辅助纬圆法。如图 2-31 所示，已知圆锥面上的 $P$ 点投影($p'$)，求其他两面投影。可通过 $P$ 点作辅助圆的方法求点，这样就把在圆锥面上的一般位置求点问题转化为特殊位置截平面上求点来解决。过($p'$)垂直于轴线作一直线 $a'b'$，$a'b'$的长就是该辅助圆的直径，作出辅助圆的水平投影，就可求出 $p$，再根据($p'$)、$p$ 就可求出 $p''$。

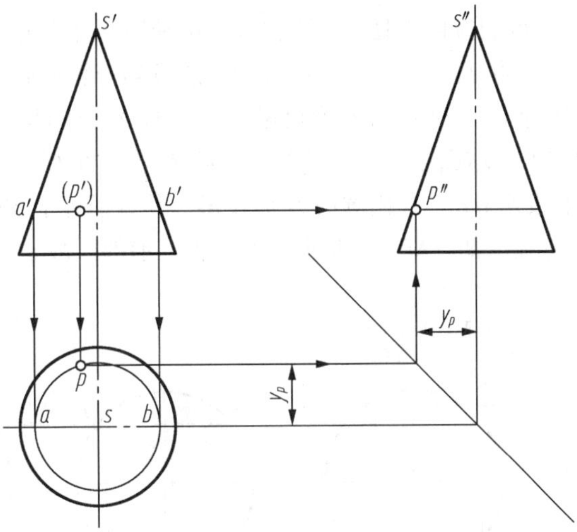


图 2-31 辅助纬圆法求圆锥面上的点的投影

3．圆球

圆球面的形成。圆球的表面可以看成是由一个圆周母线绕其通过圆心且在同一平面上的轴线回转而形成的，如图 2-32（a）所示。

（1）圆球的三视图

图 2-32（c）所示为圆球的三视图投影。其投影特征是 3 个大小相等的圆，其半径为圆球的直径。正面投影上的圆是圆球面上平行于 $V$ 面的最大圆投影，该圆为前半球面和后半球面的分界线投影；水平投影是圆球面上平行于 $H$ 面的最大圆的投影，该圆为上半球面和下半球面的分界线投影；侧面投影是圆球面上平行于 $W$ 面的最大圆的投影，它是左半球面和右半球面的分界线投影。

画圆球三视图的步骤如下：

① 可先确定球心的 3 个视图中心线。

② 再画出 3 个与球直径相等的圆（见图 2-32（c））。

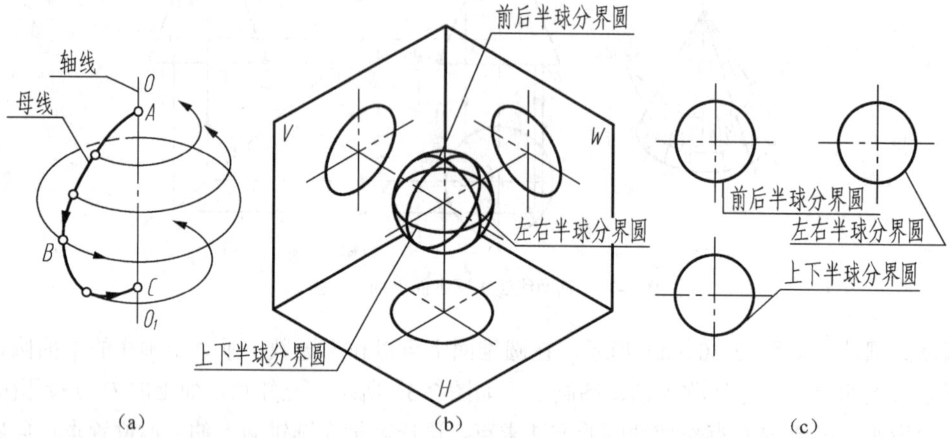


图 2-32 圆球的投影

（2）圆球面上求点的投影

圆球面转向轮廓线上的点的投影均处于特殊位置，可利用特殊平面位置和点的投影规律直接求出，如图 2-33（a）所示的点 *I*、*II*、*III*。一般位置点的投影一般要通过作辅助纬圆来求解，如图 2-33（b）所示，已知圆球面上 *M* 点的 *V* 面投影为 *m'*，求 *M* 点的其他两面投影。由于 *m'*为可见，所以 *M* 点在球体的前半个球面上。选择在球面上过 *M* 点作平行于水平面的辅助圆的方法求点。过 *m'*作辅助圆的 *V* 面投影 *a'b'*，作出圆的 *H* 面投影，其直径等于 *a'b'*的长度，按点的投影规律作出 *m* 和 *m''*。由 *m'*的位置可知，*M* 点在球面的左、上、前部。故 *m*、*m''*都可见。

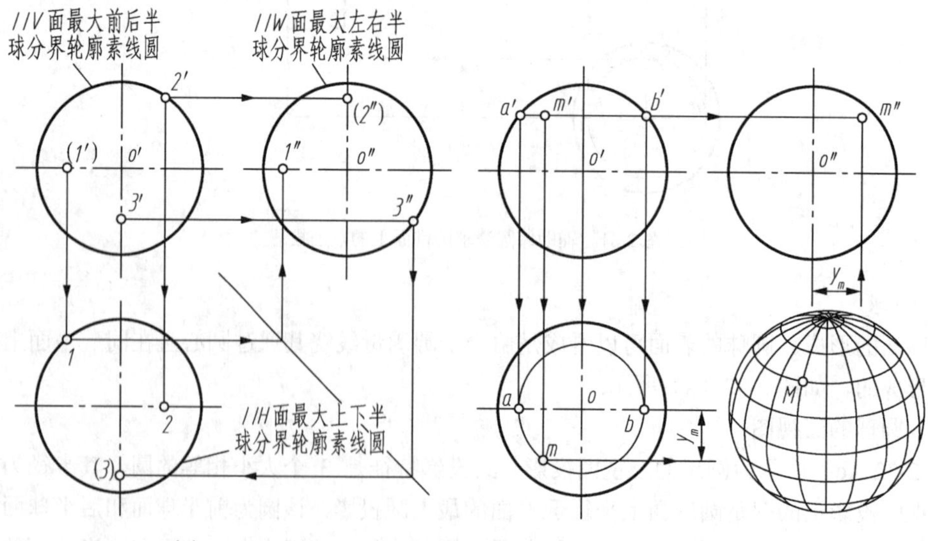


图 2-33 圆球及球面上的点的投影

# 第四节　基本体的切割与相贯

## 一、截交线

截切基本体的平面称为截平面，基本体被截平面截断后的部分称为切割体，被截切后的断面称为截交面，截平面与基本体表面的交线称为截交线，如图 2-34（a）所示。截交线具有下列基本性质：

共有性：截交线是截平面与立体表面的共有线。

封闭性：由于基本体是有一个有限的实体范围，因此截交线为一个封闭的平面多边形。

1．平面立体的表面交线

平面立体的截交线。求平面立体的截交线的投影就是利用形体表面取点的方法求出截交线上各顶点的投影，然后依次连接，完成作图。如图 2-34（b）所示，已知切口的正面投影，完成被切正四棱柱的三视图。

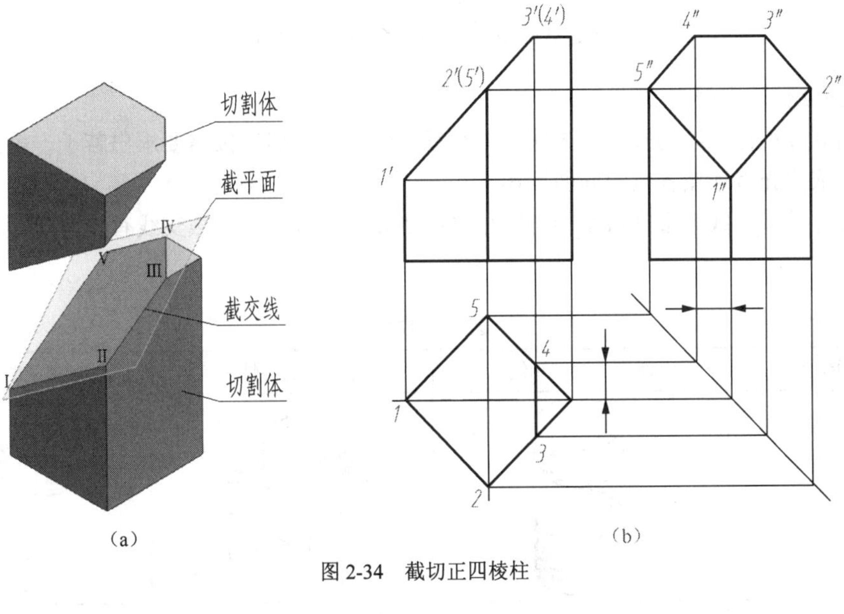


图 2-34　截切正四棱柱

截平面与 3 条棱相交，切割到棱柱顶面和 4 个侧棱面，故截交线由五条交线组成，截断面为五边形。五边形的各顶点分别是截平面与棱柱表面的五条被截棱线的交点 *I*、*II*、*III*、*IV*、*V*。由于截平面为正垂面，故截断面的正面投影积聚成直线段，水平投影与侧面投影为相似性的五边形。

作图步骤为：

① 标出截断面各顶点的正面投影：*1′*、*2′*、*3′*、*4′*、*5′*。

② 求出各点的水平投影：*1*、*2*、*3*、*4*、*5*。

③ 求出各点的侧面投影：*1″*、*2″*、*3″*、*4″*、*5″*。

④ 整理轮廓线。在左视图中，应去除被截去部分的投影，并补画图示虚线。

⑤ 判别可见性。根据封闭性依次连接各点的同面投影，即完成截交线的水平投影和侧面投影。

熟记常见平面几何切割体的形体特征和视图特征，丰富大脑的形象储备，是深入学习复杂的组合体和汽车零件的基础。因此，图 2-35 提供了五棱柱体切割体六种不同情形的切割体三视图投影，以供大家识图，为在大脑中建立各种棱柱切割平面特征提供参考。

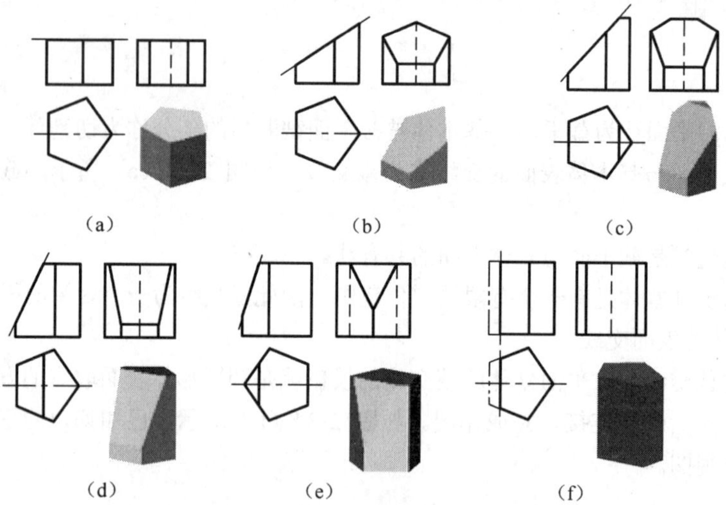


图 2-35 六种不同情形的五棱柱体切割体

2．曲面立体的表面交线

求曲面立体的截交线的投影要先作出截交线的特殊点，然后按需要求出若干一般点，最后判别可视性，依次光滑连接各点的同面投影。

（1）圆柱的截交线。根据截平面与圆柱轴线的相对位置不同，截交线有 3 种形状，如表 2-3 所示。

表 2-3 圆柱的截交线

| 截平面位置 | 垂直于圆柱轴线 | 平行于圆柱轴线 | 倾斜于圆柱轴线 |
|---|---|---|---|
| 立体图 | 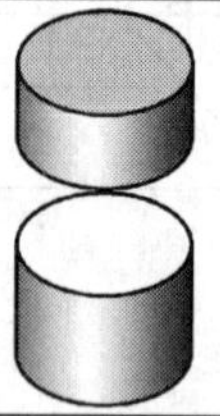 | 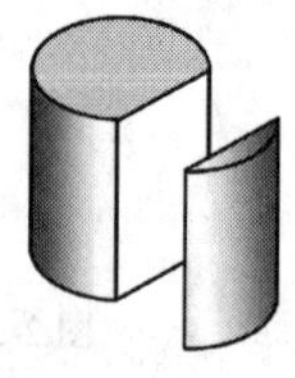 | 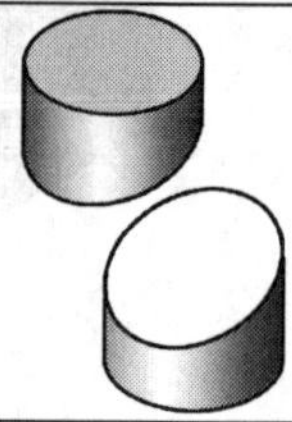 |
| 圆柱面上的截交线形状 | 圆 | 两平行直线（截断面为矩形） | 椭圆 |
| 三视图 | 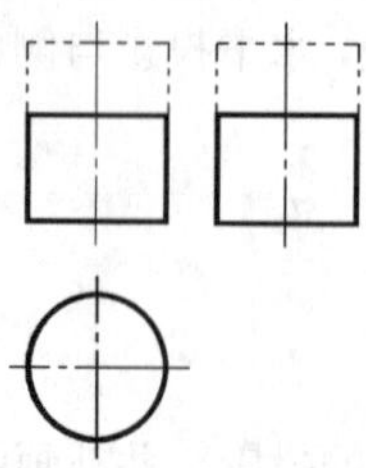 | 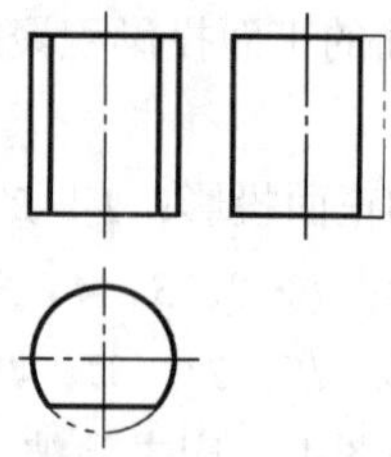 | 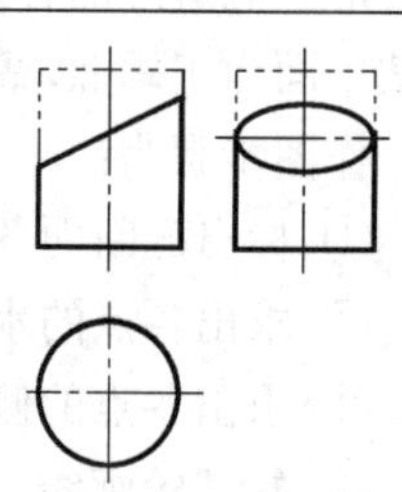 |

当截平面位置与圆柱轴线平行和垂直时，截交面为特殊位置平面，可以简单根据积聚性和真实性投影作出三视图投影；当截平面与圆柱轴线相倾斜时，其真实形状为一椭圆，左视图中为类似性，须用描点法作出其投影。如图 2-36 所示，由于截平面为正垂面，倾斜于圆柱轴线，且完全切在圆柱面上，故截交线应为椭圆。截交线的正面投影积聚成直线；俯视图中圆柱面的投影具有积聚性，故截交线的水平投影与圆柱面的积聚投影重合，侧面投影一般情况下为椭圆，其长短轴要根据截平面与轴线的夹角而定（特殊情况即截平面与轴线的夹角为 45° 时，左视图投影为圆）。其作图步骤为：

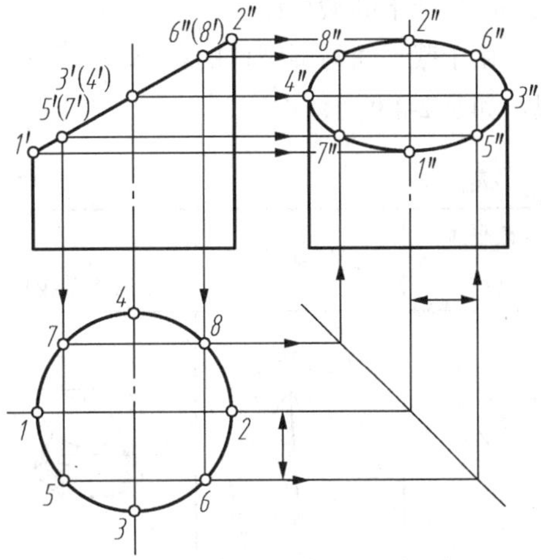

图 2-36　斜切圆柱

① 求特殊点。圆柱的 4 条特殊位置素线与截平面的交点是椭圆上的特殊点，利用主视图上截交线的积聚投影，确定 4 个特殊点的正面投影 *1′*、*2′*、*3′*、*4′*，其中，*1′*在最左素线上，为最低、最左点，*2′*在最右素线上，为最高、最右点，两点的连线 *1′*、*2′*为椭圆的短轴；最前、最后素线上的两点 *3′*、*4′*分别为最前、最后点，其连线 *3′*、*4′*为椭圆的长轴。根据投影关系求出各点的其他两面投影。这 4 个特殊点的三面投影一旦确定，截交线的走向和大致范围基本确定。

② 求作一般点。根据具体情况作出适当数量的一般点，如图中的 *5*、*6*、*7*、*8*。

③ 整理轮廓线。擦去左视图中被截去部分的投影。

④ 判断可见性，光滑连接各点。左视图中，截交线可用粗实线将各点依次连接起来，完成全图。

如图 2-37 所示，汽车方向联轴节是一两端被切的圆柱，左端凹槽是用两个水平面和一个侧平面切割而成的，凹槽侧面的截交线为矩形，凹槽底面的截交线由两段圆弧和两条直线组成；右端两个切口都是用一个正平面和一个侧平面切割而成的，其截交线分别为矩形和圆弧。其作图步骤为：

① 在左视图中作凹槽和切口的积聚性投影：两条粗实线和两条虚线（*c″d″*、*a″b″*…）。

② 在俯视图中作左边凹槽的投影，矩形的宽 *cd* 由 *c″d″*确定，槽底不可见部分的投影用虚线绘制。

③ 在主视图中作右边切口的投影，矩形的高 *ab* 由 *a″b″*确定。

④ 擦去俯视图中被截去部分的投影，完成全图。

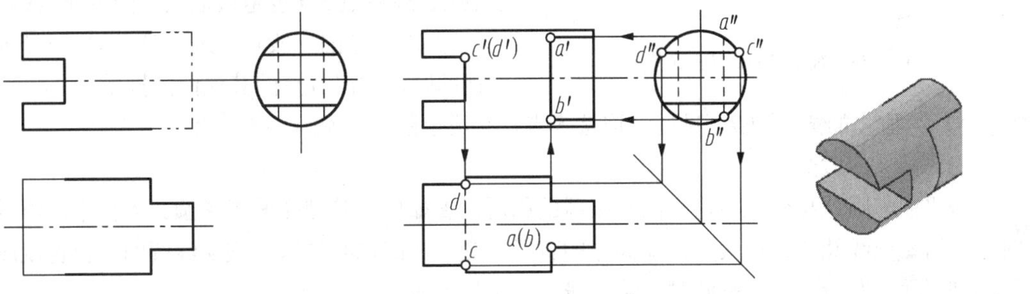

（a）　　（b）

图 2-37　汽车方向联轴节的投影

（2）圆锥的截交线

由于截平面与圆锥体的相对位置不同，圆锥面上的截交线的形状也不同，可分下列为 5 种情况，如表 2-4 所示。

表 2-4　　圆锥切割五种类型截交线

| 截平面位置 | 过圆锥顶点 | 垂直于圆锥轴线 | 倾斜于圆锥轴线 | 平行于圆锥轴线 | 平行于任一圆锥表面素线 |
|---|---|---|---|---|---|
| 立体图 | 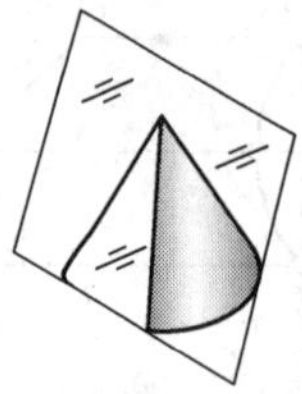 | 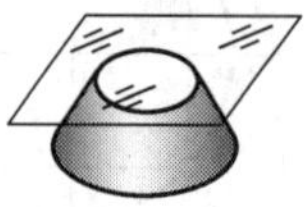 | 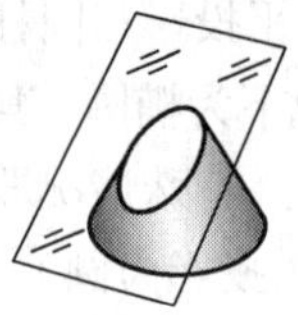 | 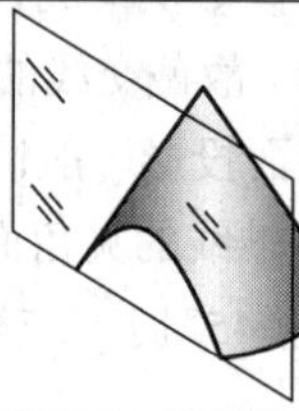 | 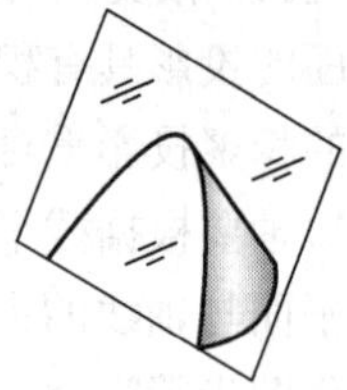 |
| 截交线形状 | 两相交直线 | 圆 | 椭圆 | 双曲线 | 抛物线 |
| 三视图 | 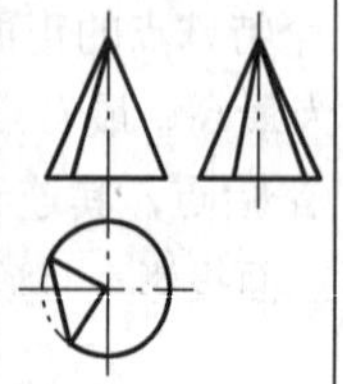 | 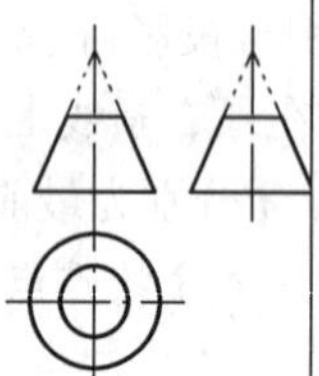 | 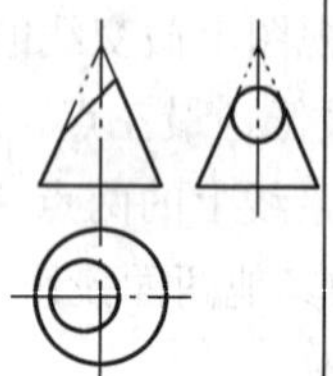 | 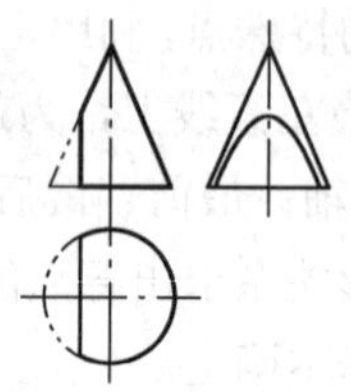 | 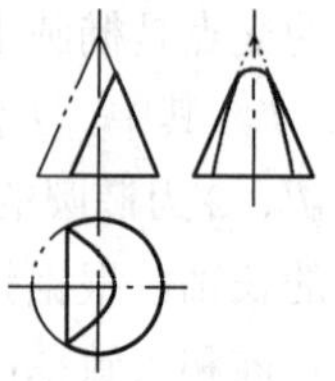 |

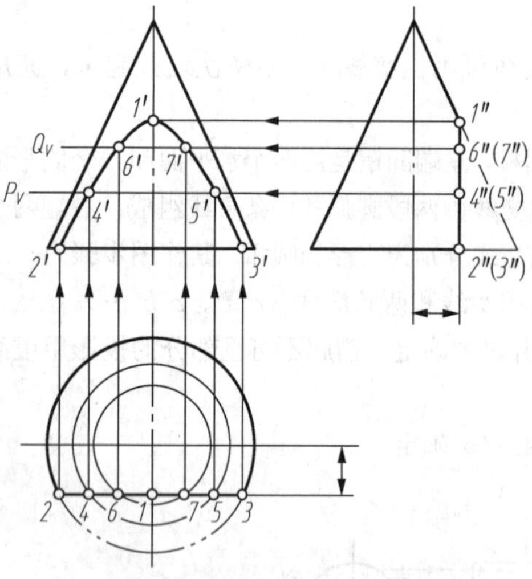


图 2-38　被正平面截切的圆锥

除了前两种截交线是三角形和能反映真实形状的圆之外，其余三种截交线为曲线，需要选取若干特殊点和一般点的投影，然后光滑连接成曲线即可。如图 2-38 所示，截平面与轴线平行，已知切口的侧面投影，完成被正平面截切的圆锥的三视图。

由于截平面与圆锥的轴线平行，所以截交线为双曲线。切口的水平投影和侧面投影分别积聚成直线段，正面投影反映切口的实形。其作图步骤为：

① 作切口的水平投影。量取左视图所示的宽度尺寸，作出俯视图中切口的投影。

② 求特殊点。分别作截交线上的最高点 *1*、最左点 *2*、最右点 *3*（也是最低点）的各面投影。

③ 求适量的一般点。过一般点 *4*″、*5*″、*6*″、*7*″作辅助圆，求出各点的其他两面投影。

④ 整理轮廓线，判断可见性，连接各点，完成全图。

（3）圆球的截交线

截平面与圆球相交，不论平面与圆球的相对位置如何，其截交面都是圆。当截平面通过球心时，这时截交线圆的直径最大，即为球的直径；截平面离球心越远，截交线圆的直径也就越小。但当截平面相对投影位置不同时，截交线的投影也不相同。

当截平面为投影面平行面时，截交线在该投影面上的投影反映真实性为圆的实形，其他两投影面上的投影都积聚为直线。如图 2-39 所示，已知圆的切割体的主视图，完成开槽半圆球的三视图。由于开槽半圆球的槽的两侧面是侧平面，它们与半圆球的截交线为两段圆弧，侧面投影反映实形；槽底是水平面，与半圆球的截交线也是两段圆弧，水平投影反映实形。其作图步骤为：

① 求出水平面 *R* 与球面的交线。交线的水平投影为圆弧，侧面投影为直线，如图 2-39（b）所示。

② 求侧平面 *P* 与球面的交线。交线的侧面投影为圆弧，水平投影为直线，如图 2-39（c）所示。

③ 补全半圆球轮廓线的侧面投影，并作出两截平面的交线的侧面投影（为虚线），完成全图，如图 2-39（d）所示。

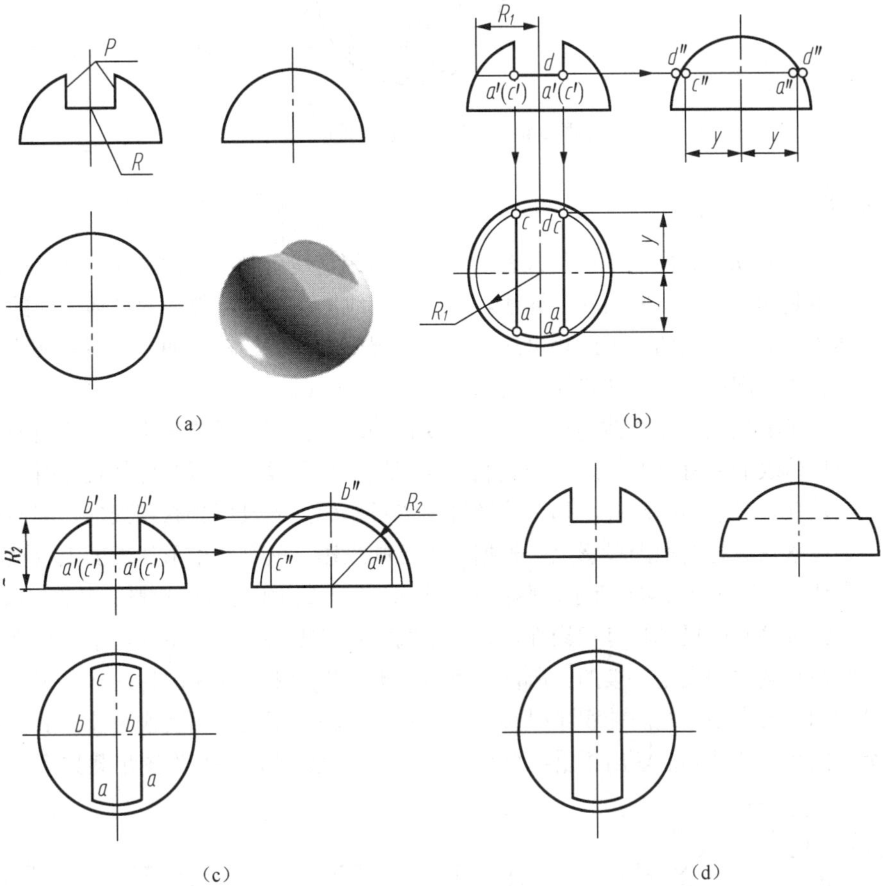


图 2-39　开槽半圆球

当截平面为投影面垂直面时（平面与投影面的夹角不等于 45° 时），截交线在该投影面上的投影积聚为一直线，另两面投影为椭圆。如图 2-40 所示，截交面的正面投影积聚成一条斜直线，即 *1'3'*，它也等于截交线圆的直径。截交线的水平投影和侧面投影都是椭圆，在求得水平投影和侧面投影椭圆的长短轴后，可以用几何作图的方法求得若干一般点，最后把水平投影和侧面投影连成光滑的椭圆。其作图步骤为：

① 求出截交线上的特殊点 *1*、*2*、*3*、*4* 的俯视和左视图投影。

② 求出若干个一般点 *5*、*6*、*7*、*8* 的俯视和左视图投影。

③ 判别可见性，顺次地光滑连接各点，作出截交线。

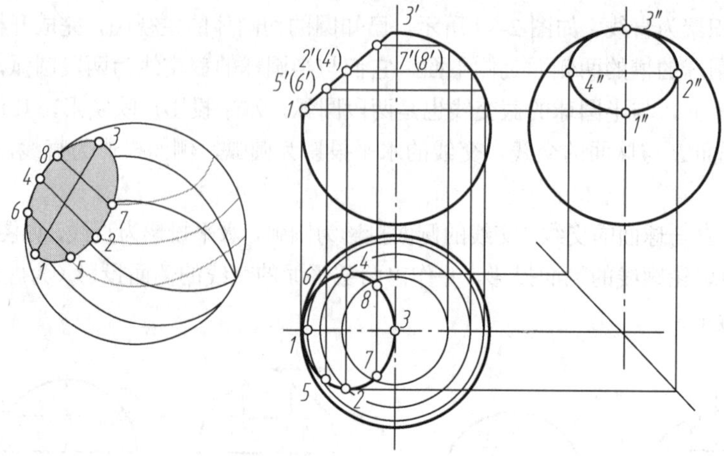


图 2-40 被正平面截切的圆球

## 二、相贯线

两立体相交，在立体表面上形成的共有的交线称为相贯线。制图里面的相贯线既是两形体表面的共有线，也是相交两形体表面的分界线。组成相贯线上的所有点都是两形体表面的共有点。

由于形体的表面是封闭的，因此相贯线在一般情况下是封闭的空间曲线。所以相贯线与截交线一样同样具有“封闭性”和“共有性”的特征。

画图时，为了清楚地表达物体的形状，一般要正确地画出其交线的投影。求相贯线的投影实质上就是求两形体表面共有点的投影。一般利用积聚性求相贯线。如两圆柱体相交时，如果其中有一个是轴线垂直于投影面的圆柱，那么此圆柱在该投影面上的投影具有积聚性，因而相贯线的这一投影也必然落在圆柱的积聚投影上，根据这个已知投影，就可利用形体表面上取点的方法作出相贯线的其他投影。如图 2-41 所示，两圆柱异径正交，求作相贯线的投影。从图 2-41（a）中可看出，水平大圆柱侧面投影具有积聚性，直立小圆柱水平投影具有积聚性，小圆柱完全贯入大圆柱，相贯线在小圆柱面上是连续的。所以相贯线的侧面投影积聚在大圆柱的一段圆弧上；相贯线的水平投影则积聚在小圆柱面的积聚投影上。两圆柱的轴线正交，相贯线为前、后和左、右对称的一条空间曲线，此处只需求出相贯线可见部分的正面投影即可。其作图步骤如下：

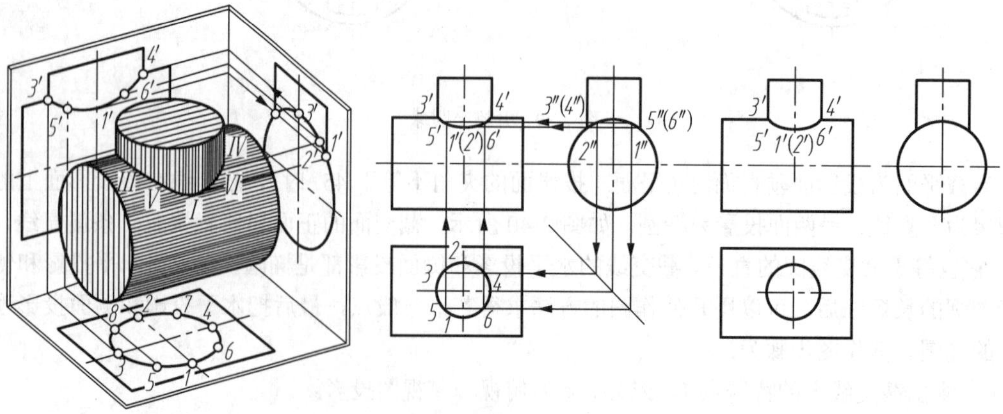


（a）　（b）　（c）

图 2-41 两圆柱异径正交的相贯线画法

① 求特殊点。先在相贯线的已知投影（水平投影和侧面投影）上确定特殊点 *1*、*2*、*3*、*4*（依次为相贯线上的最前、最后、最左、最右点）的投影，然后根据特殊点的特殊位置求出正面投影。

② 求适当的一般点。先在相贯线的已知投影中取点（如 *5*、*6*），再根据圆柱表面取点的方法求出正面投影（如 *5'*、*6'*），如图 2-41（b）所示。

③ 判断可见性。相贯线只有同时位于两个立体的可见表面时，其投影才是可见的，否则就都不可见。点 *3'*、*4'*是判别相贯线正面投影可见性的分界点，因此，相贯线主视图上 *3'1'4'*可见，*4'2'3'*部分不可见，前后对称的交线可见部分和不可见部分重合，光滑连接各点，如图 2-41（c）所示。

当相贯曲面体直径相等时，相贯线的投影会呈现出特殊情况。常见相贯线的特殊情况如表 2-5 所示。

表 2-5 相贯线的特殊情况和简化画法

| 相关线特殊情况 | 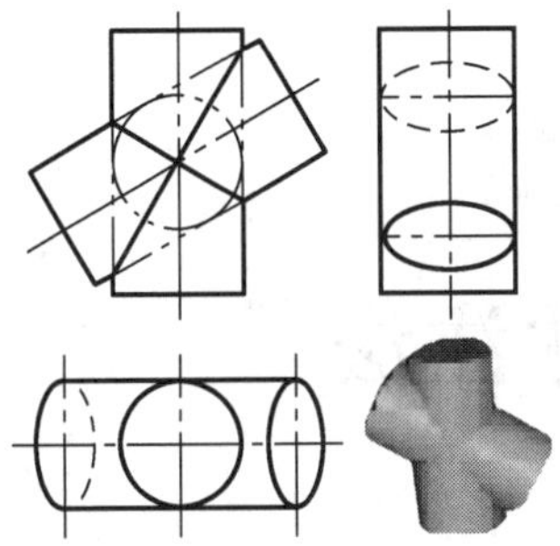 | 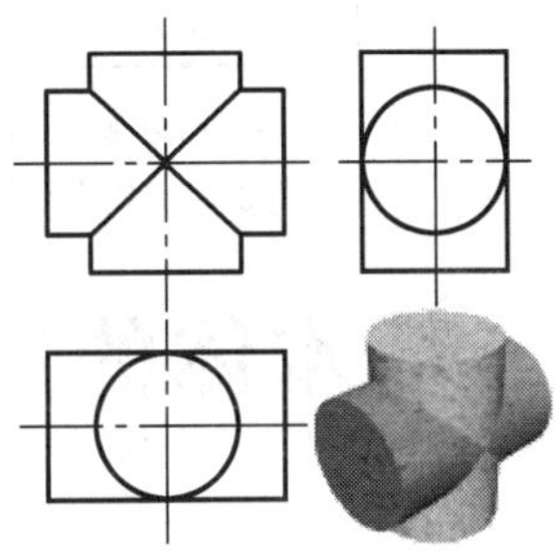 | 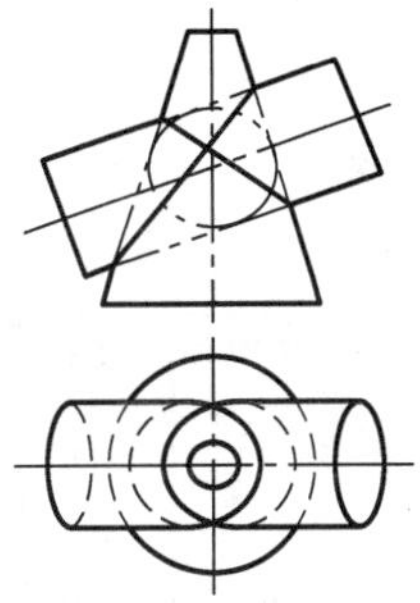 |
|---|---|---|---|
| 类型 | 等径圆柱斜交 | 等径圆柱正交 | 柱锥斜交 |
| 相关线特殊情况 | 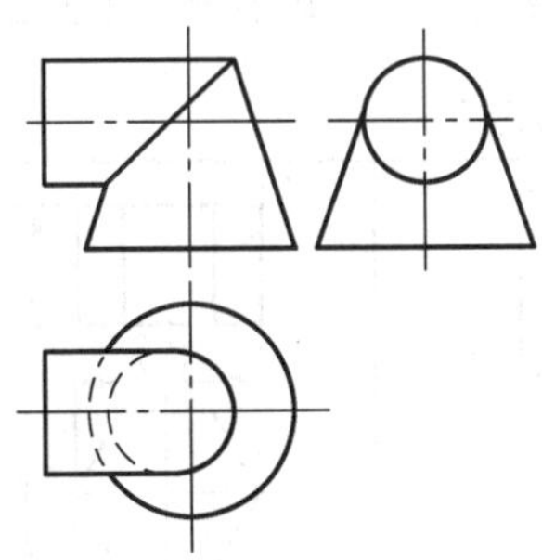 | 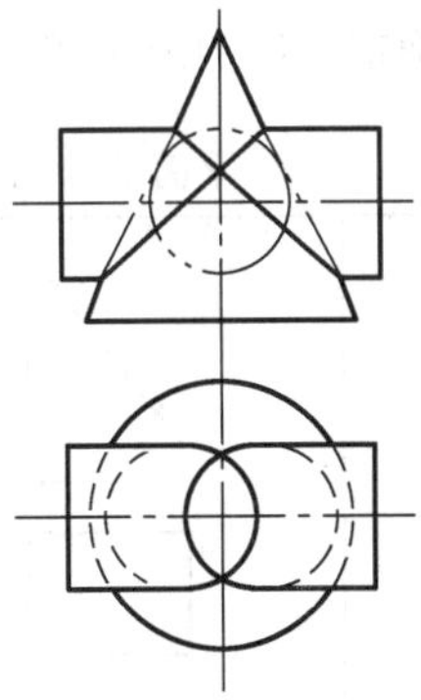 | 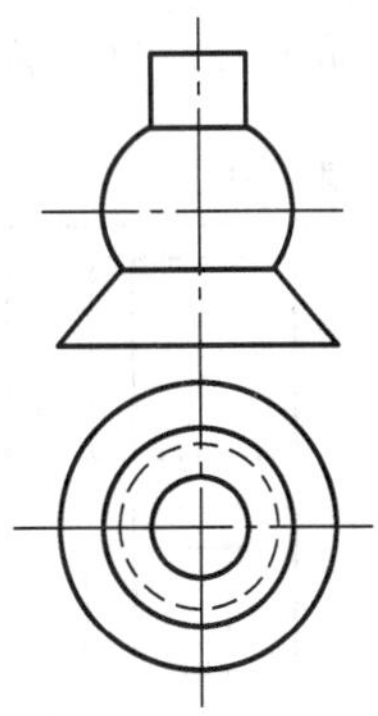 |
| 类型 | 柱锥正交 | 柱锥正交 | 柱球锥同轴相贯 |

当相贯的两个形体相差较大时，相贯线的投影接近于直线或圆弧。相贯线可以采用一定的简化画法。常见相贯线的简化画法如图 2-42 所示。

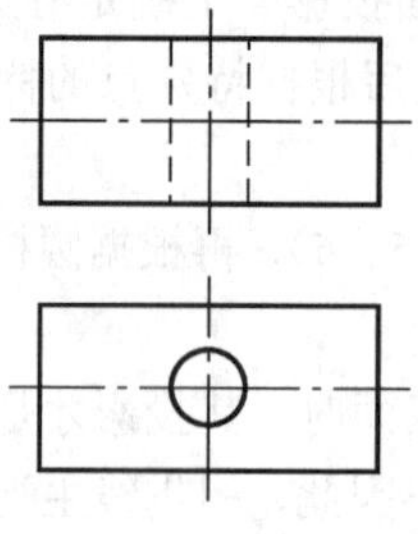

（a）用直线代替非圆曲线

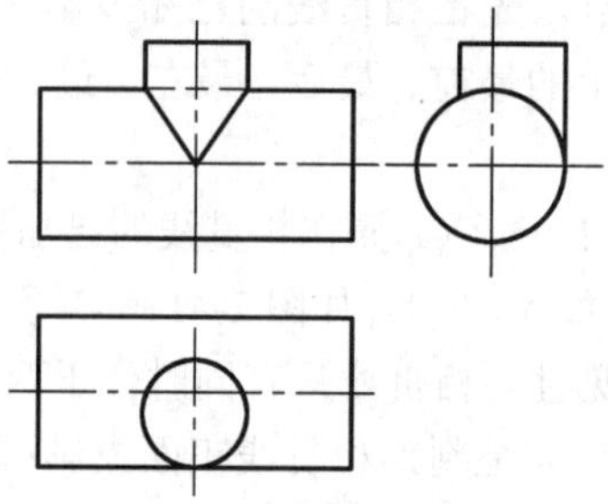

（b）用直线代替非圆曲线

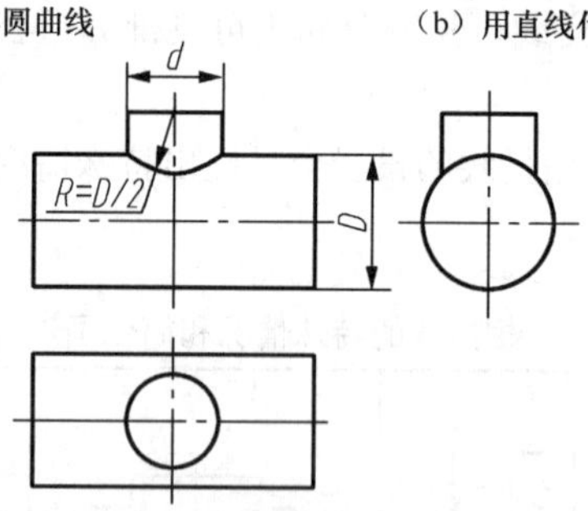


（c）用圆弧代替非圆曲线

图 2-42 相贯线的简化画法

## 第五节 基本体的尺寸注法

对基本体来说，只要标柱确定其大小的定形尺寸即可。

对于平面立体，一般情况下应标出长、宽、高 3 个方向的尺寸，如表 2-6 所示。

对于曲面立体，尺寸标注一般标在非圆视图上。即在非圆的视图上标注直径“$\phi$”或“$S\phi$”和轴向尺寸，这样就能方便确定它们的形状和大小，其余视图可省略不画，如表 2-7 所示。

表 2-6 平面基本几何体尺寸标注

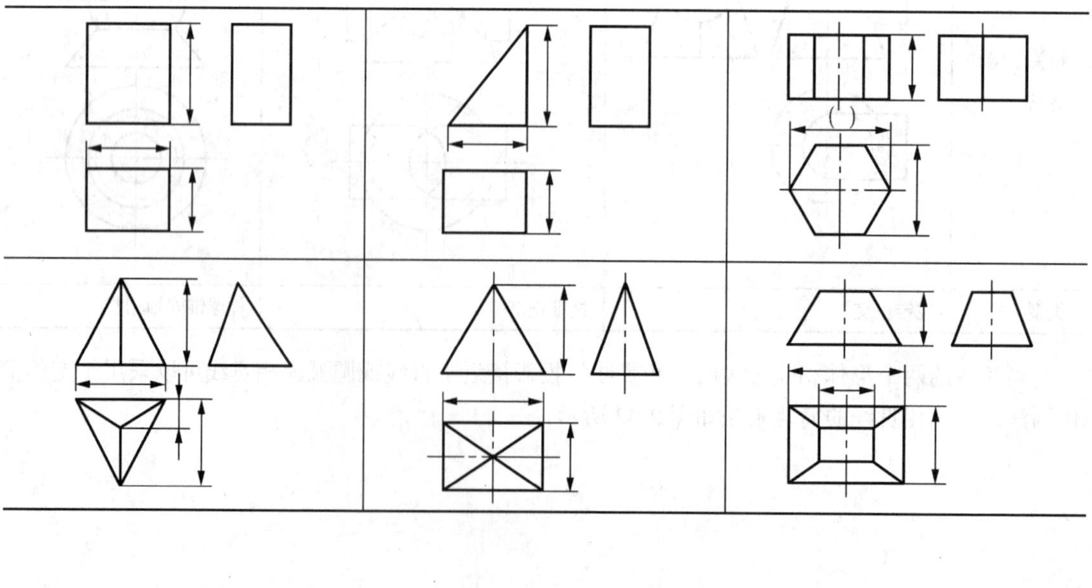

表 2-7 曲面基本几何体的尺寸标注

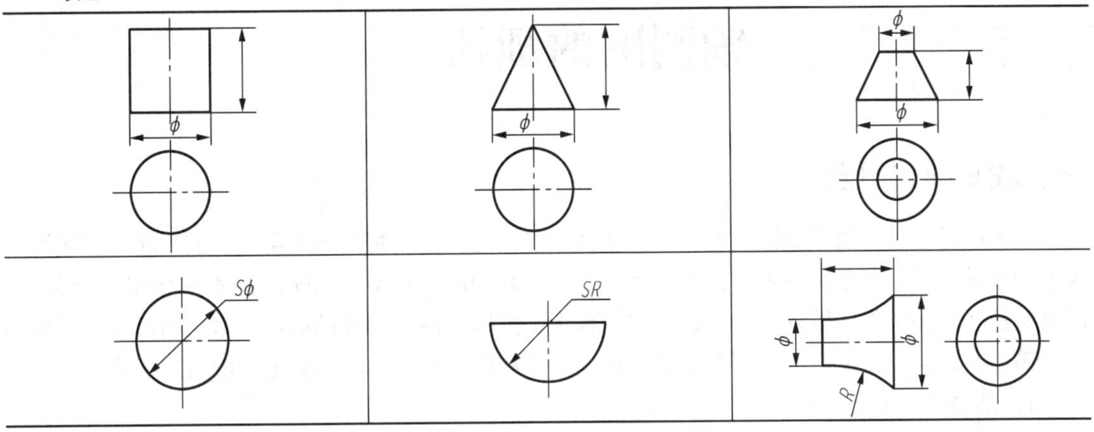


基本形体被截切后的尺寸注法和两个基本形体相贯后的尺寸注法如表 2-8 所示。截交线和相贯线上不应直接标注尺寸，只需标注参与截交的基本体的定形尺寸和截平面的定位尺寸。标注相贯部分的尺寸时，只需标注参与相贯的基本体的定形尺寸及其相贯位置的定位尺寸即可。

对于一些薄板零件，如底板、法兰盘等，它们通常是由两个以上的基本体组成的，尺寸标注如表 2-9 所示。

表 2-8 截切体和相贯体的尺寸标注

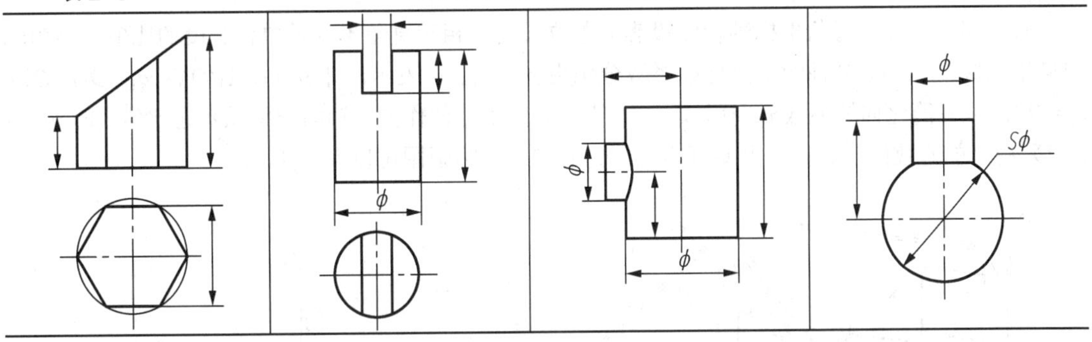


表 2-9 常见几种薄板的尺寸注法

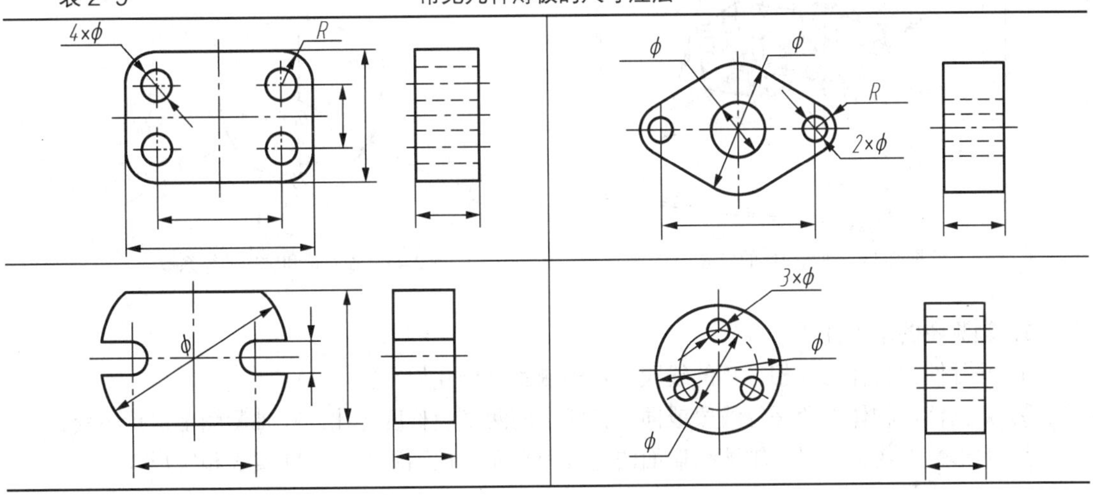

# 第六节 轴测图的画法

## 一、轴测图的概念

轴测图是一种单面投影图，在一个投影面上能同时反映出物体三个坐标面的形状，它接近于人们的视觉习惯，形象、逼真，富有立体感。但是轴测图一般不能反映出物体各表面的实形，因而度量性差，同时作图较复杂。因此，在工程上常把轴测图作为辅助图样，来说明机器的结构和使用等情况，在设计中，用轴测图帮助构思、想象物体的形状，以弥补正投影图的不足。

1．轴测图的形成

把空间物体和确定其空间位置的直角坐标系按平行投影法沿不平行于任何坐标面的方向投影到单一投影面上，所得的图形称为轴测投影图，简称轴测图，如图 2-43 所示。

2．轴测投影面、轴间角和轴向伸缩系数

轴测投影面：轴测投影被选定的单一投影面 $P$。

轴测轴：直角坐标轴在轴测投影面上的投影轴，如图 2-44 所示的 $O_1X_1$、$O_1Y_1$、$O_1Z_1$ 轴。

轴间角：在轴测投影中任意两根坐标轴在轴测投影面上的投影之间的夹角，如图 2-44 所示的 $\angle X_1O_1Y_1$、$\angle Y_1O_1Z_1$、$\angle X_1O_1Z_1$。

轴向伸缩系数：直角坐标轴轴测投影的单位长度与相应直角坐标轴单位长度的比值，称为轴向伸缩系数。$X$、$Y$、$Z$ 轴的轴向伸缩系数分别用 $p_1$、$q_1$、$r_1$ 表示，即 $p_1= O_1X_1/OX$；$q_1= O_1Y_1/OY$；$r_1= O_1Z_1/OZ$。简化伸缩系数分别用 $p$、$q$、$r$ 表示。为了方便作图，轴向伸缩系数之比值，即 $p$：$q$：$r$ 应采用简单的数值，如正等测原真实比例为 0.82，实际画图可以取为 1。

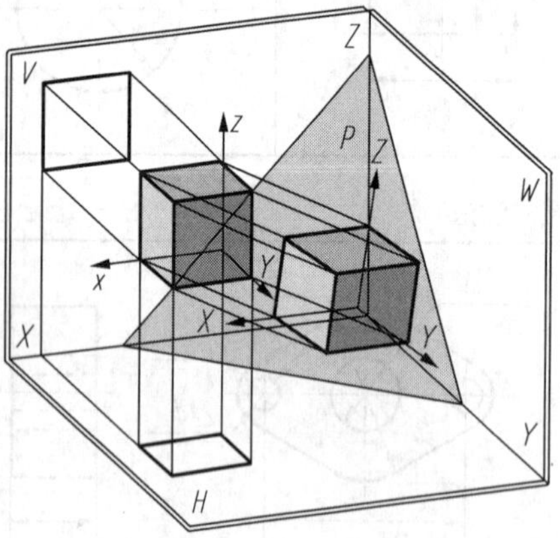


图 2-43 轴测投影的形成

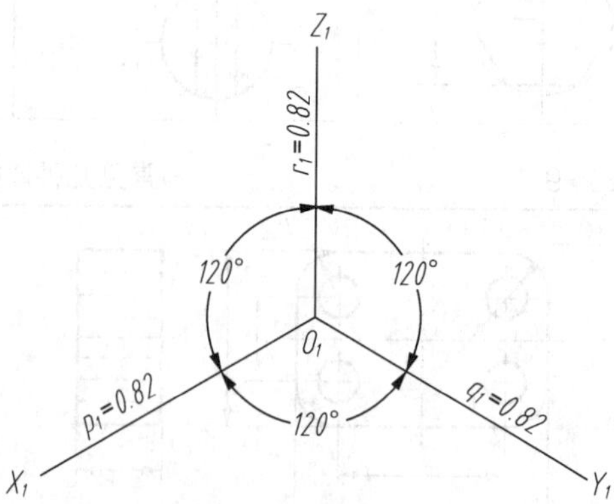


图 2-44 轴间角和轴向伸缩系数

3．轴测图的基本性质

① 平行性。物体上互相平行的线段，在轴测图上仍互相平行。

② 定比性。物体上两平行线段或同一直线上的两线段长度之比，在轴测图上保持不变。

③ 实形性。物体上平行轴测投影面的直线和平面，在轴测图上反映实长和实形。

## 二、汽车工业上常用的轴测图

汽车工业常用正等测和斜二测轴测图，它们的轴向位置和轴向伸缩系数如表 2-10 所示。

表 2-10　　汽车工业上常用轴测图的轴向位置和轴向伸缩系数

| 轴　测　图 | 轴测轴位置 | 立　方　体 | 伸　缩　系　数 |
|---|---|---|---|
| 正等测 | 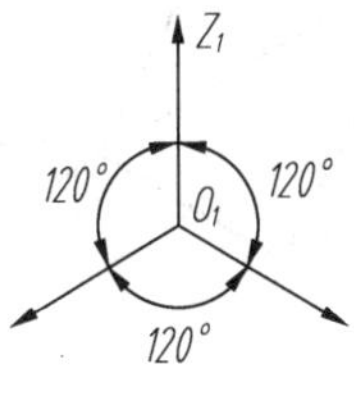  | 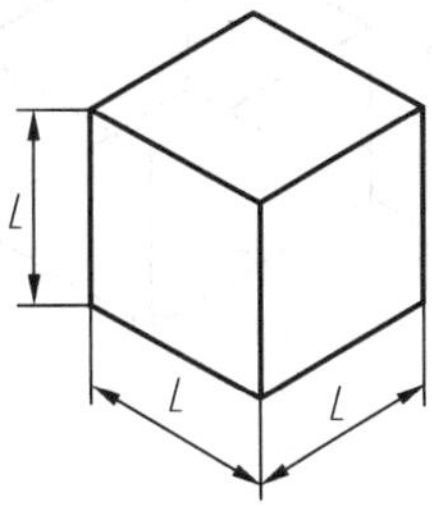  | 轴向伸缩系数 $p_1=q_1=r_1=0.82$，为作图方便，常采用简化的轴向伸缩系数 $p_1=q_1=r_1=1$ |
| 斜二测 | 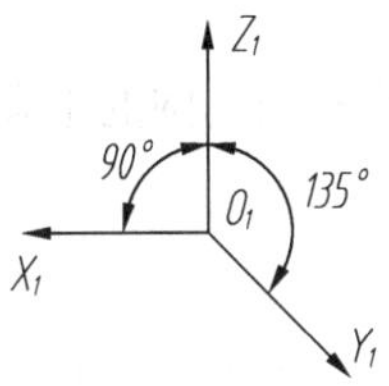  | 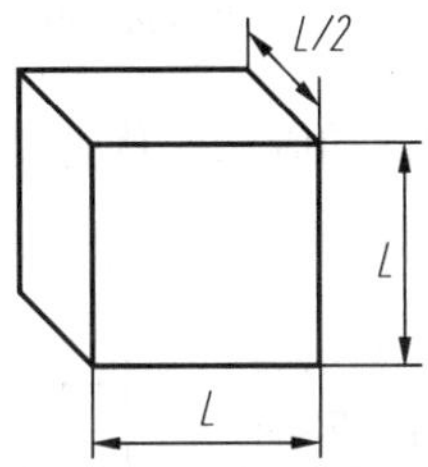  | 轴向伸缩系数 $p_1=r_1=1$，$q_1=0.5$ |

1．正等轴测图的画法

使物体直角坐标系的 3 条坐标轴与轴测投影面的倾角都相等，并用正投影法将物体向轴测投影面投影，所得图形就是正等轴测图，正等轴测图简称为正等测。正等测的轴间角均为 120°，且 3 个轴向伸缩系数相等。经推证并计算可知 $p_1=q_1=r_1=0.82$。为作图简便，实际画正等测时，采用 $p_1=q_1=r_1=1$ 的简化伸缩系数画图，即沿各轴向的所有尺寸都按物体的实际长度画图。

画轴测图的基本方法是坐标法。其步骤一般是：首先根据物体形状的特点，选定适当的坐标轴，画出对应的轴测轴；然后根据物体的尺寸坐标关系，画出物体上某些点的轴测投影；再由作出的点画出物体上的某些线和面，最后逐步完成物体的全图。如图 2-45 所示，以长方体为例绘制其正等测，根据长方体的特点，选择其中一个角顶点作为空间直角坐标系原点，并以过该角顶点的 3 条棱线为坐标轴。先画出轴测轴，然后用各顶点的坐标分别定出长方体 8 个顶点的轴测投影，依次连接各顶点即可。

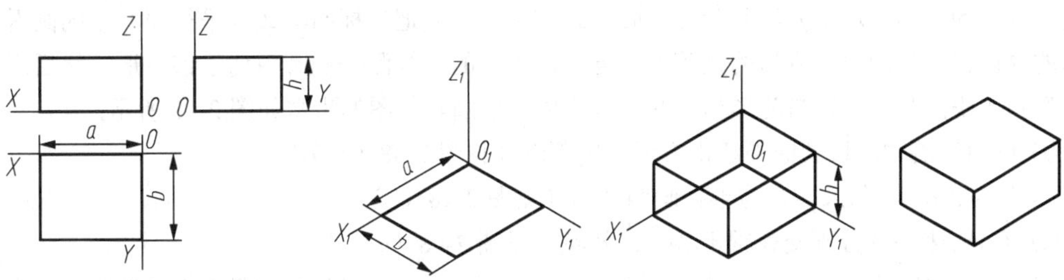


图 2-45　长方体的正等测

对于切割体应用切割法来画，以坐标法为基础，然后按形体分析的方法逐块切去多余的部分。如图 2-46 所示垫块，首先画出完整的长方体，再用切割法分别切去右侧斜角、前面的台阶，然后擦去作图线，描深可见部分即可得垫块的正等测。

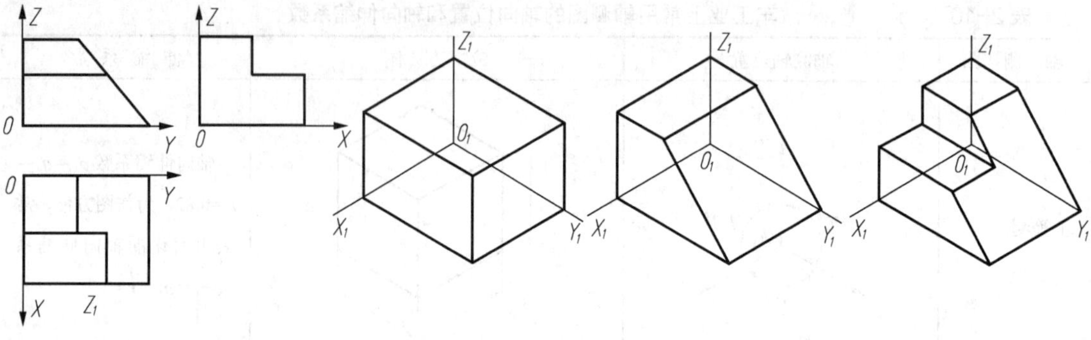


图 2-46　垫块的正等测画法

对于曲面立体的正等轴测图的画法，首先要理解平行于坐标面的圆的正等轴测投影是椭圆，如图 2-47 所示。

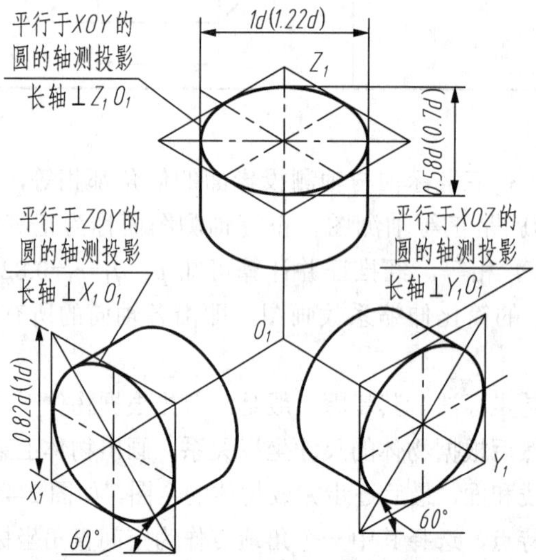


图 2-47　平行于坐标面的圆的正等测图

为了简化作图，上述椭圆一般用 4 段圆弧代替。由于这 4 段圆弧的 4 个圆心是根据椭圆的外切菱形求得的，因此这个方法叫菱形四心法。作图时，可把坐标面（或其平行面）上的圆看作正方形的内切圆，先画出正方形的正等测—菱形，则圆的正等测—椭圆内切于该菱形。然后用“四心法”画 4 段圆弧，分别与菱形相切并光滑连接成椭圆。作图的步骤如图 2-48 所示：

① 画出轴测轴，按圆的外切正方形画出菱形（见图 2-48（a））。

② 以 *A*、*B* 为圆心，*AC* 为半径画两大弧（见图 2-48（b））。

③ 连 *AC* 和 *AD* 分别交长轴于 *M*、*N* 两点（见图 2-48（c））。

④ 以 *M*、*N* 为圆心，*MD* 为半径画两小弧；在 *C*、*D*、*E*、*F* 处与大弧连接（见图 2-48（d））。

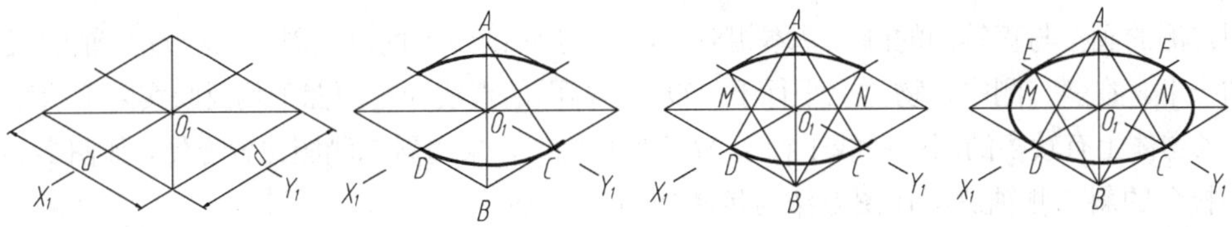


（a）　（b）　（c）　（d）

图 2-48　平行于坐标面的圆的正等测画法

画圆柱和圆台的正等测时，可先画出它们上下底面的轴测图，然后作两椭圆的公切线，如图 2-49 所示，作图时，主要分为如下几步：

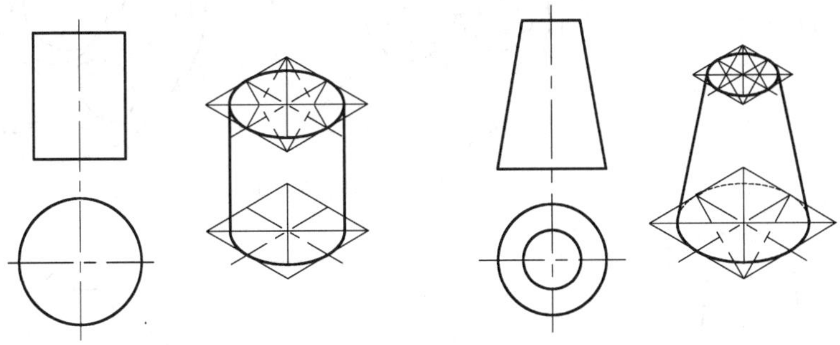

（a）圆柱　（b）圆台

图 2-49　圆柱和圆台的正等测图

① 画出轴测轴，分别画出圆柱和圆台顶面和底面的外切菱形。

② 画出圆柱和圆台顶面和底面的椭圆。

③ 分别作出它们顶面和底面的椭圆的公切线。

2．斜二等轴测图的画法

在斜二测中，轴测轴 $X_1$ 和 $Z_1$ 仍为水平方向和铅垂方向，即轴间角 $\angle X_1O_1Z_1=90°$，所以物体上平行于坐标 $XOZ$ 的平面图形都能反映真实形状和大小，轴向伸缩系数 $p_1=r_1=2q_1=1$。为了作图简便，并使斜二测的立体感强，通常取轴间角 $\angle X_1O_1Y_1=\angle Y_1O_1Z_1=135°$。图 2-50 所示为轴向角的画法和各轴向伸缩系数。

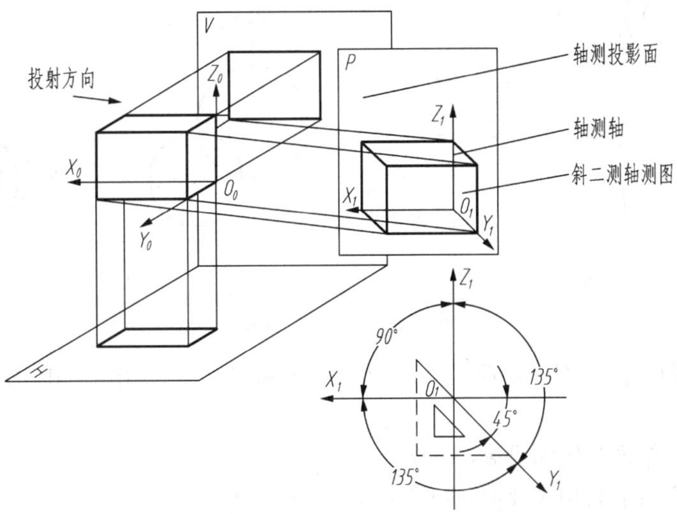


图 2-50　正面斜二等轴测的投影形成及其轴间角和轴向伸缩系数

斜二测的画法与正等测的画法基本相似，区别在于轴间角不同以及斜二测沿 $O_1Y_1$ 轴的尺寸只取实长的一半。在斜二测中，物体上平行于 $XOZ$ 坐标面的直线和平面图形均反映实际形状和大小，所以，当物体上有较多的圆或曲线平行于 $XOZ$ 坐标面时，采用斜二测图比较方便，如图 2-51 所示。

四棱台的斜二测轴测图作图方法与步骤如图 2-52 所示。

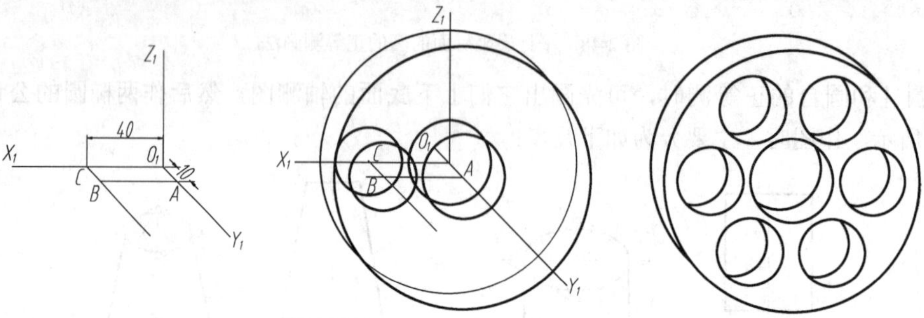


图 2-51　挠性万向节减震盘斜二测

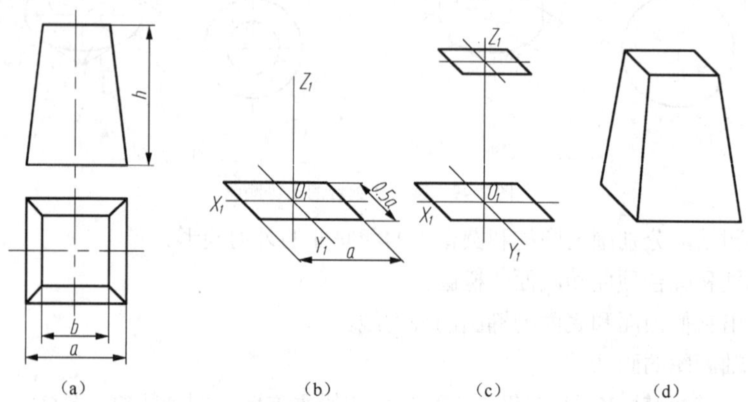


图 2-52　正四棱台的斜二测

圆台的斜二测作图方法与步骤，如图 2-53 所示。

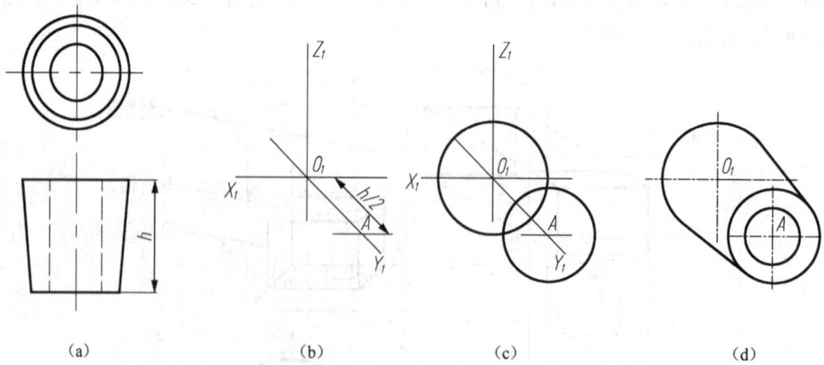


图 2-53　圆台斜二测画法

① 画出轴测轴 $O_1X_1$、$O_1Y_1$、$O_1Z_1$，在 $O_1Y_1$ 轴上量取 $h/2$，定出前端面的圆心 $A$，如图 2-53（b）所示。

② 作出前、后端面的轴测投影，如图 2-53（c）所示。

③ 作出两端面圆的公切线及前孔口和后孔口的可见部分。

④ 擦去多余的图线并描深，即得到圆台的斜二测，如图 2-53（d）所示。

# 第三章 组合体

组合体是由两个或两个以上基本体所组成的复杂几何体，是工程形体的模型。图 3-1（a）所示汽车配气结构中的气门导管是有两、三个圆筒或一个圆筒和圆锥筒叠加而成；图 3-1（b）所示球阀的阀盖是由底板和圆筒及外表面带有螺纹圆筒叠加而成。本章首先学习组合体的构成方式及分析方法，在此基础上深入学习画组合体视图、读组合体视图及组合体尺寸标注的基本方法，为汽车零件图和装配图的阅读奠定基础。

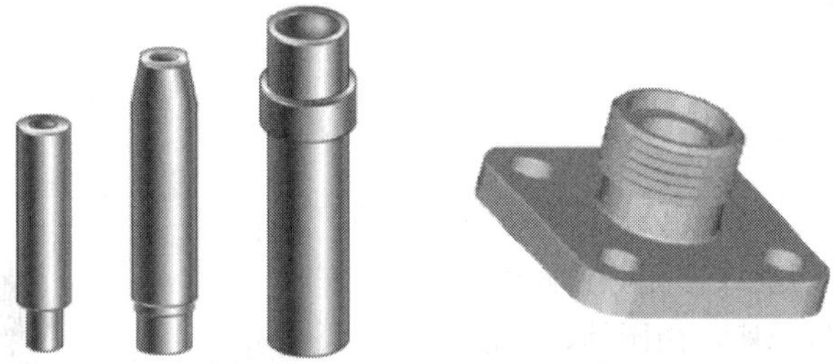

（a）气门导管　　（b）球阀阀盖

图 3-1　汽车零件图

**教学目的**

（1）了解组合体的组合形式，掌握表面连接关系。

（2）熟练掌握画组合体视图的作图方法和步骤。

（3）掌握完整、清晰、正确、合理地在图中标注组合体的尺寸的方法。

（4）熟练掌握运用形体分析法和线面分析法读组合体的视图。

**学习重点**

（1）运用形体分析法和线面分析法进行画图、读图。

（2）正确标注组合体的尺寸。

学习难点

（1）运用形体分析法、线面分析法画组合体的三视图。

（2）运用形体分析法和线面分析法识读组合体视图。

# 第一节 组合体的形体分析

## 一、形体分析法

任何机器零件，从形体角度分析，都是由一些基本体经过叠加、切割或穿孔等方式组合而成。如图 3-2 所示的轴承座，由圆筒、肋板、支撑板和底板叠加组合而成。因此，画组合体三视图时，就可采用“先分后合”的办法。先根据组成情况按照其相对位置逐个画出各基本体的投影，然后综合起来，即得到整个组合体的视图。为了便于画图和看图，假想把组合体分解成若干个基本体或组成部分，通过分析各基本体或各组成部分的形状、相对位置、组合方式及连接关系，从而达到了解整体的目的，这种分析方法称为形体分析法。

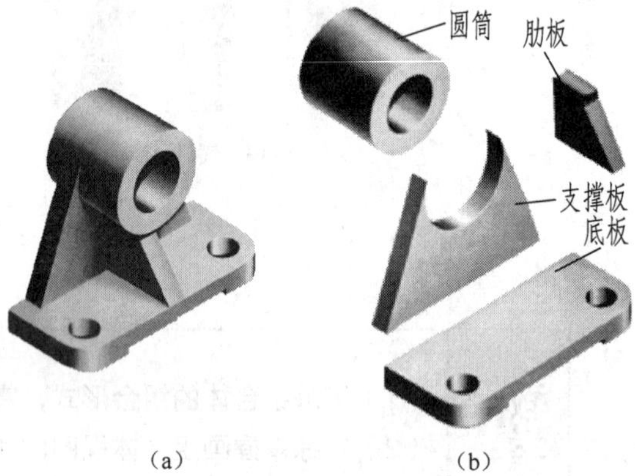

图 3-2 轴承座形体分析

## 二、组合体的组合形式

组合体的组合形式一般可分为叠加型、切割型和综合型三种类型。

1．叠加

叠加是将各基本体以表面接触相互堆积、叠加后形成的组合形体，如图 3-3（a）所示。

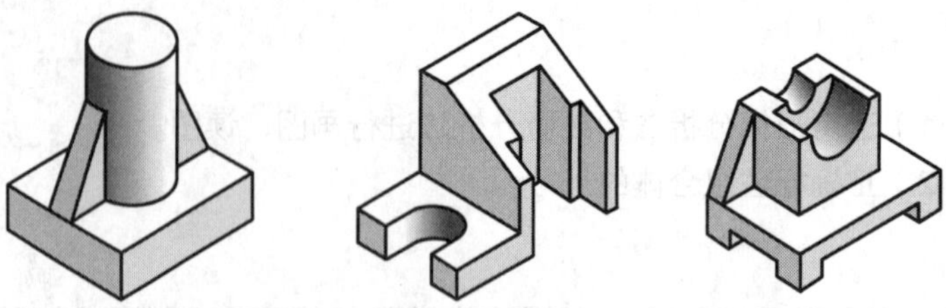

图 3-3 组合体的组合形式

2．切割

切割是在基本体上进行切块、挖槽、穿孔等切割后形成的组合体，如图 3-3（b）所示。

3．综合

综合型则是叠加和切割两种形式的综合，如图 3-3（c）所示。

## 三、组合体的表面连接关系

组合体表面连接关系有平齐、相交和相切三种形式。弄清组合体表面连接关系，对画图和读图都很重要。

1．平齐（不平齐）

（1）当组合体中两基本体的表面平齐（共面）时，在视图中不应画出分界线，如图 3-4 所示。

（2）当组合体中两基本体的表面不平齐时，在视图中应画出分界线，如图 3-5 所示。

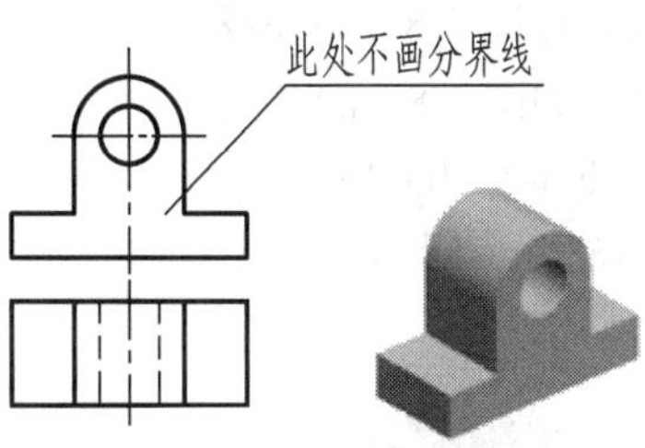


图 3-4　两表面平齐的画法

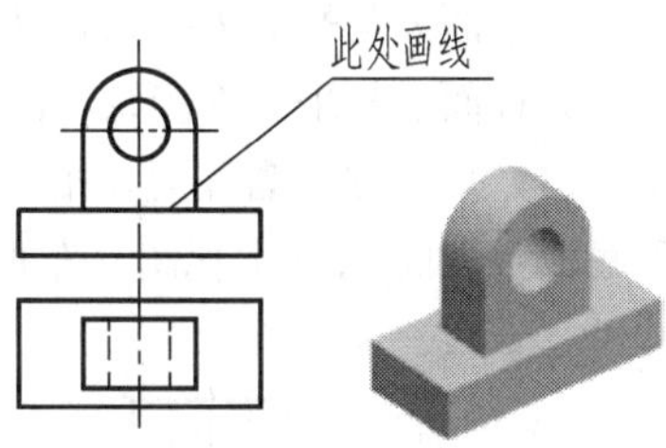


图 3-5　两表面不平齐的画法

2．相切

当组合体中两基本体的表面相切时，相切处不应画线，如图 3-6 所示。

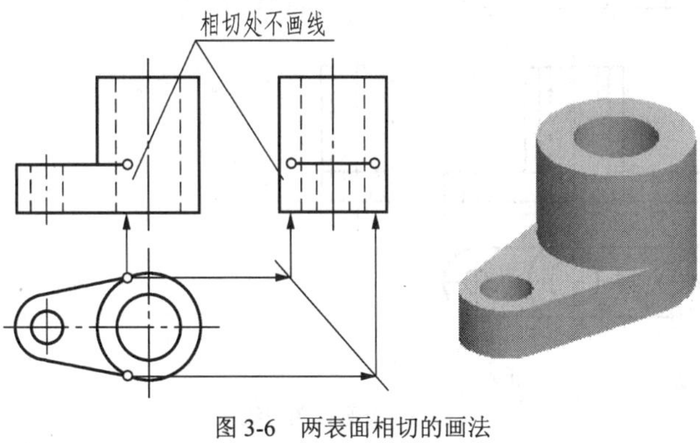


图 3-6　两表面相切的画法

3．相交

当组合体中两基本体的表面相交时，相交处应画出交线，如图 3-7 所示。

注意：相切是两表面光滑过渡，故此处无线条。看图 3-6 和图 3-7，加强相切与相交的比较，明确两者不同的画法。

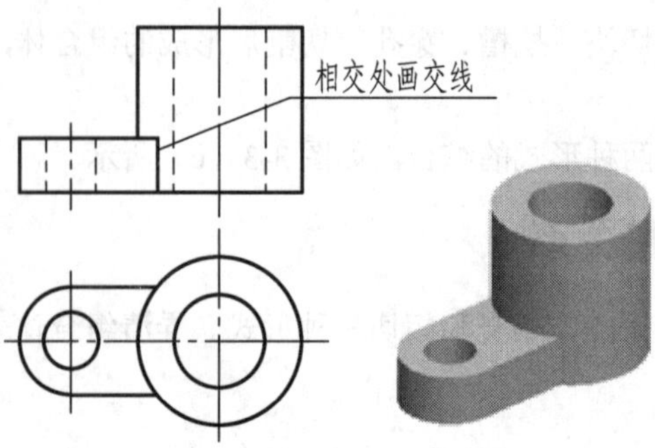


图 3-7　两表面相交的画法

**例 3-1**　根据图 3-8 所示立体图，补画视图中的缺线。

分析：（1）圆柱面 *d* 与平面 *a* 相交，形成交线，如图 3-8（a）所示。

（2）平面 *a* 与平面 *b* 共面，两表面间无分界线，如图 3-8（a）所示。

（3）柱面 *c* 与平面 *b* 相切，两表面间无分界线，如图 3-8（a）所示。

补缺线：（1）平面 *a* 与圆柱面 *d* 相交，画出交线，如图 3-8（b）所示。

（2）画底板上表面 *e*、*f* 主视图、左视图投影，如图 3-8（b）所示。

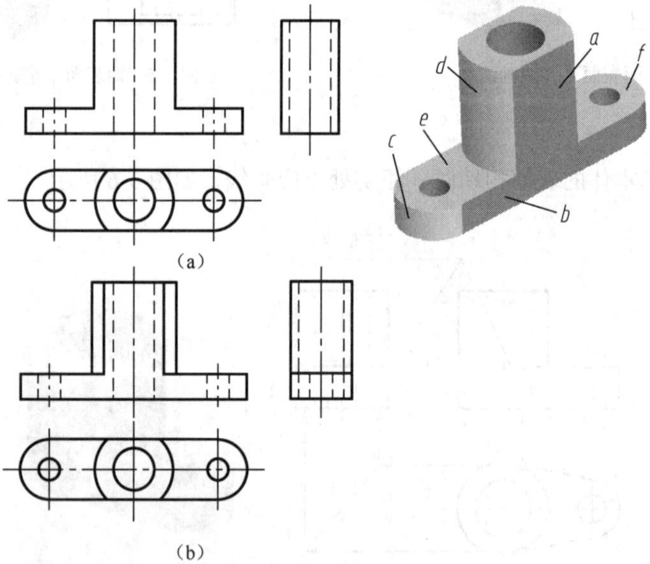


图 3-8　补画视图缺线

## 第二节　组合体三视图的画法

画组合体的视图时，首先要运用形体分析法将组合体合理地分解为若干个基本形体，并按照各基本形体的形状、组合形式、形体间的相对位置和表面连接关系，逐步地进行作图。下面结合实例，介绍组合体视图的画法。

## 一、叠加型组合体的视图画法

1．形体分析

如图 3-9 所示支座，根据形体特点，可将其分解为四个部分。

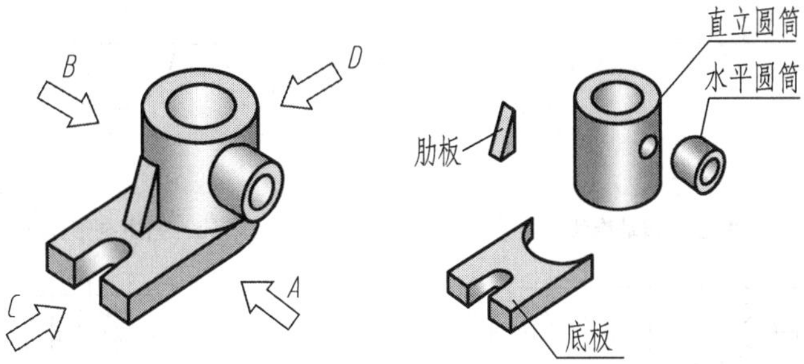


（a）（b）

图 3-9 支座

由图 3-9（a）可知道，底板的前后两侧与直立圆筒相切；水平圆筒与直立圆筒的轴线垂直相交，两圆柱的通孔相通；肋板的底面与底板上表面叠合，两侧面与直立圆筒相交。

2．选择主视图

主视图是表达组合体的一组视图中最主要的视图。选择主视图时应将组合体放正，使其主要平面平行或垂直于投影面，以便在投影时得到实形。一般应选择形状特征最明显，位置特征最多的方向作为主视图的投射方向，同时应考虑投影作图时避免在其他视图上出现较多的虚线，影响图形的清晰性和尺寸的标注。

如图 3-9（a）所示，分别从支座的 *A*、*B*、*C*、*D* 四个方向作为主视图的投射方向，比照后才能确定主视图。可以看出，*A* 向作为投射方向能反映机座各组成部分的主要形状特征和较多的位置特征，符合主视图的要求。

3．选比例、定图幅

根据组合体的实际大小，按国标规定选择比例和图幅。一般情况下，应尽量采用 1:1 的比例作图。确定视图位置时，应保证视图间留有足够的空间标注尺寸。

4．画图步骤

支座的具体作图方法和步骤，如图 3-10 所示。

画组合体三视图时应注意以下几点。

（1）画图时，应运用形体分析法，将组合体的各组成部分从主要部分到次要部分、从大形体到小形体，逐个画出它们的三视图。

（2）绘图时，应先画出反映形状特征的视图，再画其他视图，三个视图应配合画出，各视图注意保持“长对正、高平齐、宽相等”。

（3）在作图过程中，每增加一个组成部分，要特别注意分析该部分与其他部分之间的相对位置关系和表面连接关系，同时注意被遮挡部分应及时改为虚线，避免画图时出错。

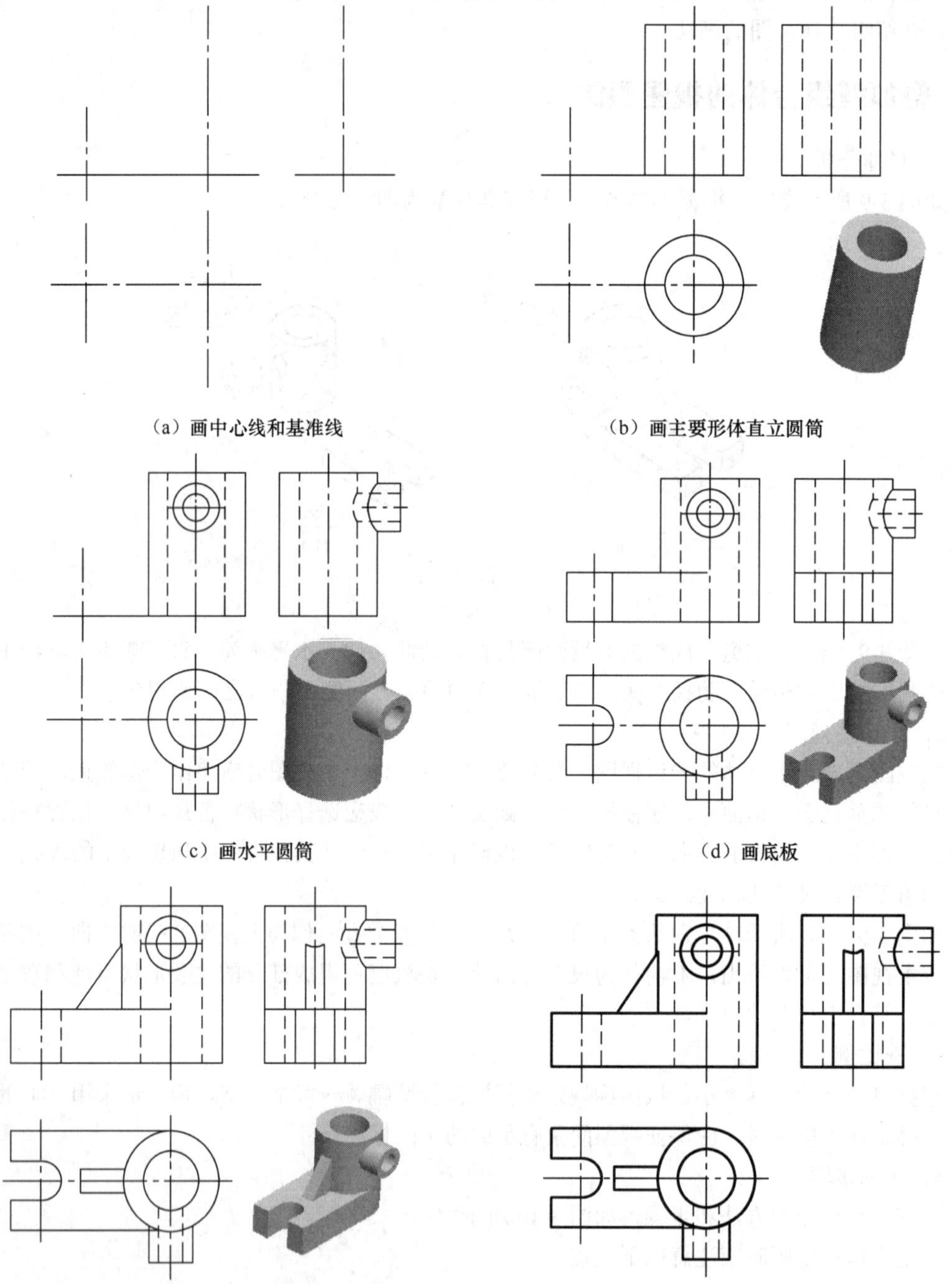

（a）画中心线和基准线 （b）画主要形体直立圆筒

（c）画水平圆筒 （d）画底板

（e）画肋板 （f）检查、描深

图 3-10 支座的画图步骤

## 二、切割型组合体的视图画法

以图 3-11 所示的组合体为例，介绍切割型组合体视图的作图方法和步骤。

1．形体分析

分析该组合体的原始形体是长方体，在此基础上用不同位置的截平面分别切去形体Ⅰ、形体Ⅱ、形体Ⅲ，最后形成切割型组合体，如图 3-11（a）所示。

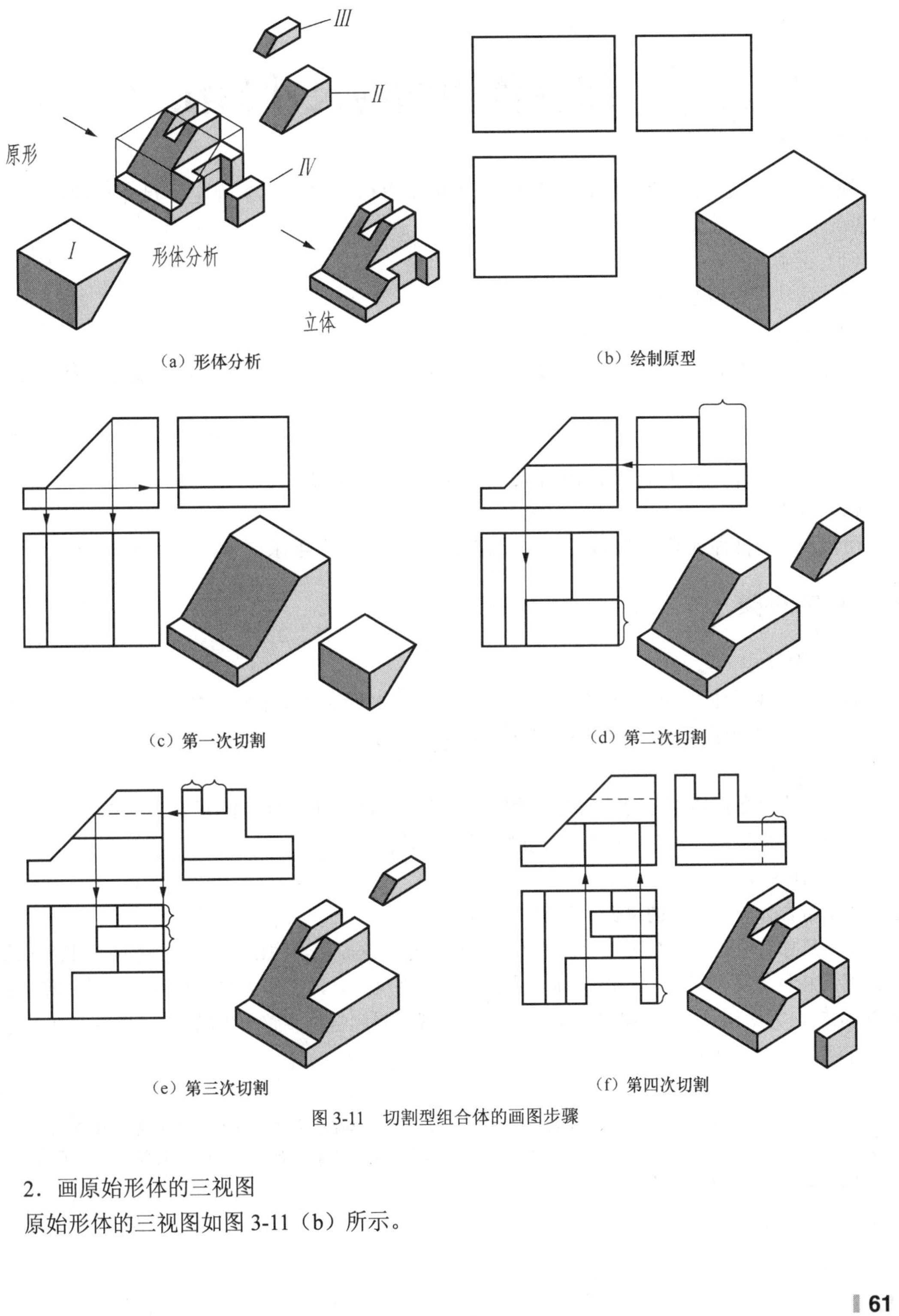


（a）形体分析　（b）绘制原型

（c）第一次切割　（d）第二次切割

（e）第三次切割　（f）第四次切割

图 3-11　切割型组合体的画图步骤

2．画原始形体的三视图

原始形体的三视图如图 3-11（b）所示。

3．画截平面的三视图

画各截平面的三视图时，应从各截平面具有积聚性和反映其形状特征的视图开始画起，如图 3-11（c）、（d）、（e）、（f）所示。

4．检查、描深。

## 第三节 组合体视图的尺寸标注

视图只能表达物体的形状，机件的大小必须由标注的尺寸来确定。尺寸标注的基本要求是：

（1）正确

尺寸注法符合国家标准的规定。

（2）完整

尺寸标注必须齐全，能唯一确定物体的形状大小和各部分的相对位置，不能有多余、重复尺寸，也不能遗漏尺寸。

（3）清晰

尺寸布局整齐、清晰，标注在视图适当的地方，便于读图。

（4）合理

所注尺寸既能保证设计要求，又符合加工、装配、测量等要求。

### 一、尺寸种类

1．定形尺寸

确定基本体形体大小的尺寸称为定形尺寸。图 3-12 所示的尺寸 52、40、11、$R8$ 和尺寸 14、$R16$、$\phi18$ 分别是确定底板、竖板的形状大小的定形尺寸。

2．定位尺寸

确定组合体各组成部分间的相对位置的尺寸称为定形尺寸。图 3-12 所示尺寸 24、44 确定$\phi8$ 孔在底板上的位置，尺寸 31 确定$\phi18$ 孔的高度位置。

3．总体尺寸

确定组合体外形尺寸的总长、总宽、总高。

总体尺寸有时可能就是某形体的定形或定位尺寸，这时不再注出。图 3-12 所示总长 52 总宽 40 也是底板的定形尺寸。当标注总体尺寸后出现多余尺寸时，需作调整，避免出现封闭尺寸链。见图 3-12（c）所示总高 23 和定形尺寸 8、15 出现了封闭链，调整需省略 15 的定形尺寸。完整尺寸标注如图 3-12（d）所示。

注意 当组合体一端为回转体时，该方向一般不注总体尺寸，只标注回转体的位置尺寸。见图 3-12（a）中总高度不标注，只标注$\phi18$ 孔的位置。端部有圆弧面的结构总体尺寸标注具体见图 3-12（b）。

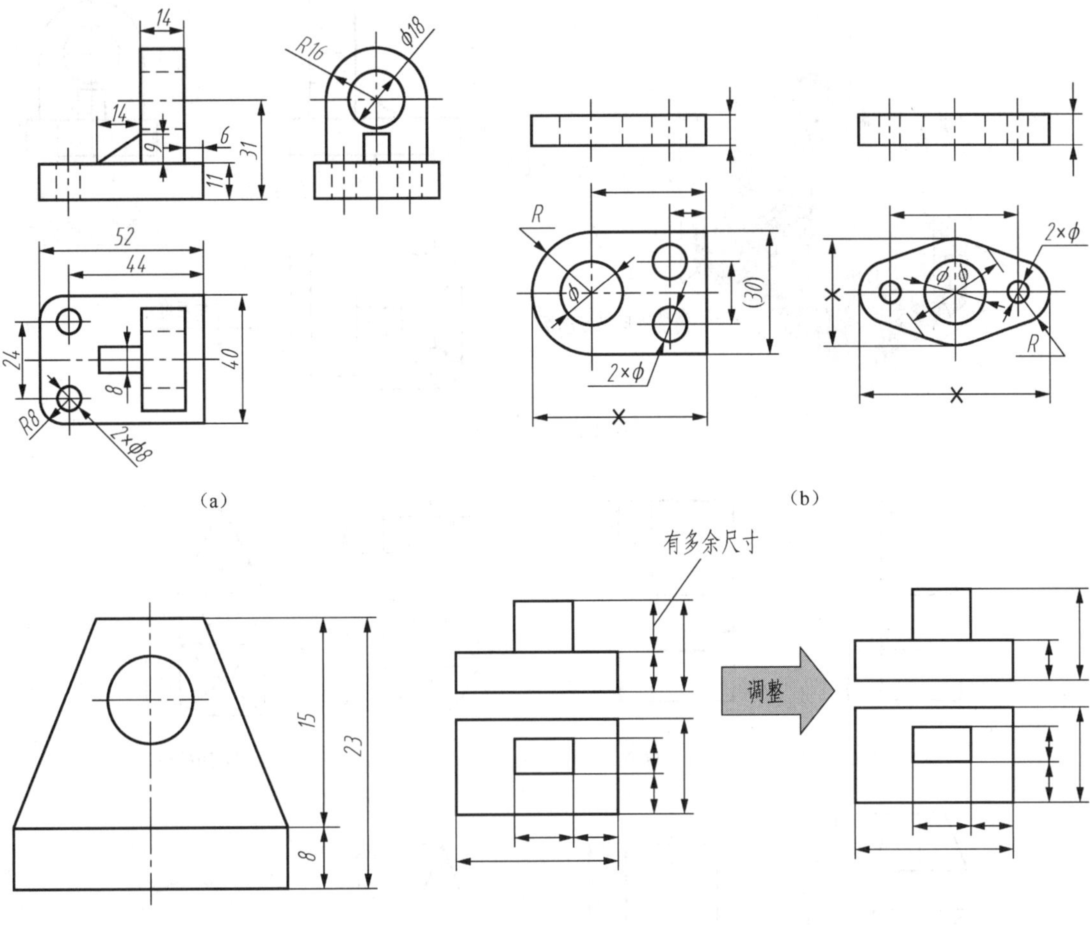


（a）　（b）

（c）　（d）

图 3-12　尺寸种类

## 二、尺寸基准的选择

标注尺寸的起始位置称为尺寸基准。组合体的尺寸基准，常选用其底面、重要的端面、对称平面、回转体的轴线以及圆的中心线等作为尺寸基准。

在组合体的长、宽、高三个方向中，每个方向必须要有一个主要尺寸基准。当形体复杂时，允许有一个或几个辅助尺寸基准。如图 3-13 所示，以底板右端面作为长度方向的尺寸基准，以过圆柱孔轴线的正平面作为宽度方向的尺寸基准；以底板的底面作为高度方向的尺寸基准。

## 三、组合体的尺寸标注

1. 常见基本体、切割体、相贯体、典型结构的尺寸标注

（1）基本体的尺寸标注

一般只需注出反映其自身形状大小的定形尺寸，如图 3-14 所示。

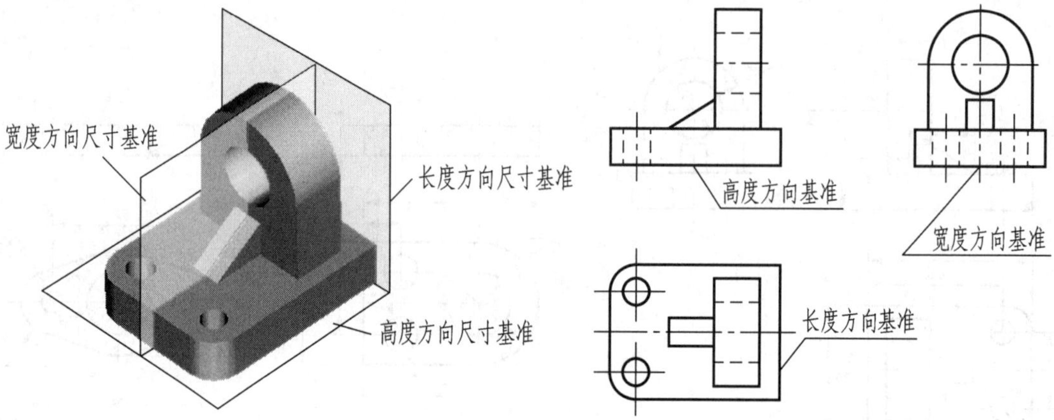


图 3-13　尺寸基准

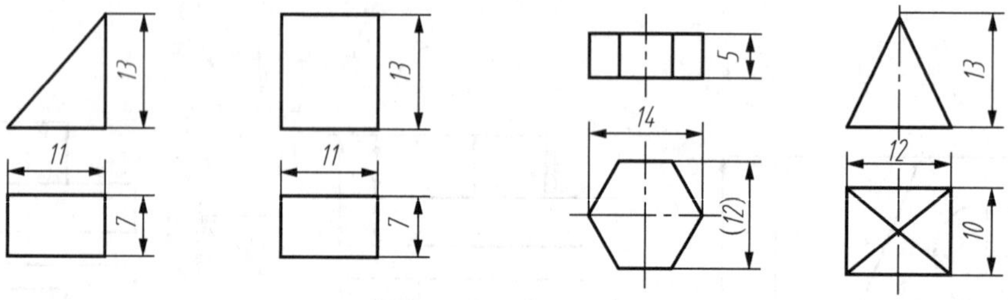

（a）三棱柱　（b）四棱柱　（c）六棱柱　（d）四棱柱

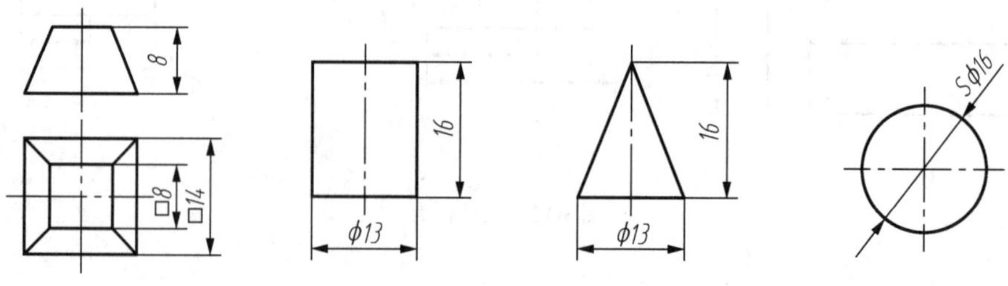

（e）四棱柱　（f）圆柱　（g）圆锥　（h）圆球

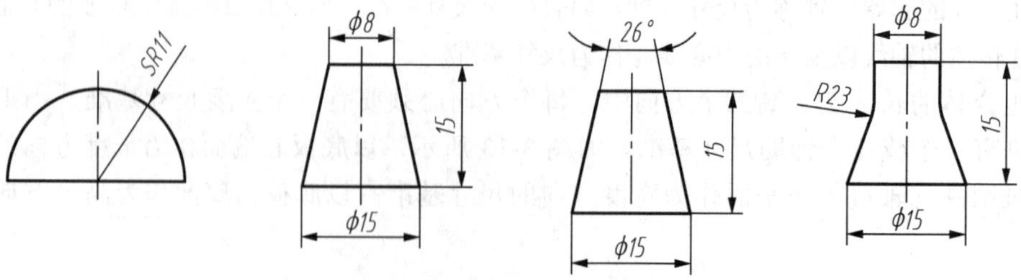

（i）半球　（j）圆台　（k）内环

图 3-14　基本体尺寸标注

（2）切割体尺寸标注

切割体的尺寸标注，除应注出基本体的定形尺寸外，还需注出确定截平面位置的定位尺寸。

**注意**　不能在截交线上直接标注尺寸。当立体大小和截平面位置确定后，截交线也就确定了，所以截交线上不应标注尺寸。

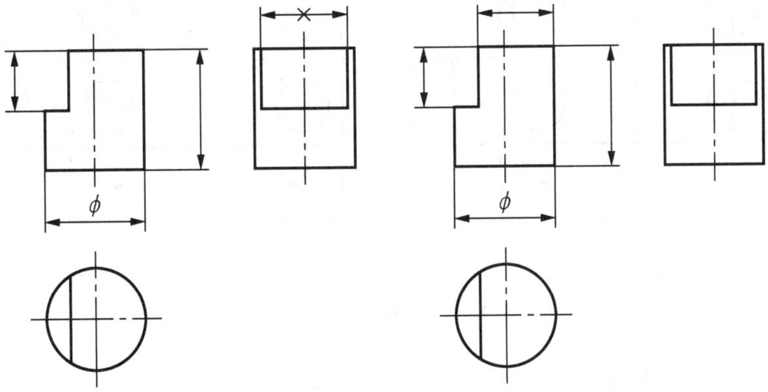

（a）错误　　（b）正确

图 3-15　切割体的尺寸标注

（3）相贯体尺寸标注

相贯体的尺寸标注，除了应注出两相交基本体的尺寸外，还应注出确定两基本体相对位置的定位尺寸，如图 3-16 所示。

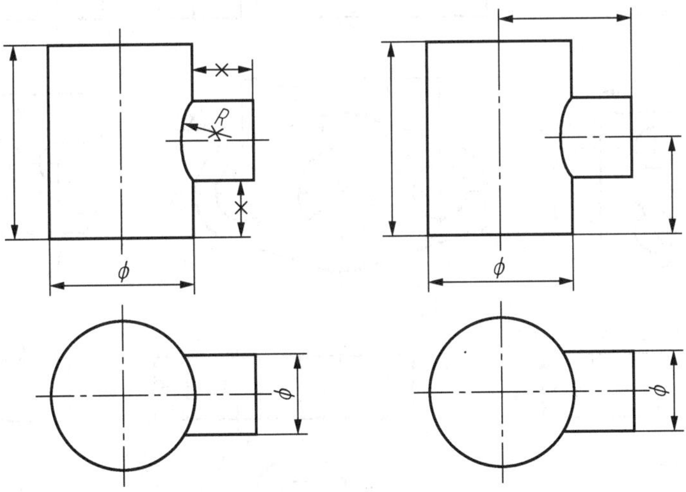

（a）错误　　（b）正确

图 3-16　相贯体的尺寸标注

**注意**　不能在相贯线上直接标注尺寸。当两相贯立体的大小和相互位置确定后，相贯线也就相应确定了，因此，相贯线上也不应标注尺寸。

（4）对称结构的尺寸标注

对称结构的尺寸不能只注一半，如图 3-17 所示。

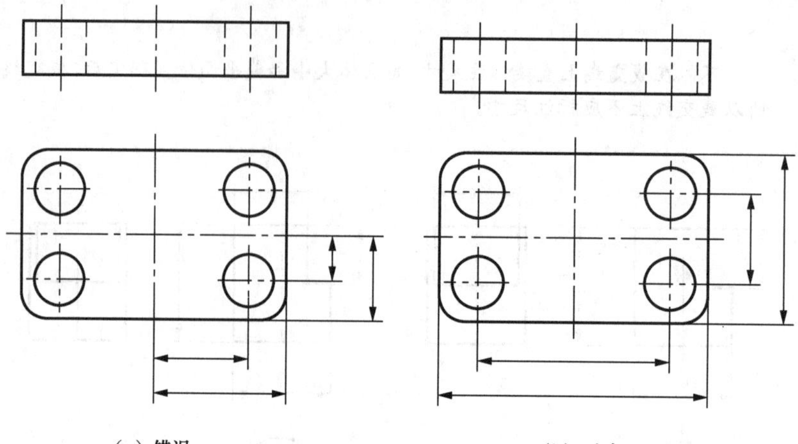

（a）错误　　（b）正确

图 3-17 对称结构尺寸标注

（5）薄板类结构尺寸标注

板类物体，除厚度尺寸需在其它视图上标注以外，其余尺寸全部标注在反映实形和相互位置关系的视图上。如果板上有若干个孔，一般需注出孔的中心距；如果孔是沿圆周分布的，则需要标注定位圆直径，如图 3-18 所示。

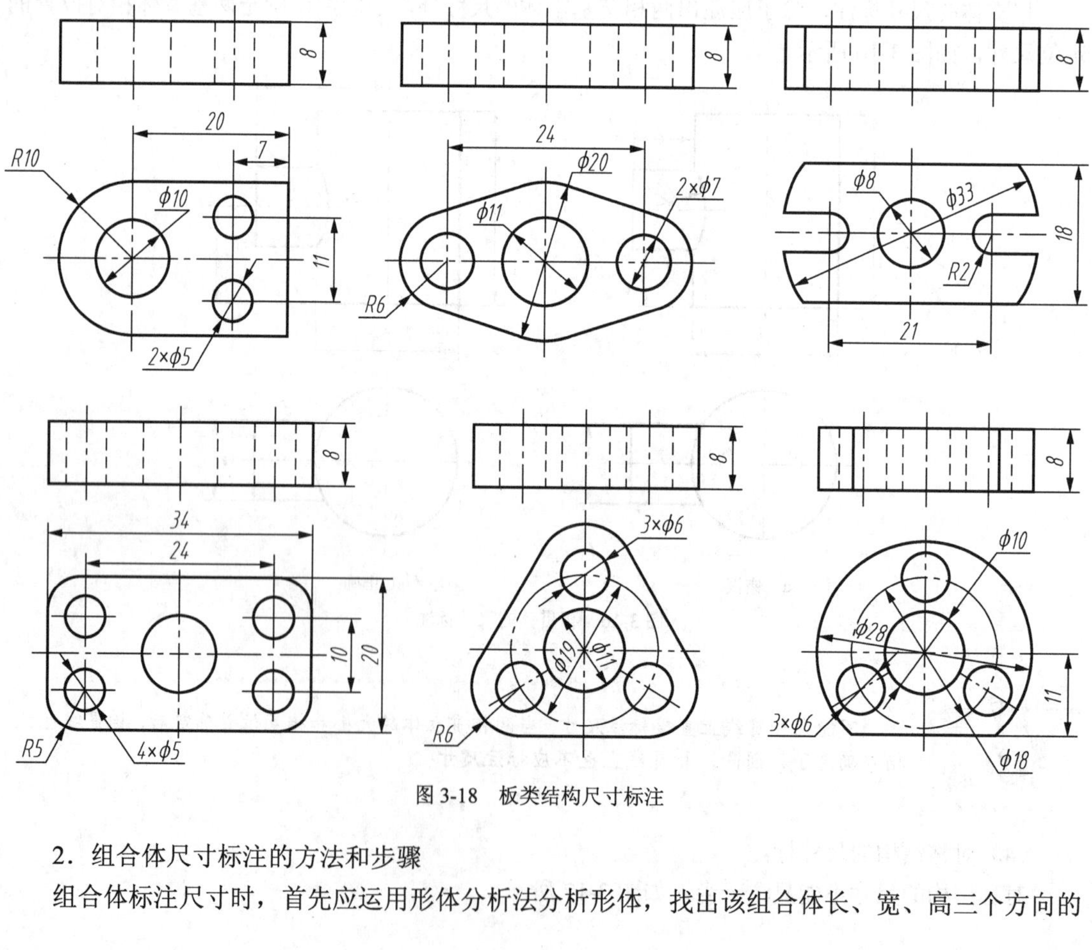


图 3-18 板类结构尺寸标注

2．组合体尺寸标注的方法和步骤

组合体标注尺寸时，首先应运用形体分析法分析形体，找出该组合体长、宽、高三个方向的主要基准，分别注出各基本形体的定形尺寸和各基本形体之间的定位尺寸，再标注总体尺寸并进行调整，最后校对全部尺寸。

现以支座为例，说明标注组合体尺寸的具体步骤。

（1）对组合体进行形体分析，确定尺寸基准

如图 3-19（a）、（b）、（c）所示，依次确定支座长、宽、高三个方向的基准：通过圆筒的轴线的侧平面作为长方向的主要基准，通过圆筒的轴线的正平面作为宽方向的主要基准，底板的底面可作为高方向的主要基准，耳板和圆筒顶面为高度方向的辅助尺寸基准。

（2）标注定形尺寸

依次标注支座各组成部分的定形尺寸，如图 3-19（c）所示。

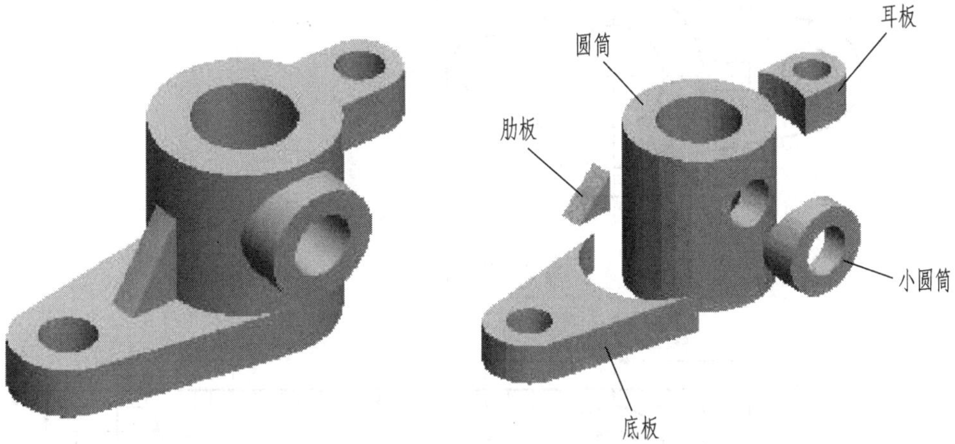


（a）立体图　　（b）形体分析

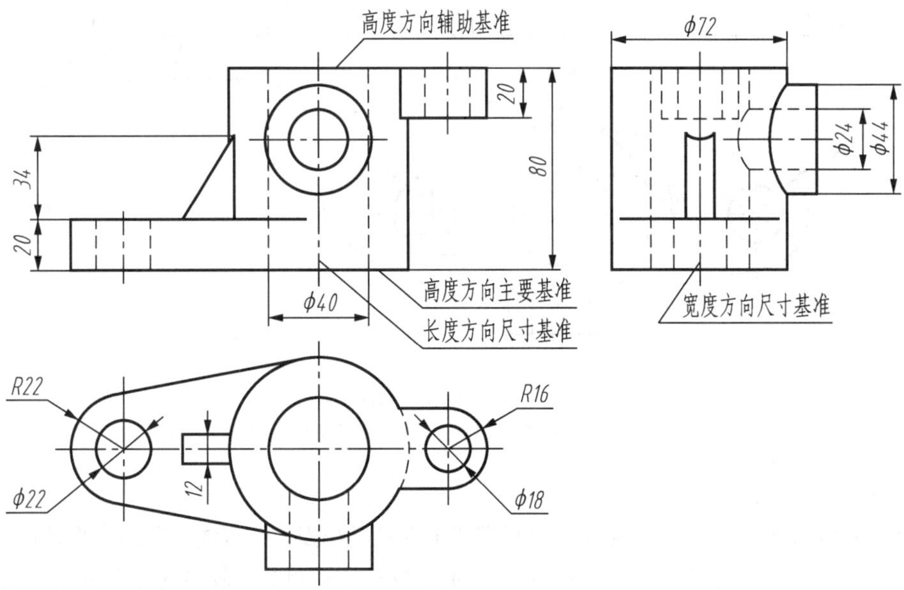


（c）支座的尺寸基准和定形尺寸

图 3-19　支座的尺寸标注

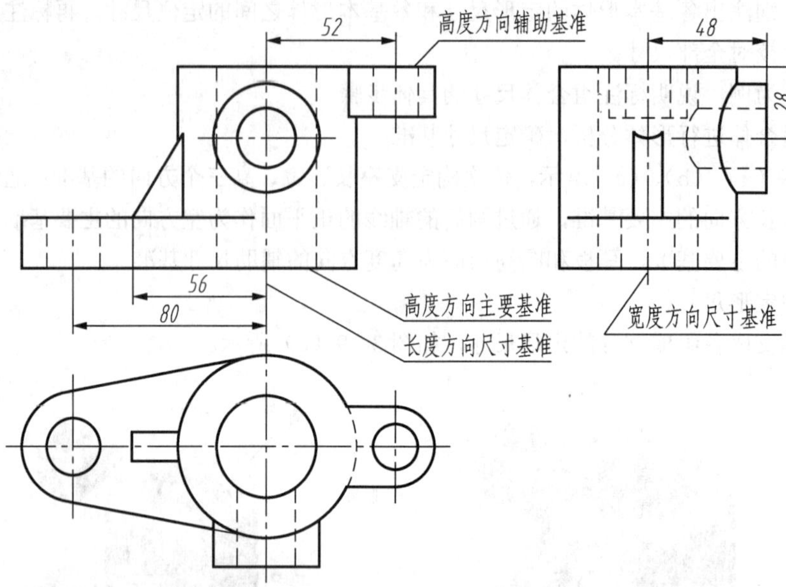


（d）支座的定位尺寸

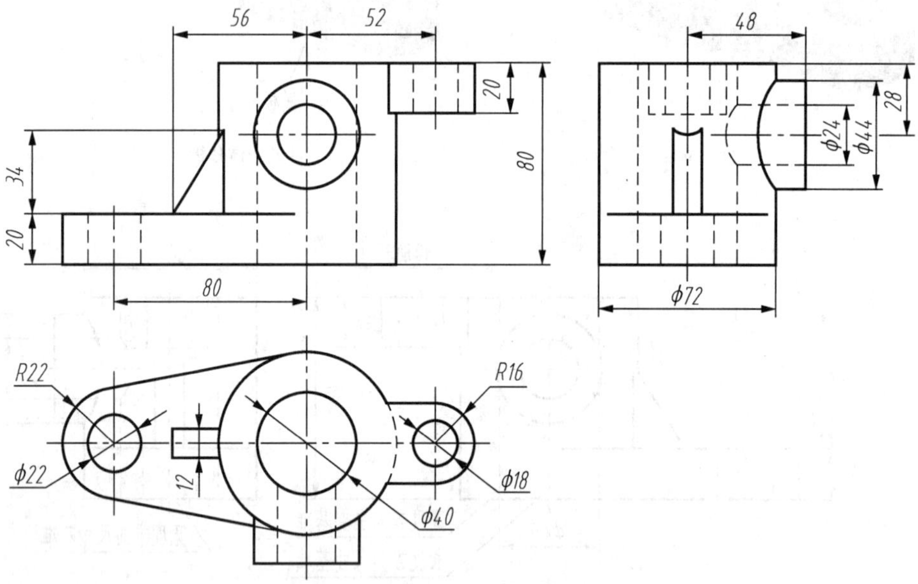


（e）总体尺寸标注

图 3-19 支座的尺寸标注（续）

（3）标注定位尺寸

从组合体长、宽、高三个方向的主要基准和辅助基准出发，依次注出各基本形体的定位尺寸。如图 3-19（d）所示，标注出 80、56、52，确定底板和耳板相对于圆筒的左右位置；在宽度和高度方向上标注出 48、28，确定凸台相对于圆筒的上下和前后位置。

（4）标注总体尺寸

为了表示组合体外形的总长、总宽和总高，应标注相应的总体尺寸。如图 3-19（e）所示，支座的总高尺寸为 80，它也是圆筒的高度尺寸；因为已标注了定位尺寸 80 以及圆弧半径 *R*52 和 *R*16，不再标注总长，左视图上标注了定位尺寸 48 后，不再标注总宽。

3．尺寸标注的要求

（1）尺寸应尽量标注在表达形状特征最明显的视图上

如图 3-19 所示底板和耳板的高度 20，标注在主视图上比标注在左视图上要好；表示底板、耳板直径和半径的尺寸 *R*22、$\phi$22、*R*16、$\phi$18，标注在俯视图上比标注在主、左视图上更能表达形状特征。

注意

半径尺寸应尽量标注在投影为圆弧的视图上。

（2）同一基本形体的定形、定位尺寸应尽量集中标注

如图 3-19（e）所示，主视图上的定位尺寸 56、52、80，左视图上的定位尺寸 48、28，俯视图上的定形尺寸 *R*22、$\phi$22、*R*16、$\phi$18、$\phi$40 等。这样尺寸就相对集中，便于读图。

（3）直径尺寸尽量标注在投影为非圆的视图上

如图 3-19（e）所示，$\phi$44 和$\phi$24 就标注在左视图上。而圆弧的半径则应标注在投影为圆的视图上。如图 3-19（e）所示，*R*22 和 *R*16 标注在俯视图上。

（4）尺寸尽量不标注在虚线上

但为了布局需要和尺寸清晰，有时也可标注在虚线上，如图 3-19（e）所示，左视图上的$\phi$24。

（5）同一方向连续的几个尺寸尽量放在同一条线上

如图 3-19（e）所示，主视图尺寸 56、52 和 20、34。

（6）尺寸线、尺寸界线与轮廓线尽量不要相交

同方向的并联尺寸，应使小尺寸注在里边（靠近视图），大尺寸注在外边。同方向的串联尺寸，箭头应互相对齐并排列在一条线上。

以上各点，并非标注尺寸的固定模式，在实际标注尺寸时，有时会出现不能完全兼顾的情况，应在保证尺寸标注正确、完整、清晰的基础上，根据尺寸布置的需要灵活运用和进行适当的调整。

# 第四节 组合体视图的识读

画组合体的视图就是将三维形体用正投影的方法表示成二维图形。而读组合体的视图，则是根据多个投影视图间的投影关系，想象出机件立体空间形状。可见，读图是画图的逆过程。

## 一、读图的基本知识

1．熟练掌握基本形体的投影特点

棱柱：一个视图为多边形线框，另两个视图为一个或多个长方形线框。

棱锥：一个视图为外框多边形线框，另两个视图为一个或多个三角形线框。

圆柱体：一个视图为圆形线框，另两个视图为长方形线框。

圆锥体：一个视图为圆形线框，另两个视图为三角形线框。

圆球：三个视图都为圆形。

根据基本体的投影特点，善于想象物体形体。如：主视图为长方形，要想象物体可能是长方体、圆柱体等。

2．几个视图联系起来看

一般情况下，一个视图不能完全确定物体的形状。如图 3-20（a）所示，主视图都相同，实际上是四种不同形状的物体。

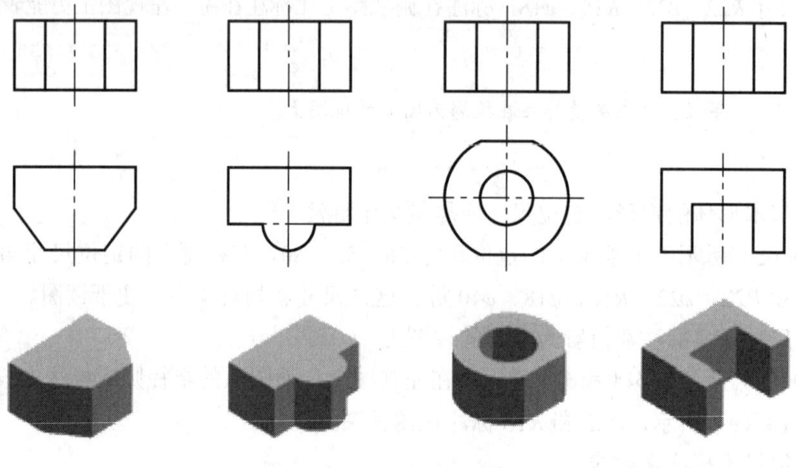

（a）一个视图不能确定物体的形状

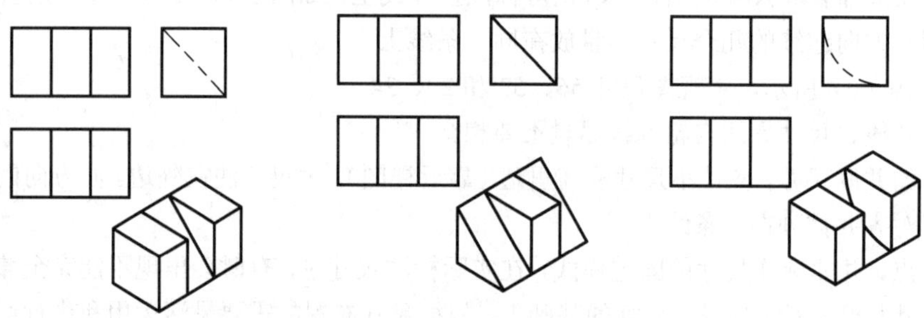

（b）两个视图不能确定物体的形状

图 3-20 联系几个视图分析形体

有时两个视图也不能完全确定物体的空间形状。如图 3-20（b）所示主视图和俯视图都一样，只有结合左视图一起看，才能确定物体的确切形状。

因此，读图时不能只看一个或两个视图，一般应以主视图为中心，将几个视图联系起来阅读、分析和构思，才能弄清物体的形状。

3．理解视图中图线和线框的含义

（1）视图中的每一条图线

它表示具有积聚性的面的投影，表示表面与表面交线的投影，表示曲面轮廓线的投影。如图 3-21（a）所示的线条，面的积聚 $a'$、$b'$、$c'$、$d'$；交线 2；孔轮廓线投影 1。

（2）视图中的封闭线框

它表示凹坑或通孔积聚的投影，一个面的投影，表示曲面及其相切的组合面的投影，如图 3-21（a）所示的 $b$、$c$、$d$ 所示。

（3）视图中相邻封闭线框

它表示两不同位置的表面，可能相交，也可能是同向错位。如图 3-21（a）所示相邻线框 *d*、*c* 相交；具体类型含义见图 3-21（b）。

（4）大线框里包含小线框

它可以表示凸起或凹下的表面，如图 3-21（a）所示俯视图线框 *b* 包含圆线框，由主视图可知为凹下的通孔。如图 3-21（c）所示，主视图大线框里包含两个小线框，由左视图可知圆形线框为凸出的圆柱，长方形线框为凹下的通孔。

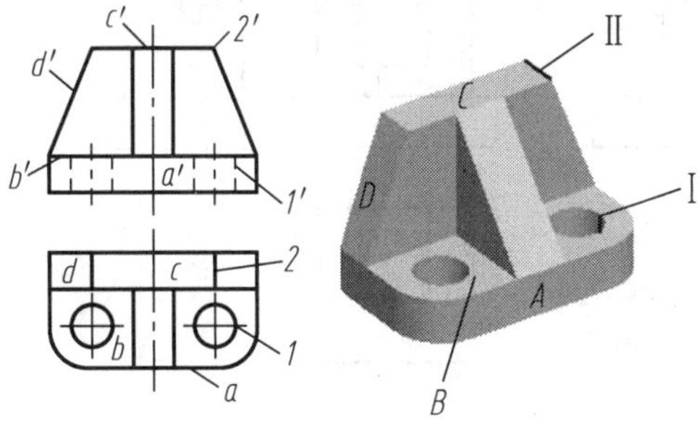


（a）

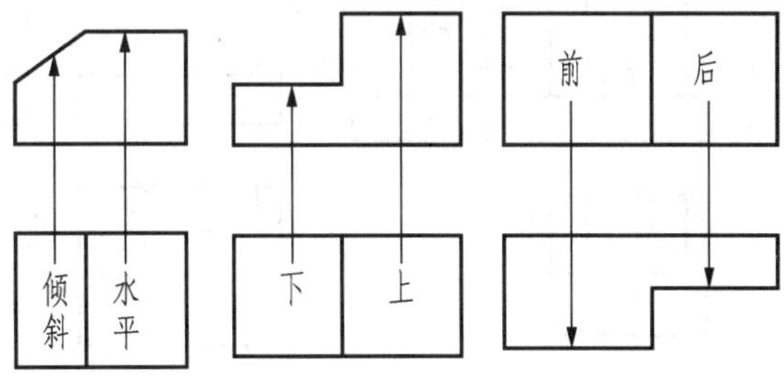


（b）

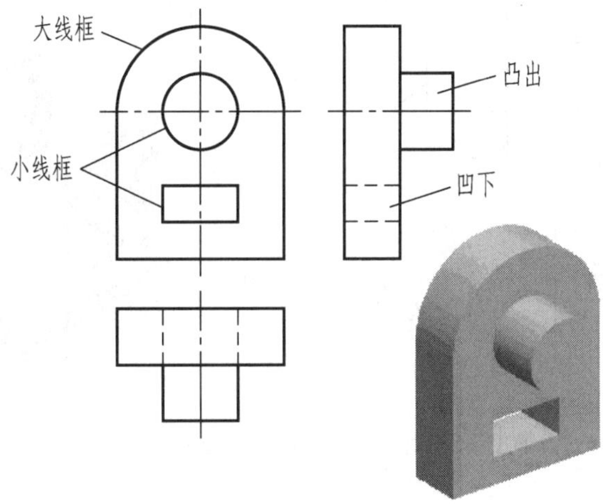


（c）

图 3-21　图线和线框的含义

## 二、读图方法和步骤

读图的基本方法有：形体分析法和线面分析法。

1．形体分析法

在反映形体特征明显的主视图上将其划分为几个部分，利用“三等”关系，找出每一部分的三个投影，想象出它们的形状，再确定各形体间的相互位置关系，最后综合起来想象整体形状。以图 3-22 所示组合体三视图为例，说明运用形体分析法识读组合体视图的步骤。

（1）划线框，分形体

从主视图看起，并将主视图按线框划分为三个封闭线框，并在俯视图和左视图上找出其对应的线框，将该组合体分为底板（长方体）*Ⅰ*、竖板 *Ⅱ* 和三棱柱 *Ⅲ* 三部分，如图 3-22（a）所示。

（2）对投影，想形状

按照长对正、高平齐、宽相等的投影关系，从每一基本形体的特征视图开始，找出另外两个投影，想象出每一基本形体的形状，如图 3-22（b）、（c）、（d）所示。

（3）合起来，想整体

根据各基本形体所在的方位，确定各部分之间的相互位置及组合形式，从而想象出支承架的整体形状，如图 3-22（e）所示。

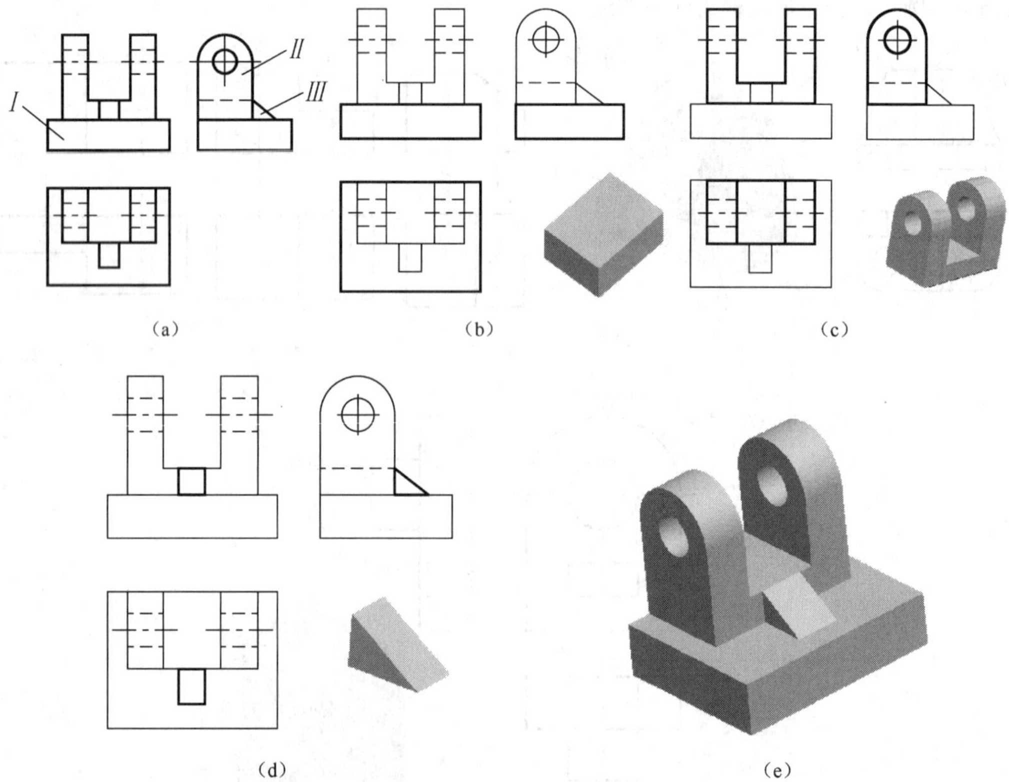


图 3-22　形体分析法读图

2．线面分析法

看图时，在应用形体分析法的基础上，对一些较难看懂的部分，特别是对切割型组合体的被切割部位，还要根据线面的投影特性，分析视图中线和线框的含义，弄清组合体表面的形状和相对位置，综合起来想象出组合体的形状。这种看图方法为线面分析法。

线面分析法的看图的特点是：从面出发，在视图上分线框。

现以图 3-23 所示三视图为例，介绍用线面分析法看图的方法和步骤。

（1）先分析整体形状，因为三个视图的轮廓基本上都是矩形，所以它的原始形体是个长方体。

（2）根据三视图确定切割位置，从投影关系，在三个视图上找出相对应的线框或图线，确定线框所表示的面的空间形状和投影面的相对位置。

① 前上方的缺口。如图 3-23（b）所示，由左视图可知前上方被切了一角，平面 $p''$的其他两视图投影 $p$、$p'$为两个梯形线框。平面 $p''$为积聚的一条线，该平面为一侧垂面。形状为断开的两梯形。

② 中心部位的缺角。由俯视图判断此缺口为一长方形通槽，切割需三个切割平面，如图 3-23

（c）所示，主视图平面 $q'$在左、俯视图的对应的投影为类似的七边形线框 $q''$和 $q$。平面 $q'$为积聚的一条线，该平面为一正垂面，形状为七边形，另一对称平面不再赘述。如图 3-23（d）所示，水平切割面 $r'$在左视图的投影为一条虚线 $r''$，俯视图的投影为四边形线框 $r$，该平面为水平面。形状为四边形。

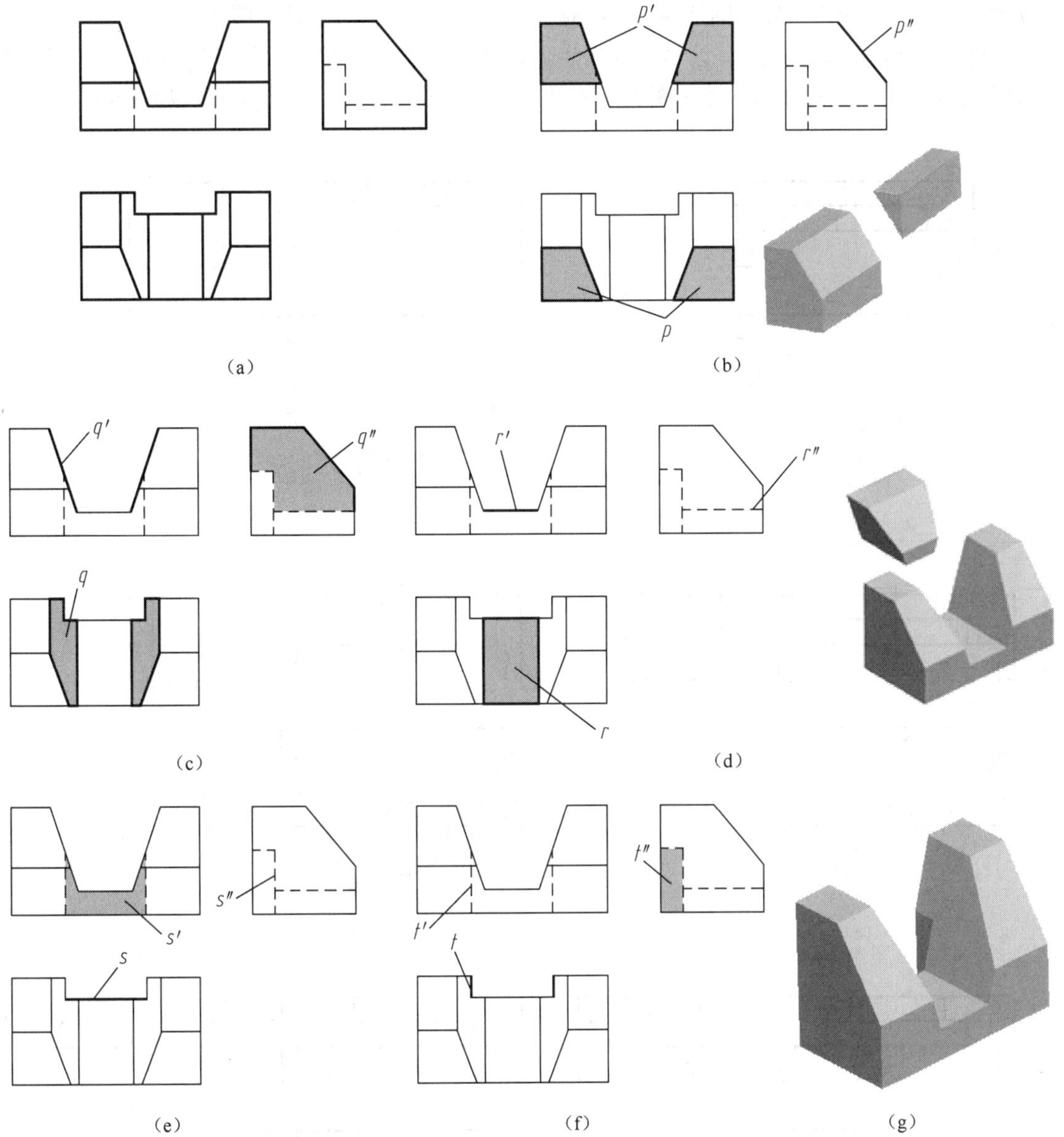


图 3-23　线面分析法读图

③ 后方的缺块。它们是由三个平面切割而成，如图 3-23（e）所示，平面 $s$ 的主视图投影为六边形线框 $s'$，左视图为一条虚线 $s''$，平面 $s$ 在俯视图积聚为一条直线，可见平面 $s$ 为铅垂面，形状为一六边形。如图 3-23（f）所示，切割面 $t$ 俯视图为一积聚的直线，主视图投影为一积聚的直线 $t'$，左视图投影为四边形线框 $t''$。由此可得平面 $t$ 为侧平面，形状为一四边形，另一对称平面不再赘述。

（3）综合起来想整体。既从形体上，又从线面的投影上，弄清了零件的三视图，综合起来，便可想象出整体形状，如图 3-23（g）所示。

**例 3-2** 如图 3-24（a）所示，已知支撑的主、俯视图，补画左视图。

（1）如图 3-24（a）在主视图上划分线框，由主、俯视图可以确定此组合体的形体为切割的长方体，前方有两个不等径半圆柱体，中心有一圆柱形通孔。具体形体如图 3-24（i）所示。

（2）补画形体 *I* 的左视图，步骤分为 3 步，如图 3-24（b）补整体；如图 3-24（c）补切割通槽形成的线段；如图 3-24（d）所示补画左右两侧切割形成的交线。注意部分线段的修改。

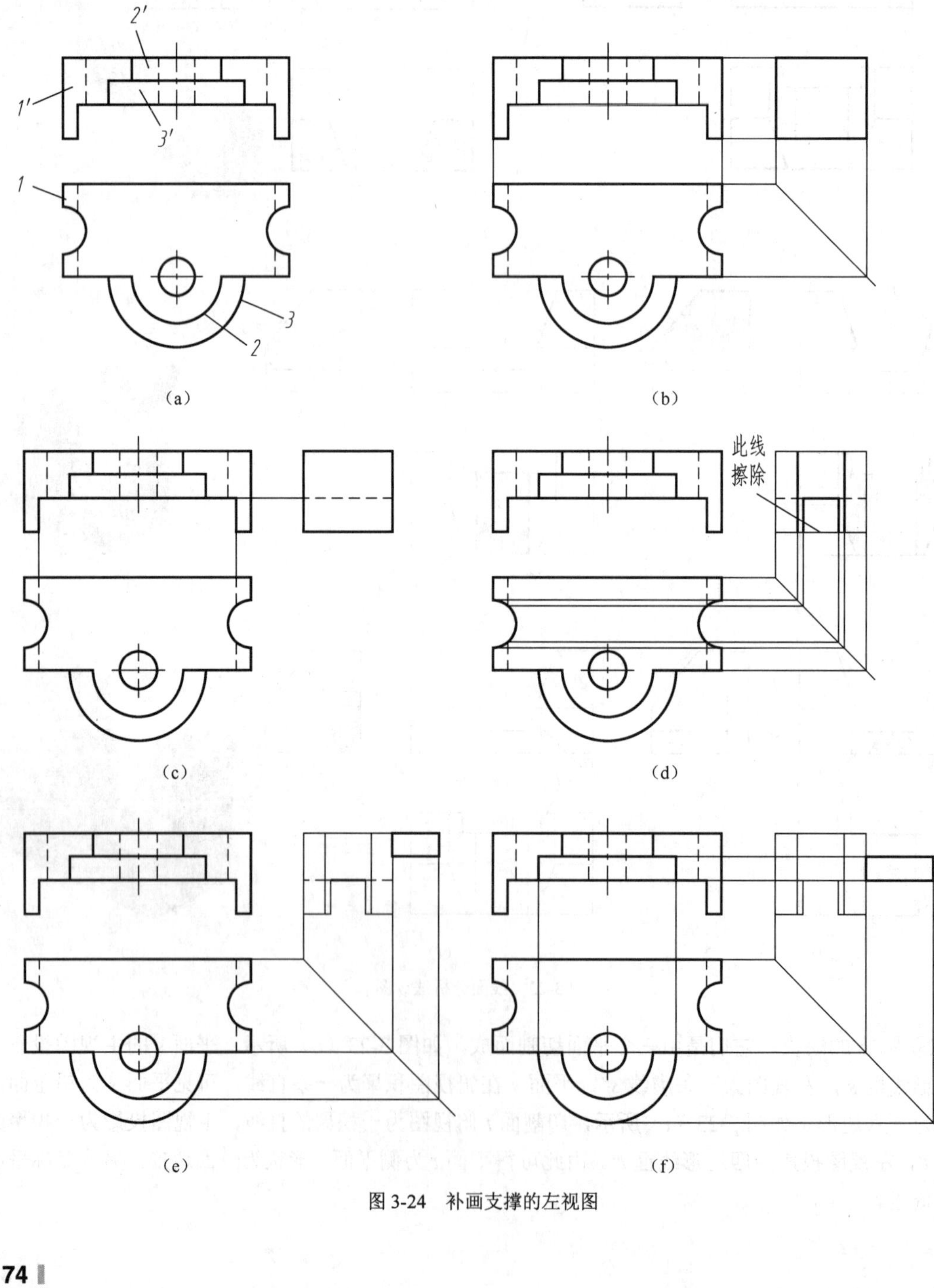


图 3-24 补画支撑的左视图

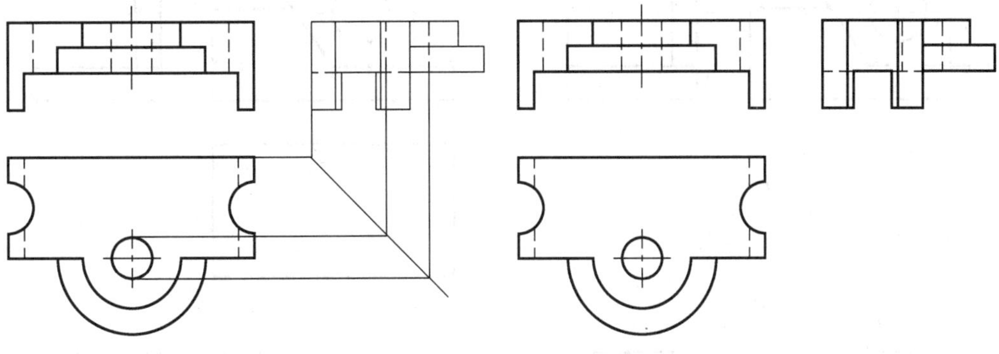

（g）　　　　（h）

（i）

图 3-24　补画支撑的左视图（续）

（3）补画形体Ⅱ的左视图，根据投影关系画出相应图线，如图 3-24（e）所示。

（4）补画形体Ⅲ的左视图，根据投影关系画出相应图线，如图 3-24（f）所示。

（5）补画通孔在左视图所形成图线。如图 3-24（g）所示。

（6）检查，描粗加深。

**例 3-3**　如图 3-25（a）所示，已知切割型组合体的主、左视图，补画俯视图。

（1）分析整体形状：由主、左视图可以看出，该组合体的原始形状是一个长方体，如图 3-25（b）所示。

（2）分析主视图可见平面 $p'$，根据高平齐的关系找到左视图对应的封闭线框是六边形 $p''$，$p'$ 为积聚的一条斜线，可判定 $P$ 为正垂面，另两视图为类似形。根据“长对正、宽相等”的对应关系和投影特性可求得俯视图上反映真实形状的六边形，如图 3-25（c）所示。

分析主视图平面 $s'$，对应高度的左视图水平面 $s''$，$s'$、$s''$都为积聚的水平直线，可断定 $S$ 面为水平面。根据“长对正、宽相等”的对应关系求得俯视图上反映真实形状的长方形，如图 3-25（d）所示。

抓住特征图形孔，利用三等关系可找到孔所在的形体主视图、左视图对应线框。确定形体为带一圆角的梯形板。根据“长对正、宽相等”的对应关系求得俯视图上反映真实形状，如图 3-25（e）所示。

（3）检查后按线型加粗图线，如图 3-25（f）所示。零件结构如图 3-25（g）所示。

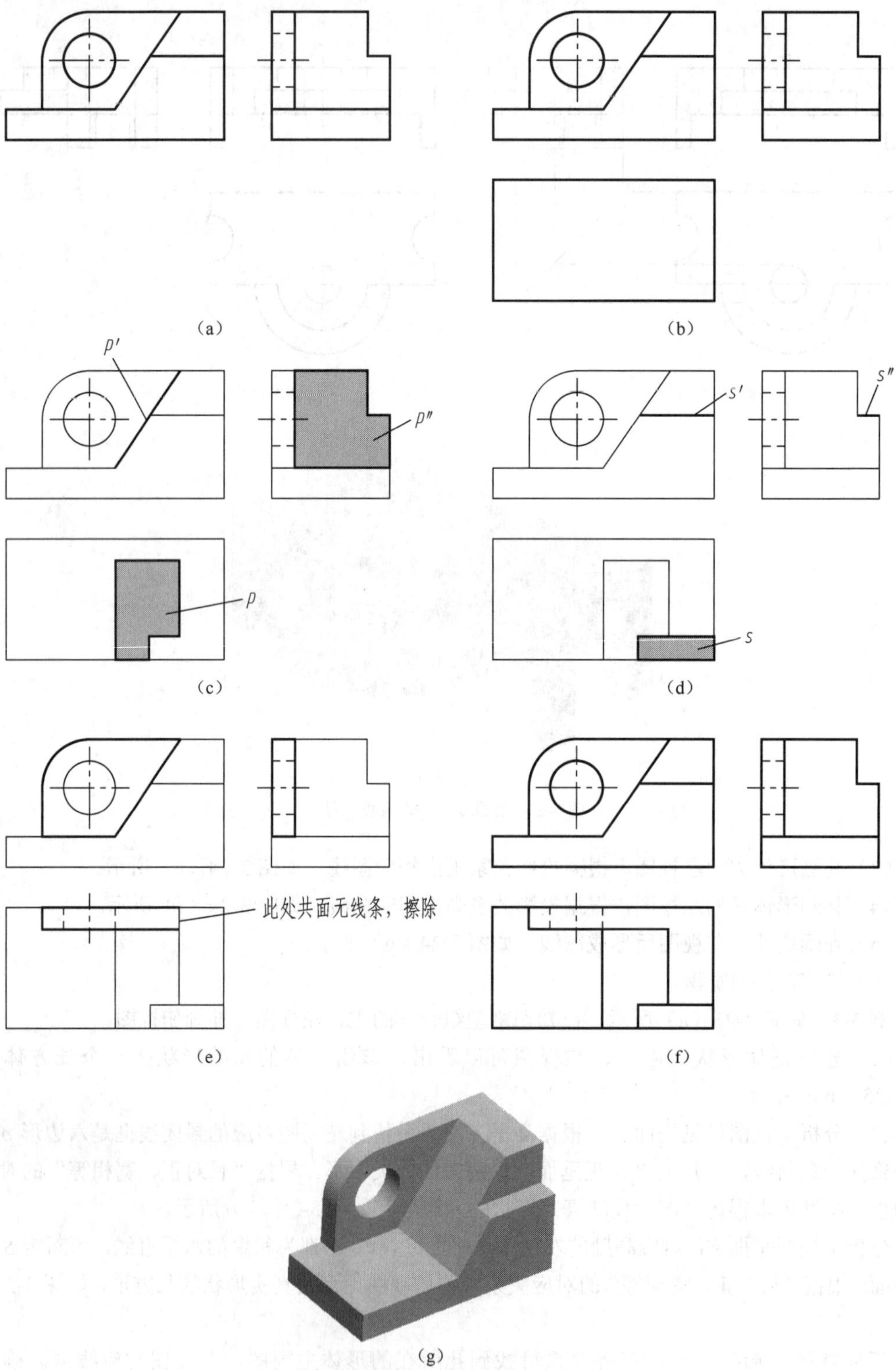


(a) (b) (c) (d) (e) (f) (g)

图 3-25　补画切割型组合体的俯视图

**例 3-4**　补画图 3-26（a）所示三视图中的缺线。

（1）从主视图三角形可知，此处为一肋板并与上平面不平齐。在左、俯视图中补画相应的漏线，如图 3-26（b）所示。

（2）由俯视图半圆形缺口可知，板的上面被切割了半圆孔。补画主、左视图中相应的漏线，如图 3-26（c）所示。

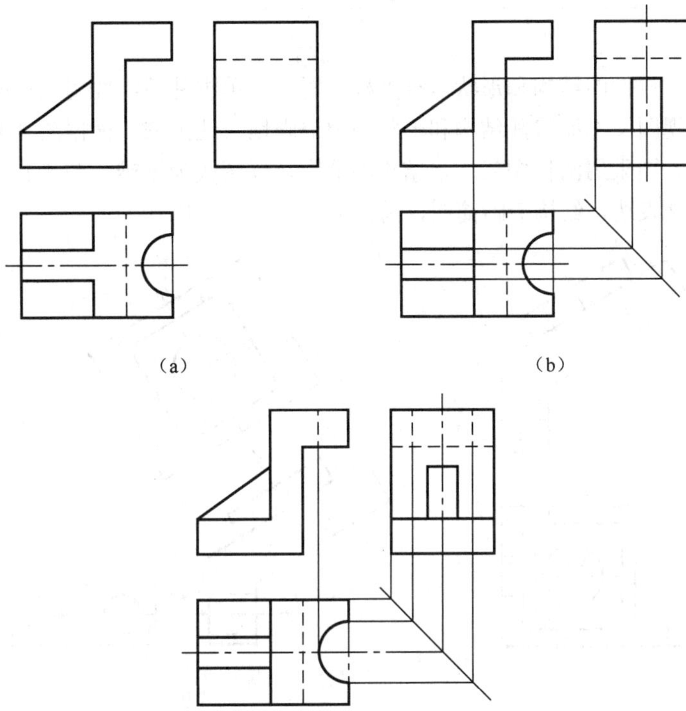

（a）　（b）

（c）

图 3-26　补画三视图中的漏线

# 第四章 机件的表达方式

在生产实践中，机件的结构和形状多种多样，对于简单机件不需要用三视图来表达，而对于复杂的机件仅用三视图又不能将其结构和形状完整清晰地表达出来。根据图 4-1 所示机件表达方案比较，图 4-1（a）图采用两视图表达，结构不清晰，读图较为困难；图 4-1（b）采用主视图、斜视图和局部视图来表达，结构清晰简明，易读懂。

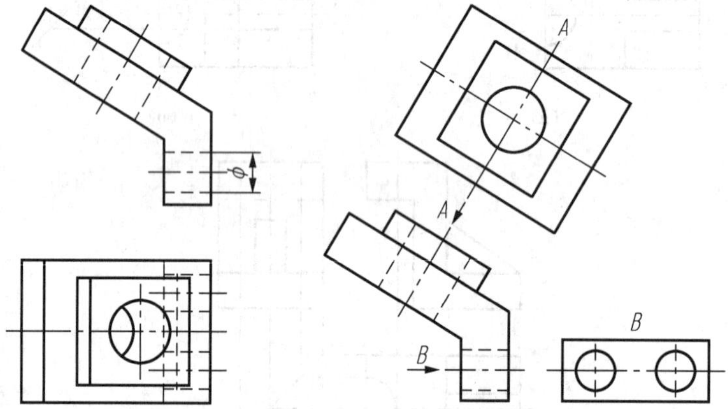


（a）（b）

图 4-1 机件不同表达方案的比较

国家标准《机械制图图样画法》中规定了视图（GB/T4458.1—2002）、剖视图和断面图（GB/T 4458.6—2002）及其他画法。只有熟悉掌握了不同的表达方法，才能够根据机件不同的结构特点，完整、清晰、简明地表达出机件的各部分结构形状。

**教学目的**

（1）熟悉视图的表达方法——基本视图、向视图、局部视图和斜视图的画法。
（2）掌握各种剖视图的表达方法——各种剖视图的画法、剖切方法和标注。
（3）掌握断面图的画法及标注。
（4）掌握规定画法和简化画法。
（5）了解第三角画法。

**学习重点**

（1）运用基本视图、向视图、局部视图和斜视图表达机件结构。
（2）运用断面图的画法和标注，正确表达机件断面形状。

**学习难点**

正确运用各种剖视图的画法、剖切方法和标注，表达机件内部结构。

# 第一节　视图

## 一、基本视图

1．基本视图的形成

基本视图是在原有三个投影面的基础上，新增三个投影面而成，即把六面体的六个面作为基本投影面，将机件放在由六个基本投影面构成的投影体系中，分别向六个基本投影面投影，得到六个基本视图，如图 4-2（a）所示。

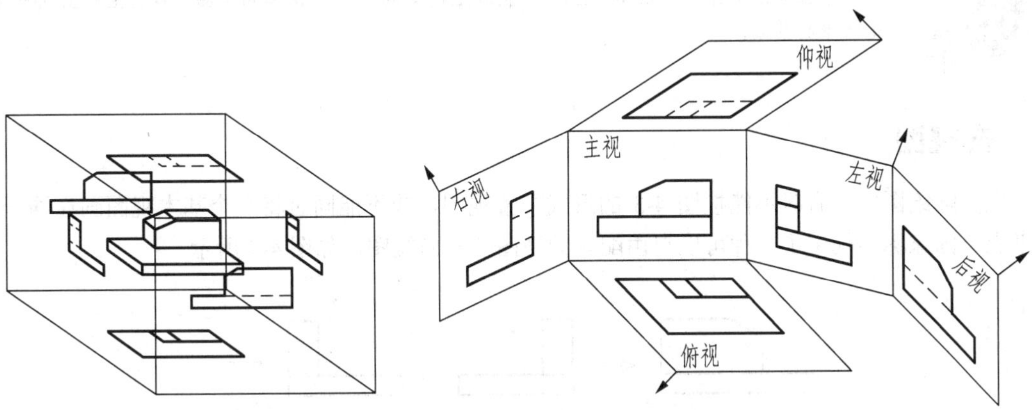


（a）基本视图的形成　　（b）六个投影面的展开

图 4-2　基本视图的形成及投影面的展开

机件向基本投影面（正六面体的六个面）投射所得的视图为：

主视图——正面投影　反映立体的长、高

俯视图——水平投影　反映立体的长、宽

左视图——侧面投影　反映立体的宽、高

右视图——从右向左投射　反映立体的宽、高

仰视图——从下向上投射　反映立体的长、宽

后视图——从后向前投射　反映立体的长、高

2．基本视图的配置和投影规律

六个投影面的展开，正投影面不动，其他各面展开方法如图 4-2（b）所示。六面视图的投影

对应关系：仍遵守“三等”规律，如图 4-3 所示。

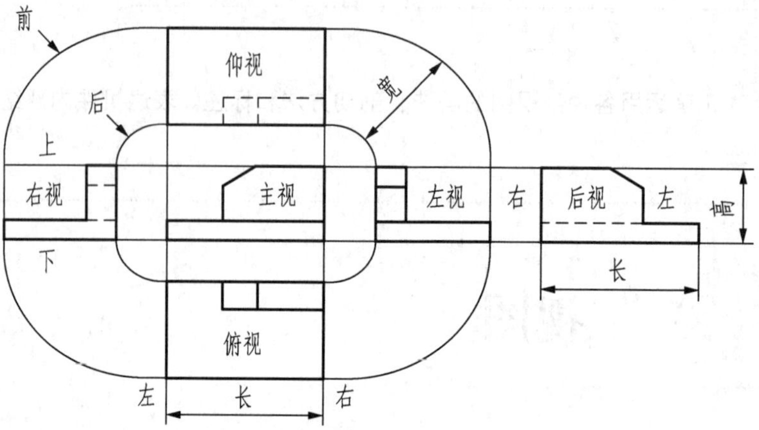


图 4-3 基本视图的配置和方位关系

即：主、俯、仰、后四个视图长对正；

主、左、右、后四个视图高平齐；

俯、仰、左、右四个视图宽相等。

注意

方位对应关系——除后视图外，靠近主视图的一边是物体的后面，远离主视图的一边是物体的前面。

## 二、向视图

在实际绘图中，有时不能按图 4-3 的形式配置视图，或不能同时将六个基本视图画在同一张图纸上，国家标准规定了一种可以自由配置的视图——向视图，如图 4-4 所示。

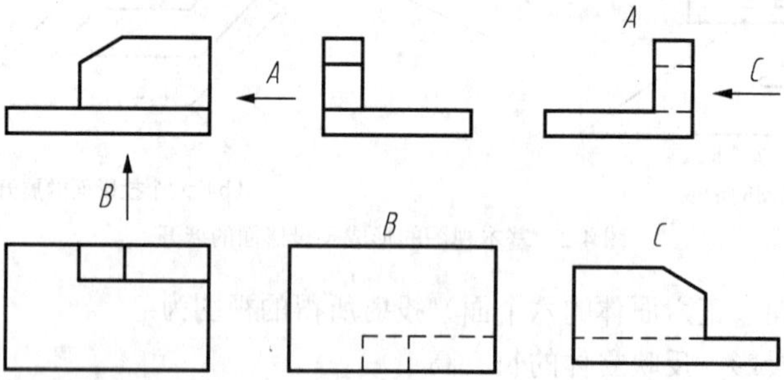


图 4-4 向视图的标注

向视图的标注——在图形的正上方位置处用大写拉丁字母标出。该向视图的名称“×”，在相应视图附近用箭头指明投射方向，并标注相同的字母。表示投射方向的箭头尽可能配置在主视图上，表示后视投射方向的箭头配置在左视图或右视图上。

## 三、局部视图

局部视图是将物体的某一部分向基本投影面投射所得的视图。如图 4-5（a）所示的机件，采用主视图表达机件主体结构形状，但上下凸缘和左右凸台如果用俯视图和左视图表达显得烦琐。采用 *A*、*B*、*C*、*D* 四个局部视图表达其结构，既简明清晰又突出重点。

局部视图的断裂边界用波浪线或双折线表示，如图 4-5（b）所示局部视图 *D*。如果所表达的局部结构完整，且外轮廓又成封闭的独立结构形状时，可省略波浪线，如图 4-5（b）所示局部视图 *A*、*B*、*C*。

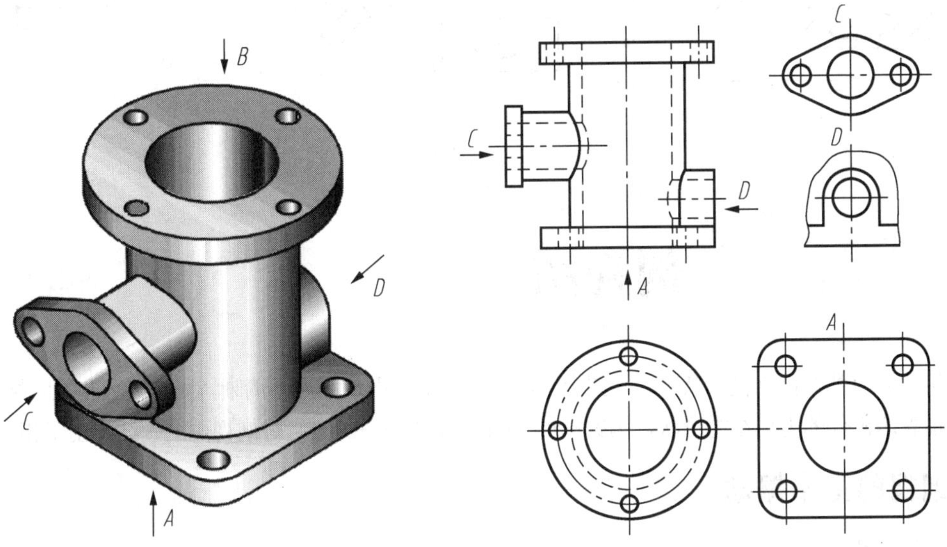


（a） （b）

图 4-5 局部视图

配置和标注局部视图时应注意下面两点。

（1）如局部视图按向视图的形式配置应进行标注，如图 4-5（b）所示局部视图 *A*。

（2）如局部视图按基本视图的形式配置，中间没有其他图形隔开，则可省略标注，如图 4-5（b）所示局部视图 *B*。

## 四、斜视图

将机件向不平行于任何基本投影面的投影面进行投影，所得到的视图称为斜视图。斜视图适合于表达机件上的倾斜表面的实形。例如，图 4-6（a）所示为一个弯板形机件，它的倾斜部分在俯视图和左视图上的投影都不是实形。此时就可以另外加一个平行于该倾斜部分的投影面，在该投影面上则可以画出倾斜部分的实形投影，如图 4-6（a）所示的“*A*”向。

画斜视图注意问题：

（1）斜视图的标注方法与局部视图相似，应尽可能配置与基本视图直接保持投影联系的位置，也可以平移到图纸内的适当地方，如图 4-6（b）所示。为了画图方便，也可以旋转，但必须在斜视图上方注明旋转标记“↶”或“↷”，旋转符号箭头的指向应与图样旋转方向一致，用半径等于字高的半圆弧绘制，字母写在旋转符号的箭头端，如图 4-6（c）所示，也允许将旋转角度标注在字母后面。

（2）斜视图上方必须标注视图的名称“×”，在相应的视图附近用带相同字母“×”的箭头指出投射方向，表示投射方向的箭头应垂直于倾斜结构表面，字母水平书写。

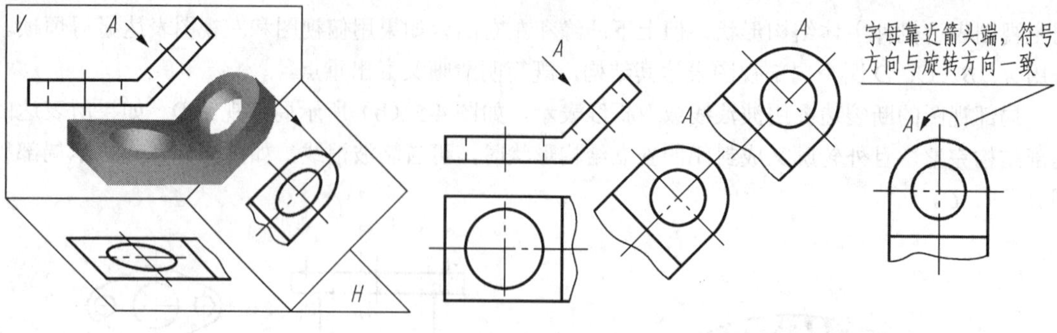


（a）（b）（c）

图 4-6 斜视图

# 第二节 剖视图

当机件的内部结构比较复杂时，视图上会出现较多虚线而使图形不清晰，影响读图和尺寸标注。为了清晰地表达机件的内部结构形状，国家标准（GB/T 4458.6—2002）对剖视图的画法作出了相关规定。

## 一、剖视的基本概念

1．剖视图

假想用平面剖切面把机件剖开、移去观察者和剖切面之间的部分，将余下部分向投影面投影，所画的图形称为剖视图，如图 4-7 所示。

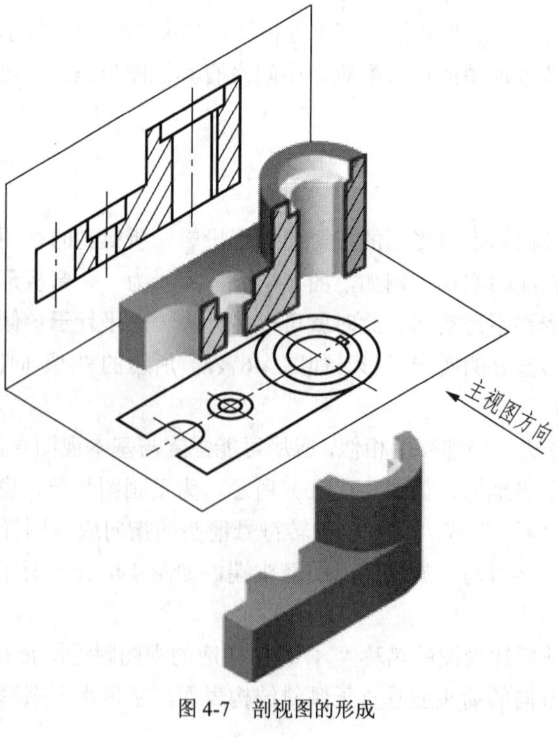


图 4-7 剖视图的形成

由图 4-8 所示视图与剖视图的比较，可知剖视图将视图中不可见的结构变为可见，原来的虚线变成了实线，加上剖面线，使图形更具层次感，因此剖视图更能使图形显得清晰。

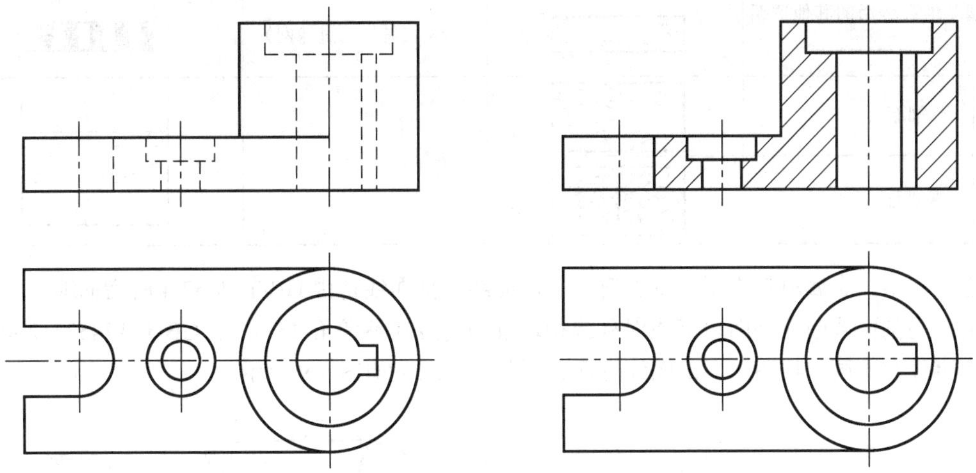

（a）视图　　（b）剖视图

图 4-8　视图与剖视图的比较

2．画剖视图的注意事项

（1）剖切目的性。表达机件内部结构。

（2）剖切假想性。剖切面是假想的，因此，所画剖视图不影响其他视图的绘制（即其他视图仍按完整机件画出）。

（3）剖切面位置。剖切平面应平行剖视图所在的投影面，常通过回转体的轴线或机件的对称面，这样得出的图形反映切面的实形，并用剖切符号表示。

（4）剖面区域。在剖视图中，剖切面与机件接触的部分，称为剖面区域。国家标准（GB/T 4457.5—1984 和 GB/T 17453—2005）规定，在剖面区域内要画出剖面符号。不同的材料采用不同的剖面符号，如表 4-1 所示。

表 4-1　材料的剖面符号（GB/T 4457.5—1984 和 GB/T 17453—2005）

| 材料名称 | 剖面符号 | 材料名称 | 剖面符号 |
|---|---|---|---|
| 金属材料（已有规定剖面符号者除外） | 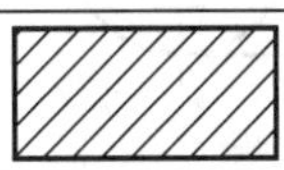 | 木质胶合板（不分层数） |  |
| 线圈绕组元件 | 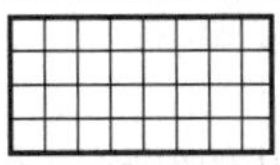 | 基础周围的泥土 |  |
| 转子、电枢、变压器和电抗器等的叠钢片 | 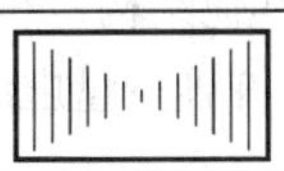 | 混凝土 | 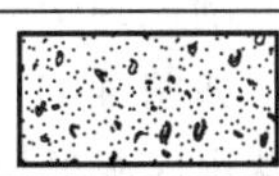 |
| 非金属材料（已有规定剖面符号者除外） | 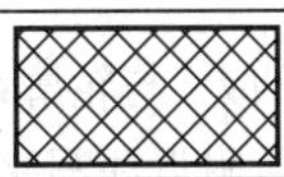 | 钢筋混凝土 | 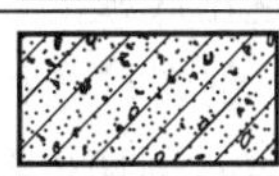 |
| 型砂、填砂、粉末冶金、砂轮、硬质合金刀片等 | 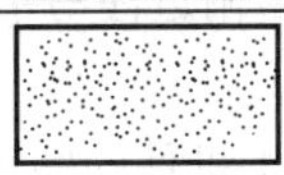 | 砖 | 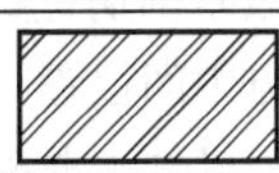 |

续表

| 材料名称 | 剖面符号 | 材料名称 | 剖面符号 |
|---|---|---|---|
| 玻璃及供观察用的其他透明材料 | 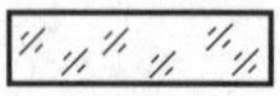 | 网格（筛网、过滤网） |  |
| 木材 纵剖面 |  | 液体 | 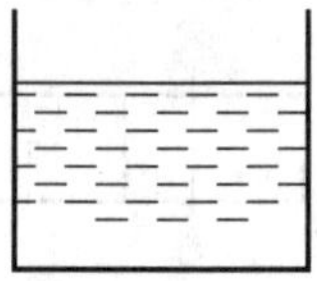 |
| 木材 横剖面 | 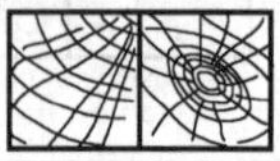 | | |

在图样中，金属材料常用的剖面符号是剖面线，剖面线是由 GB/T 4457.4 所指的细实线来绘制，而且与剖面或断面外面轮廓成对称或相适宜的角度（参考角 45°，见 GB/T 17453—2005）。同一个零件在不同的视图中，剖面线方向、间隔应一致，如图 4-9 所示。

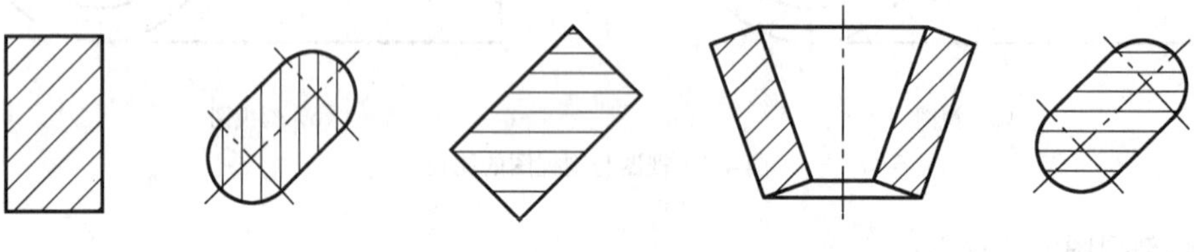

（a）　（b）　（c）　（d）　（e）

图 4-9　剖面线的角度

（5）位于剖切面后方的可见结构应全部画出，不要漏线，如图 4-10 所示。

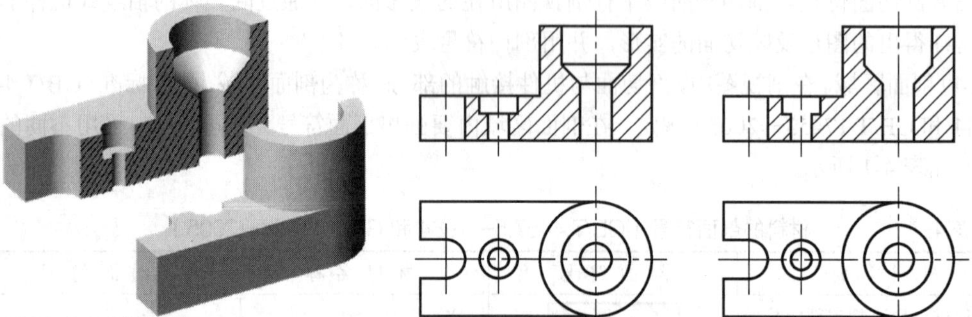

（a）轴测图　（b）正确　（c）错误

图 4-10　剖切面后方可见结构

（6）剖视图中细虚线的处理。不可见的轮廓线或其他结构，在其他视图已经表达清楚，细虚线不画，如图 4-11 所示。但没有表示清楚的结构，允许画少量虚线。如图 4-12 所示，无此虚线无法表达出底板的厚度。

（7）剖切符号和名称。剖切符号由粗短线和箭头组成，与轮廓线有间隙，粗短画线（长约 5～7mm）表示剖切位置，箭头表示投射方向。在剖切符号附近注写字母“×”（大写拉丁字母），剖视图上方中间位置写“×—×”，如图 4-12 所示。

（8）机件上肋板剖切的画法。国家标准规定，对于机件的肋板、轮辐等结构，纵向剖切时，按不剖来处理，不画剖面线，而用粗实线与其相邻部分分开。横向剖切时，按剖切处理，画剖面线，如图 4-13 所示。

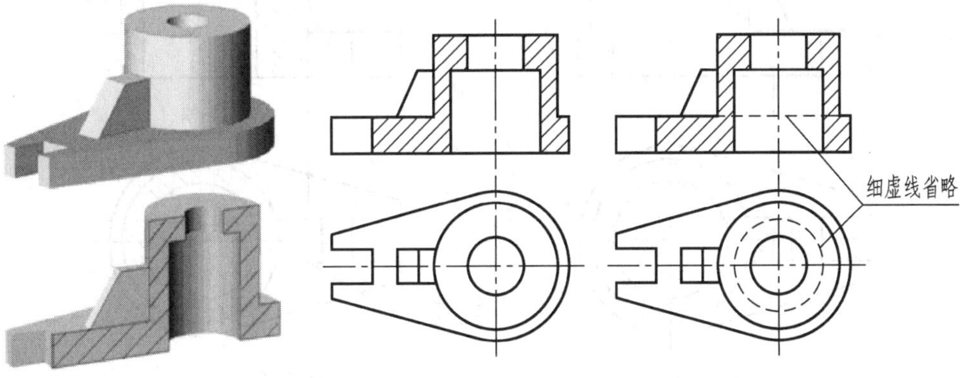


（a）轴测图　（b）合理　（c）不合理

图 4-11　剖视图中细虚线不画的情况

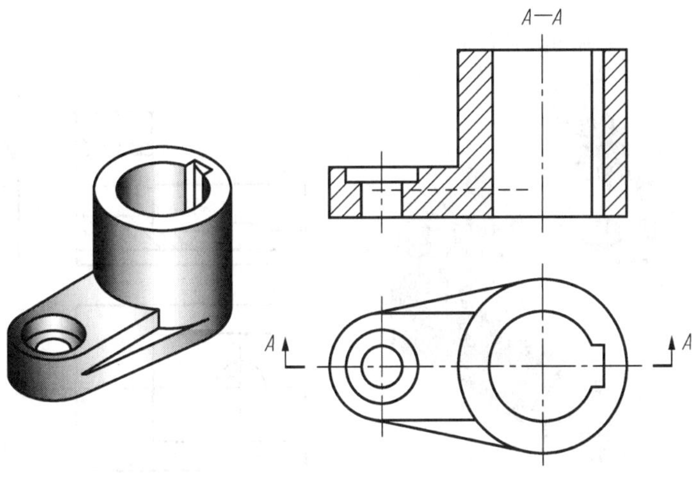


（a）轴测图　（b）剖视图

图 4-12　剖视图中细虚线允许画出的情况

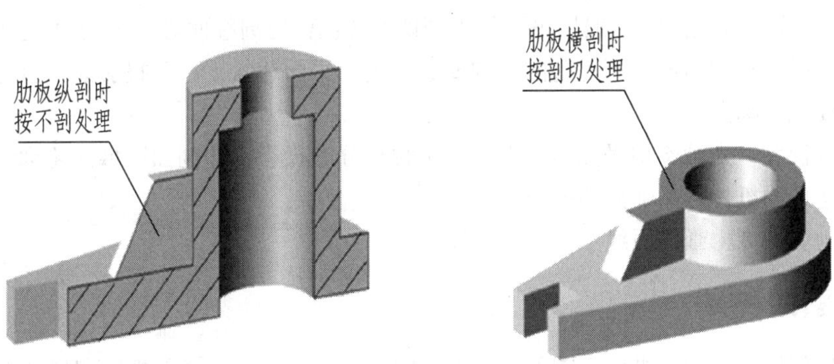


（a）纵向剖切　（b）横向剖切

图 4-13　机件上肋板剖切的画法

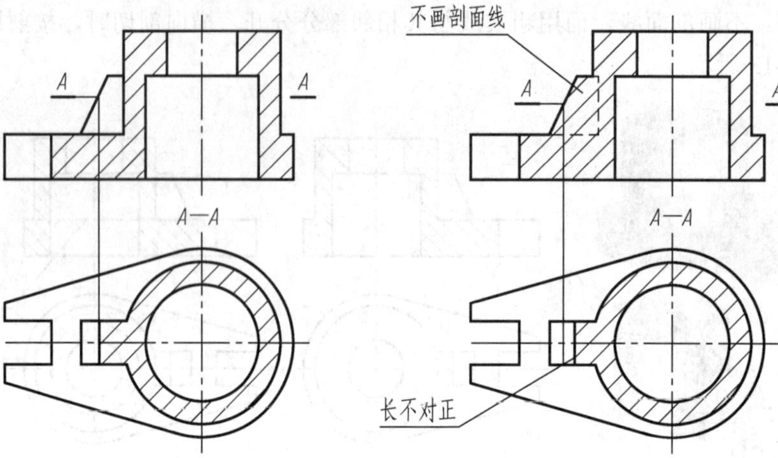


（c）正确 （d）错误

图 4-13 机件上肋板剖切的画法（续）

3．画剖视图的步骤

图 4-14 所示为画剖视图的具体步骤。

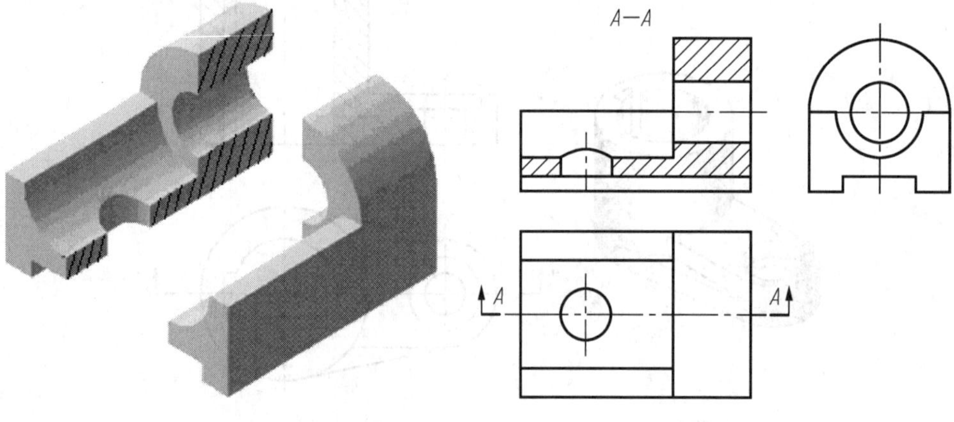


（a）轴测图 （b）剖视图

图 4-14 剖视图的画法

（1）确定剖切面的位置。一般用平面作为剖切面（也可用圆柱面等）。为了表达机件内部结构的真实形状，避免剖切后产生不完整的结构要素，剖切平面通常平行于投影面，且通过机件内部孔、槽的轴线或对称面。

（2）画剖视图。先画剖切平面与机件实体接触部分的投影，即剖面区域的轮廓线，然后再画出剖切区域之后的机件可见部分的投影。

（3）在剖面区域内画剖面线，并进行标注。

## 二、剖视图的种类

根据假想剖切平面剖开机件范围不同，剖视图分为全剖视图、半剖视图和局部剖视图。

1．全剖视图

用剖切平面把机件完全剖开后获得的剖视图称为全剖视图。

（1）适用范围。全剖视图主要用于表达外形比较简单、内部结构复杂的机件。

（2）剖视图中剖切符号和字母，在下列情况下可以省略。

① 当剖视图按投影关系配置，中间没有其他图形隔开时，可以省略箭头。如图 4-15 所示的主视图全剖视图，省略箭头。

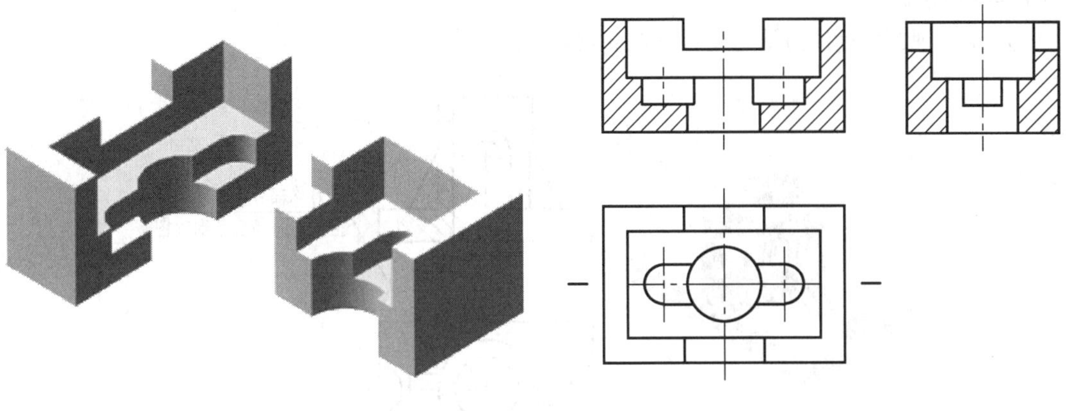

（a）轴测图　　（b）剖视图

图 4-15　剖视图中剖切符号和字母的标注

② 当剖视图按投影关系配置，中间没有其他图形隔开，且剖切面过机件对称面时，可省略标注。如图 4-15 所示的全剖视图，剖切面与机件的左右对称面重合，省略标注字母。

2．半剖视图

对于具有对称平面机件，以对称中心线（细点画线）为界，一半画成视图，用以表达机件的外部结构形状，另一半画成剖视图，用以表达机件的内部结构形状的图形称为半剖视图，如图 4-16 所示。

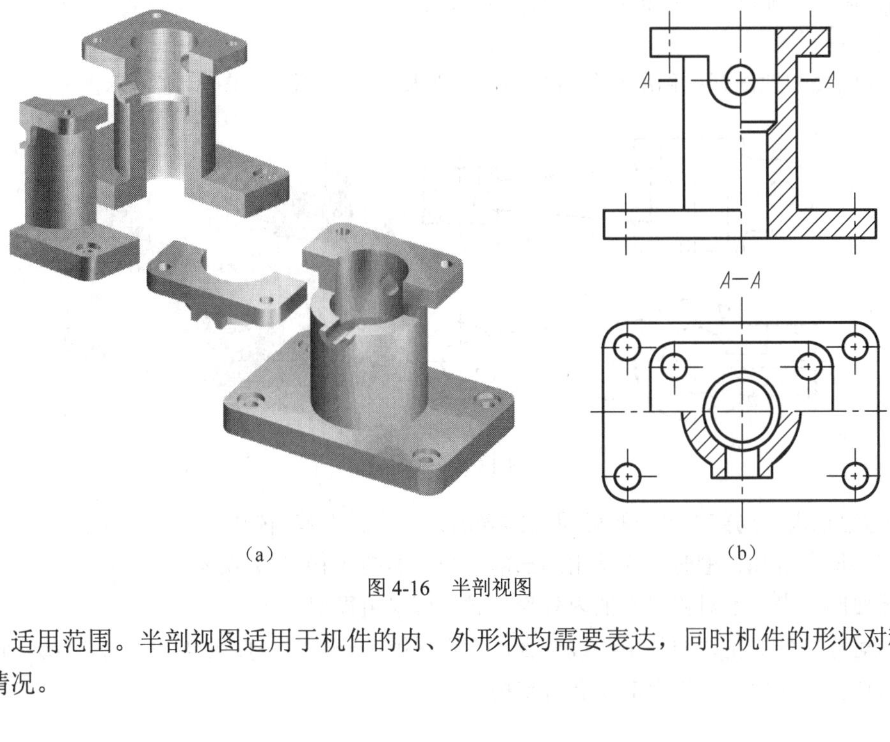


（a）　　（b）

图 4-16　半剖视图

（1）适用范围。半剖视图适用于机件的内、外形状均需要表达，同时机件的形状对称或基本对称的情况。

（2）画图时必须注意以下几点。

① 半剖视图中，半个外形视图和半个剖视图的分界线应画成点画线。

② 在半个剖视图中已表达清楚的内形在另半个视图中其虚线可省略，但应画出孔或槽的中心线。

③ 机件形状接近于对称，且不对称部分已有其他的视图表达清楚时，也可以画成半剖视图，如图 4-17 所示。

④ 半剖视图的标注方法与全剖视图相同。

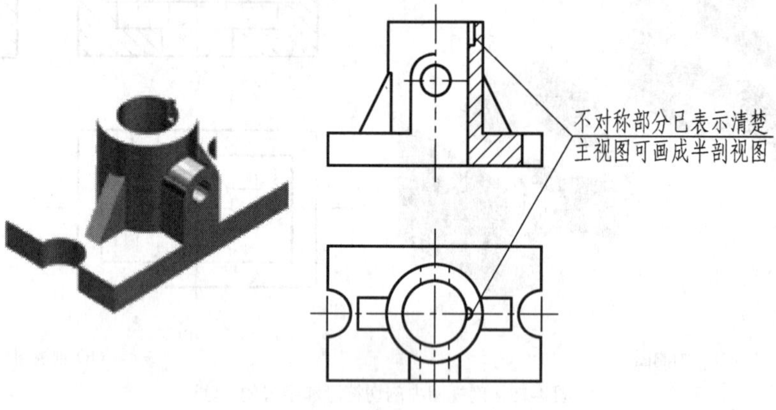


（a）　　（b）

图 4-17　接近对称机件画成半剖视图

（3）半剖视图与视图、全剖视图的比较。

视图——主要反映物体的外形。

全剖视图——主要反映物体的内部结构。

半剖视图——能同时反应机件的外形和内部结构。

3．局部剖视图

用剖切面局部地剖开机件所得的剖视图，称为局部剖视图，如图 4-18 所示。

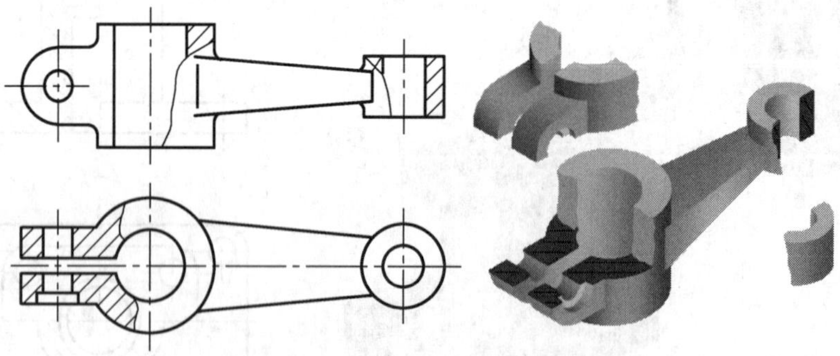

图 4-18　局部剖视图

（1）适用范围。局部剖是一种较灵活的表示方法，适用范围较广。

① 实心杆上有孔、槽时，应采用局部剖视图，如图 4-19（a）所示。

② 需要同时表达不对称机件的内外形状时，可采用局部剖。

③ 当对称机件的轮廓线与中心线重合，不宜采用半剖视时，如图 4-19（b）、（c）所示。

④ 表达机件底板、凸缘上的小孔等结构。

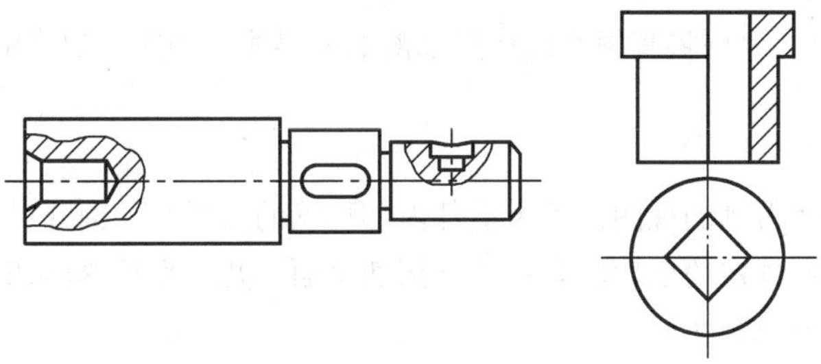

（a）（b）错误（c）正确

图 4-19 局部剖视图

（2）画局部剖视图时应注意以下问题：

① 局部剖视图与视图的分界线一般是波浪线。

② 波浪线相当于剖切部分断裂面的投影，因此波浪线不能穿通孔、通槽或超出剖切范围轮廓线之外，如图 4-20（a）、（b）所示。

③ 波浪线不能与轮廓线重合，也不能画在其他图线的延长线上，如图 4-20（c）、（d）所示。

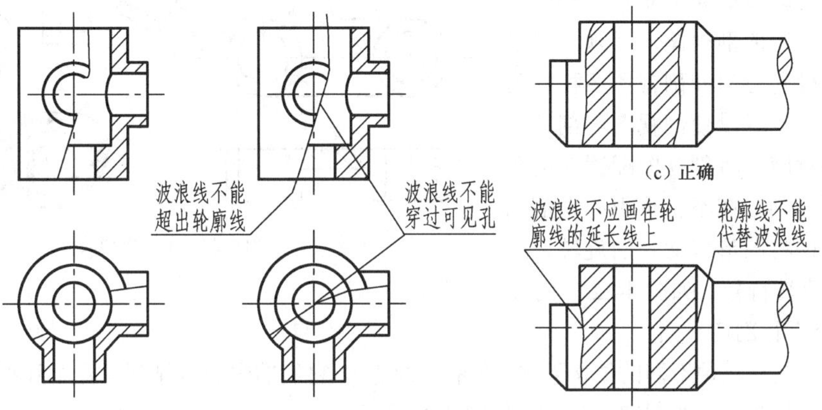


（a）正确（b）错误（c）正确（d）错误

图 4-20 局部剖视图中波浪线的画法

④ 在一个视图中，局部剖的数量不宜过多，在不影响外形表达的情况下，可在较大范围内画成局部剖视，减少局部剖视图的数量，如图 4-21（a）所示。

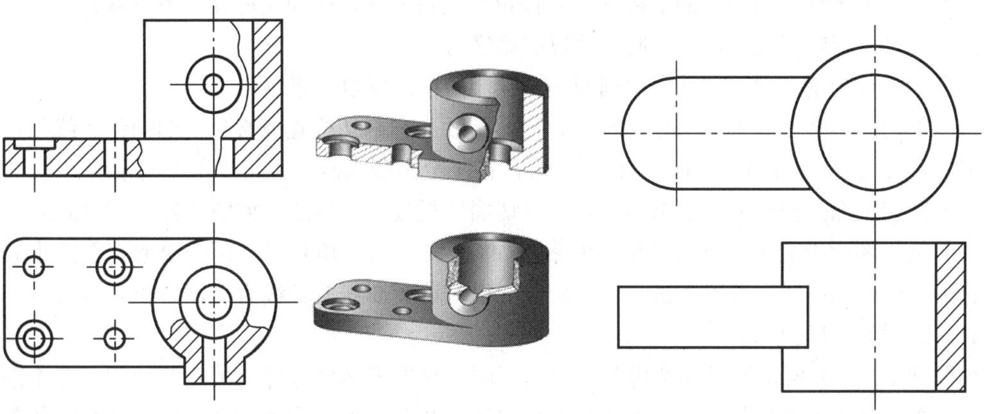

（a）（b）

图 4-21 局部剖视图

⑤ 当被剖结构为回转体时，允许将其中心线作局部剖的分界线，如图 4-21（b）所示。

## 三、剖切面的种类

剖视图是假想将机件剖开而得到的视图，因为机件内部形状的多样性，剖开机件的方法也不尽相同。国家标准《机械制图》规定的剖切面有：单一剖切平面、几个平行的剖切平面、几个相交的剖切平面（交线垂直于某一投影面）。

1．单一剖切平面

单一剖切平面就是仅用一个剖切面剖开机件，可以是平行于基本投影面的剖切面，如图 4-22 中的 *B—B*；也可以是不平行于基本投影面的倾斜剖切平面，如图 4-22 中的 *A—A*。

当机件上倾斜部分的内部结构需要表达时，与斜视图一样，可以选择一个与该倾斜部分平行的辅助投影面，然后用一个平行于该投影面的单一剖切面剖切机件，在辅助投影面上获得剖视图。用这种方法获得的剖视图，必须注出剖切面位置、投射方向和剖视图名称，为了看图方便，应尽量使剖视图与剖切面投影关系相对应，将剖视图配置在箭头所指方向的一侧。在不至于引起误解的情况下，允许将图形作适当的旋转，此时必须加注旋转符号，如图 4-22 中的 *A—A* 所示。

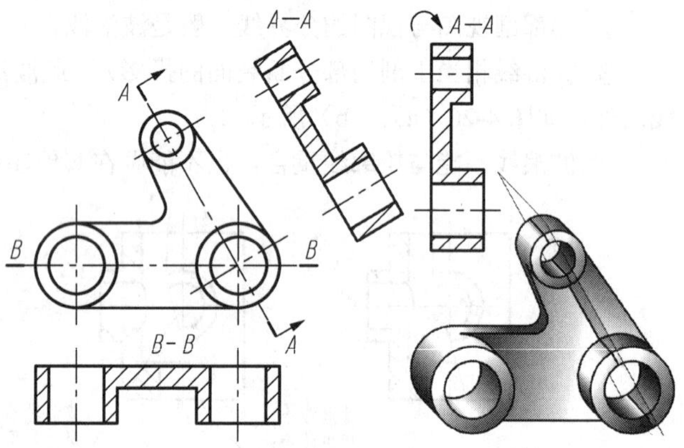


图 4-22 单一剖切面

2．几个平行剖切平面

当机件上具有几种不同的结构要素（如孔、槽等），它们的中心线排列在几个互相平行的平面上时，宜采用几个平行的剖切面剖切，如图 4-23 所示。

关于几个平行剖切平面获得的剖视图标注应注意以下几点。

（1）在剖切平面的起始、转折和终止处，画出带大写拉丁字母的粗短画线，在粗短画线两端画出表示剖切后的投射方向的箭头，并在剖视图的上方用相同的字母注明剖视图的名称“×—×”。

（2）用几个平行平面剖切的剖视图，若按投影关系配置，中间没有其他图形隔开时，可以省略箭头和字母；若转折处图形拥挤时，可以省略字母。

用几个平行的剖切面剖切获得的剖视图，绘制时应注意以下事项。

（1）剖切面的转折处不应与轮廓线重合，转折线应与剖切位置成直角，剖切位置线与投射方向的箭头也应是 90°角；转折处如因位置有限，在不会引起误解时，可以不注写字母。

（2）剖切平面是假想的，所以不应画出剖切面转折处的分界线，如图 4-23（d）所示。

（3）剖视图中不应出现不完整结构要素，如图 4-23（e）所示。当两个要素在图形上具有公共对称中心线或轴线时，可以各画一半，此时应以对称中心线或轴线为界，如图 4-24 所示。

3．几个相交剖切平面

如图 4-25（a）所示，机件若用单一剖切平面，只能表达出零件上沉孔的结构，并不能反映在 45°方向上的小通孔结构。为了在主视图中能表达机件上所有内部结构，用两个相交的剖切面（交线垂直于某一基本投影面）剖开机件。

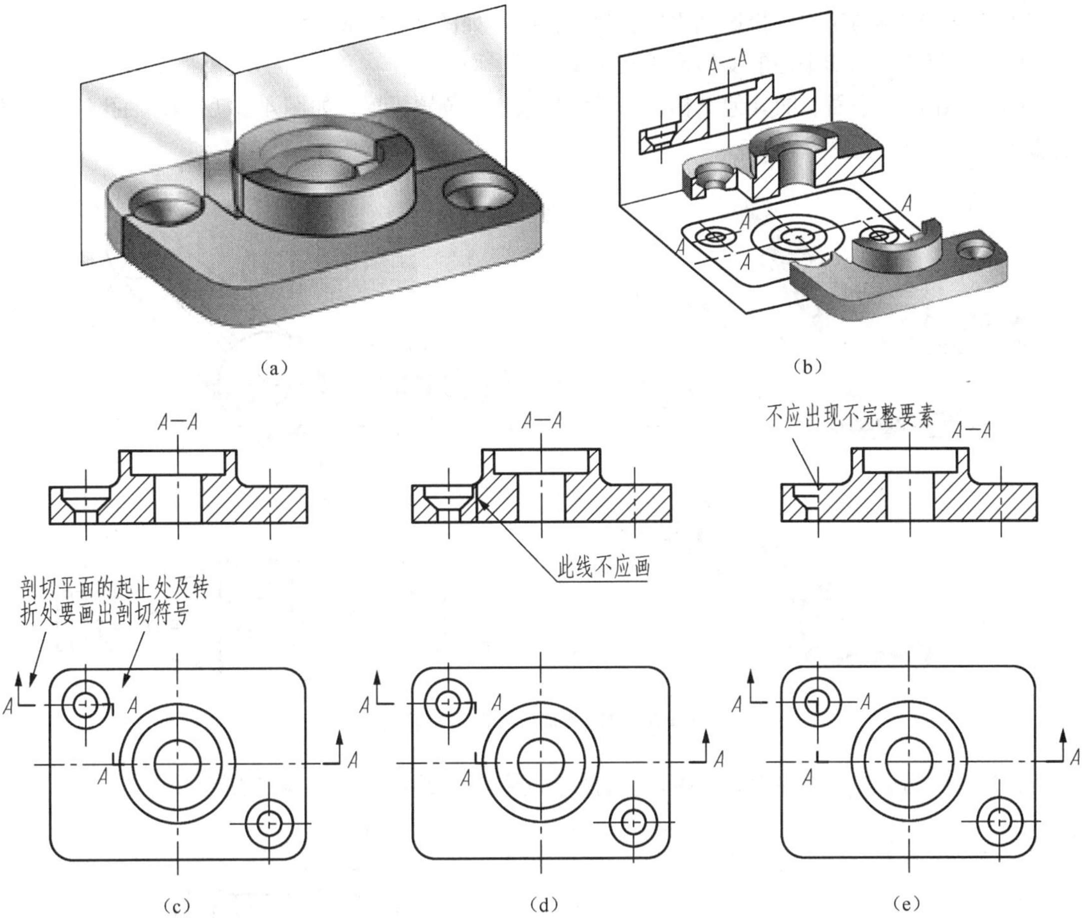


图 4-23　几个平行剖切平面

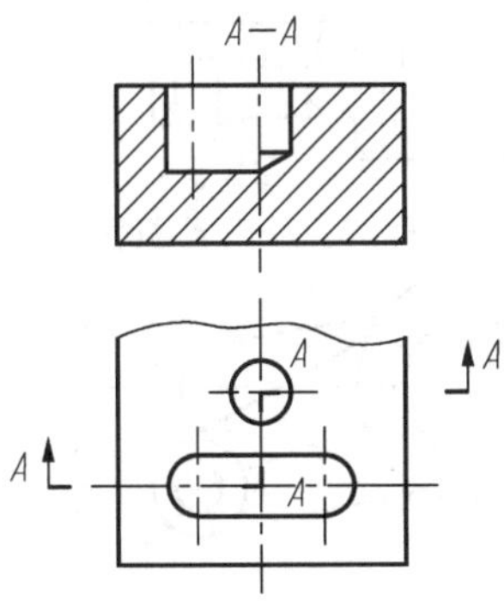


图 4-24　具有公共对称中心线的剖视图

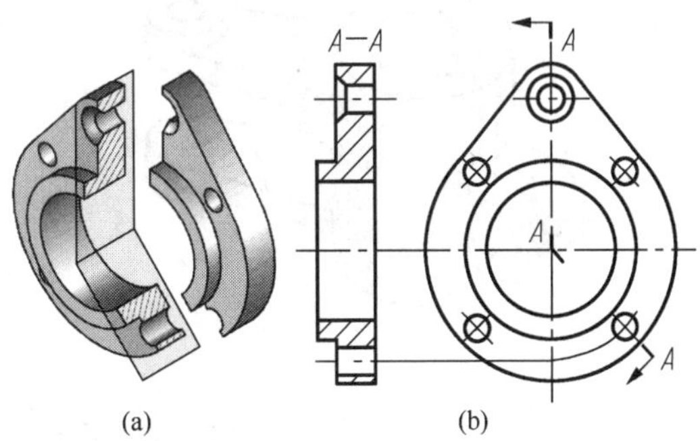


图 4-25　两个相交剖切平面剖切的剖视图

关于几个相交剖切平面获得的剖视图标注：用几个相交的剖切平面获得的剖视图与用几个平行的剖切平面获得的剖视图标注类似，在剖切平面的起始、转折和终止处，要画出带大写拉丁字母的粗短画线，在粗短画线两端画上箭头表明投射方向，并在剖视图的上方用相同的字母注明剖视图的名称“×—×”，如图 4-25 所示。

采用这类剖切平面画剖视图时应注意以下几点：

（1）采用这种画法剖视图时，先假想按剖切位置剖开机件，然后将被剖切平面剖开的结构及其有关部分旋转到与选定的投影面平行再进行投射，如图 4-25（b）所示。

（2）相邻的两剖切平面的交线应垂直于某一投影面。

（3）凡在剖切平面后的其他结构，一般仍按原来的位置投射，如图 4-26 所示，油孔俯视图的投影画椭圆，而不是圆。

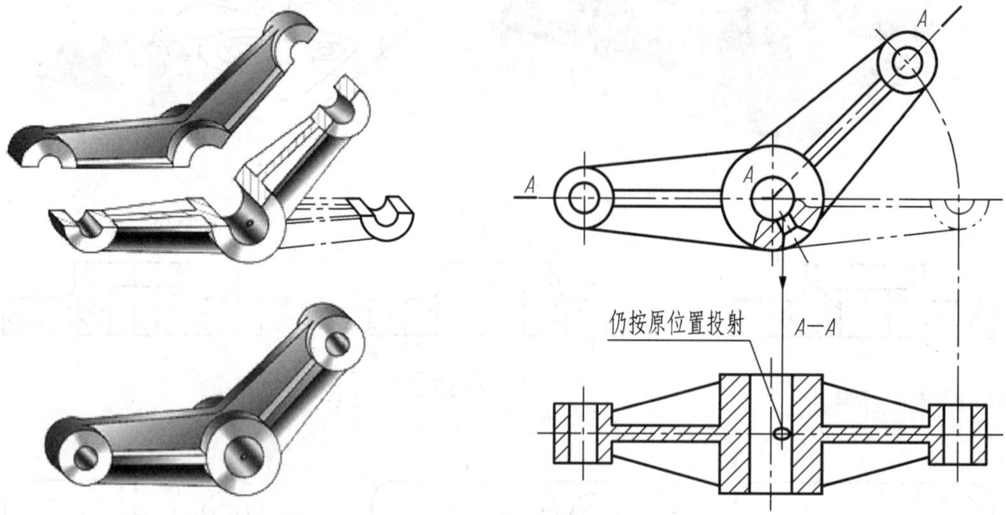


图 4-26 剖切平面后的其他结构画法

（4）当剖切后产生不完整要素时，应将此部分按不剖绘制，如图 4-27 所示。

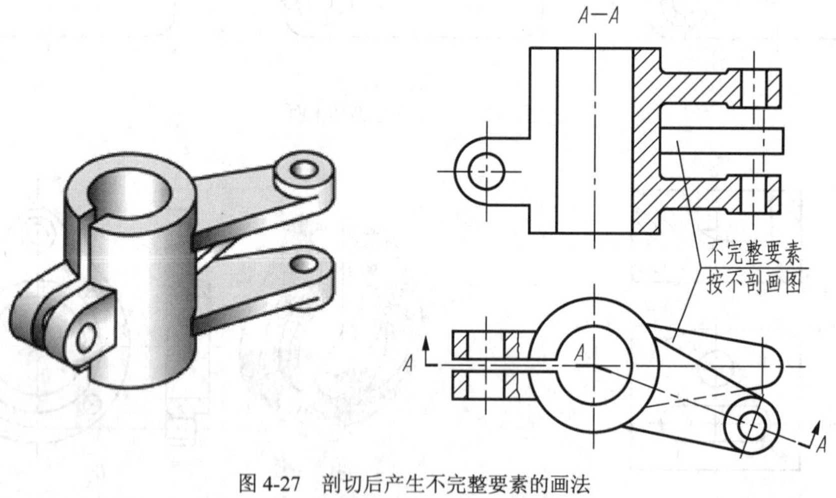


图 4-27 剖切后产生不完整要素的画法

# 第三节 断面图

## 一、断面图的概念

假想用剖切面将机件的某处切断，只画出该剖切面与物体接触部分（剖面区域）的图形，称为断面图，简称断面，如图 4-28 所示。

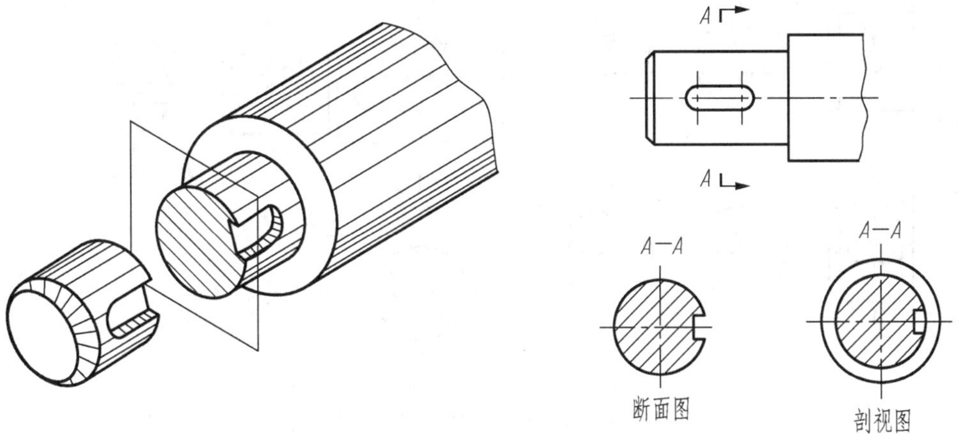


图 4-28 断面图与剖视图的比较

如图 4-28 所示，断面图与剖视图的比较，断面图是面的投影，仅画出断面的形状。剖视图是体的投影，剖切面之后的结构应画出全部投影。

断面图主要用于表达机件上某部分的断面结构，如键槽、肋、轮辐、小孔及各类细长杆件和型材断面形状等。

## 二、断面图的画法

画在视图之外的断面图称为移出断面图。断面图可分为移出断面和重合断面两种。

1．移出断面

移出断面的画法有以下 4 种规定

（1）移出断面的轮廓线用粗实线绘制。由两个或多个相交的剖切平面获得的移出断面，中间一般应断开，如图 4-29 所示。

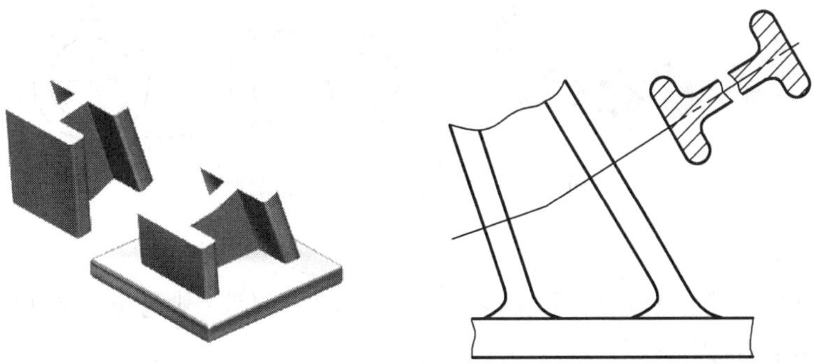

图 4-29 两个相交的剖切平面获得的移出断面

（2）当剖切平面通过回转面形成的孔或凹坑的轴线时，这些结构应按剖视绘制，如图 4-30 所示。

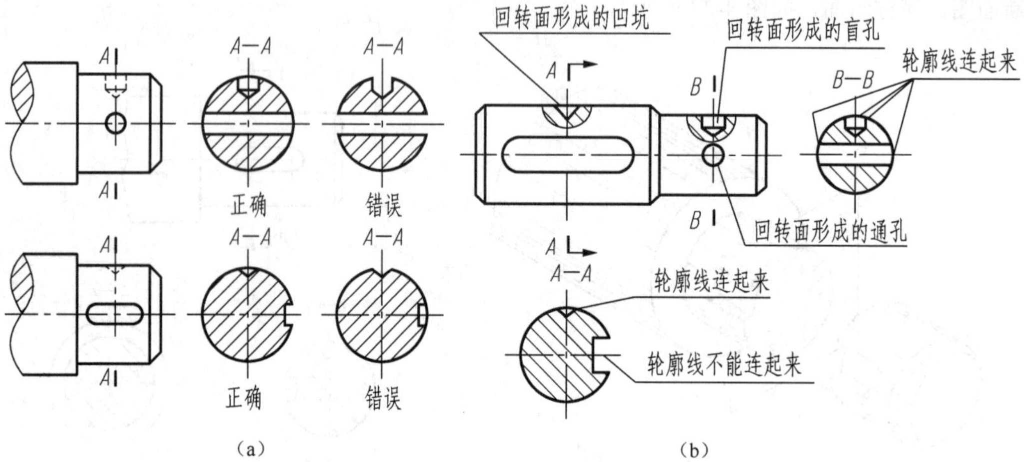


图 4-30 剖切平面通过回转体轴线的情况

（3）当剖切平面通过非圆孔，会导致出现完全分离的图形时，这些结构也应按剖视图绘制，如图 4-31 所示。

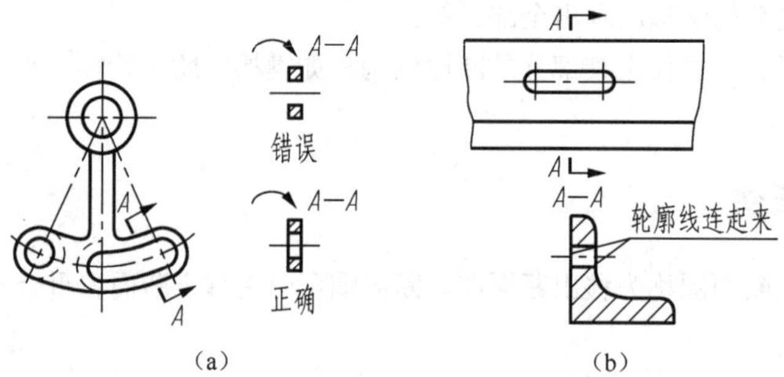


图 4-31 剖切平面使图形分离的情况

（4）对称的移出断面图可配置在视图中断处，如图 4-32 所示。

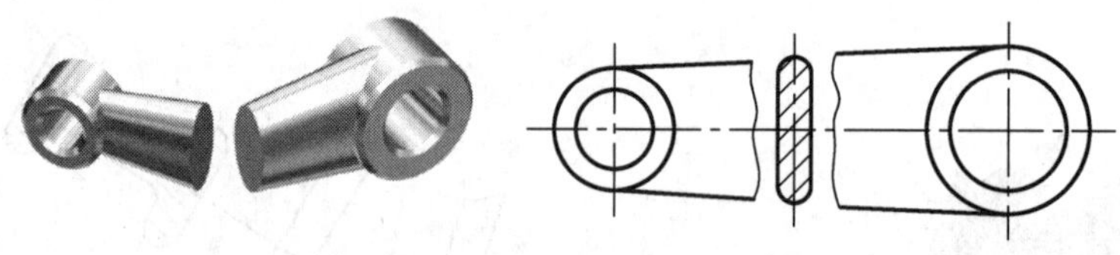

图 4-32 断面图在视图中断处的配置

移出断面图的标注方法：

（1）移出断面图一般应标注断面图的名称“×－×”（“×”为大写拉丁字母），在相应视图上用剖切符号表示剖切位置和投射方向，并标注相同字母。

（2）断面图配置在剖切线延长线上时，均可省略字母。

（3）对称移出断面图形，可省略不标注箭头；不对称的移出断面、按投影关系配置的移出断面，可省略箭头。

（4）配置在剖切线延长线上的对称移出断面，不必标注，如表 4-2 所示。

表 4-2　移出断面图的配置和标注方法

| 移出断面图的位置 | 移出断面图形状对称 | 移出断面图形状不对称 |
|---|---|---|
| 在剖切位置延长线上 | 省略标注<br>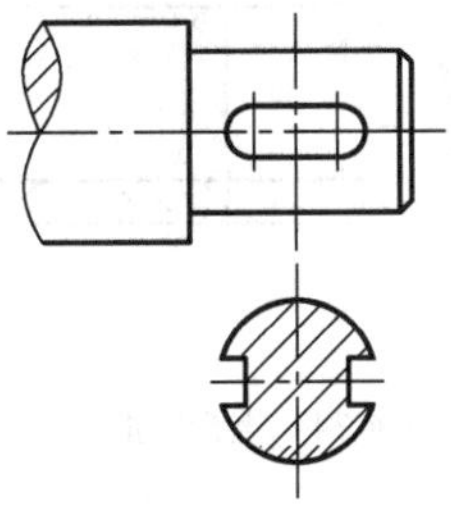 | 省略字母<br>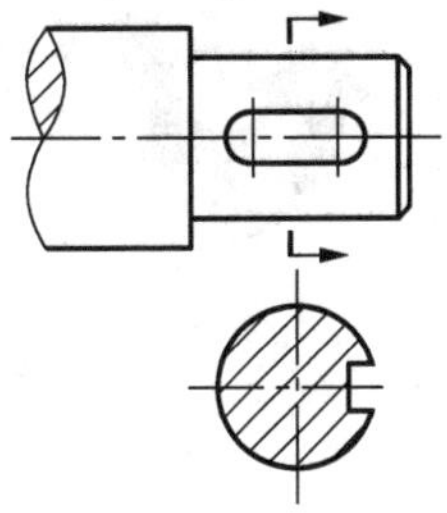 |
| 按投影关系配置 | 省略箭头<br>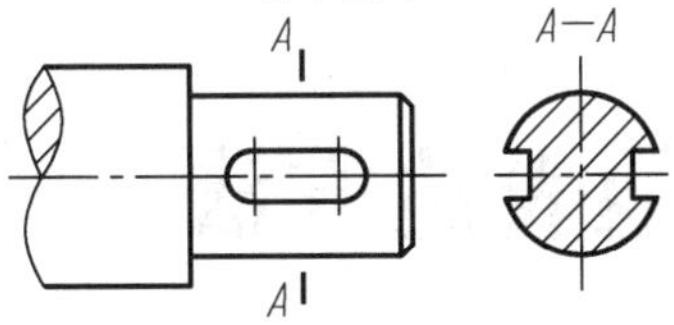 | 省略箭头<br>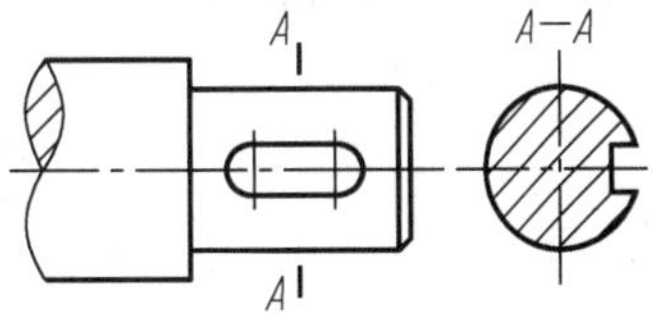 |
| 在其他位置 | 省略箭头<br>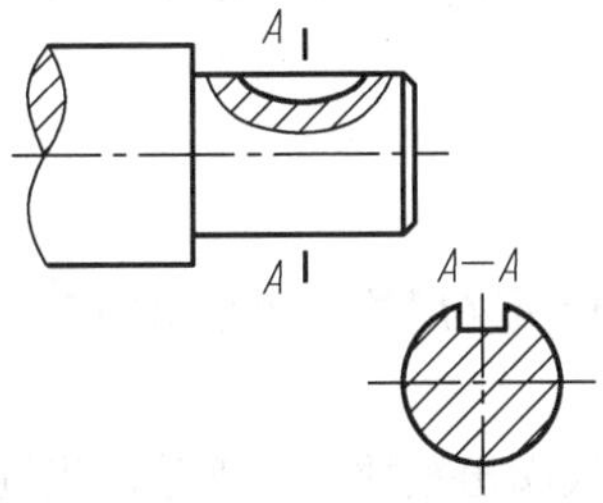 | 不能省略<br>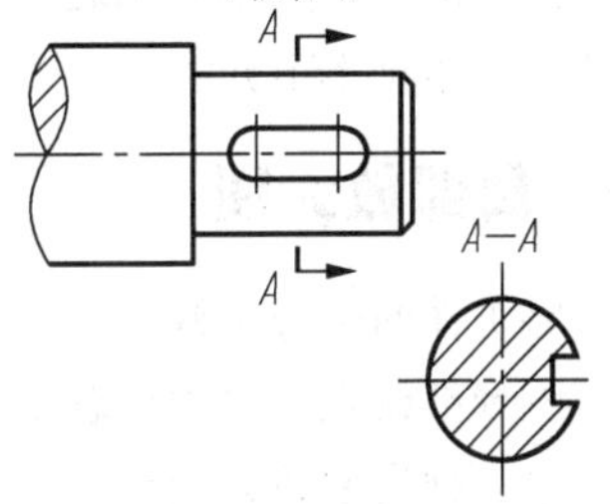 |

例如，在指定位置上画出断面图，并进行标注，机件两端小孔均为通孔，键槽深度为 2.5mm。如图 4-33（a）所示。

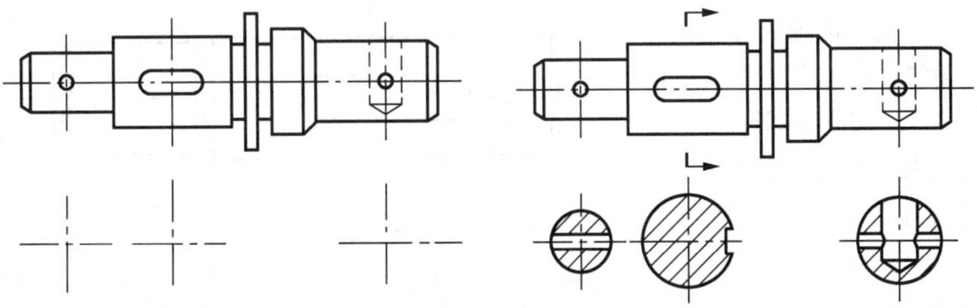

（a）　　（b）

图 4-33　断面图的画法

2．重合断面

画在视图之内的断面称为重合断面。

重合断面图的轮廓线用细实线绘制，如图 4-34（a）所示。当视图中轮廓线与重合断面图的图形重叠时，视图中的轮廓线仍应连续画出，不可间断，如图 4-34（b）所示。

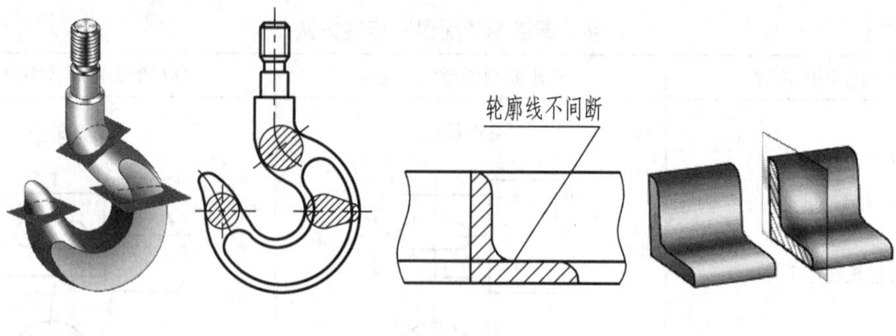


(a)　　　　(b)

图 4-34　重合断面

重合断面的标注，对称的重合断面图不必标注，如图 4-34（a）所示。不对称的重合断面图可省略的标注，如图 4-34（b）所示。

# 第四节 其他表达方法

为了清晰、简便地表达机件的结构形状，国家标准中还规定了局部放大图和图形的一些简化画法，具体见本节介绍。

## 一、局部放大图

将机件的部分结构用大于原来图形所采用的比例画出的图形，称为局部放大图。

画局部放大图时应注意以下问题。

（1）画局部放大图时，应用细实线圈出被放大的部位。当同一机件上有几处不同的被放大部位时，应用罗马数字依次标明被放大的部位，并在局部放大图的上方标出相应的罗马数字和所采用的比例，如图 4-35 所示。当机件上被放大的部位仅一处时，只需在局部放大图的上方注明所采用的比例。

（2）局部放大图可画成视图、剖视图、断面图等，它与被放大部分的表达方式无关，局部放大图通常画成局部视图和局部剖视图，局部放大图的边界画波浪线。如图 4-35 所示，*I*、*III*处采用局部视图表达，而Ⅱ处采用局部剖视图表达。

（3）局部放大图应尽量配置在被放大部位的附近，如图 4-35 所示。

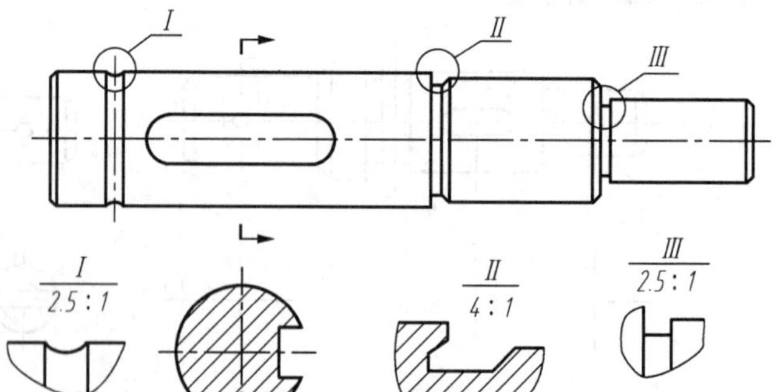


图 4-35　局部放大图

（4）同一机件上不同部位的局部放大图，当图形相同或对称时，只需要画出一个。

## 二、简化画法

（1）对于机件上的肋、轮辐和薄壁等结构，当剖切面沿纵向（通过轮辐、肋等的轴线或对称平面）剖切时，规定在这些结构的断面上不画剖面符号，但必须用粗实线将它与邻接部分分开，如图 4-36 所示。

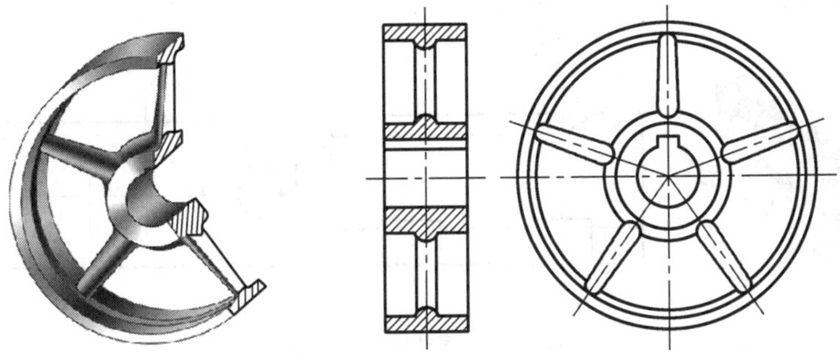

（a）　　（b）

图 4-36　肋、轮辐剖切剖面线画法

（2）当回转体机件上均匀分布的肋、轮辐、孔等结构不处于剖切平面时，可将这些结构假想旋转到剖切平面上画出，如图 4-37 所示。

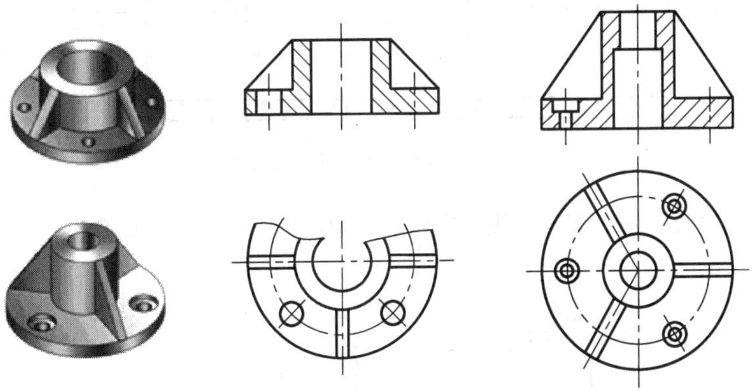

（a）　　（b）　　（c）

图 4-37　肋、轮辐、孔等结构不处于剖切平面画法

（3）若干直径相同且成规律分布的孔，可以只需画出一个或少量几个，其余只需用细点画线表示其中心位置，如图 4-38 所示。

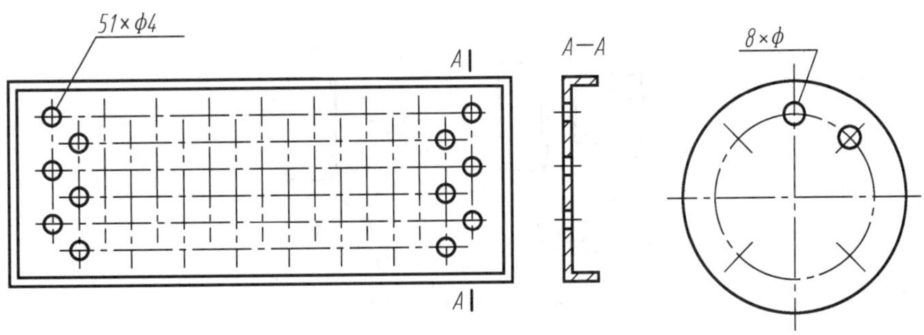


（a）　　（b）

图 4-38　规律分布等径孔的简化画法

（4）零件上成规律分布的重复结构（齿或槽等），允许只画出一个或几个完整的结构。不对称的重复结构用细实线连接，对称的重复结构用细点画线表示各对称结构的位置，要注明该结构的总数，如图 4-39 所示。

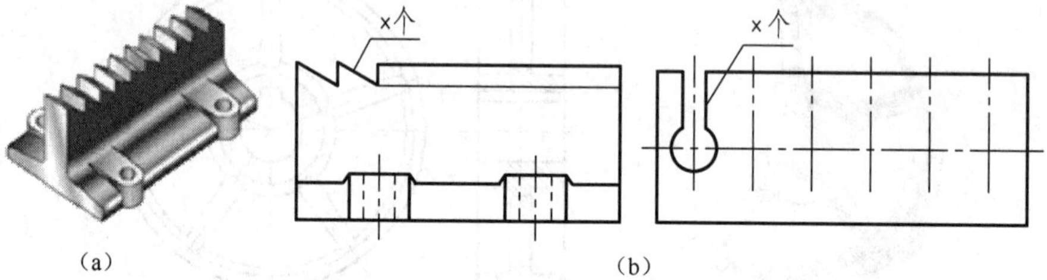


图 4-39　相同结构的简化画法

（5）在不至于引起误解时，图中的截交线、相贯线等可以简化，如用直线或圆弧代替非圆曲线，如图 4-40 所示。

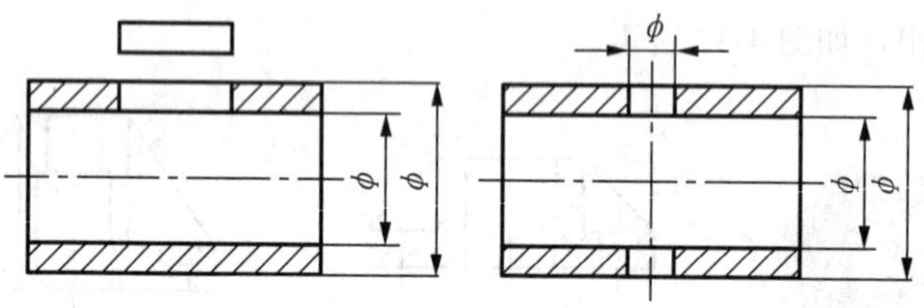


图 4-40　交线、相贯线简化画法

（6）机件上的直纹、网纹滚花一般只在轮廓线附近用细实线示意地画出一小部分，如图 4-41 所示。

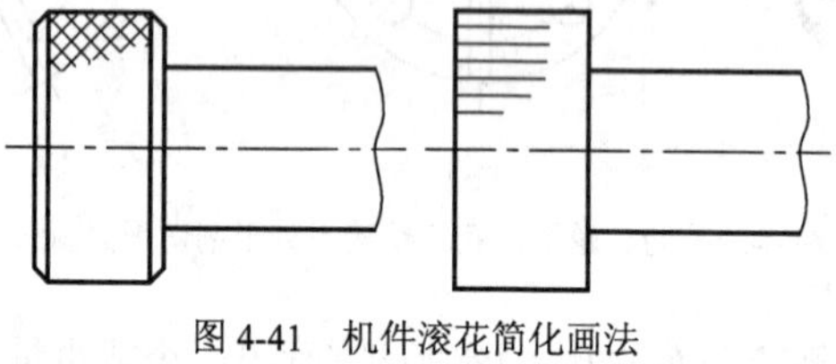

图 4-41　机件滚花简化画法

（7）回旋体机件上的平面在图形中不能充分表达时，可用两条相交的细实线表示，如图 4-42 所示。

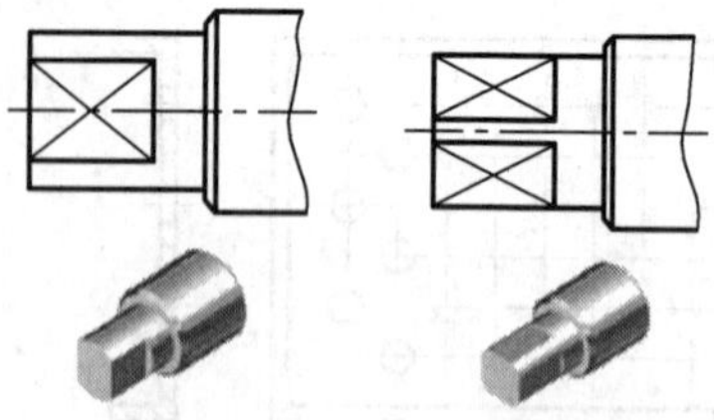

图 4-42　平面的简化画法

（8）较长的机件且沿长度方向的形状一致或按一定规律变化时，可断开后缩短绘制，如图 4-43 所示。

（9）当绘制与投影面倾斜角度≤30°的圆或圆弧时，可用圆或圆弧来代替椭圆，如图 4-44 所示。

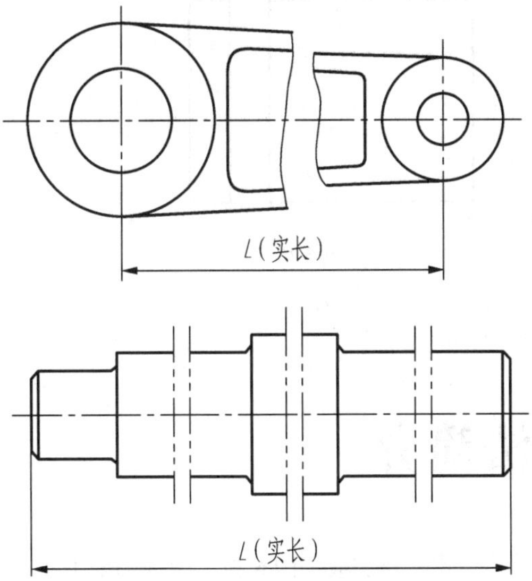


图 4-43　较长机件缩短简化画法

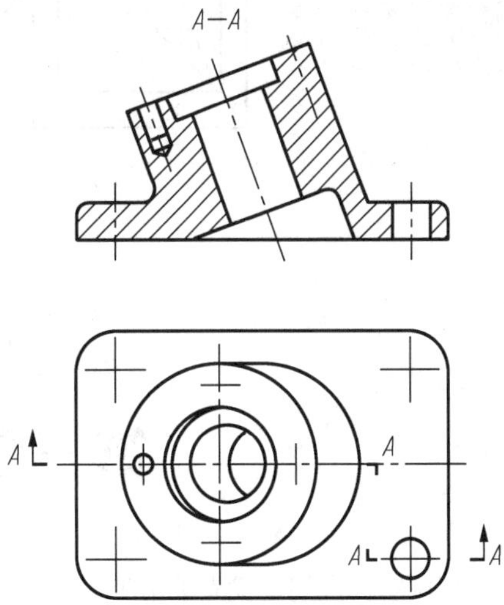


图 4-44　倾斜圆的简化画法

（10）当机件上较小的结构及斜度等已在一个图形中表达清楚时，其他图形应当简化或省略，如图 4-45 所示。

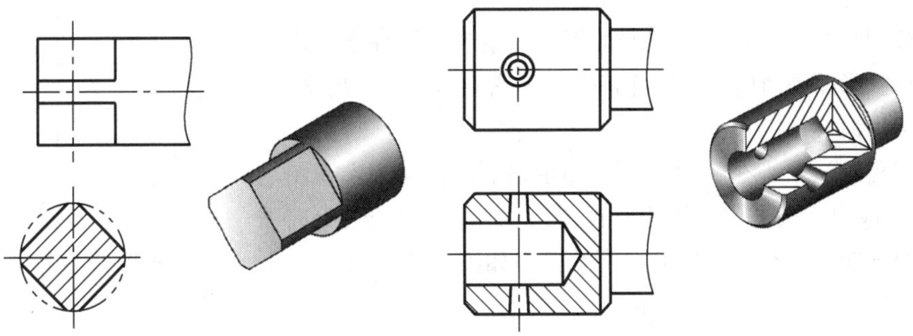

（a）　　（b）

图 4-45　较小结构简化画法

（11）对称图形的画法，在不致引起误解时，可只画一半或四分之一。并在对称中心线的两端画出两条与其垂直的平行细实线，如图 4-46 所示。

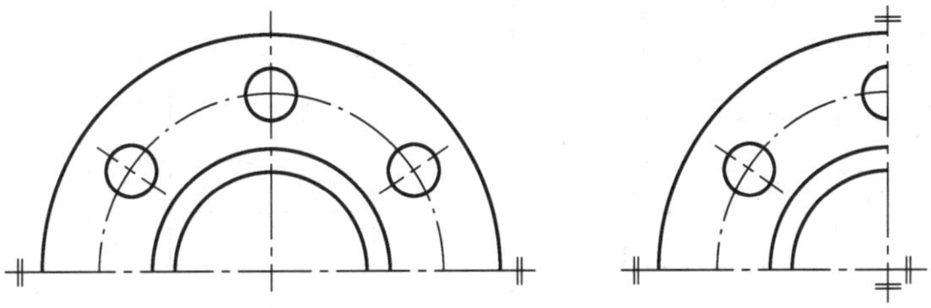

图 4-46　对称图形简化画法

（12）在不致引起误解时，零件图中的小圆角、锐角的小倒圆或 45°小倒角允许省略不画，但必须注明尺寸或在技术要求中加以说明，如图 4-47 所示。

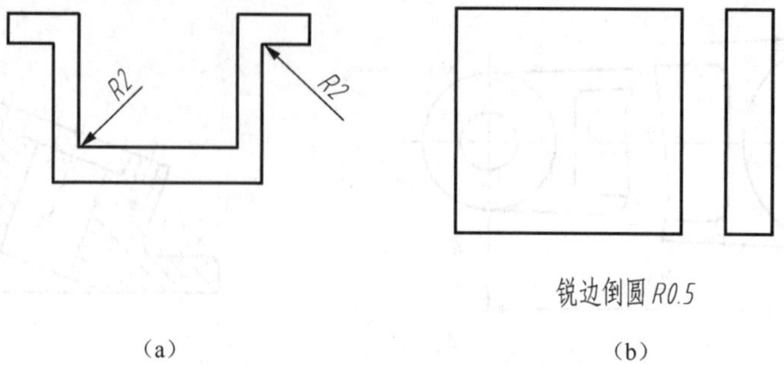


图 4-47 省略倒角、圆角的情况

# 第五节 第三角画法简介

我国国家标准规定优先采用第一角画法，而美国、日本、新加坡等国家技术图样仍采用第三角画法。在 ISO 国际标准在表达机件结构中第一角和第三角投影法同样等效。为了适应国际技术交流的需要，本节对第三角画法进行简单介绍。（参考 GB/T 14692—2008）

如图 4-48 所示，由三个互相垂直相交的投影面将空间分成八个分角，每一部分分角名称依次为 *I*、*II*、…、*VIII*。

机件放置于第三角内，将投影面置于观察者和机件之间进行投影，假想投影面是透明的，这样得到的视图，称为第三角画法，如图 4-49 所示。

在第三角画法中，在 *V* 面上形成自前向后的投影为主视图，在 *W* 面上形成自右向左的投影为右视图，在 *H* 面上形成自上向下的投影为俯视图。三视图的展开及配置关系如图 4-49 所示。

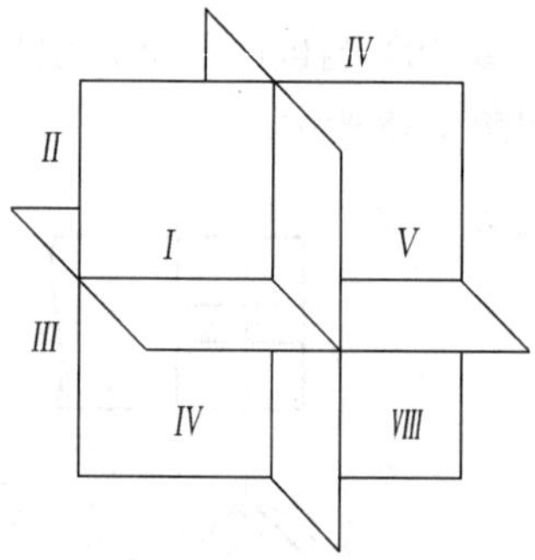


图 4-48 空间分成八个分角

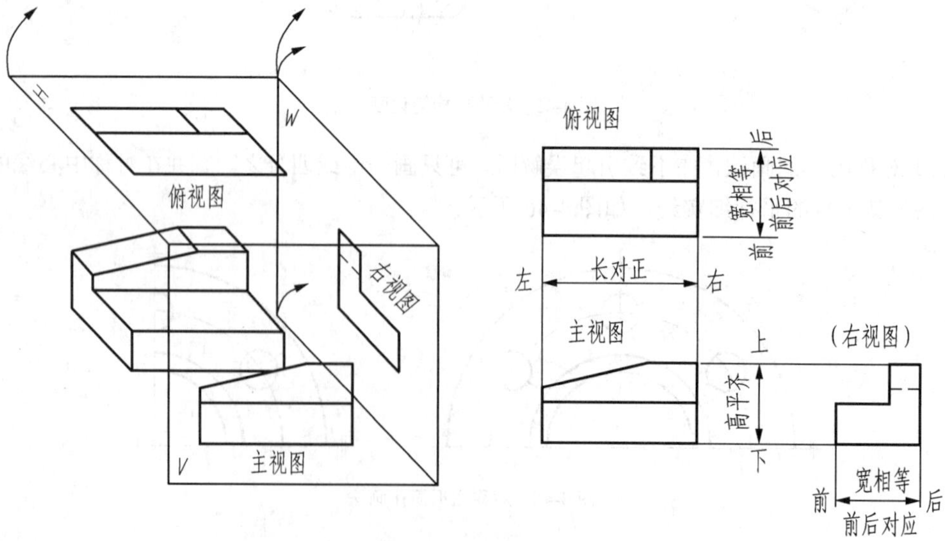


图 4-49 第三角画法三视图的形成

第三角画法，机件在投影面体系中投影，各投影面展开方法如图 4-50（a）所示，视图配置关系：俯视图在主视图上方，仰视图在主视图下方，右视图在主视图右面，左视图在主视图左面，后视图在右视图的右面。相应视图间仍应保持“长对正、高平齐、宽相等”的对应关系，如图 4-50（b）所示。

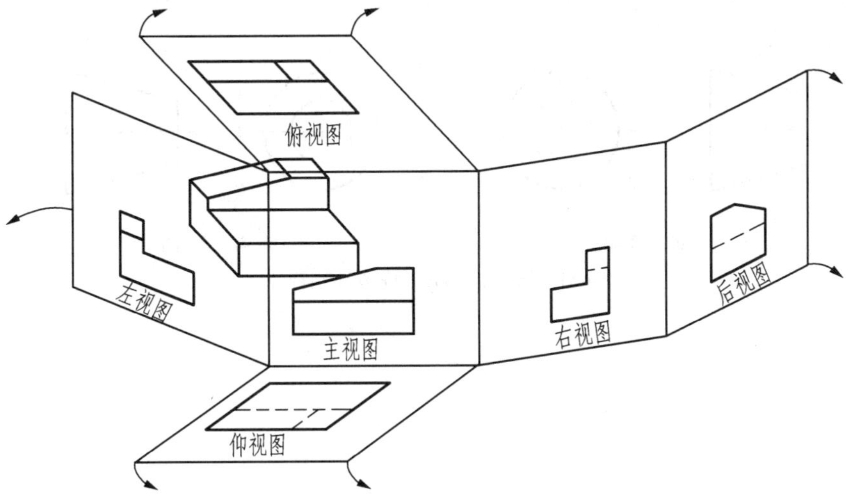


(a) 展开图

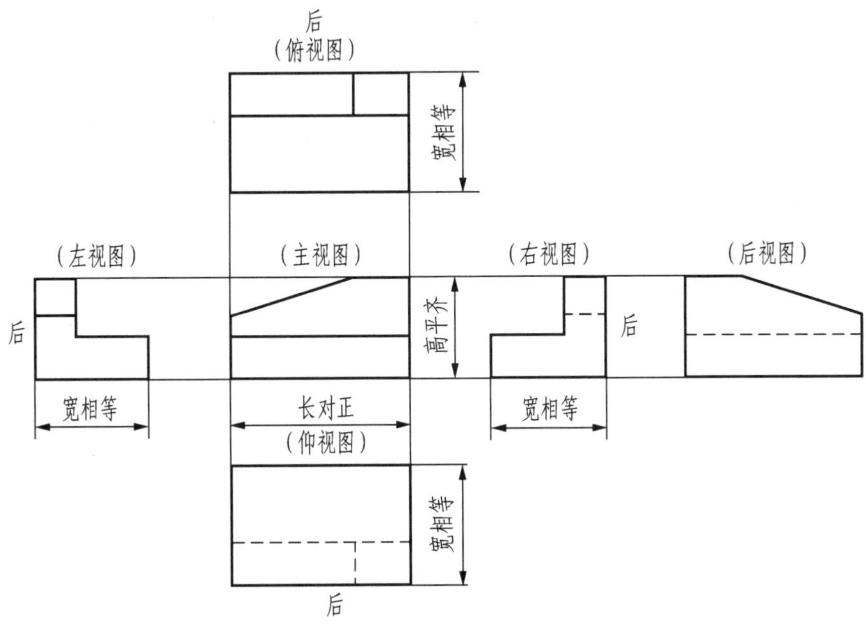


(b) 第三角画法基本视图投影配置

图 4-50　投影展开和视图配置

**注意**

无论是第一角画法还是第三角画法，投影面体系中各投影面的展开都是以主视图为中心向外打开，后视图向右打开。关于视图配置，第一角和第三角画法中主视图和后视图位置相同。

为了识别第三角和第一角画法，国家标准规定采用第三角画法绘制技术图样时，必须在图样中标题栏上方或左方画出第三角画法的识别符号，如图 4-51（b）所示，当采用第一角画法时，在图样中可省略不画出第一角画法的识别符号，必要时可画出如图 4-51（a）所示的第一角画法的识别符号。

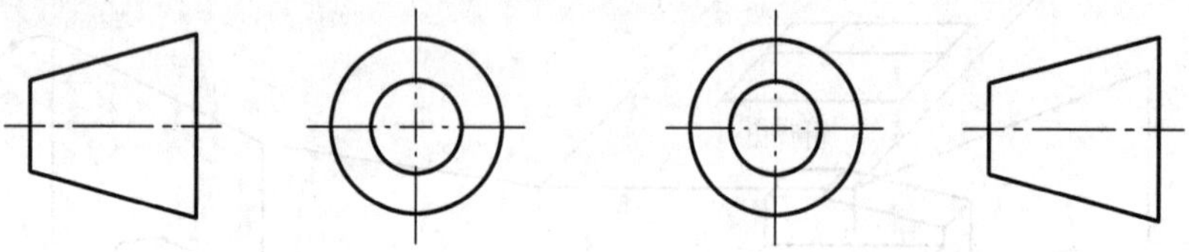

(a) 第一角画法 (b) 第三角画法

图 4-51 第一角和第三角画法识别符号

# 第五章 标准件与常用件

在汽车的装配、安装中，广泛使用螺纹紧固件或其他连接件紧固、连接或联结。同时，在机械的传动，支承、减振等方面，也广泛使用齿轮、轴承、弹簧等机件。这些机件，有的在结构、尺寸等各个方面部已标准化，称为标准件；有的已将部分重要参数标准化，系列化，称为常用件。图 5-1 所示的汽车差速器中采用了斜齿圆柱齿轮、锥齿轮、螺栓和滚动轴承等标准件和常用件。

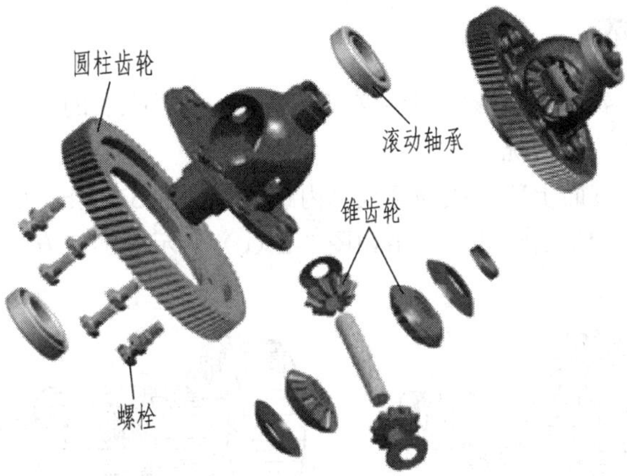


图 5-1 汽车差速器分解图

**教学目的**

（1）掌握螺纹的规定画法及标注方法。
（2）掌握常用螺纹紧固件的装配连接画法。
（3）掌握直齿圆柱齿轮及其啮合的规定画法。
（4）熟悉键、销、滚动轴承、弹簧的画法。

**学习重点**

（1）螺纹的规定画法及标注与识读。
（2）常用螺纹紧固件的装配连接画法。
（3）直齿圆柱齿轮及其啮合的规定画法。

学习难点

（1）螺纹连接画法。

（2）螺纹的标注与识读。

# 第一节 螺纹及螺纹连接件

## 一、螺纹的加工形成

在圆柱（或圆锥）外表面上所形成的螺纹称外螺纹；形成螺纹的加工方法很多，图 5-2（a）所示为在车床上车削外螺纹的情况。

在圆柱（或圆锥）内表面上所形成的螺纹称内螺纹。如图 5-2（b）所示，内螺蚊也可以在车床上车削，对于加工直径较小的螺孔，可用如图 5-2（c）所示的加工方法，先用钻头钻出光孔，再用丝锥攻螺纹。

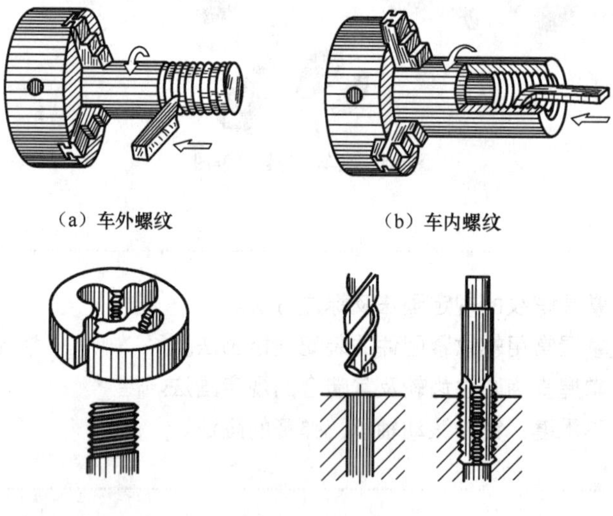


图 5-2　螺纹的加工方法

## 二、螺纹的结构要素

1．螺纹牙型

螺纹的形成可看作是一个平面图形（如三角形、梯形、矩形等），沿着圆柱螺旋线运动而产生的，这个平面图形就是螺纹的牙型。不同的螺纹牙型，有不同的用途，如图 5-3 所示。

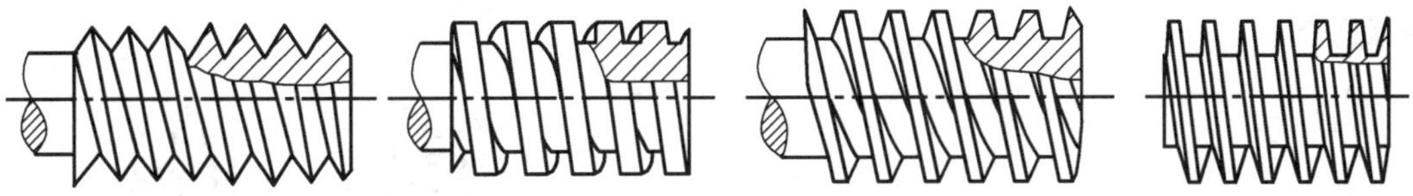

（a）三角形螺纹　（b）矩形螺纹　（c）梯形螺纹　（d）锯齿形螺纹

图 5-3　螺纹牙型

2．螺纹直径

螺纹的直径有大径、中径和小径，如图 5-4 所示。

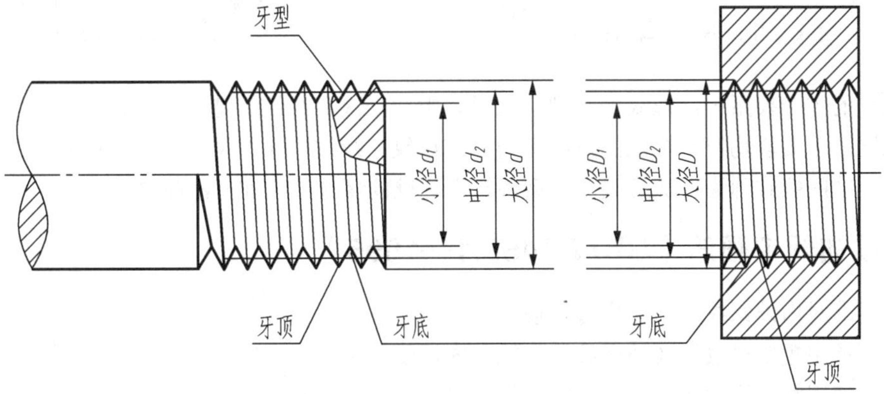


（a）外螺纹　（b）车内螺纹

图 5-4　螺纹各部分名称

与外螺纹的牙顶或内螺纹牙底相重合的假想圆柱面的直径称为螺纹大径。大径即为公称直径。内、外螺纹的大径分别用 $D$、$d$ 表示。

与外螺纹牙底与内螺纹牙顶相重合的假想圆柱的直径称为螺纹小径。内、外螺纹的小径分别用 $D_1$、$d_1$ 表示。

一个假想圆柱的直径，即在大径和小径之间，其母线通过牙型上的沟槽和凸起宽度相等的假想圆柱面的直径称为螺纹中径。内、外螺纹的中径分别用 $D_2$、$d_2$ 表示。

3．线数

螺纹有单线和多线之分。沿一根螺旋线形成的螺纹称单线螺纹；沿两根以上螺旋线形成的螺纹称多线螺纹，螺纹的线数用 $n$ 表示，如图 5-5（a）所示。

4．螺距和导程

螺距是指相邻两牙在中径线上对应两点间的轴向距离，用 $P$ 表示；导程是指同一条螺旋线上的相邻两牙在中径线上对应两点间的轴向距离，用 $Ph$ 表示。单线螺纹的螺距等于导程，双线螺纹的导程等于 2 倍的螺距，如图 5-5（b）所示。

5．旋向

螺纹有右旋和左旋两种，常用的是右旋螺纹。内外螺纹旋合时，顺时针旋入的为右旋，逆时针旋入的为左旋。判断旋向方法如图 5-6 所示：伸出右手（或左手）掌心对着自己，四指指向与轴线方向一致，螺纹倾斜方向与所伸右手（或左手）的大拇指倾斜方向一致即为右旋（或左旋）。

内外螺纹通常是配合使用的，只有牙型、直径、螺距、线数和旋向均相同的内外螺纹，才能相互旋合。

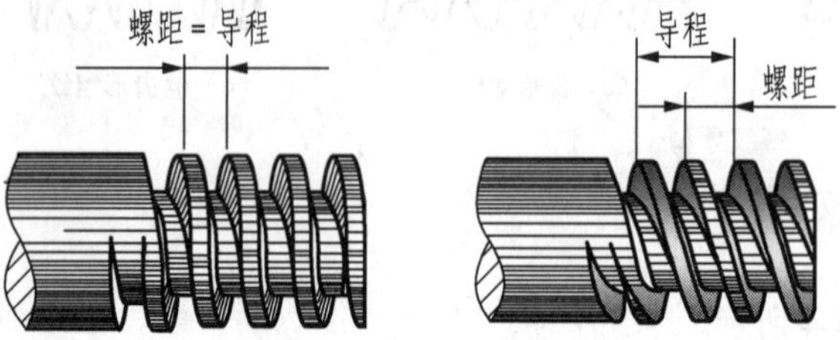


（a）　　（b）

图 5-5　螺纹线数、螺距和导程

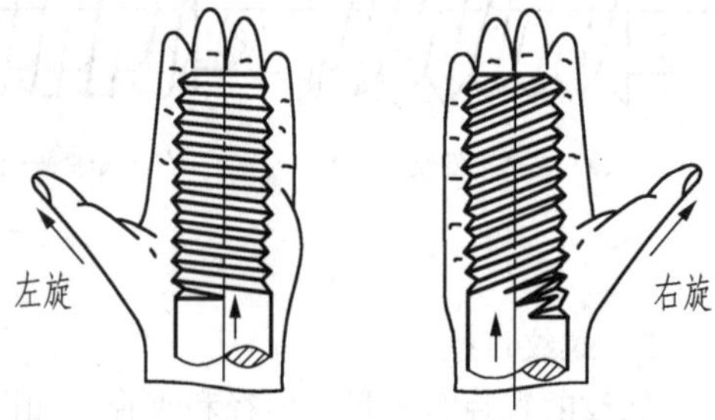


（a）左旋　　（b）右旋

图 5-6　螺纹的旋向

在螺纹的各个要素中，螺纹的牙型、大径、螺距是决定螺纹的基本要素，通常称为螺纹的三要素。凡这三个要素均符合标准的螺纹称为标准螺纹。螺纹的牙型符合标准，而螺纹的大径、螺距不符合标准的螺纹称为特殊螺纹。牙型不符合标准的螺纹称为非标准螺纹。

## 三、螺纹的规定画法（GB/T 4459.1—1995）

国家标准对内外螺纹的画法作如下规定：

（1）牙顶用粗实线表示（外螺纹的大径，内螺纹的小径）。

（2）牙底用细实线表示（外螺纹的小径，内螺纹的大径）。

（3）螺纹小径约等于螺纹大经的 0.85 倍。

（4）投影为圆的视图上，牙底的细实线圆只画约 3/4 圈，螺杆和螺孔上的倒角圆省略不画。

（5）螺纹终止线用粗实线表示。

（6）剖视图或断面图上的剖面线都必须画到粗实线。

### （一）外螺纹的画法

外螺纹的画法如图 5-7（a）所示，管子外壁加工有外螺纹，常用局部剖视来表达内部结构，注意剖视图中螺纹终止线画至螺纹小径处，如图 5-7（b）所示。

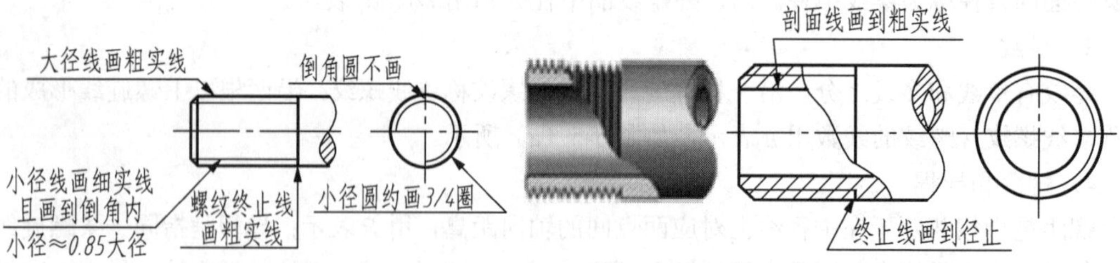


（a）　　（b）

图 5-7　外螺纹的画法

### （二）内螺纹的画法

内螺纹（螺孔）一般应画剖视图，如图 5-8（a）所示；内螺纹未取剖视时大径线、小径线、螺纹终止线均画虚线，如图 5-8（b）所示。绘制不穿通的螺纹孔，应将钻孔深度和螺纹孔深度分别画出，由于钻孔时所用钻头端部接近 120°，因此钻孔顶端应画成 120°，如图 5-8（c）所示。

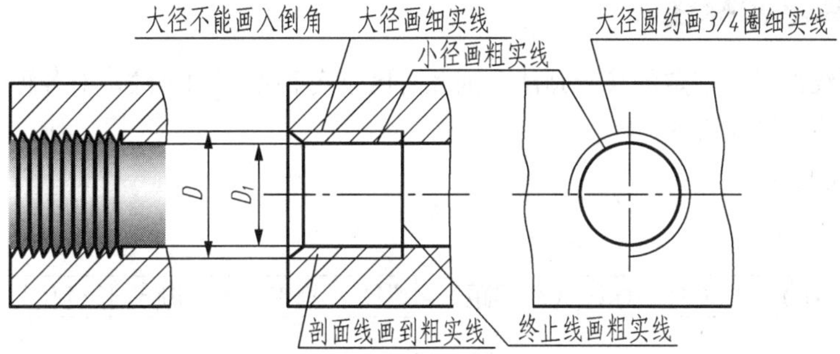


（a）

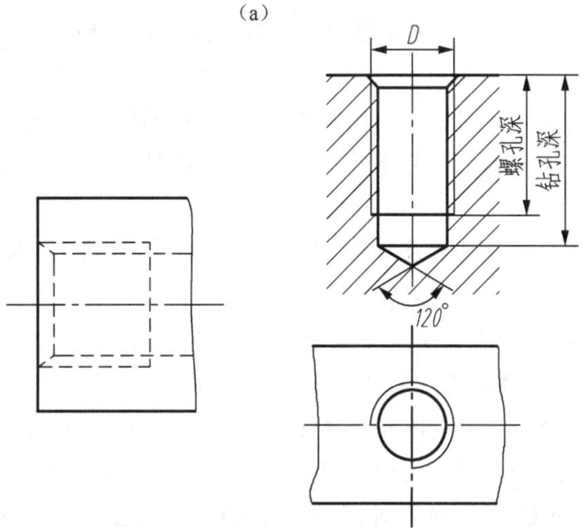


（b）　　（c）

图 5-8　内螺纹的画法

### （三）内、外螺纹连接的画法

旋合部分按外螺纹的画法绘制，其余部分仍按各自画法来表示。表示大、小径的粗细实线要对齐，与倒角大小无关，如图 5-9 所示。

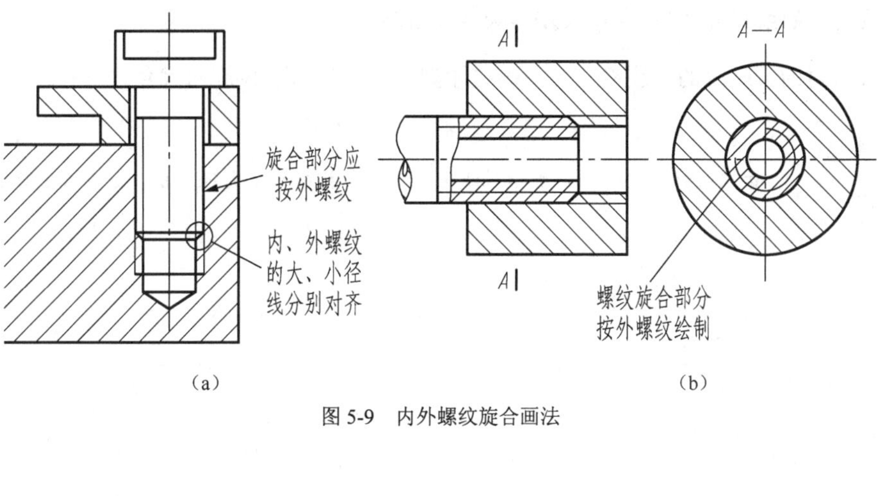


（a）　　（b）

图 5-9　内外螺纹旋合画法

## 四、螺纹的标记和标注

由于各种螺纹都采用规定的统一画法，因此为区别各种不同的螺纹，对各种螺纹都必须用规定的方法进行标注，详见表 5-1。

1．普通螺纹的标记

标记格式为：

螺纹特征代号 螺纹大径 × 导程（*P* 螺距）- 螺纹公差带代号 - 旋合长度代号 - 旋向

（1）普通螺纹特征代号为 M，对于粗牙普通螺纹，不标注螺距，如 M16，表示为粗牙普通螺纹，螺距可以通过查阅标准获得。细牙螺纹必须标注螺距，如 M16 × 1.25，表示为细牙普通螺纹，螺距为 1.25。

（2）螺纹公差带代号。普通螺纹公差带代号有中径和顶径公差带代号组成，如两者相同时，只写出一组。例如：M20-5g6g 说明中径公差带为 5g，顶径公差带为 6g；M16-6g 说明中径和顶径公差带相同都为 6g。

（3）旋合长度代号。旋合长度分为长、中、短 3 种，分别用 L、N、S 表示。由于中等旋合长度应用较多，为了简化，在标记中可省略不标 N。

（4）旋向。左旋螺纹用 LH 表示，右旋螺纹可省略不标注。

2．梯形螺纹、锯齿形螺纹的标记

与普通螺纹标记很类似，螺纹特征代号梯形 Tr、锯齿形 B；左旋用 LH 表示，右旋省略不标；公差带代号只标中径公差带代号；旋合长度只有中等（N）、长（L）2 种，中等旋合长度可省略不标。例如：Tr52×8-7e-Lh 表示梯形外螺纹，公称直径 52mm，螺距 8mm，单线，中径公差带为 7e，旋合长度为 N，旋向为左旋。

3．管螺纹标记

管螺纹按性能分类有：用螺纹密封的管螺纹和非螺纹密封的管螺纹两种。

非螺纹密封的管螺纹的标注格式为：螺纹牙型代号 尺寸代号 公差等级–旋向代号 。公差等级代号：外螺纹分为 A、B 两个等级，内螺纹则不用标注公差等级代号。例如：G1$\frac{1}{2}$A 表示非螺纹密封的圆柱管螺纹尺寸代号 1$\frac{1}{2}$，公差等级 A，右旋。

用螺纹密封的管螺纹的标注格式为：螺纹牙型代号 尺寸代号–旋向代号 。

注意

管螺纹标注时必须使用指引线进行标注，指引线从大径引出，如表 5-1 所示。

表 5-1　　常用标准螺纹的标记和标注

| 螺纹 | 特征代号 | | 标注图例 | 说　明 |
|---|---|---|---|---|
| 普通螺纹 | M | 粗牙内螺纹 | 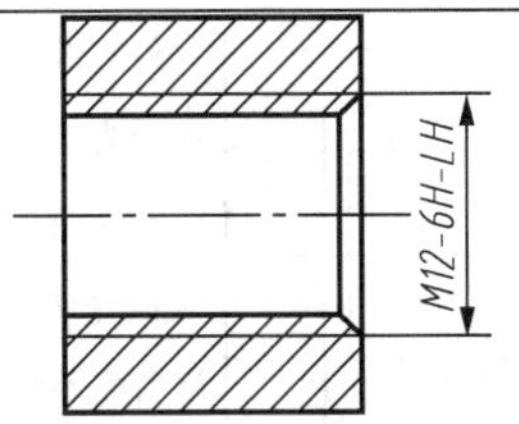 | 粗牙螺纹螺距不标注，中径和顶径公差带相同，只标注一个代号 6H，LH 左旋 |
| | | 细牙外螺纹 | 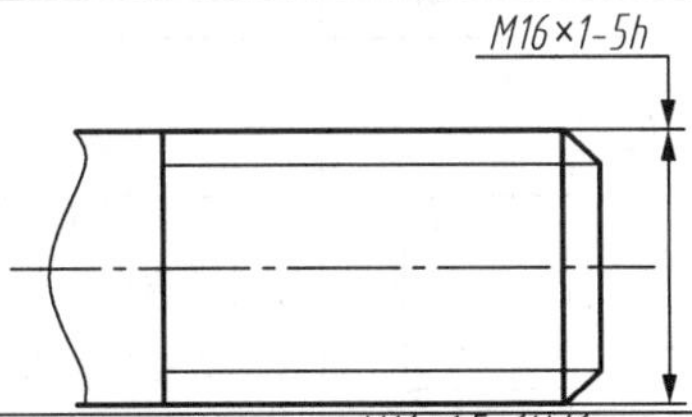 | 细牙螺纹螺距必须标注，中径和顶径公差带同为 5h，旋合长度中等，省略标注，右旋省略不标注 |
| | | 内外螺纹旋合标记 | 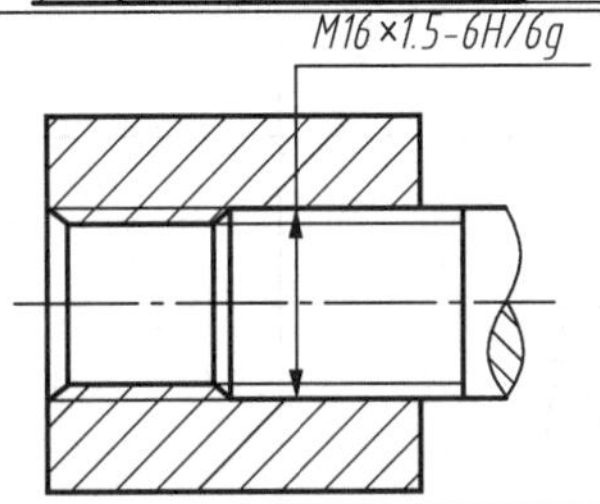 | 内外螺纹旋合时，公差带代号用斜线分开，左侧为内螺纹公差带代号，右侧为外螺纹公差带代号 |
| 梯形螺纹 | Tr | 外螺纹 | 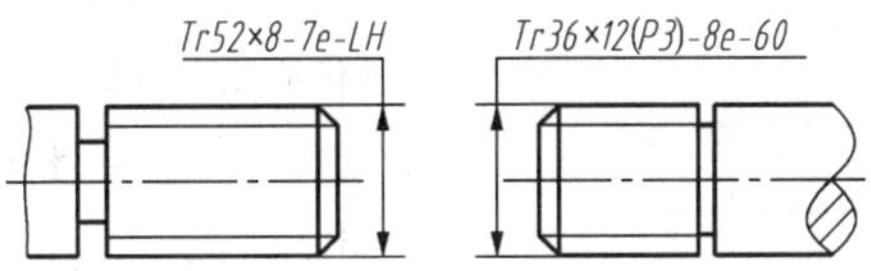 (a)　(b) | （a）梯形螺纹，螺距 8，单线，中径公差带为 7e，旋合长度为 N，旋向左旋<br>（b）梯形螺纹导程 12，螺距 3，线数 4，中径公差带为 8e，旋合长度为 60mm，旋向右旋省略不注 |
| | | 内螺纹 | 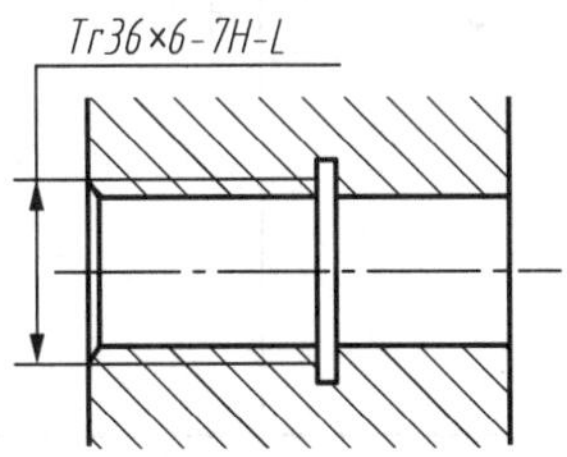 | 梯形螺纹，螺距 6，单线，中径公差带为 7H，旋合长度为 L，旋向右旋省略不注 |
| | | 内外螺纹旋合标记 | 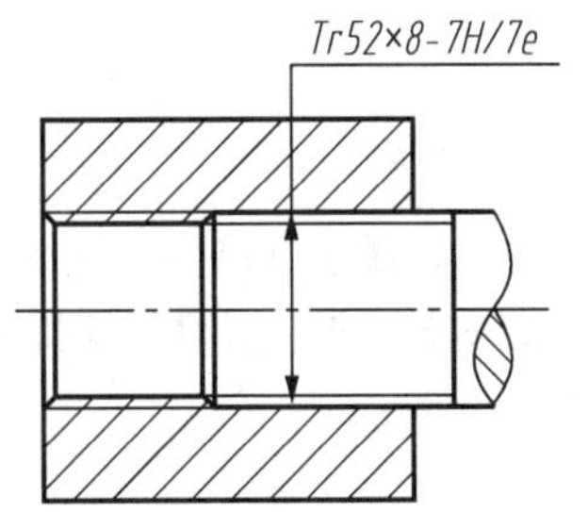 | 梯形螺纹，螺距 8，单线，内螺纹中径公差带为 7H，外螺纹中径公差带为 7e，旋合长度为中等，省略不注，旋向右旋省略不注 |

续表

<table>
<tr><th>螺纹</th><th colspan="2">特征代号</th><th>标注图例</th><th>说　　明</th></tr>
<tr><td>锯齿形螺纹</td><td colspan="2">B</td><td>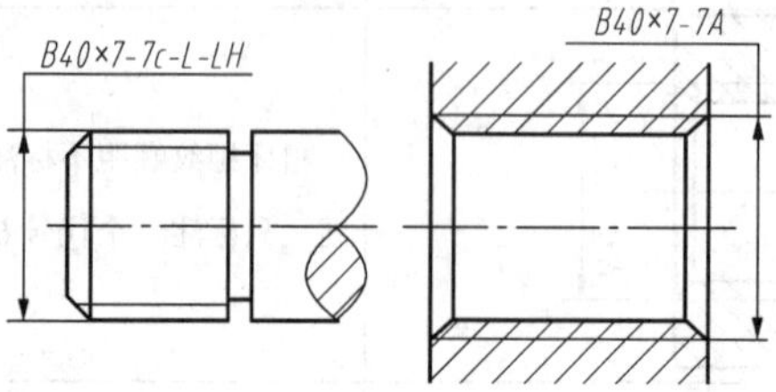
</td><td>外螺纹：锯齿形螺纹，螺距 7，中径公差带代号为 7c，旋合长度为 L，左旋<br>内螺纹：锯齿形螺纹，螺距 7，中径公差带代号为 7A，旋合长度为中等，省略不注，右旋省略不注</td></tr>
<tr><td>非螺纹密封的管螺纹</td><td colspan="2">G</td><td>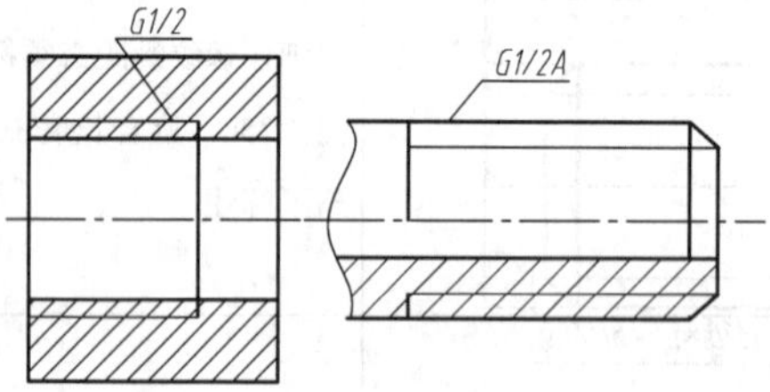
</td><td>管螺纹的标注指向螺纹大径。内管螺纹的中径公差等级只有一种，省略标注。外管螺纹中径的公差等级为 A 级，右旋省略不标</td></tr>
<tr><td rowspan="3">用螺纹密封的管螺纹</td><td>R</td><td>圆锥外螺纹</td><td rowspan="2">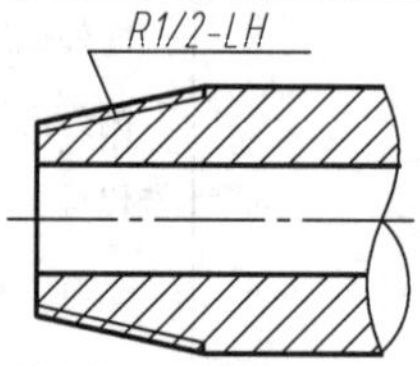

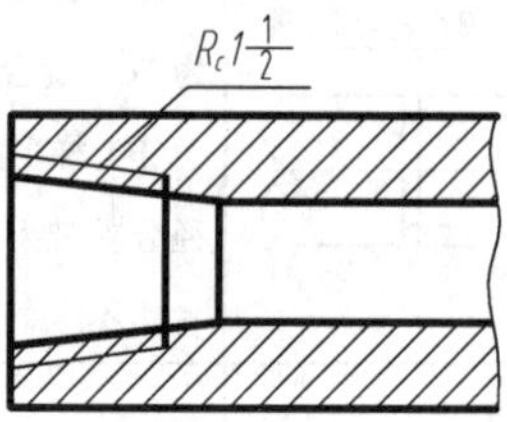
</td><td rowspan="3">（1）R1/2-LH 用螺纹密封的圆锥外螺纹，尺寸代号 1/2，左旋<br>（2）Rc1¹/₂ 用螺纹密封的圆锥内螺纹，尺寸代号 1¹/₂<br>（3）Rp1/2 用螺纹密封的圆柱内螺纹，尺寸代号 1/2</td></tr>
<tr><td>$R_c$</td><td>圆锥内螺纹</td></tr>
<tr><td>$R_p$</td><td>圆柱内螺纹</td><td>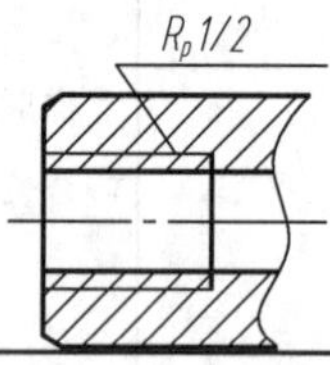
</td></tr>
</table>

## 五、螺纹紧固连接

1．常用螺纹紧固件

用螺纹起连接和紧固作用的零件称螺纹紧固件，属于标准件，在机械设计中不需要单独绘制它们的图样，可以根据设计的要求从相应的国家标准中查出所需的结构尺寸。常见螺纹紧固件类型如图 5-10 所示。常用螺纹紧固件的标记如表 5-2 所示。

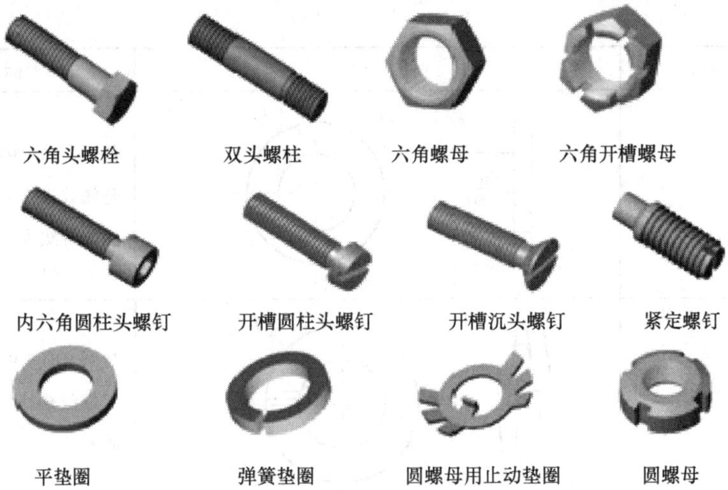


图 5-10　常用螺纹紧固件

表 5-2　常用螺纹连接件的标记

| 名称及国标标号 | 图　例 | 标记及说明 |
| --- | --- | --- |
| 六角头螺栓<br>A 和 B 级<br>GB/T 5782—2000 | 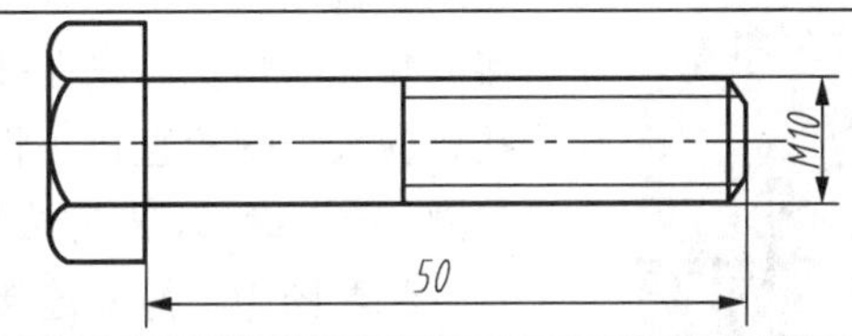 | 螺栓 GB/T 5782　M10 × 50<br>表示 A 级，螺纹规格 $d$ = M10，公称长度 $l$ = 50mm |
| 双头螺柱（$bm=d$）<br>GB/T 897—1988 | 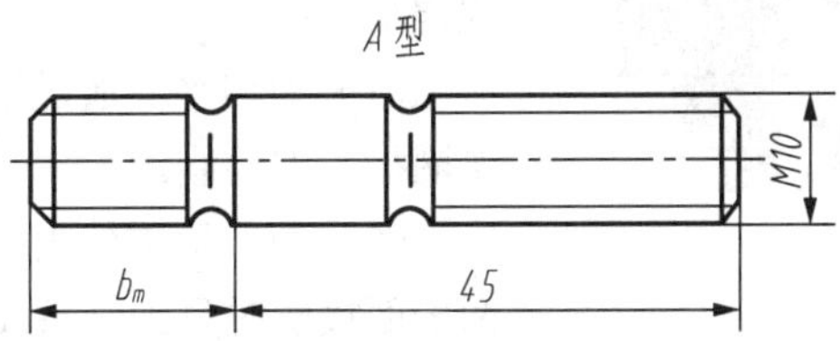 | 螺柱 GB/T 897　A　M10×45<br>表示 A 型双头螺柱，螺纹规格 $d$=M10，公称长度 $l$ = 45mm。若为 B 型，则省略标记“B” |
| 开槽盘头螺钉<br>GB/T 67—2000 | 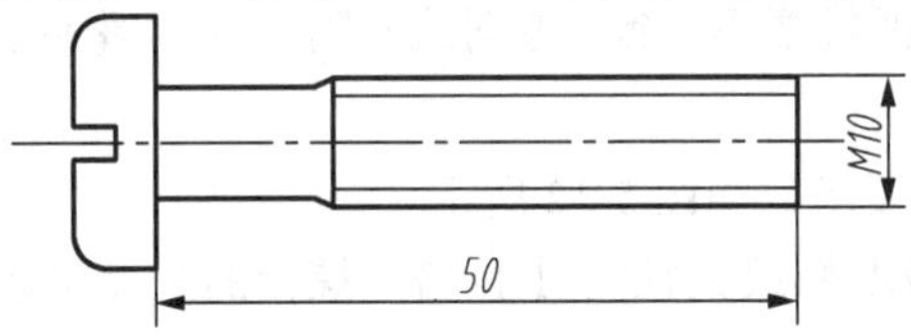 | 螺钉 GB/T 67　M10×50<br>公称长度在 40mm 以内时为全螺纹 |
| 开槽沉头螺钉<br>GB/T 68—2000 | 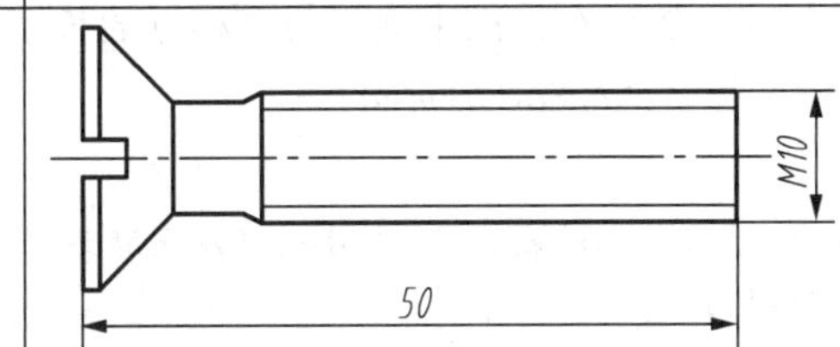 | 螺钉 GB/T 68　M10×50<br>公称长度在 45mm 以内时全螺纹 |
| 1 型六角螺母<br>A 和 B 级<br>GB/T 6170—2000 | 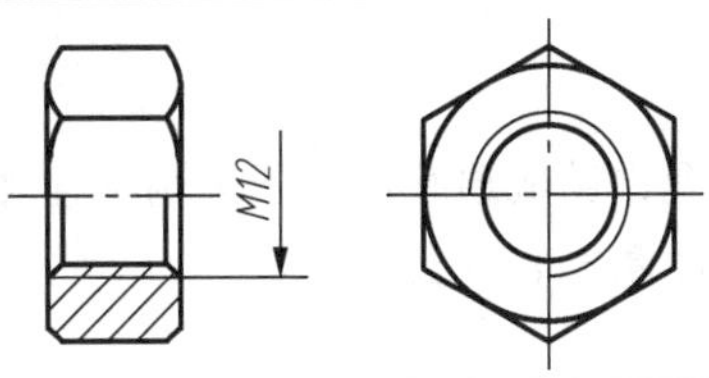 | 螺母 GB/T 6170　M12 |

续表

| 名称及国标标号 | 图　例 | 标记及说明 |
|---|---|---|
| 平垫圈　A 级<br>GB/T 97.1—2002 | 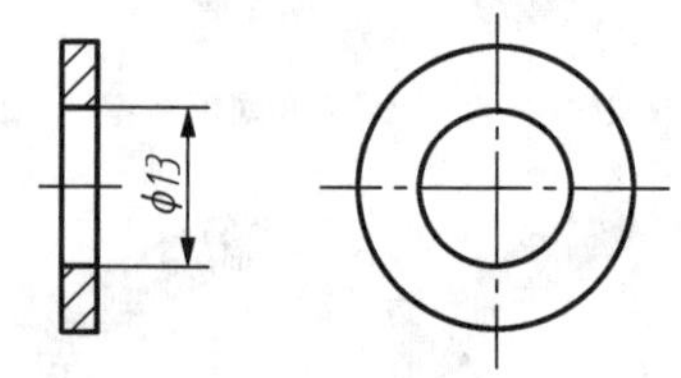 | 垫圈 GB/T 97.1　12<br>与螺纹规格 M12 配用的平垫圈，性能等级为 140HV |
| 标准型弹簧垫圈<br>GB/T 93—1987 | 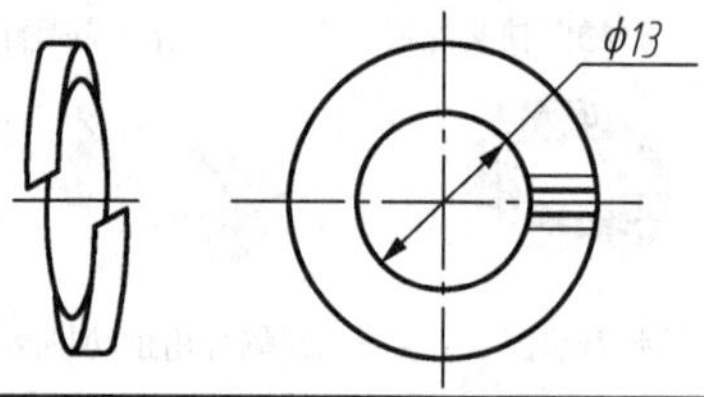 | 垫圈 GB/T 93　12<br>与螺纹规格 M12 配用的弹簧垫圈 |

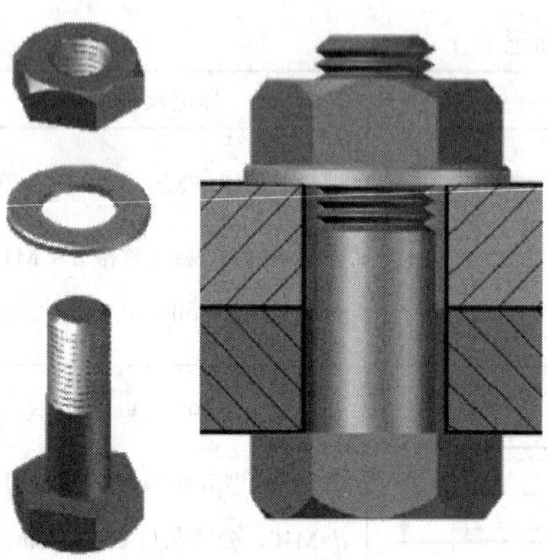

图 5-11　螺纹连接

2．螺栓紧固的连接画法

螺栓连接常用的紧固件有螺栓、螺母、垫圈。它用于被连接件都不太厚，能加工成通孔且要求连接力较大的情况。先在被连接零件上加工螺栓孔，孔径应大于螺栓直径，将螺栓插入螺栓孔中，放上垫圈，放上螺母，即完成螺栓连接，如图 5-11 所示。

装配图中，螺栓连接通常采用比例画法。具体规定如下：

（1）剖切平面通过螺栓轴线时，螺栓、螺母、垫圈按不剖绘制。

（2）相邻两零件表面不接触时画两条线，反之两表面接触时只画一条线。

（3）相邻不同的两零件剖面线要不一致（方向或间隔），同一零件上的剖面线倾斜方向和间隔都要一致。

螺栓紧固连接画法及尺寸要求，如图 5-12 所示。

螺栓连接的通孔直径一般取螺纹大径的 1.1 倍，螺栓的长度可以按照被连接件的厚度加上垫圈、螺母厚度后再加上 3～5mm，然后在标准中选择与之相近的长度值（大于计算数值）。如图 5-12（b）所示，螺栓的公称长度 $L \geqslant \delta_1+\delta_2+h+m+a$。

注意

在螺栓连接中，当不接触的表面间隙较小时可以采用夸大画法。螺栓的螺纹终止线位于被连接件的孔口以内。

3．双头螺柱连接

当两个被连接件之一较厚，不允许钻成通孔而难于采用螺栓连接；或因为拆卸频繁不宜采用螺钉连接时，可以采用螺柱连接，如图 5-13（a）所示。

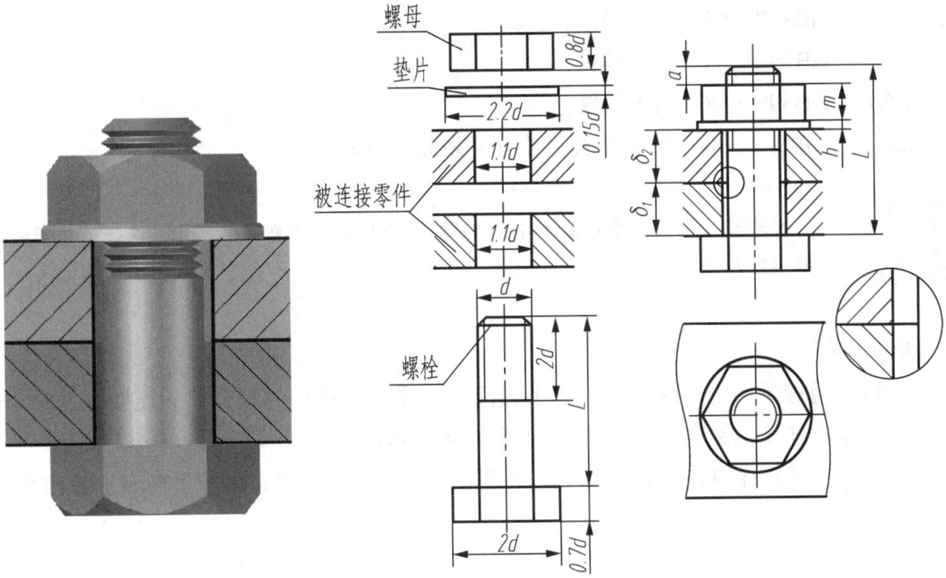


（a）　　　　　　（b）

图 5-12　螺栓连接画法

双头螺柱紧固连接常采用简化画法，如图 5-13（b）所示，双头螺柱的旋入端应画成全部旋进螺孔内，即旋入端螺纹终止线与被连接的两零件的结合面平齐。

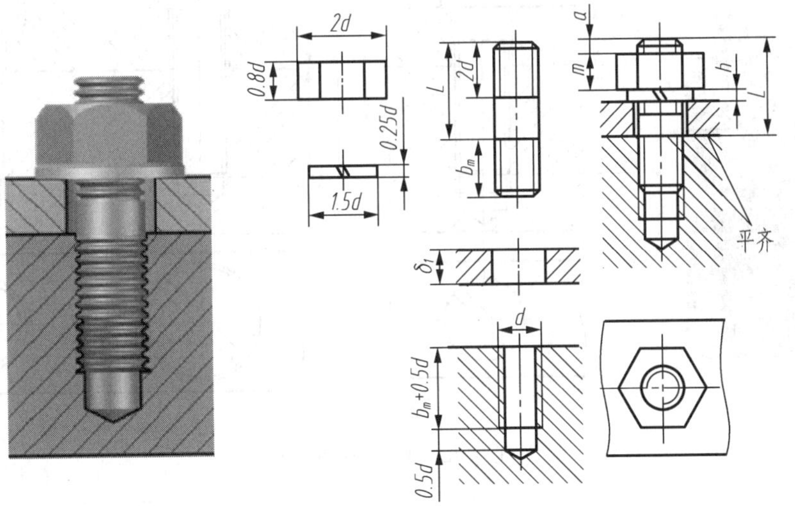


（a）　　　　　　（b）

图 5-13　螺柱连接的画法

由图 5-13（b）中可知，双头螺柱的公称长度按下式计算。

$$L=\delta_1+h+m+a,\ a=0.3d。$$

最后根据计算值查标准，取最接近的标准长度值。

螺柱的旋入端长度 $b_m$ 随被连接件的材料而定，国家标准给出了四种规格，对应的标准为 GB 897～900—88。

$b_m$=1$d$　　GB897—88，用于钢或青铜；

$b_m$ =1.25　　GB898—88，用于铸铁；

$b_m$ =1.5$d$　　GB899—88，用于铸铁；

$b_m$ =2$d$　　GB900—88，用于铝合金或其它较软的材料。

注意

在螺纹连接中，平垫圈（GB 97—85）的尺寸大于螺母的尺寸，而弹簧垫圈的尺寸小于螺母的尺寸。

4．螺钉连接

螺钉连接不用螺母，它一般用于受力不大而又不需经常拆卸的地方。被连接零件中一个加工出螺孔，另一零件加工出通孔。简化画法如图 5-14 所示。

螺钉头部一字槽在主视图是放正绘制，俯视图中水平右倾 45°，由左下向右上方向绘制。 槽宽小于 2mm 时可涂黑。

注意

螺钉上若有螺纹终止线，绘制时应高出螺纹孔上表面。

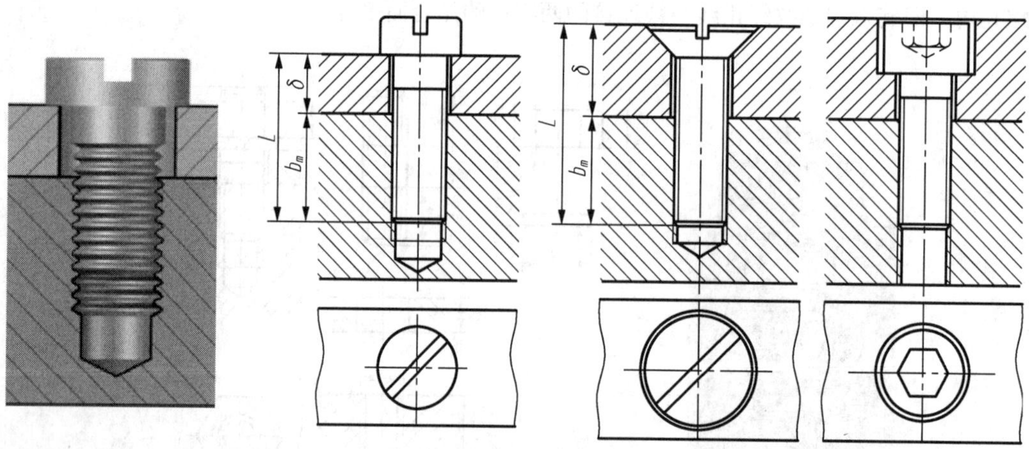


(a)　　(b)

图 5-14　螺钉连接的画法

# 第二节　键和销连接

## 一、键连接

键是用于连接轴和轴上的传动件（齿轮、皮带轮等），起传递扭矩的作用，如图 5-15 所示。将平键嵌入轴上的键槽内，再把轴、键对准齿轮孔上的键槽插入进行装配，实现轴利用键带动齿轮一起转动。

键是标准件，常用的键有普通平键、半圆键和楔键，如图 5-16 所示。本节仅介绍普通平键。普通平键有三种类型—A 型（圆头）、B 型（平头）、C 型（单圆头），如图 5-17 所示。

图 5-15　键的连接

普通平键　　半圆键　　楔键

图 5-16　键的类型

A 型　　B 型　　C 型

图 5-17　普通平键的类型

1．普通平键标记及标注

普通平键的公称尺寸为 $b\times h$（键宽×键高），可根据轴的直径在相应的标准中查得。普通平键的规定标记为键宽 $b$×键长 $L$。

例：GB 1096 键　16×100

表示：圆头普通平键（A 型），键宽=16mm，键长=100mm

例：GB 1096 键　B18×100

表示：方头普通平键（B 型），键宽=18mm，键长=100mm

注意　标记中 A 型键的“A”字省略不注，而 B 型和 C 型要标注“B”和“C”。图 5-18（a）、（b）所示为轴和轮毂上键槽的表示法和尺寸注法（未注尺寸数字）。

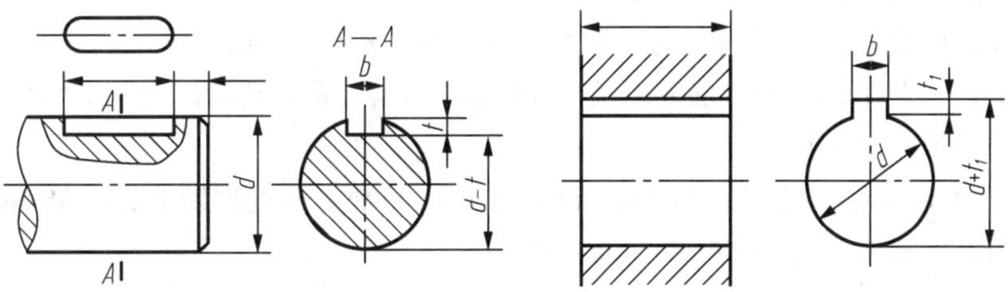


（a）轴上的键槽　　（b）轮毂上的键槽

图 5-18　普通平键联接

2．普通平键连接画法

图 5-19 所示为普通平键联接的装配图画法。键的两侧面是工作面，接触面的投影处只画一条轮廓线；在视图中，为了表示轴上的键槽，采用了局部剖视，键纵向剖切时按不剖绘制。键的顶面与轮毂上键槽的顶面之间留有间隙，必须画两条轮廓线。在键连接图中，键的倒角或小圆角一

般省略不画。

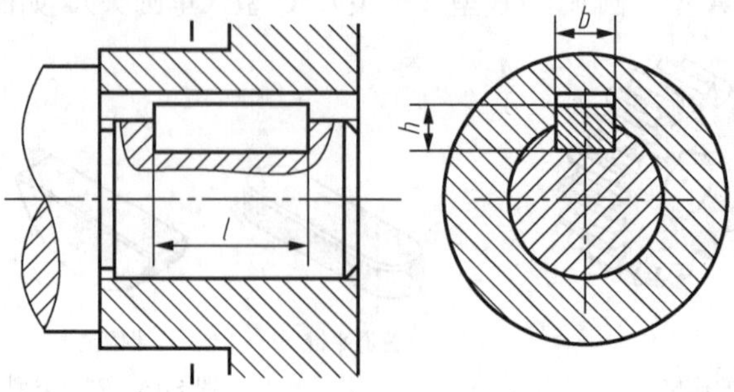


图 5-19 键连接画法

## 二、销连接

销的种类较多，常用的销有圆锥销、圆柱销，它们都是标准件，如图 5-20 所示。圆锥销和圆柱销通常用于零件间的连接与定位，销还可以作为安全装置中的过载剪断元件。

用销连接或定位的两个零件上的销孔，一般需一起加工，并在图上注写“装时配作”或“与**件配作”。圆锥销的公称尺寸是指小端直径。销的连接画法，如图 5-21 所示，当剖切平面通过销的基本轴线时，按不剖绘制。

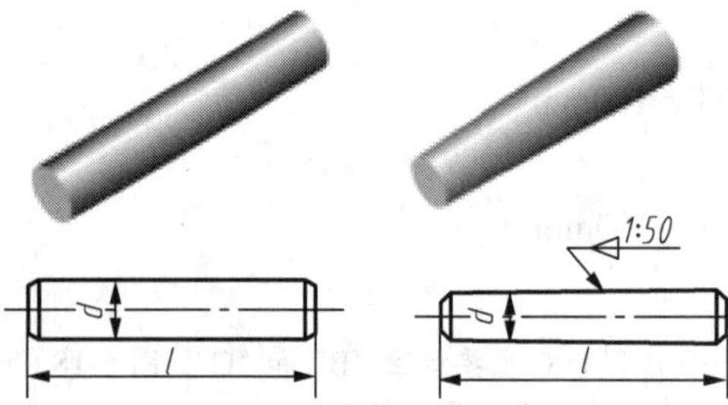


图 5-20 销的类型

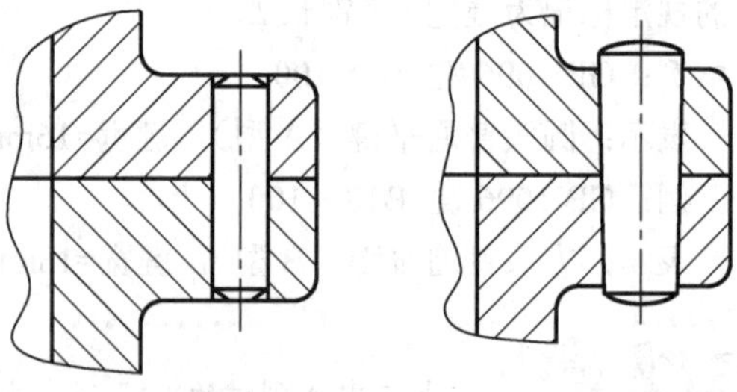

（a）圆柱销的连接 （b）圆锥销的连接

图 5-21 销的连接

圆柱销和圆锥销的规格尺寸均为直径 $d$ 和长度 $l$。

销规定标记格式： 销 国标编号 型号 公称直径×有效长度

例如：①公称直径 $d$=6mm，公称长度 $l$=30mm，材料为钢、普通淬火（A 型）表面氧化处理的圆柱销。标记为：销 GB/T 119.2 6×30

②公称直径 $d$=10mm，公称长度 $l$=60mm，材料为 35 钢、热处理硬度 25～38HRC、表面氧化处理的圆柱销。标记为：销 GB/T117 10×60

# 第三节 齿轮

齿轮传动在机器或部件中应用很广，除用来传递动力外，还可以改变转动方向，转动速度等。齿轮的种类很多，常用的齿轮有三种，如图 5-22 所示。其中，图 5-22（a）所示的圆柱齿轮用于两平行轴之间的传动；图 5-22（b）所示的圆锥齿轮用于垂直相交两轴之间的传动；图 5-22（c）

所示的蜗轮蜗杆则用于交错两轴之间的传动。本节主要介绍具有渐开线齿形的标准直齿圆柱齿轮的有关知识和规定画法。

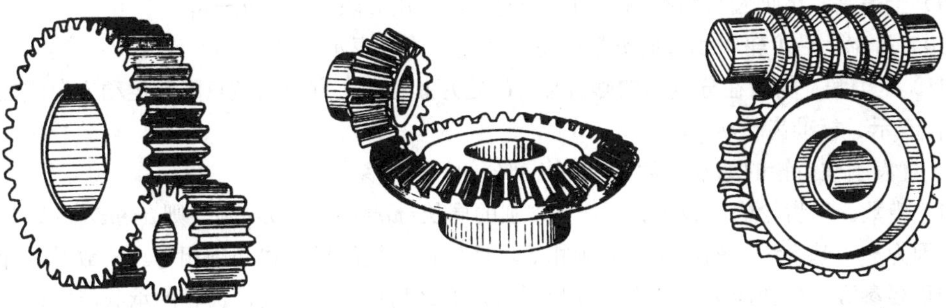

（a）圆柱齿轮　　（b）圆锥齿轮　　（c）蜗轮蜗杆

图 5-22　常见的齿轮传动

## 一、直齿圆柱齿轮的各部分名称、代号和尺寸

1．直齿圆柱齿轮各部分的名称和代号，如图 5-23 所示。

（1）齿顶圆。轮齿顶部的圆，直径用 $d_a$ 表示。

（2）齿根圆。轮齿根部的圆，直径用 $d_f$ 表示。

（3）分度圆。齿轮加工时用以轮齿分度的圆，直径用 $d$ 表示。在一对标准齿轮互相啮合时，两齿轮的分度圆应相切，如图 5-23 所示。

（4）齿距。在分度圆上，相邻两齿同侧齿廓间的弧长，用 $p$ 表示。

（5）齿厚。一个轮齿在分度圆上的弧长，用 $s$ 表示。

（6）槽宽：一个齿槽在分度圆上的弧长，用 $e$ 表示。在标准齿轮中，齿厚与槽宽各为齿距的一半，即 $s=e=p/2$，$p=s+e$。

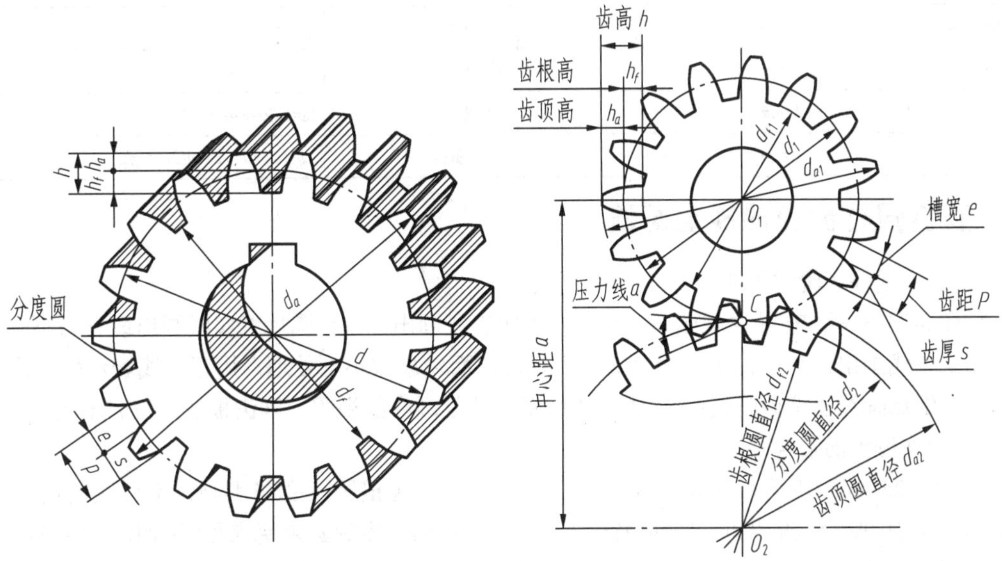


（a）　　（b）

图 5-23　直齿圆柱齿轮各部分的名称和代号

（7）齿顶高：分度圆至齿顶圆之间的径向距离，用 $h_a$ 表示。

（8）齿根高：分度圆至齿根圆之间的径向距离，用 $h_f$ 表示。

（9）全齿高：齿顶圆与齿根圆之间的径向距离，用 $h$ 表示，$h=h_a+h_f$。

（10）齿宽：沿齿轮轴线方向测量的轮齿宽度，用 $b$ 表示。

（11）压力角：轮齿在分度圆的啮合点（C 处）上的受力方向与该点瞬时运动方向线之间的夹角，用 $\alpha$ 表示。标准齿轮 $\alpha=20°$。

2．直齿圆柱齿轮的基本参数与齿轮各部分的尺寸关系

（1）模数。当齿轮的齿数为 $z$ 时，分度圆的周长$=\pi d=zp$。令 $m=p/\pi$，则 $d=mz$，$m$ 即为齿轮的模数。因为一对啮合齿轮的齿距 $p$ 必须相等，所以，它们的模数也必须相等。模数是设计、制造齿轮的重要参数。模数越大，则齿距 $p$ 也增大，随之齿厚 $s$ 也增大，齿轮的承载能力也增大。不同模数的齿轮要用不同模数的刀具来制造。为了便于设计和加工，模数已经标准化，我国规定的标准模数数值，如表 5-3 所示。

表 5-3　　标准模数（圆柱齿轮摘自 GB/T1357—2008）

| | |
|---|---|
| 第一系列 | 1，1.25，1.5，2，2.5，3，4，5，6，8，10，12，16，20，25，32，40，50 |
| 第二系列 | 1.125，1.375，1.75，2.25，2.75，3.5，4.5，5.5，（6.5），7，9，11，14，18，22，28，35，45 |

注：选用时，优先采用第一系列，括号内的模数尽可能不用。

（2）齿轮各部分的尺寸关系。当齿轮的模数 $m$ 确定后，按照与 $m$ 的比例关系，可计算出齿轮其他部分的基本尺寸，如表 5-4 所示。

表 5-4　　标准直齿圆柱齿轮各部分尺寸关系　　（单位：mm）

| 名称及代号 | 公　　式 | 名称及代号 | 公　　式 |
|---|---|---|---|
| 模数 $m$ | $m=p/\pi=d/z$ | 齿根圆直径 $d_f$ | $d_f=m(z-2.5)$ |
| 齿顶高 $h_a$ | $h_a=m$ | 齿形角 $\alpha$ | $\alpha=20°$ |
| 齿根高 $h_f$ | $h_f=1.25m$ | 齿距 $p$ | $p=\pi m$ |
| 全齿高 $h$ | $h=h_a+h_f$ | 齿厚 $s$ | $s=p/2=\pi m/2$ |
| 分度圆直径 $d$ | $d=mz$ | 槽宽 $e$ | $e=p/2=\pi m/2$ |
| 齿顶圆直径 $d_a$ | $d_a=m(z+2)$ | 中心距 $a$ | $a=(d_1+d_2)/2=m(z_1+z_2)/2$ |

## 二、直齿圆柱齿轮的规定画法

1．单个圆柱齿轮的画法

如图 5-24 所示，在端面视图中，齿顶圆用粗实线画出，齿根圆用细实线画出或省略不画，分度圆用点画线画出。另一视图一般画成全剖视图，而轮齿按不剖处理。用粗实线表示齿顶线和齿根线，用细点画线表示分度线；如图 5-24 所示，若不画成剖视图，则齿根线可省略不画。

2．圆柱齿轮的啮合画法

如图 5-25（a）所示，在表示齿轮端面的视图中，齿根圆可省略不画，啮合区的齿顶圆均用粗实线绘制。啮合区的齿顶圆也可省略不画，但相切的分度圆必须用点画线画出，如图 5-25（b）所示。若不作剖视，则啮合区内的齿顶线不画，此时分度线用粗实线绘制，如图 5-25（c）所示。

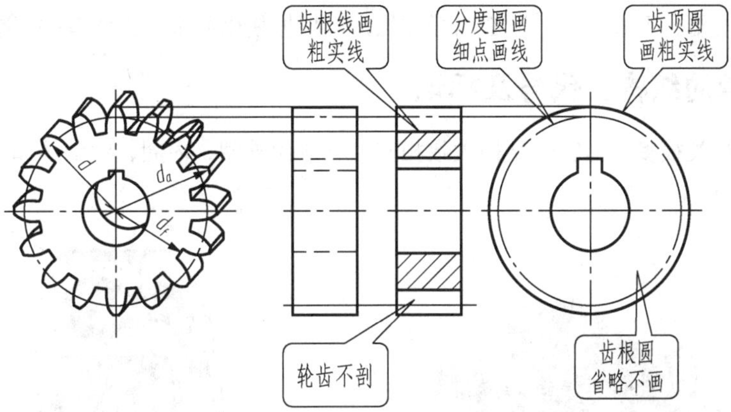


图 5-24　单个直齿圆柱齿轮的画法

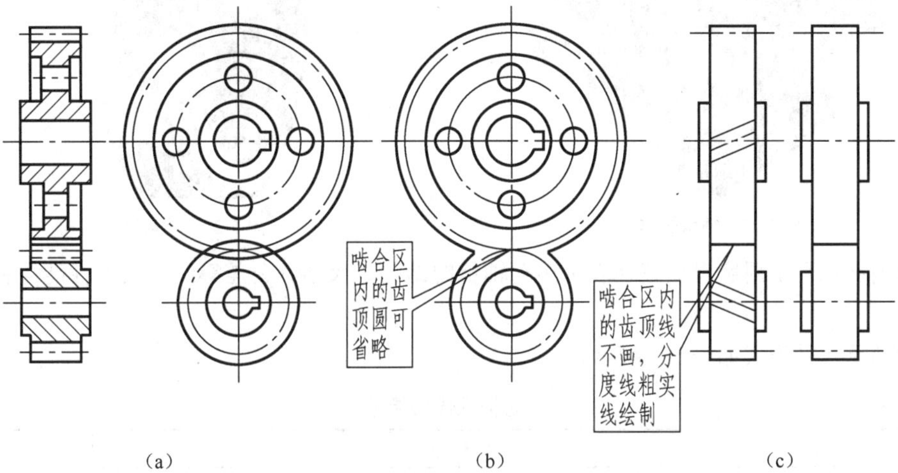


图 5-25　圆柱齿轮的啮合画法

在剖视图中，啮合区的投影如图 5-26 所示，一个齿轮的齿顶线与另一个齿轮的齿根线之间有 0.25mm 的间隙，被遮挡的齿顶线用虚线画出，也可省略不画。

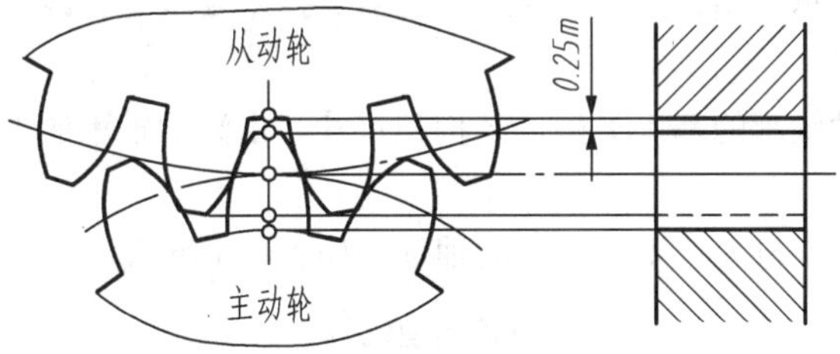


图 5-26　轮齿啮合区在剖视图上的画法

## 第四节　滚动轴承

滚动轴承是一种标准部件，如图 5-27 所示，其作用是支承旋转轴及轴上的机件，它具有摩擦小、结构紧凑的优点。可承受不同载荷，对机器零部件间位置进行定位等特点，在机械中被广泛地应用。

滚动轴承的规格、形式很多，但都已标准化，可根据使用要求，查阅有关标准选用。

## 一、滚动轴承的结构、代号及标记

滚动轴承的种类很多，但它们结构大致相同，一般由外圈、内圈、滚动体和保持架组成，如图 5-28 所示。

图 5-27 轴承的作用

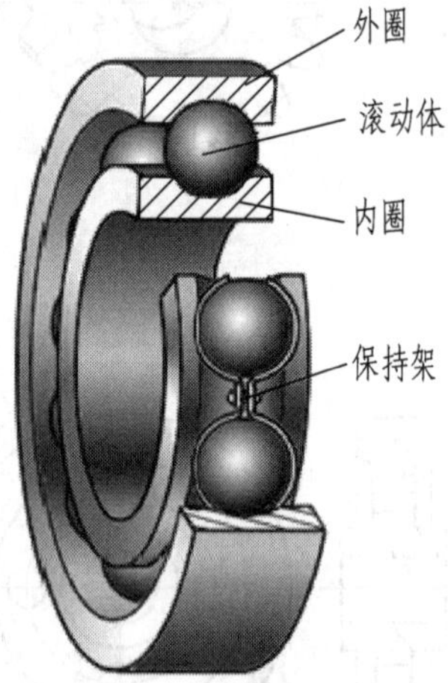


图 5-28 滚动轴承结构

滚动轴承代号是用字母加数字表示滚动轴承的结构、尺寸、公差等级、技术性能等特征的产品符号。

滚动轴承代号形式如表 5-5 所示。

表 5–5 滚动轴承代号组成

| 前置代号 | 基本代号 | | | | 后置代号 |
|---|---|---|---|---|---|
| | 类型代号 | 尺寸系列代号 | | 内径代号 | |
| | | 宽（高）度系列代号 | 直径系列代号 | | |

前置、后置代号是轴承在结构形状、尺寸、公差、技术要求等有改变时，在基本代号上添加的补充说明。

基本代号：表示滚动轴承的基本类型、结构和尺寸。由滚动轴承的类型代号、尺寸系列代号和内径代号组成。

类型代号：用数字或字母表示不同类型的轴承，如表 5-6 所示。

表 5–6 轴承类型代号

| 类型代号 | 轴承类型 | 类型代号 | 轴承类型 |
|---|---|---|---|
| 0 | 双列角接触球轴承 | 6 | 深沟球轴承 |
| 1 | 调心球轴承 | 7 | 角接触球轴承 |
| 2 | 调心滚子轴承和推力调心滚子轴承 | 8 | 推力圆柱滚子轴承 |
| 3 | 圆锥滚子轴承 | N | 圆柱滚子轴承 |
| 4 | 双列深沟球轴承 | U | 外球面轴承 |
| 5 | 推力球轴承 | QJ | 四点接触球轴承 |

尺寸系列代号：由两位数字组成，前一位表示宽度系列（向心轴承）或高度系列（推力轴承），后一位代表直径系列。

内径代号：表示轴承的公称内径（轴承内圈的孔径），一般也由两位数字组成。

内径 $d \geqslant 10$ mm 的滚动轴承内径代号，如表 5-7 所示。

表 5-7　　轴承内径代号

| 内 径 代号（两位数） | 00 | 01 | 02 | 03 | 04～96 |
|---|---|---|---|---|---|
| 轴　承　内　径/mm | 10 | 12 | 15 | 17 | 代号×5 |

滚动轴承的标记内容：名称、代号和国标号。例如：

滚动轴承 6204　GB/T 276—94

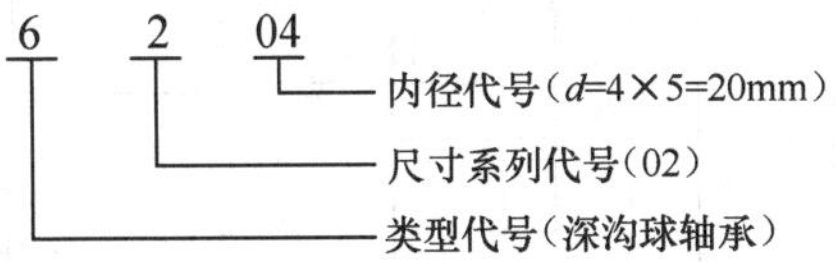


滚动轴承 N2201　GB/T 283—94

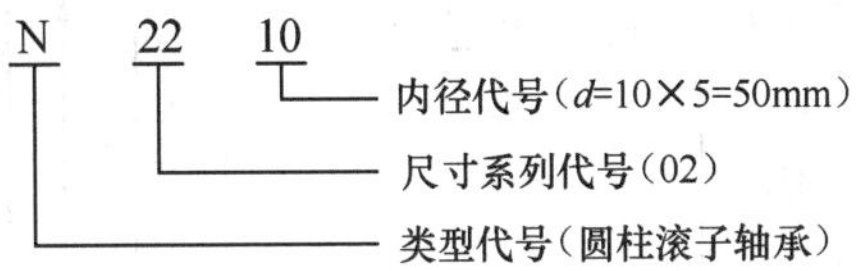


滚动轴承 32308 GB/T297-94

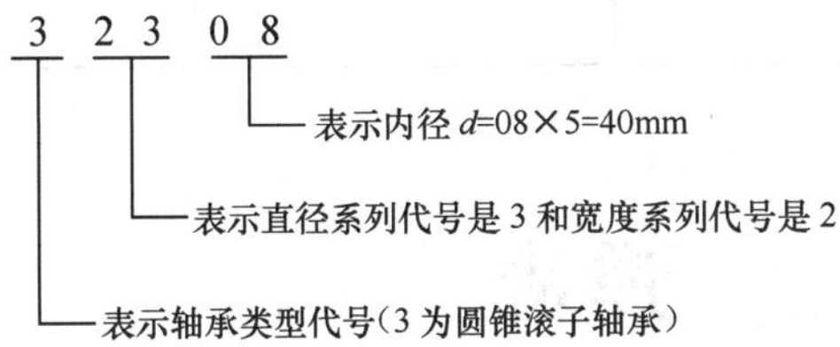


## 二、滚动轴承的画法

《机械制图　滚动轴承表示法》（GB/T4459.7—1998）规定，滚动轴承可以用规定画法、特征画法和通用画法三种画法绘制，如表 5-8 所示。

表 5-8　　滚动轴承的规定画法

| 名称 | 结 构 型 式 | 应用 | 通 用 画 法 | 特 征 画 法 | 规 定 画 法 |
|---|---|---|---|---|---|
| 深沟球轴承 |  | 主要承受径向力 |  | 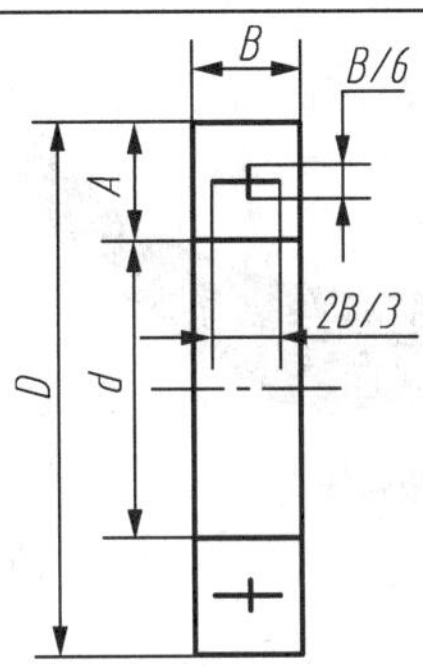 | 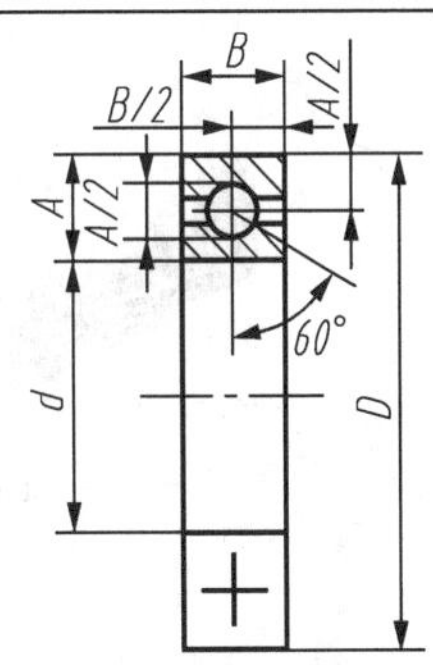 |

续表

| 名称 | 结构形式 | 应用 | 通用画法 | 特征画法 | 规定画法 |
|---|---|---|---|---|---|
| 圆锥滚子轴承 | 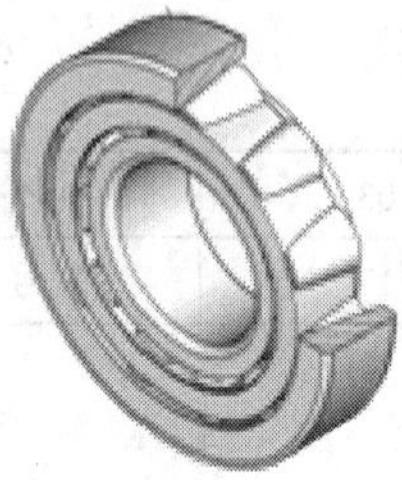 | 可同时承受径向力和轴向力 | 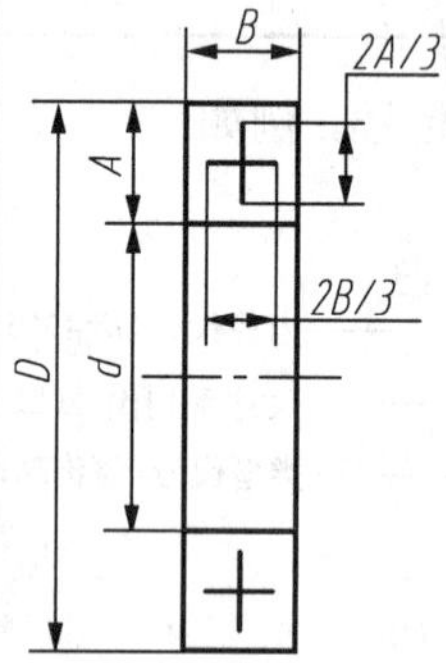 | 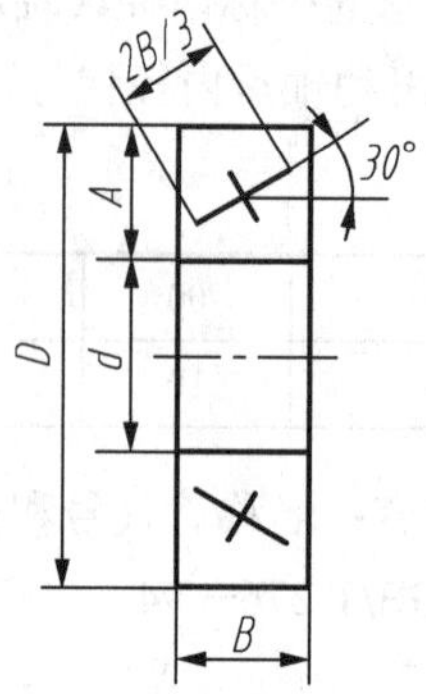 | 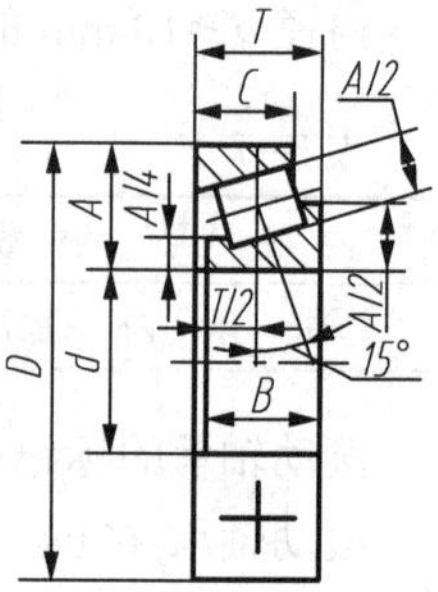 |
| 推力球轴承 | 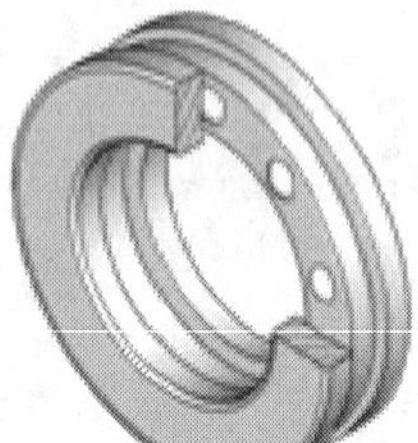 | 承受单方向的轴向力 | | 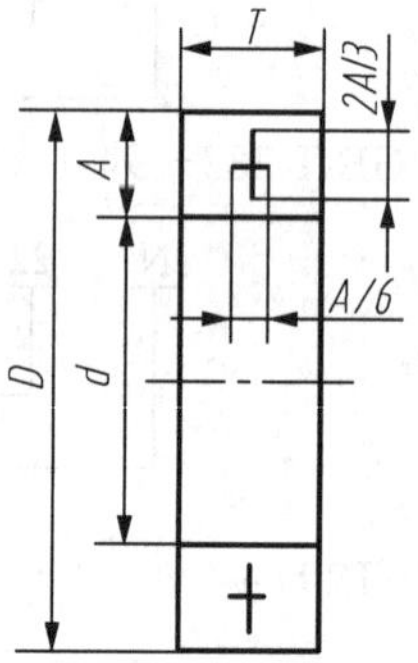 | 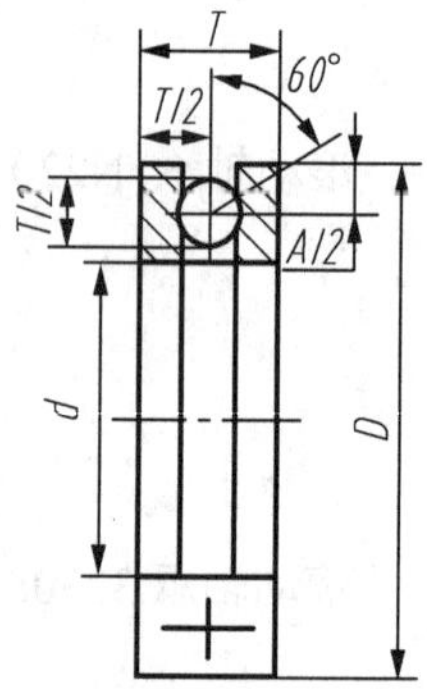 |

# 第五节 弹簧

弹簧属于常用件。它主要用于减振、夹紧、承受冲击、储存能量和测力等。其特点是受力后产生较大的弹性形变，去除外力后能恢复原状。在汽车上常见的减振弹簧是板弹簧；常用的圆柱螺旋弹簧按其用途可分为压缩弹簧、拉伸弹簧和扭转弹簧，如图 5-29 所示。

（a）板弹簧　（b）压缩弹簧　（c）拉伸弹簧　（d）扭转弹簧

图 5-29　弹簧的类型

## 一、圆柱螺旋压缩弹簧

（一）圆柱螺旋压缩弹簧的各部分名称和尺寸计算（见图 5-30）

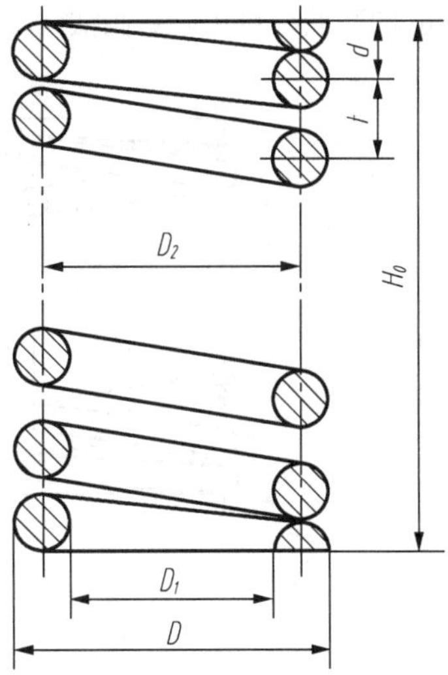

图 5-30　弹簧的尺寸

（1）弹簧丝直径 $d$。

（2）弹簧外径 $D$：弹簧的最大直径。

（3）弹簧内径 $D_1$：弹簧最小直径。

（4）弹簧中径 $D_2$：弹簧内外径的平均值。

$$D_2=(D+D_1)/2=D_1-d$$

（5）节距 $t$：除支承圈外，相邻两有效圈上对应点之间的轴向距离。

（6）支承圈数 $n_2$、有效圈数 $n$、总圈数 $n_1$。

支承圈数是两端不起弹力作用，只起支承作用的圈数。一般为 1.5、2、2.5 圈三种，常用 2.5 圈。

有效圈数是除支承圈外，保持节距相等的圈数。

总圈数是支承圈与有效圈之和，即：$n_1 = n_2 + n$

（7）自由高度 $H_0$：弹簧在没有负荷时的高度。

$$H_0 = nt + (n_2-0.5)d$$

（8）簧丝长度 $L$：弹簧钢丝展直后的长度。

$$L=\pi D_2 n_1$$

（二）圆柱压缩弹簧的标记

标记格式如下：

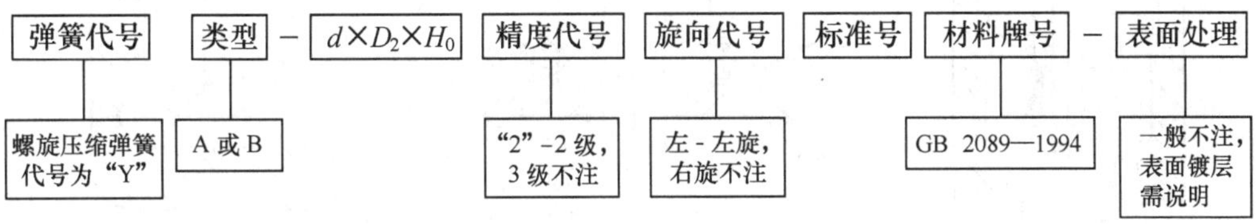


例如，A 型螺旋压缩弹簧，材料直径 1.2mm，弹簧中径 8mm，自由高度 40mm，刚度、外径、自由高度的精度为 2 级，材料为碳素弹簧钢丝 B 级，表面镀锌处理的左旋弹簧的标记为：

YA　1.2×8×40-2 左　GB/T 2089—1994 B 级-D-Zn

（三）圆柱压缩弹簧的画法（GB/T4459.4—2003）

圆柱螺旋压缩弹簧可画成视图、剖视图、示意图，如图 5-31 所示。画图时，应注意以下几点：

（1）在平行于轴线的投影面上，弹簧的轮廓线画成直线。

（2）螺旋弹簧均可画成右旋，对必须保证的旋向要求应在“技术要求”中注明。

（3）有效圈数在四圈以上的弹簧，中间各圈可省略不画，允许适当缩短图形长度，省略部分用细点画线连接起来，但应标注其自有高度，如图 5-31 所示。

（4）在装配图中，被弹簧挡住的结构不画出，可见外廓线画至弹簧丝剖面的中心线，如图 5-32

所示。

（5）在装配图中，弹簧丝直径小于等于 2mm 的断面，可用涂黑表示；弹簧丝直径小于等于 1mm 的断面，可用示意画法，如图 5-32 所示。

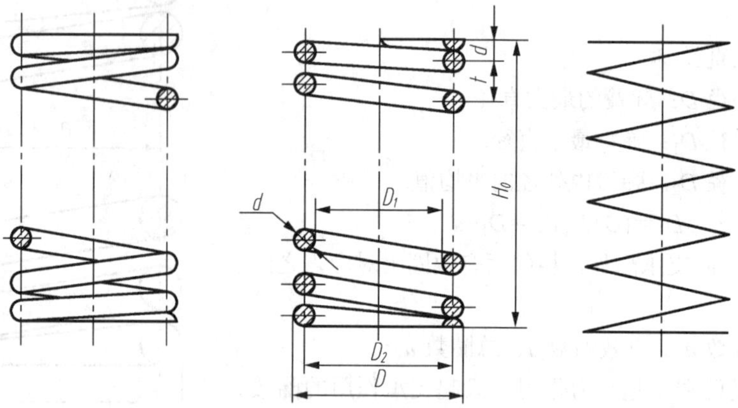


（a）视图　（b）剖视图　（c）示意图

图 5-31　圆柱螺旋弹簧的画法

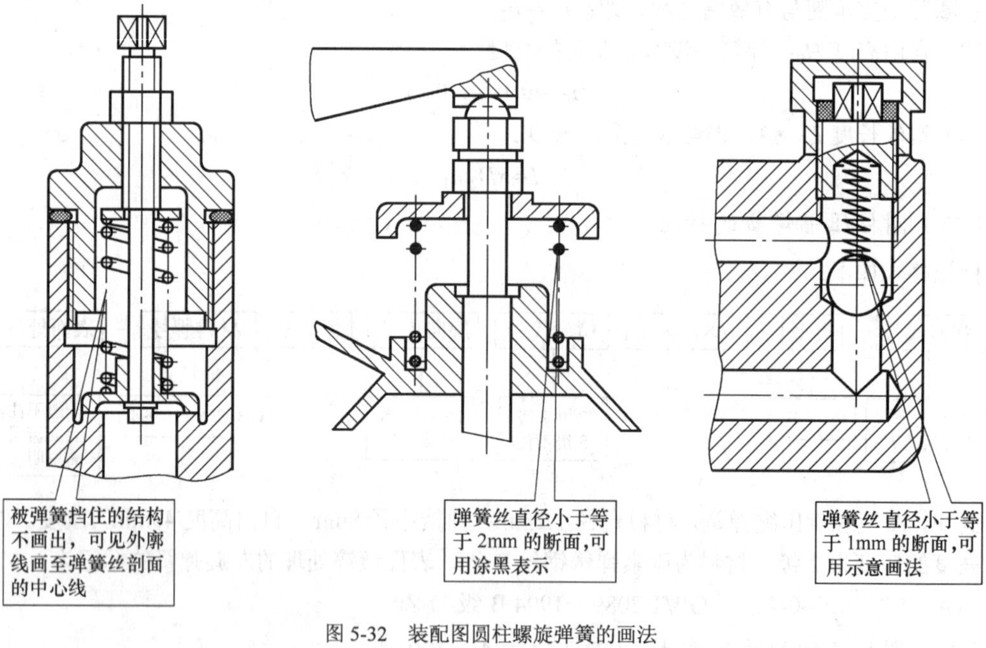


图 5-32　装配图圆柱螺旋弹簧的画法

### （四）圆柱螺旋弹簧的作图步骤如下：如图 5-33 所示

（1）以自由高度 $H_0$ 和弹簧中径 $D_2$ 作出矩形 $E$，如图 5-33（a）所示。

（2）画出支承圈部分，$d$ 为线径，如图 5-33（b）所示。

（3）画出部分有效圈，$t$ 为节距，如图 5-33（c）所示。

（4）按右旋方向作相应圆的公切线，画出剖视图，如图 5-33（d）所示。

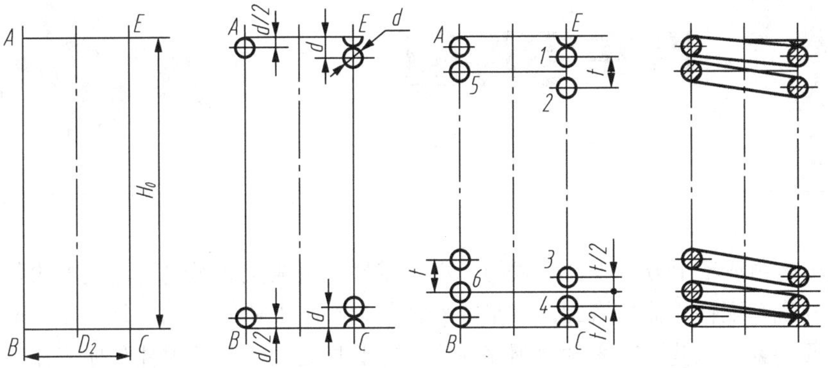


(a) (b) (c) (d)

图 5-33 圆柱螺旋压缩弹簧作图步骤

## 二、板弹簧

板弹簧是单片或多片板材（簧板）制成的弹簧。板弹簧按外形分：椭圆形板弹簧、半椭圆形板弹簧、四分之一椭圆形板弹簧和片弹簧。椭圆形板弹簧、半椭圆形板弹簧及四分之一椭圆形板弹簧均为组合形式的板弹簧，依靠板与板之间的摩擦力而具有较高的缓冲和减振性能，广泛应用于汽车、拖拉机和铁道车辆的悬架系统；片弹簧为单片弹簧钢，多用于机械设备和仪器仪表中压紧工作部件。弹簧片可以选用磷青铜、锡青铜、65mn、55Si2Mn、60Si2MnA、55SiMnVB、55SiMnMoV、60CrMn、60CrMnB、301、316 等。

板弹簧具体结构见图 5-34（a），根据国标《机械制图 弹簧表示法》（GB/T4459.4—2003），作图时可按图 5-34（b）所示仅画其外形轮廓。

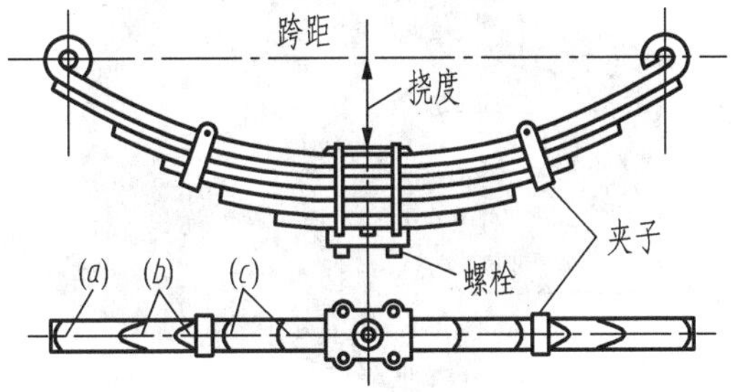


（a）

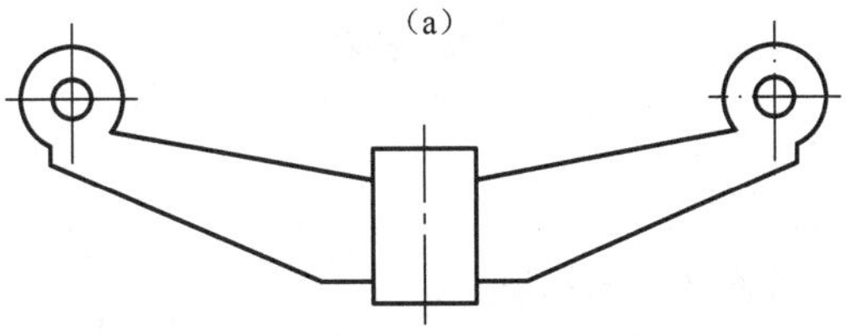

（b）

图 5-34 板弹簧画法

# 第六章 汽车零件图

一辆汽车是由成千上万个零件组成的，汽车零件是组成交通运输工具汽车的各个部分的基本单元，也叫汽车配件，简称汽配。汽车零部件作为汽车工业的基础，是支撑汽车工业持续健康发展的必要因素。这些汽车零件除国家或汽车行业规定的一些常用件和标准件以外，汽车上还有很多有特别结构和用途的非标准零件。如图 6-1 所示，发动机中就有节气门体、发动机总成、油泵、油嘴、张紧轮、气缸体、轴瓦、水泵、燃油喷射系统、密封垫、凸轮轴、气门、曲轴、连杆总成、活塞、皮带、消声器、化油器、油箱、水箱、风扇、油封、散热器、滤清器等几十种零件组成。

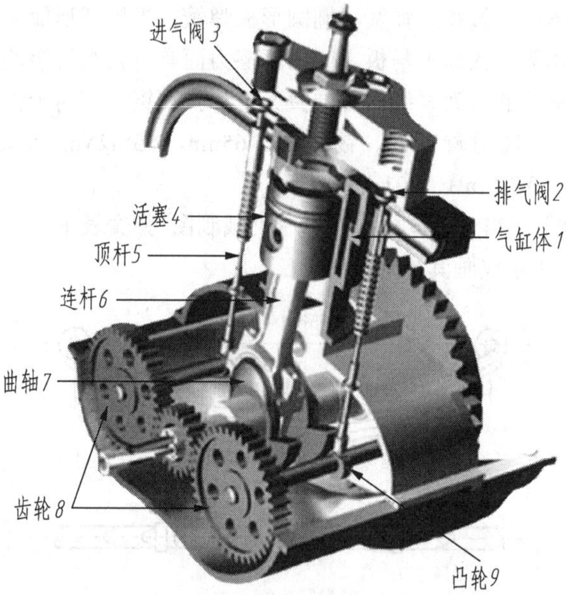


图 6-1　发动机装配体

**教学目的**

（1）了解零件图的基本知识。

（2）熟练掌握零件图的尺寸注法，准确选择出零件尺寸基准，能够根据尺寸标注的基本规则和方法，按照一定的步骤标注出零件的尺寸。

（3）掌握零件图上的技术要求标注。

（4）掌握读零件图的要求、方法和步骤。熟练掌握汽车零件图的识读。

学习重点

(1) 能够根据“形状特征”和“合理位置”正确选择零件的主视图。
(2) 根据基准的选择原则和尺寸标注的基本规则和方法，按照一定的步骤正确、清晰、完整、合理地标注出零件的尺寸和技术要求。
(3) 能够按照读零件图的要求，根据读零件图的方法和步骤识读典型的零件图。

学习难点

(1) 合理地标注出零件的尺寸。
(2) 典型汽车零件图识读。

# 第一节　零件图基本知识

## 一、零件图的作用、内容

零件是组成机器的最小单元，任何机器和部件都是由许多零件按一定的装配关系和要求装配而成，要制造机器必须首先按要求制造出合格零件。零件图是用来表示零件结构、大小及技术要求的图样，以及制造和检验零件用的图样。在生产过程中，要根据零件图注明的材料和数量进行备料；根据图示的形状、尺寸和技术要求来加工制造；最后还要根据图纸进行检验。

一张完整的零件图（见图 6-2）应具备以下内容。

(1) 一组视图

用必要的视图、剖视图、断面图及其他规定画法，正确、完整、清晰地表达零件各部分结构的内外形状。

(2) 合理的尺寸

零件图应正确、完整、清晰、合理地标注出零件加工制造和检验时所需的全部尺寸。

(3) 技术要求

在零件图中必须用规定的代号、数字、字母和文字说明制造和检验零件时技术指标应达到的要求。如表面粗糙度、尺寸公差、形位公差、热处理、其他特殊要求等。

(4) 标题栏

在零件图右下角，用标题栏写出该零件的名称、数量、比例及制图、描图、审核相关人员的签名、日期等内容。

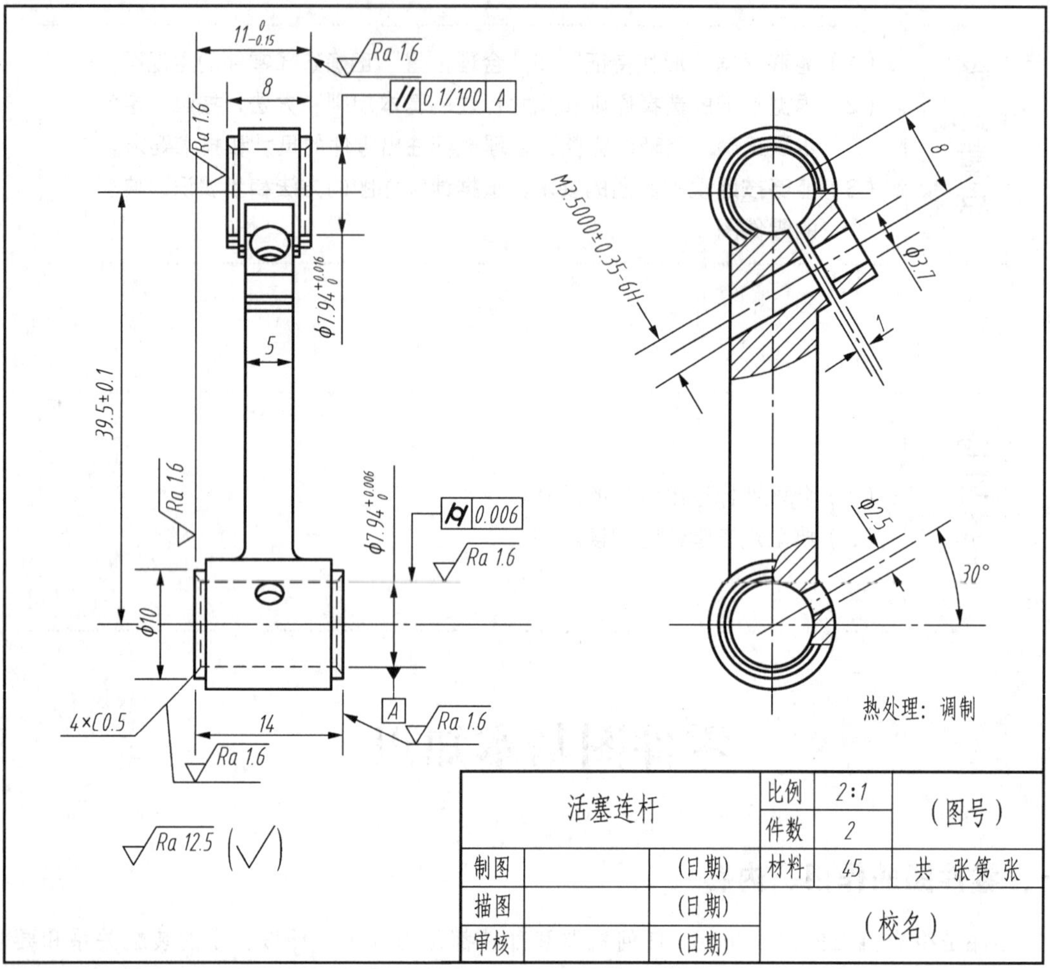


图 6-2　活塞连杆零件图

## 二、各种汽车零件结构的视图表达

零件图视图选择的基本原则是：在考虑便于看图的前提下，根据零件的结构特点，选择适当的表达方法，完整、清晰地表示出零件各部分结构形状和相对位置，并力求绘图简单。

1．主视图的选择

主视图是零件图图形的核心，主视图选择恰当与否，将直接影响其他视图的数量和表达方法，并关系到画图、读图是否方便。选择主视图应考虑以下原则。

（1）形状特征原则

主视图应能充分反映零件的结构形状。

（2）加工位置原则

主视图应尽量表示零件在加工时所处的位置，如图 6-3 所示的轴。

（3）工作位置原则

主视图应尽量表示零件在机器上的工作位置或安装位置，如图 6-4 所示吊钩。

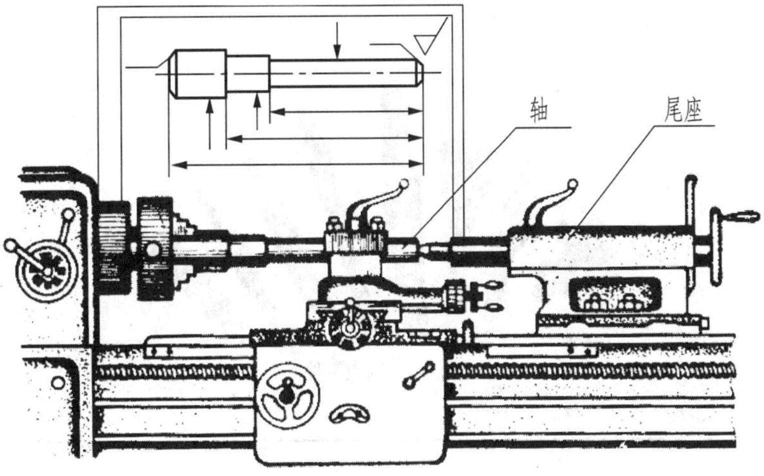


图 6-3　轴类零件的车削加工位置

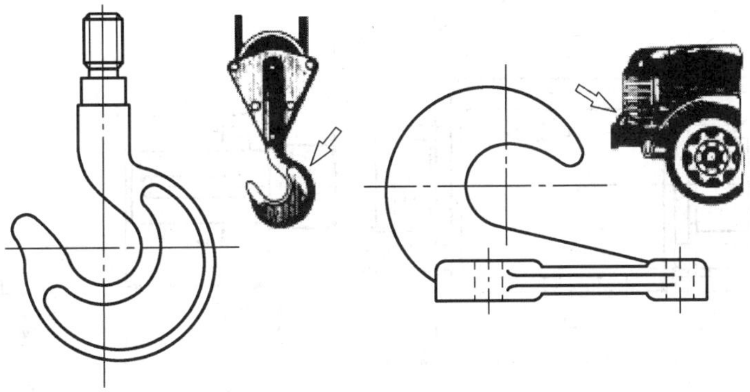

（a）吊钩　　（b）前托钩

图 6-4　吊钩的工作位置

零件主视图的选择并不一定要完全符合上述某一条原则，而应根据零件的工作位置、安装位置或加工位置，综合考虑选择最能反映零件结构形状特征的视图作为主视图。

2．其他视图的选择

主视图确定后，再按完整、清晰地表达零件各部分结构形状和相对位置的要求，针对零件内外结构的具体情况，选择其他必要的视图、剖视图、断面图、局部放大图等，表达零件某些方面的结构，并尽量减少视图的数量，以便画图和读图。

## 三、典型零件的视图选择

零件的种类很多，结构形状也千差万别，根据其结构和用途的特点，一般将零件分为轴（套）类、轮（盘）类、箱体类、叉架类四种典型零件。

1．轴（套）类零件

图 6-5 所示为轴类零件，主要用来支撑传动零件（如齿轮、皮带轮等）和传递动力；套类零件一般装在轴上或孔中，用来定位、支撑、保护传动零件。由于轴上零件的固定及定位要求，其形状一般为带有轴肩的阶梯形状，并有键槽、齿轮、螺纹、退刀槽等结构。图 6-6 所示为汽车减

速器齿轮轴零件图。

图 6-5 轴类零件

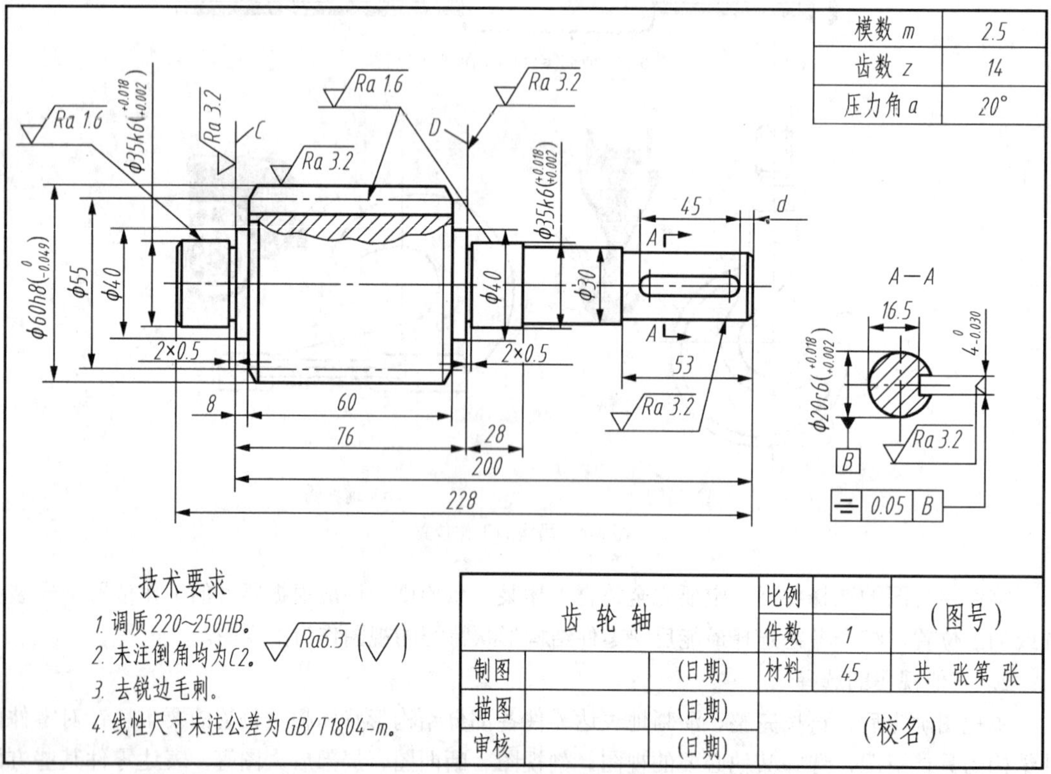


图 6-6 汽车减速器齿轮轴零件图

2．盘盖类零件

盘盖类零件一般通过销定位与螺钉固定连接；可起支撑、定位和密封等作用。图 6-7 所示为发动机盖零件图，主视图表达盖的内部结构和壁厚，左视图为表达机盖的外形。

3．箱体类零件

箱体类零件一般是机器的主体，起容纳、支撑、定位、密封、保护等作用，多为铸件，内部一般为中空结构，容纳齿轮、传动轴等。图 6-8 所示为二级齿轮减速箱的箱体零件图。

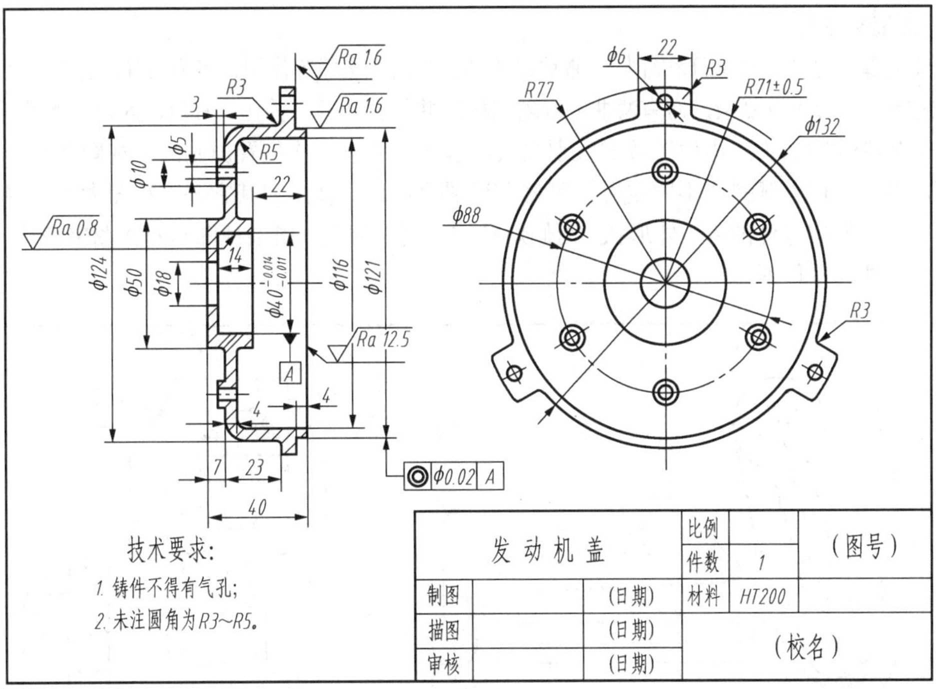


图 6-7 发动机盖零件图

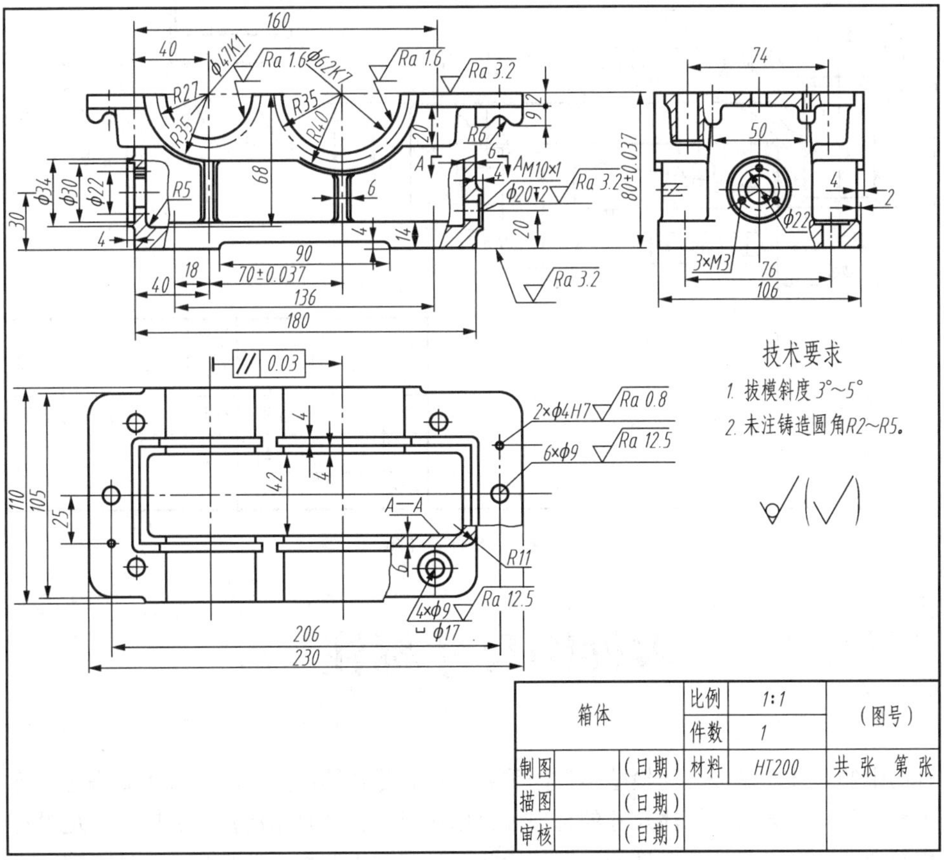


图 6-8 二级齿轮减速箱体零件图

4．叉架类零件

叉架类零件包括各种叉杆和连杆，通常起传动、连接、支撑等作用，多为铸件或锻件。此类零件形状不规则，外形比较复杂，常有弯曲或倾斜结构，并带有肋板、轴孔、耳板、底板、螺孔等结构。

叉架类零件的加工工序位置较难区别主次，因此一般按工作位置原则画主视图并尽量反映形状特征，当工作位置倾斜或不固定时，可将主视图摆正。主视图和其它基本视图大多用局部剖视图兼顾表达叉架类零件的内、外形状，而倾斜结构常用斜视图、斜剖视图和断面图来表达。图 6-9 所示为一杠杆的零件图。

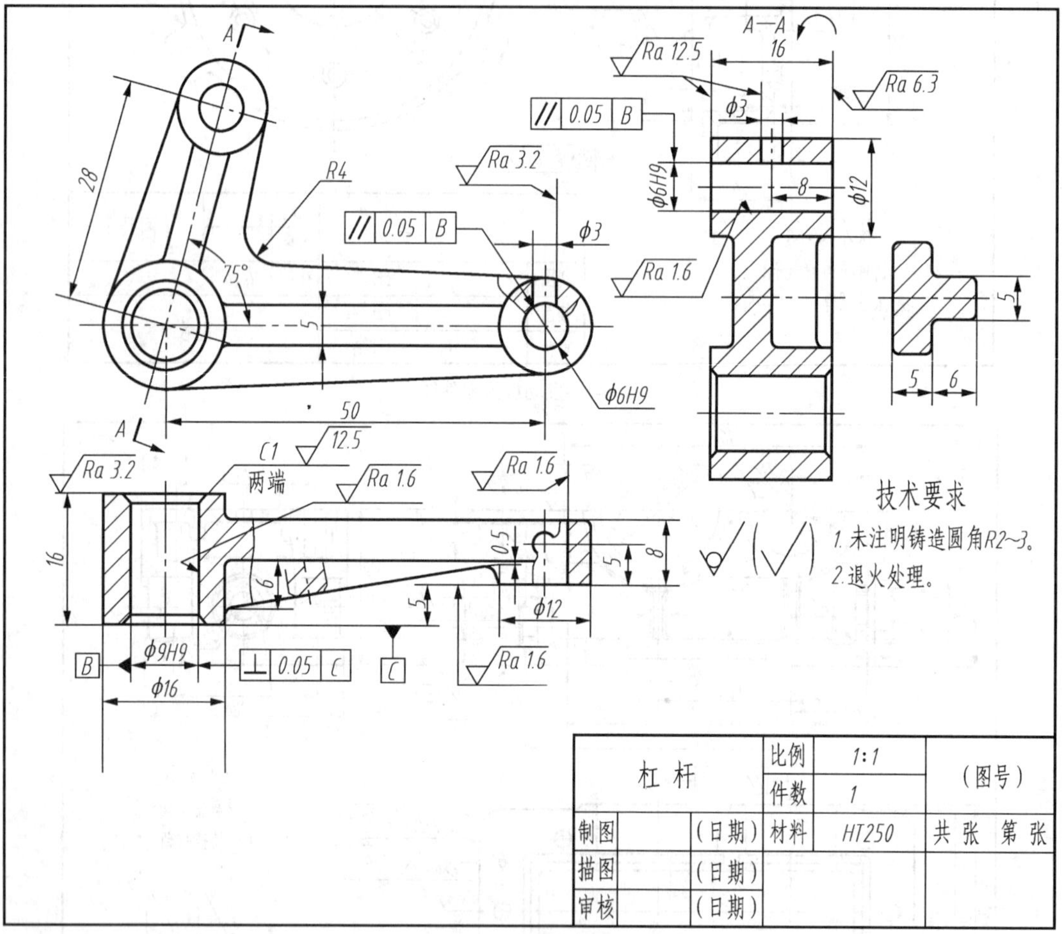


图 6-9 杠杆零件图

## 第二节 零件图尺寸标注

零件图中的尺寸，是加工和检验零件的重要依据。零件图的尺寸标注除了要满足正确、齐全和清晰的要求外，还要考虑标注尺寸的合理性。标注尺寸合理是指所注尺寸既要满足设计使用要求，又能符合工艺要求，便于零件的加工和检验，又有利于装配。要使尺寸标注合理，必须有一定的生产加工实践经验和机械有关的专业知识。

任何零件都有长、宽、高三个方向的尺寸，每个方向至少要选择一个尺寸基准（回转体为轴向基准和径向基准）。一般要选择零件结构的对称面、回转轴线、主要加工面、重要支撑面或结合面作为尺寸基准。

## 一、尺寸基准

根据作用的不同基准可分为以下三种。

（1）设计基准

设计时确定零件表面在机器中装配时的位置所确定的点、线、面。根据零件在机器中的位置和作用所选定的基准。

（2）工艺基准

零件加工制造时、零件在机床或夹具中夹紧时所占有位置的点、线、面。

（3）测量基准

测量某些尺寸时，确定零件在量具中位置所依据的点、线、面。

设计基准通常是主要基准，工艺基准有时与设计基准重合，工艺基准与设计基准不重合时又称为辅助基准。选择基准时，应尽可能使工艺基准与设计基准重合，当不能重合时，所注尺寸应在保证设计要求的前提下满足工艺要求。每个零件都有长、宽、高三个方向的尺寸，每个尺寸都有基准，因此，每个方向至少有一个尺寸基准。同一方向上可以有多个尺寸基准，但其中必定有一个是主要的，称为主要基准，其余的称为辅助基准。辅助基准与主要基准之间应有关联尺寸。

主要基准应与设计基准和工艺基准重合，工艺基准应与设计基准重合，这一原则称为基准重合原则。当工艺基准与设计基准不重合时，主要尺寸基准要与设计基准重合。如图 6-10 所示，齿轮轴安装在箱体中，根据轴线和右轴肩确定齿轮轴在机器中的位置，因此该轴线和右轴肩端面分别为齿轮轴径向和轴向的设计基准。加工过程中大部分工序是以轴线和左右端面分别作为径向和轴向基准的，因此该零件的轴线和左右端面为工艺基准。

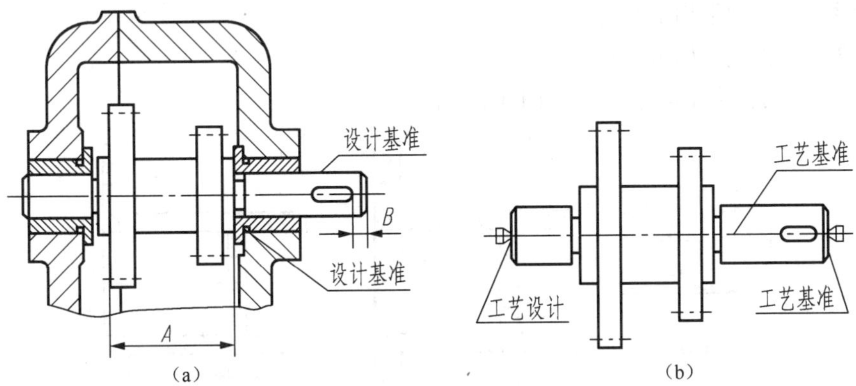


图 6-10　设计基准和工艺基准

## 二、尺寸标注的一般原则

1. 重要尺寸直接注出

重要尺寸主要是指直接影响零件在机器中的工作性能和位置关系的尺寸，如零件之间的配合尺寸、重要的安装定位尺寸等，如图 6-11 所示。

2．避免出现封闭尺寸链

封闭尺寸链是指尺寸线首尾相接，绕成一整圈的一组尺寸。如图 6-12 所示，在几个尺寸构成的尺寸链中，应选一个不重要的尺寸空出不注，以便使所有的尺寸误差都累积到这一段，保证重要尺寸的精度要求。

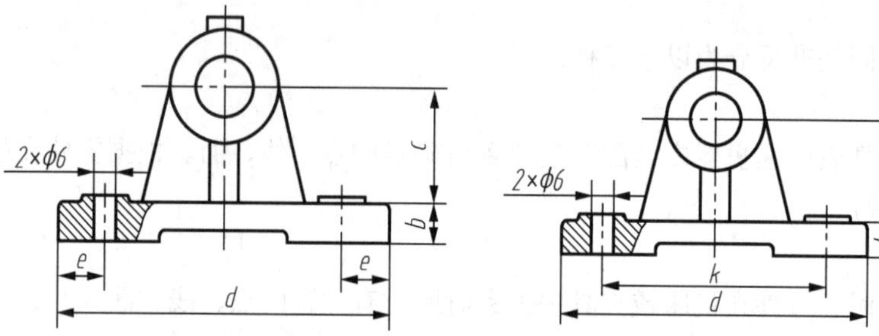


（a）合理　　（b）不合理

图 6-11　重要尺寸直接标注

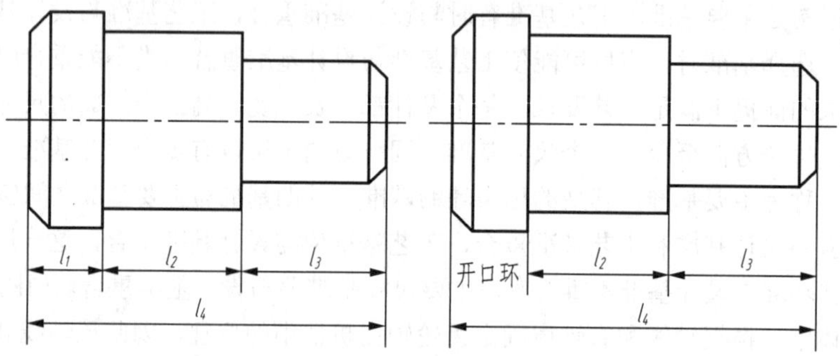


（a）不合理　　（b）合理

图 6-12　避免出现封闭的尺寸链

3．标注尺寸要便于加工和测量

① 考虑测量方便，如图 6-13 所示。

② 按加工方法不同标注尺寸，如图 6-14 所示。

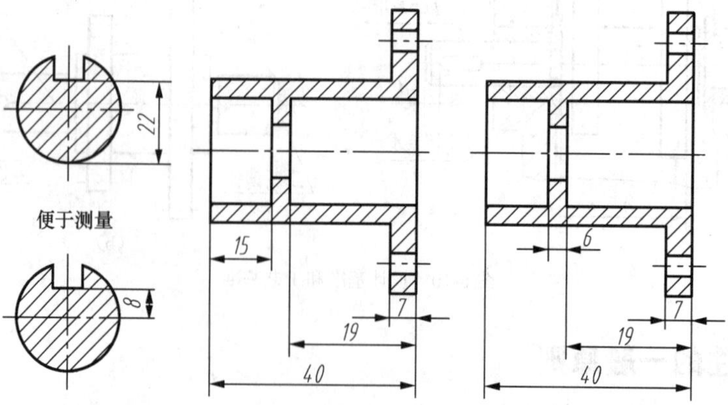


不便于测量　　便于测量　　不便于测量

图 6-13　尺寸标注要便于测量

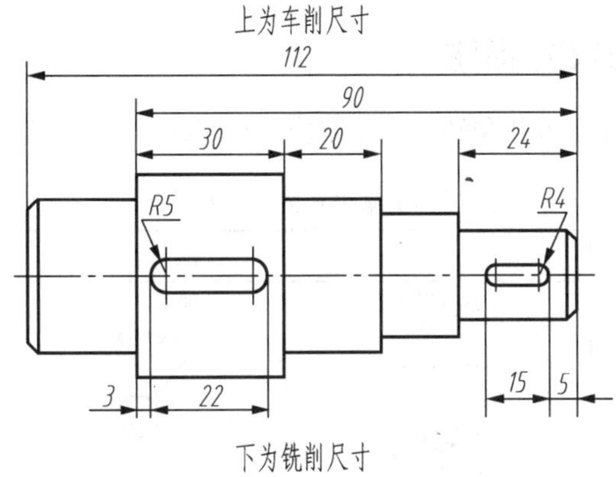


图 6-14　尺寸标注要便于加工制造

## 三、尺寸标注步骤

当零件结构比较复杂，形体比较多时，完整、清晰、合理地标注出全部尺寸是一件非常复杂的工作，只有遵从合理科学的方法和步骤，才能将尺寸标注得符合要求。标注复杂零件的尺寸通常按下述步骤进行：

（1）分析尺寸基准，标出主要形体的定位尺寸。

（2）形体分析，标出主要形体的定形及定位尺寸。

（3）形体分析，标注次要形体结构的定形及定位尺寸。

（4）整理加工，也可以考虑根据加工顺序标注尺寸，完成全部尺寸的标注，如表 6-1 所示的阶梯轴按加工顺序标注。这样一般都能保证尺寸标注的完整、清晰和合理标注要求。

表 6-1　　按加工顺序标注尺寸

| 序号 | 说　明 | 工序简图 | 序号 | 说　明 | 工序简图 |
|---|---|---|---|---|---|
| 1 | 下料：车两端面，打中心孔 | 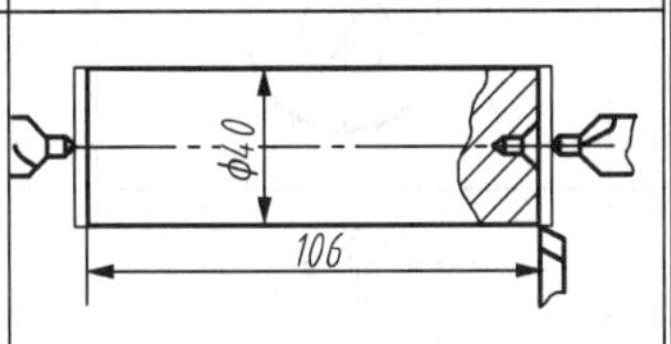 | 5 | 切槽<br>倒角 | 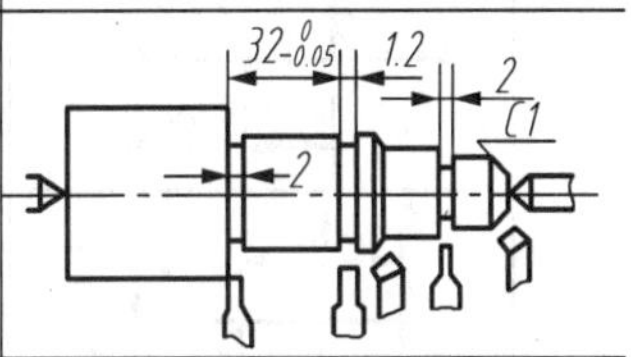 |
| 2 | 中心孔等位：φ25，长 67 | 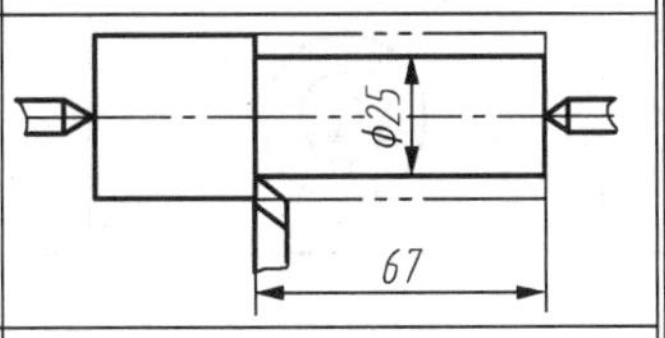 | 6 | 调头：车φ35，车φ20、长 30 | 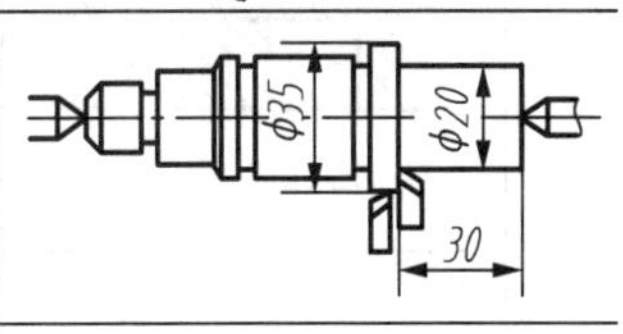 |
| 3 | 车φ20、长 30 | 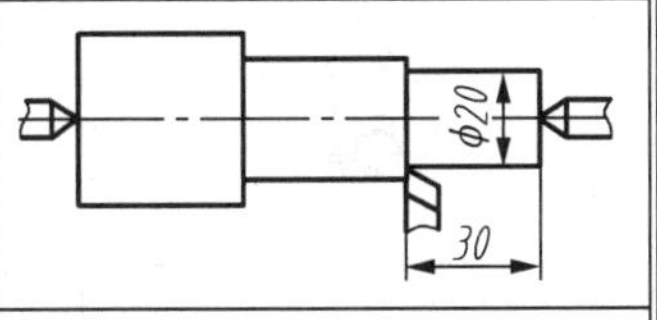 | 7 | 切槽<br>倒角 | 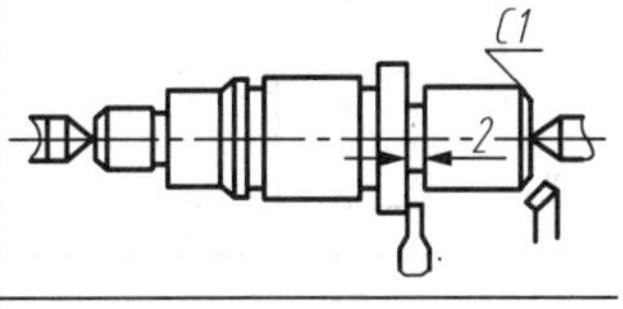 |
| 4 | 车φ17、长 17 | 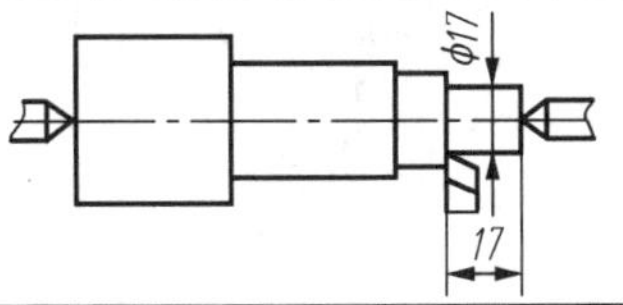 | 8 | 淬火后磨：φ17，φ25，φ20 | 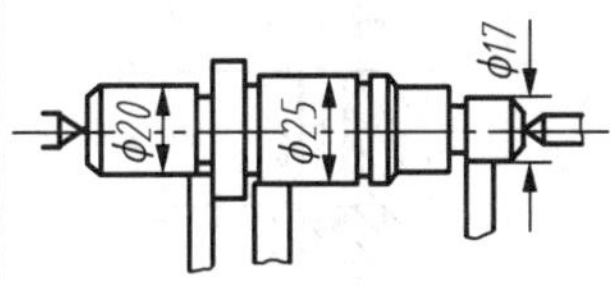 |

## 四、零件上常见孔的尺寸标注

零件上常见的孔有光孔、沉孔和螺纹孔等结构，它们的标注方法如表 6-2 所示。

表 6-2　　零件上常见孔的尺寸标注

<table>
<tr><th>类型</th><th>普通注法</th><th colspan="2">旁注法</th><th>说明</th></tr>
<tr><td rowspan="2">光孔</td><td>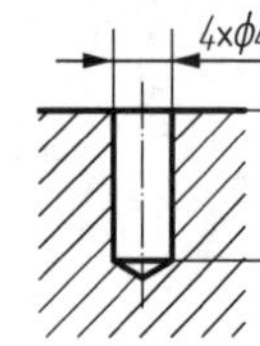</td><td>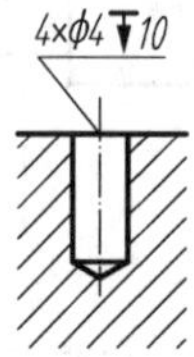</td><td>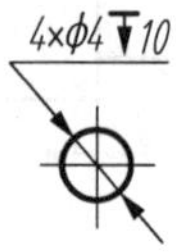</td><td>“↧”为深度符号</td></tr>
<tr><td>该孔无普通注法。<br>注意：φ4 是指与其相配的圆锥销的公称直径（小端直径）</td><td>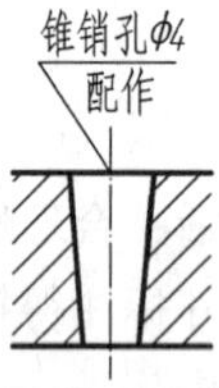</td><td></td><td>“配作”系指该孔与相邻零件的同位锥销孔一起加工</td></tr>
<tr><td>锪孔</td><td>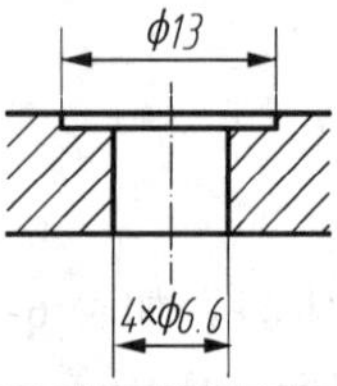</td><td>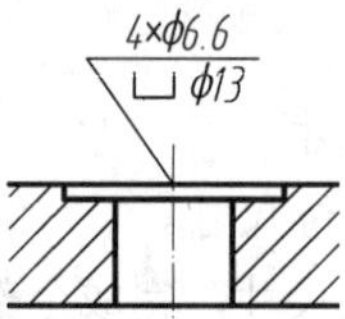</td><td>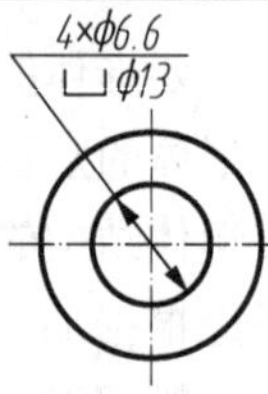</td><td>“⌴”为锪平符号。锪孔通常只需锪出圆平面即可，故沉孔深度一般不注</td></tr>
<tr><td rowspan="2">沉孔</td><td>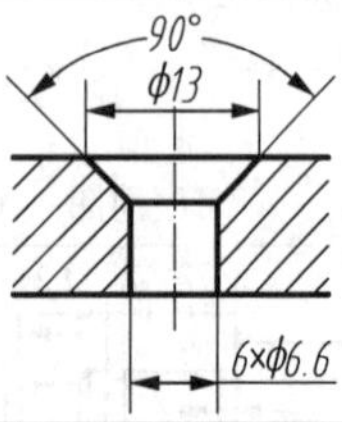</td><td>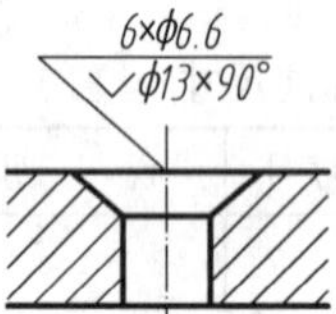</td><td>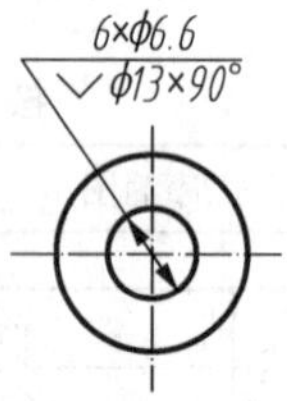</td><td>“∨”为埋头孔符号。该孔为安装开槽沉头螺钉所用</td></tr>
<tr><td>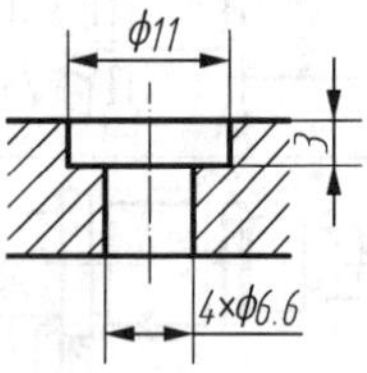</td><td>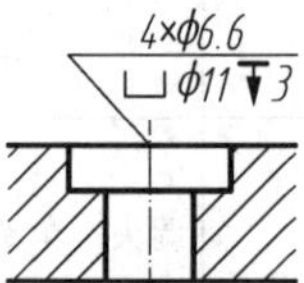</td><td></td><td>该孔为安装内六角圆柱头螺钉所用，承装头部的孔深应注出</td></tr>
<tr><td rowspan="2">螺孔</td><td>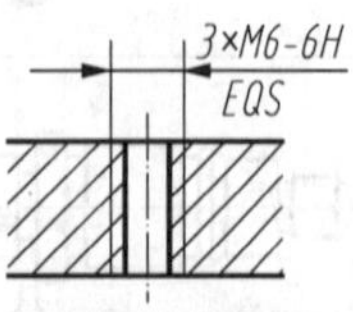</td><td>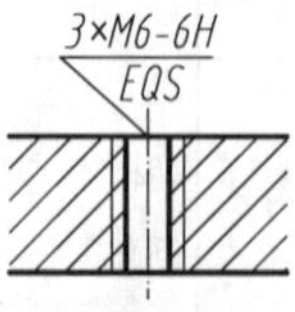</td><td></td><td rowspan="2">“EQS”为均布孔的缩写词</td></tr>
<tr><td>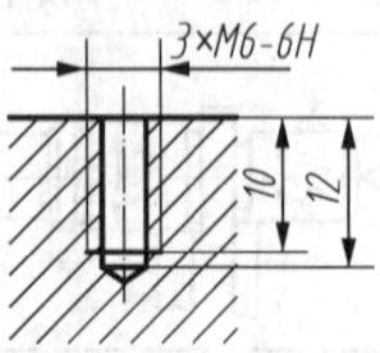</td><td>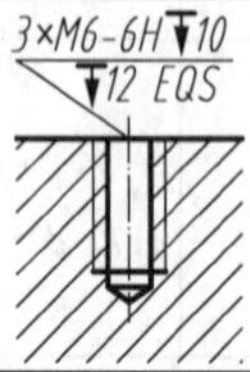</td><td></td></tr>
</table>

# 第三节　零件图技术要求

零件图中除了视图和尺寸之外，还应具备加工和检验零件的技术要求。技术要求的内容主要有：尺寸公差、几何公差、表面结构等。对零件的材料、热处理和表面修饰和特殊加工和检验要作说明。

## 一、零件尺寸公差

现代机械制造业要求机器零件具有较高的互换性。“互换性”是指在按同一图样制造出的一批零（部）件中，任取一件不经挑选或任何修配，就能顺利地装配或替换，并能达到原件的性能和使用要求的性质。为了使零件具有互换性，在实际生产中，零件尺寸不可能加工的绝对准确，而是允许零件的实际尺寸在一个合理的范围内变动。这个允许的尺寸变动量就是尺寸公差，简称公差。

1．有关尺寸的术语与定义

- 基本概念及相互关系
  - 互换性
    - 完全互换
    - 部分互换
  - 极限与配合
    - 公称尺寸
    - 实际尺寸
    - 极限尺寸
    - 尺寸偏差
      - 上极限偏差
      - 下极限偏差
      - 标准化 → 基本偏差（上极限偏差/下极限偏差）、上极限偏差、下极限偏差
    - 公差 —标准化→
      - 标准公差
      - 公差等级
    - 配合
      - 种类（按松紧程度分）
        - 间隙配合
        - 过渡配合
        - 过盈配合
      - 基准制
        - 基轴制
        - 基孔制

① 公称尺寸（$D$，$d$）。公称尺寸是根据使用要求，通过强度、刚度等方面的计算或结构的需要而确定的。通常大写字母表示孔，小写字母表示轴。

② 实际尺寸（$D_a$，$d_a$）。通过测量获得的尺寸称为实际尺寸。实际尺寸用两点法测量。由于测量误差是客观存在的，所以实际尺寸不是真实尺寸。

③ 极限尺寸（$D_{max}$，$D_{min}$，$d_{max}$，$d_{min}$）。极限尺寸是一个孔或轴允许的尺寸的两个极端。

孔或轴允许的最大尺寸称为上极限尺寸（$D_{max}$，$d_{max}$）。

孔或轴允许的最小尺寸称为下极限尺寸（$D_{min}$，$d_{min}$）。

极限尺寸是根据设计要求以公称尺寸为基础给定的，是用来控制实际尺寸变动范围的，实际尺寸如果小于等于上极限尺寸，大于等于下极限尺寸，则零件都是合格的。

④ 偏差。偏差是某一尺寸减其公称尺寸所得的代数差。偏差可能是正值、负值或零，书写或

标注时要标注出正、负号或零。

⑤ 实际偏差。实际偏差是实际尺寸减其公称尺寸所得的代数差。实际尺寸可能大于、小于或等于公称尺寸，因此，实际偏差可能是正、负或零。

⑥ 极限偏差。极限偏差是极限尺寸减去公称尺寸所得的代数差，如图 6-15 所示。

上极限偏差（ES/es）——上极限尺寸减去公称尺寸所得的代数差。

$$ES=D_{max}-D \qquad es=d_{max}-d$$

下极限偏差（EI/ei）——下极限尺寸减去公称尺寸所得的代数差。

$$EI=D_{min}-D \qquad es=d_{min}-d$$

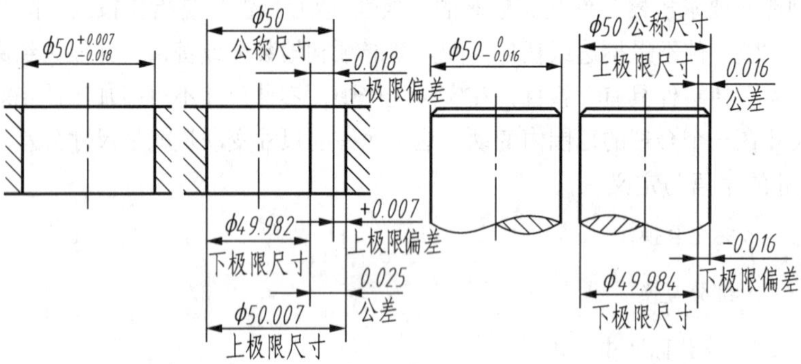


（a）孔的标注及其图解　　　　（b）轴的标注及其图解

图 6-15　尺寸及公差图解

极限偏差是用来控制实际偏差的，合格的零件实际偏差应位于极限偏差之内。在实际中常用孔、轴的公称尺寸和极限偏差计算其极限尺寸，如图 6-15 所示标注的一对孔，计算过程如下：

$D_{max}=D+ES=\phi50+（+0.007）=\phi50.007mm$

$D_{min}=D+EI=\phi50+（-0.018）=\phi49.982mm$

$d_{max}=d+es=\phi50+0=\phi50mm$

$d_{min}=d+ei=\phi50+（-0.016）=\phi49.984$ mm

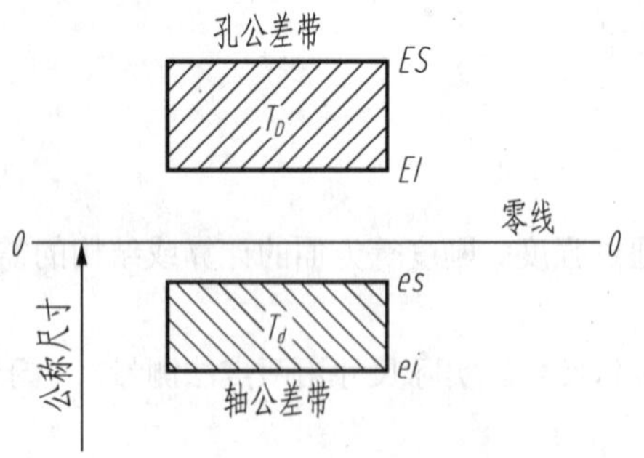


图 6-16　公差带图

⑦ 公差带（T）。公差带（见图 6-16）由公差带大小和公差带位置两个要素确定，即由“标准公差”和“基本偏差”确定。孔的公差带 $T_D$=ES−EI，轴的公差带 $T_d$=es−ei。

⑧ 标准公差。公差带大小由标准公差来确定。标准公差分为 20 个等级，即：IT01、IT0、IT1、IT2…IT18。IT 表示标准公差，数字表示公差等级。IT01 公差值最小，精度最高；IT18 公差值最大，精度最低，标准公差的数值见摘自 GB/T 1800.3—2008 的附表。

⑨ 基本偏差。公差带相对零线的位置由基本偏差来确定。基本偏差通常是指靠近零线的那个偏差，它可以是上极限偏差，也可以是下极限偏差。国家标准对孔和轴分别规定了 28 种基本偏差，形成基本偏差系列，轴的基本偏差代号用小写字母，孔的基本偏差代号用大写字母。图 6-17 所示为国标规定的基本偏差系列。

⑩ 配合。公称尺寸相同的相互结合的孔和轴公差带之间的关系称为配合，根据使用要求不同，孔和轴之间的配合松紧程度也不同，国家标准规定配合分为如下三种。

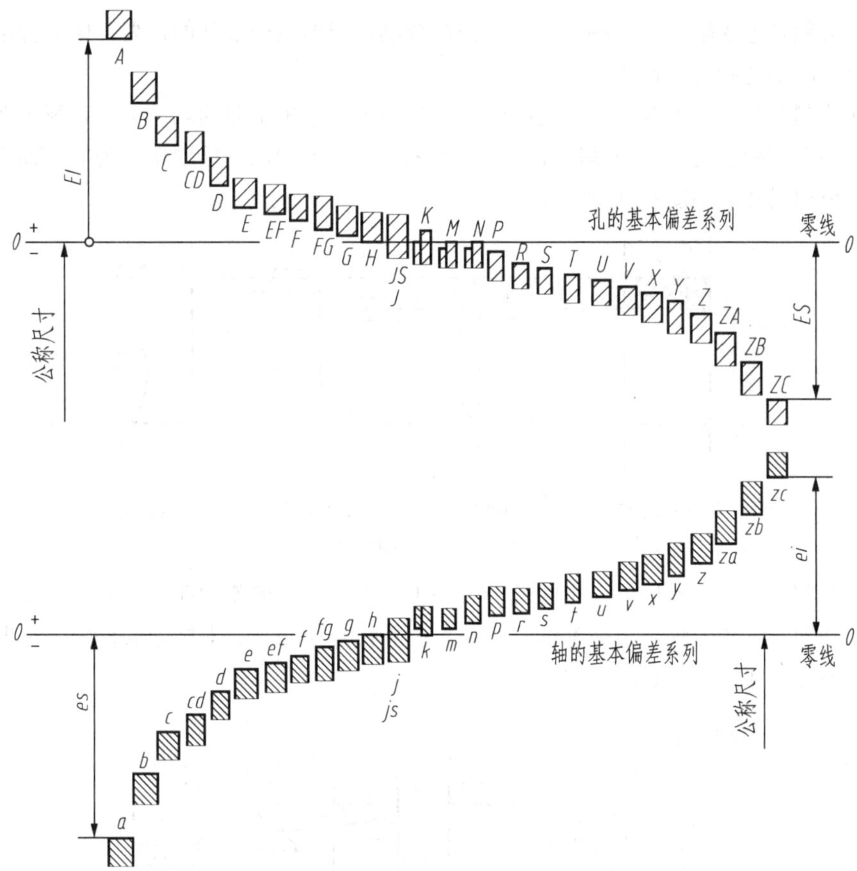


图 6-17 孔和轴的基本偏差系列图

（a）间隙配合。孔的实际尺寸总比轴的实际尺寸大，装配在一起后，这时轴与孔之间存在间隙（包括最小间隙为零的情况），轴在孔中能相对运动，这时，孔的公差带在轴的公差带之上，这种具有间隙的配合，称为间隙配合，如图 6-18（a）所示。

（b）过盈配合。孔的实际尺寸总比轴的实际尺寸小，在装配时需要一定的外力才能把轴压入孔中，所以轴与孔装配在一起后不能产生相对运动。这时，孔的公差带在轴的公差带之下，具有过盈的配合，称为过盈配合，如图 6-18（b）所示。

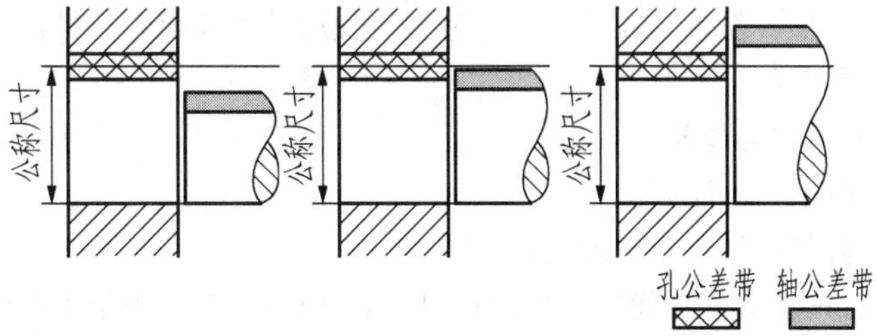


（a）间隙配合　　（b）过渡配合　　（c）过盈配合

图 6-18 孔和轴三种不同的配合性质

（c）过渡配合。轴的实际尺寸比孔的实际尺寸有时小，有时大。它们装配起来后，可能出现间隙，或出现过盈，但间隙或过盈都相对较小。这种介于间隙与过盈之间的配合，称为过渡配合。这时，孔的公差带与轴的公差带将出现相互重叠部分，可能具有间隙或过盈的配合，如图 6-18（c）所示。

孔和轴公差带形成配合的一种制度，称为配合制。根据生产实际的需要，国家标准规定了两种配合制度，即基孔制与基轴制。

（a）基孔制配合。基本偏差一定的孔的公差带与不同基本偏差的轴的公差带形成各种配合的一种制度。基孔制配合的孔称为基准孔，其基本偏差代号为 H，下极限偏差为零，即它的最小极限尺寸等于公称尺寸，如图 6-19 所示。

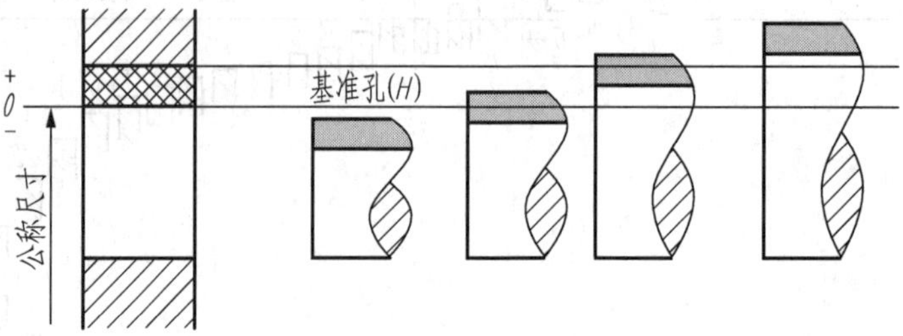


（a）基孔制的基准孔　（b）间隙配合　（c）过渡配合　（d）过盈配合

图 6-19　基孔制配合

（b）基轴制配合。基本偏差一定的轴的公差带与不同基本偏差的孔的公差带形成各种配合的一种制度。基轴制配合的轴称为基准轴，其基本偏差代号为 h，其上极限偏差为零，即它的上极限尺寸等于公称尺寸，如图 6-20 所示。

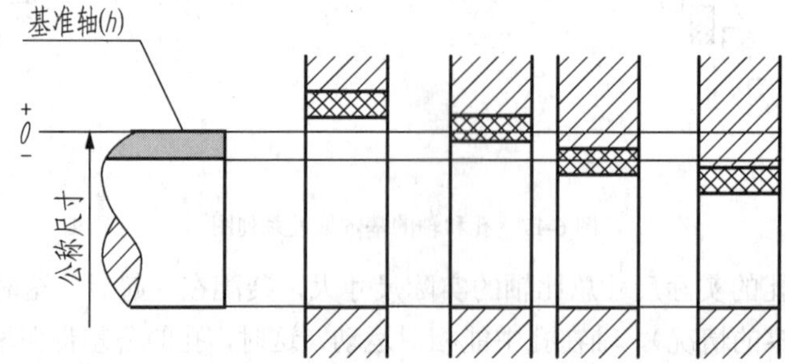


（a）基轴制的基准轴　（b）间隙配合　（c）过渡配合　（d）过盈配合

图 6-20　基轴制配合

关于两种基准制的选择，国家标准明确规定，一般情况下，应优先采用基孔制配合。在两种配合中，国家标准《极限和配合　公差带和配合的选择（GB1801—2008）》又规定了优先选用、常用和一般用途的孔、轴公差带。在设计中，应根据使用功能和配合特性，查找以上相关资料。尽量选用优先和常用配合。

2．极限与配合的标注与查表

（1）公差在零件图上的标注方法

在零件图上标注公差有如下三种形式。

① 在公称尺寸后只注公差带代号，如图 6-21（a）所示，一般用于大批量生产图纸中。已知公称尺寸和公差带代号，孔、轴的极限偏差数值可从附录表的公差值表和基本偏差表中查得。

② 只注极限偏差，如图 6-21（b）所示，用于小批量或单件生产；上、下极限偏差数值不相同时，上极限偏差注在公称尺寸的右上方，下极限偏差注在公称尺寸的右下方并与公称尺寸在同一底线上；偏差数值应比公称尺寸小一号，小数点前的整数位对齐，后边的小数位数应相同。若上、下极限偏差为零，前不加正负号，后不加小数；若上、下极限偏差数值绝对值相同，则在公

称尺寸后加注“±”号，只填写一个偏差数值，其数值大小与公称尺寸数字大小相同。

③ 公差代号和极限偏差均注，即在公称尺寸后面标注出公差代号，并在后面的括弧中同时注出上、下极限偏差数值，如图 6-21（c）所示，常用于产品转产较频繁的生产。

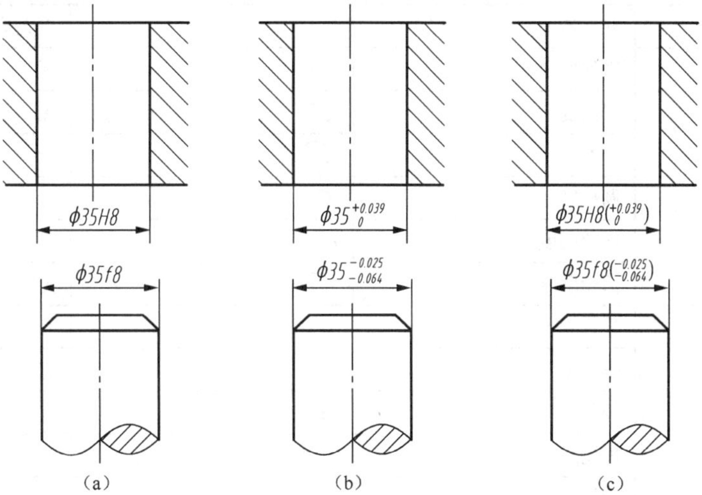


图 6-21 极限偏差在零件图上的标注

（2）配合在装配图上的标注方法

在装配图上标注配合时，是在公称尺寸的后面用分式注出，分子为孔的公差带代号，分母为轴的公差带代号，如图 6-22 所示。

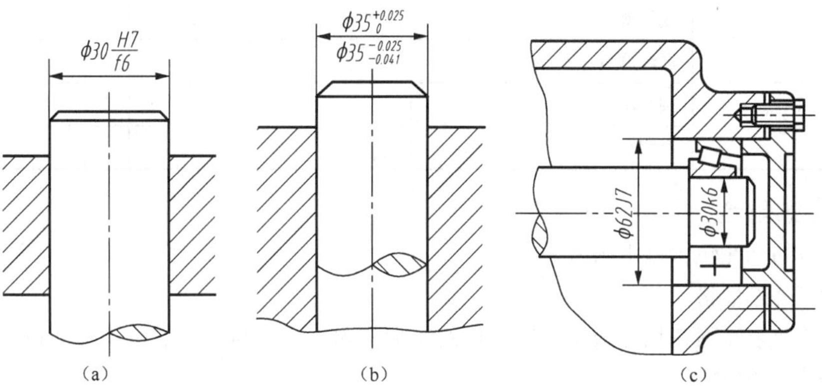


图 6-22 极限偏差在装配图上的标注

① 标注孔、轴的配合代号的注法，如图 6-22（a）所示，这种注法应用最多。

② 标注孔、轴的极限偏差注法，如图 6-22（b）所示，这种注法主要用于非标准配合。

③ 零件与标准件或外购件配合时，装配图中可仅标注该零件的公差带代号，如图 6-22（c）所示，轴颈与滚动轴承内圈的配合，只注出轴颈ϕ30k6；机座孔与滚动轴承外圈的配合，只注出机座孔ϕ62J7。

## 二、几何公差

1．几何公差的种类和符号

在机器中对某些精度要求较高的零件不仅须保证其尺寸公差，还要保证其几何公差。

几何公差包括形状公差、方向公差、位置公差和跳动公差。国家标准 GB/T 1182—2008 规定了几何公差的标注。几何公差特征符号如表 6-3 所示。

表 6-3 几何特征符号

| 公差分类 | 几何特征 | 符号 | 有无基准 |
|---|---|---|---|
| 形状公差 | 直线度 | — | 无 |
| | 平面度 | ⏥ | 无 |
| | 圆度 | ○ | 无 |
| | 圆柱度 | ⌭ | 无 |
| | 线轮廓度 | ⌒ | 无 |
| | 面轮廓度 | ⌓ | 无 |
| 方向公差 | 平行度 | // | 有 |
| | 垂直度 | ⊥ | 有 |
| | 倾斜度 | ∠ | 有 |
| | 线轮廓度 | ⌒ | 有 |
| | 面轮廓度 | ⌓ | 有 |
| 位置公差 | 位置度 | ⌖ | 有或无 |
| | 同心度（用于中心点） | ◎ | 有 |
| | 同轴度（用于轴线） | ◎ | 有 |
| | 对称度 | ⌯ | 有 |
| | 线轮廓度 | ⌒ | 有 |
| | 面轮廓度 | ⌓ | 有 |
| 跳动公差 | 圆跳动 | ↗ | 有 |
| | 全跳动 | ⌰ | 有 |

2．几何公差标注

几何公差的标注包含以下内容。

（1）几何公差框格

几何公差要求注写在划分成两格或多格的矩形框内。各格自左至右依次标注以下内容。

- 几何特征符号。
- 公差值。如果公差带为圆形或圆柱形，公差值前应加注符号“$\phi$”；如果公差带为圆球形，公差值前应加注“$S\phi$”。
- 基准，用一个字母或用几个字母表示基准体系或公共基准。

图 6-23 所示为框格的几种情况。

图 6-23 公差框格

（2）被测要素

当被测要素为线或表面时，指引线箭头应指在该要素的轮廓线或其延长线上，并应明显地与该要素的尺寸线错开，如图 6-24 所示。

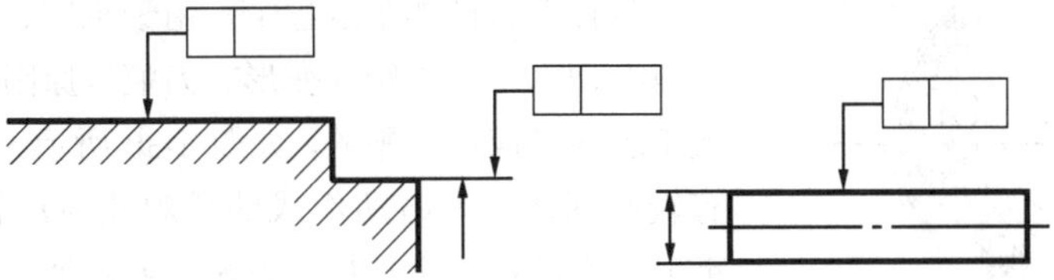

图 6-24 被测要素为线或表面

当被测要素为轴线、球心或中心平面时，指引箭头应与该要素的尺寸线对齐，如图 6-25 所示。当被测要素相同且有不同公差项目时，可以把框格叠加在一起，如图 6-26 所示。

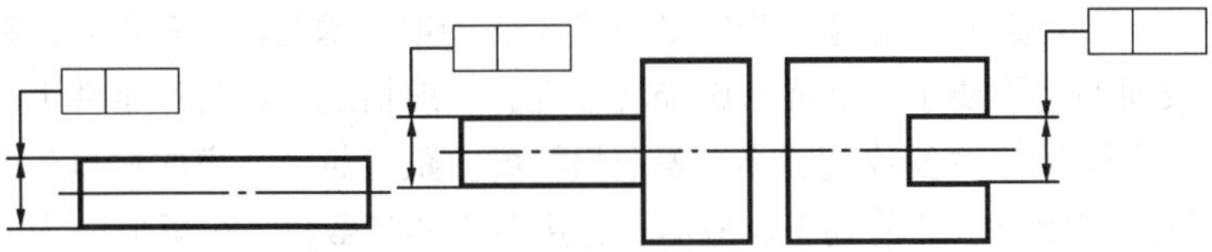

图 6-25 被测要素为轴线或中心平面时

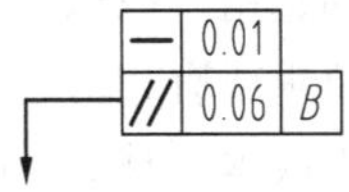


图 6-26 标注多个几何公差

（3）基准要素

基准要素用基准符号表示，GB/T 1182—2008 规定的基准符号的画法如图 6-27 所示。当基准要素是轮廓线或轮廓面时，基准三角形放置在要素的轮廓线或其延长线上，与尺寸线明显错开，如图 6-28（a）所示。基准三角形也可放置在该轮廓面引出线的水平线上，如图 6-28（b）所示。

图 6-27 基准符号

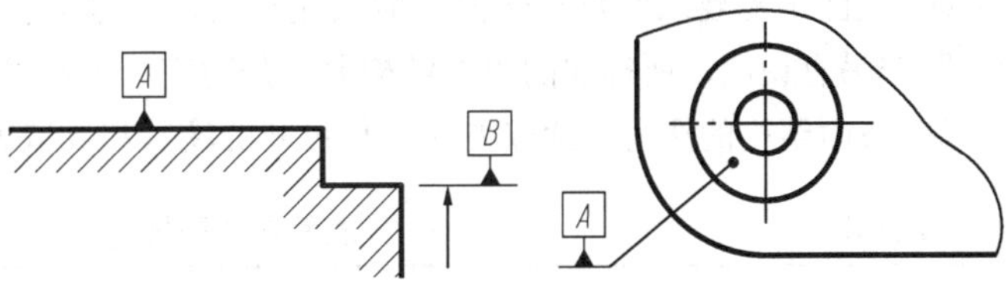


（a） （b）

图 6-28 基准为轮廓线或轮廓面

当基准要素是确定的轴线、中心平面或中心点时，基准三角形应放置在该尺寸线延长线上，如图 6-29 所示，如果没有足够的位置标注基准要素的两个尺寸箭头，则其中一个箭头可用基准三角形代替。

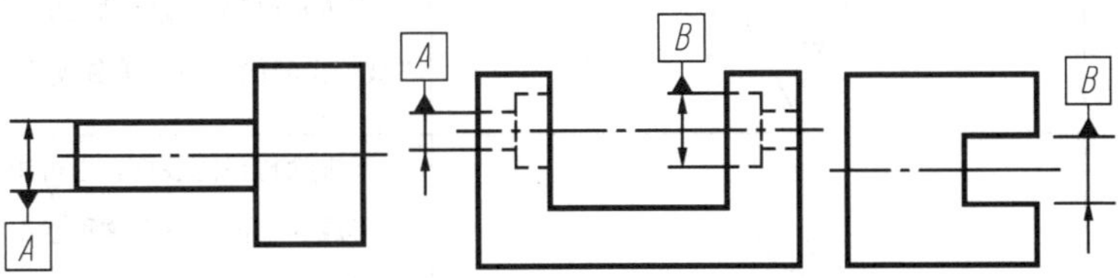


图 6-29 基准为轴线、中心平面

## 三、表面结构的表示法

在机械图样上，为保证零件装配后的使用要求，除了对零件各部分结构的尺寸、形状和位置给出公差要求，还要根据零件的功能需要，对零件的表面质量——表面结构提出要求。表面结构是表面粗糙度、表面波纹度、表面缺陷、表面纹理和表面几何形状的总称。表面结构的各项要求在图样上的表示法，在 GB/T 131—2006 中均有具体规定。这里主要介绍表面粗糙度的表示法。

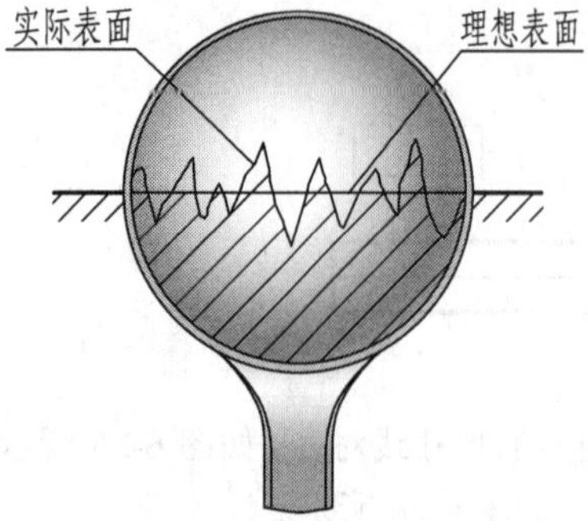


图 6-30　表面粗糙度

1．表面粗糙度基本概念

零件在机械加工过程中，由于机床、刀具的振动，以及材料在切削时产生塑性变形、刀痕等原因，经放大后可见其加工表面是高低不平的，如图 6-30 所示。零件加工表面上具有较小间距与峰谷所组成的微观几何形状特性称为表面粗糙度。表面粗糙度与加工方法，刀具形状及进给量等因素有密切关系。

表面粗糙度是评定零件表面质量的一项重要技术指标，对于零件的配合、耐磨性、抗腐蚀性以及密封性等都有显著影响，是零件图中必不可少的一项技术要求。零件表面粗糙度的选用，应该既满足零件表面的功用要求，又要考虑经济合理。一般情况下，凡是零件上有配合要求或有相对运动的表面，表面粗糙度参数值要小。表面粗糙度参数值越小，表面质量越高，加工成本也越高。因此，在满足使用要求的前提下，应尽量选用较大的参数值，以降低成本。

2．表面结构的图形符号

标注表面结构要求时的图形符号的种类、名称、尺寸及含义见表 6-4。

3．表面结构要求在图样中的注法

在图样中，零件表面结构要求用代号标注。表面结构符号中注写了具体参数代号及数值等要求后，即称为表面结构代号。标注表面结构代号时，应遵守以下一些规定。

① 表面结构要求对每一表面一般只注一次，并尽可能注在相应的尺寸及其公差的同一视图上，除非另有说明，所标注的表面结构要求是对完工零件表面的要求。

② 表面结构的注写和读取方向，与尺寸的注写和读取方向一致，如图 6-31 所示。

表 6-4　　表面结构符号的含义

| 符号名称 | 符　　号 | 含　　义 |
| --- | --- | --- |
| 基本图形符号 | 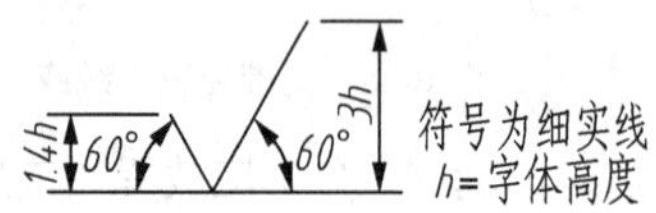 | 未指定工艺方法的表面，当通过一个注释解释时可单独使用 |
| 扩展图形符号 | 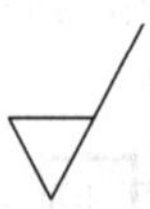 | 用去除材料的方法获得的表面；仅当其含义是“被加工表面”时可单独使用 |
|  | 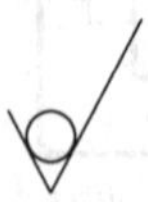 | 不去除材料的表面，也可用于表示保持上道工序形成的表面，不管这种状况是通过去除或不去除材料形成的 |
| 完整图形符号 | 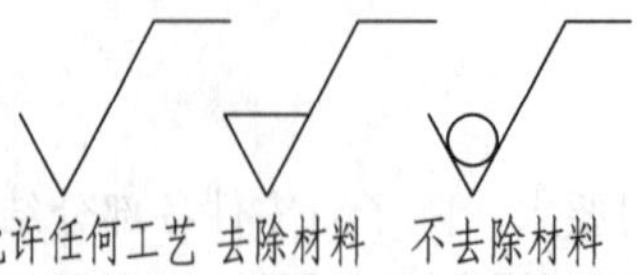 | 在以上各种图形符号的长边加一横线，以便注写对表面结构的各种要求 |

③ 表面结构要求可标注在轮廓线上，其符号应从材料外指向并接触表面，如图 6-31、图 6-32 所示。必要时，表面结构也可用带箭头或黑点的指引线引出标注，如图 6-33 所示。

④ 在不致引起误解时，表面结构要求可以标注在给定的尺寸线上，如图 6-34 所示。

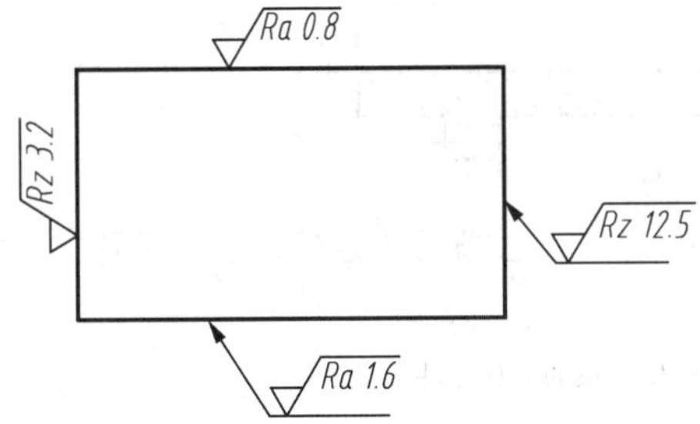


图 6-31 表面结构要求的注写方向

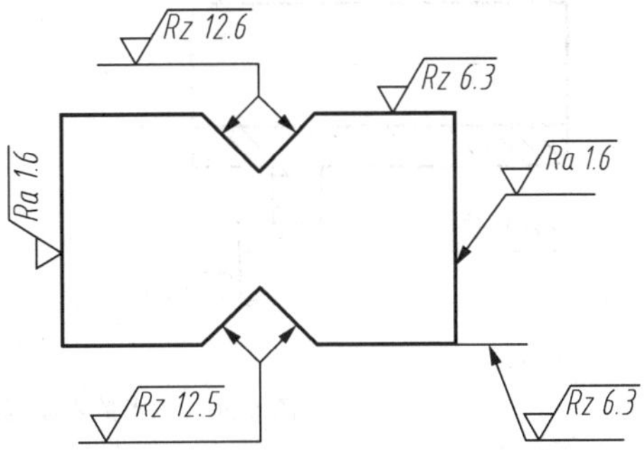


图 6-32 表面结构要求在轮廓线上标注

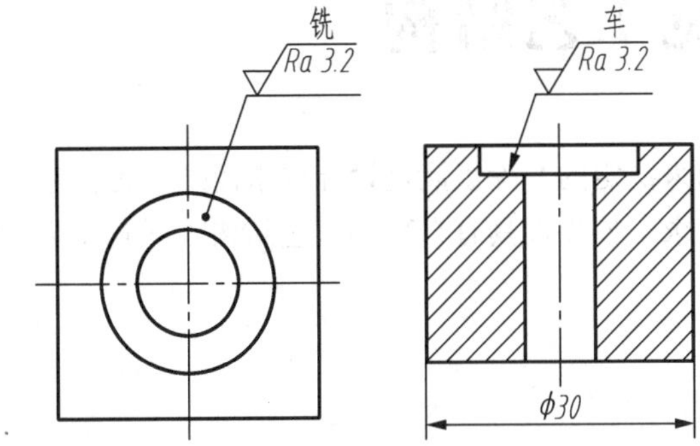


图 6-33 用指引线引出标注表面结构要求

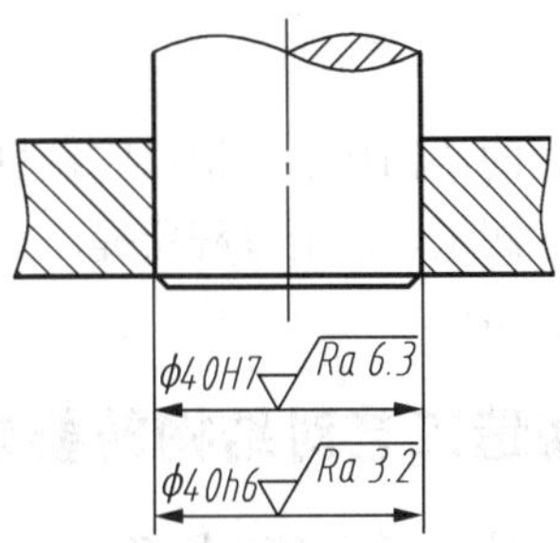


图 6-34 表面结构要求标注在尺寸线上

⑤ 圆柱表面的表面结构要求只标注一次，如图 6-35 所示。

⑥ 表面结构要求可以直接标注在延长线上，或用带箭头的指引线引出标注，如图 6-35、图 6-36 所示。

4．表面结构要求的简化注法

如果在工件的多数（包括全部）表面有相同的表面结构要求时，则其表面结构要求可统一标注在图样的标题栏附近。此时，表面结构要求的符号后面应有：

——在圆括号内给出无任何其他标注的基本符号，如图 6-36（a）所示；

——在圆括号内给出不同的表面结构要求，如图 6-36（b）所示。

不同的表面结构要求应直接标注在图形中，如图 6-36 所示。

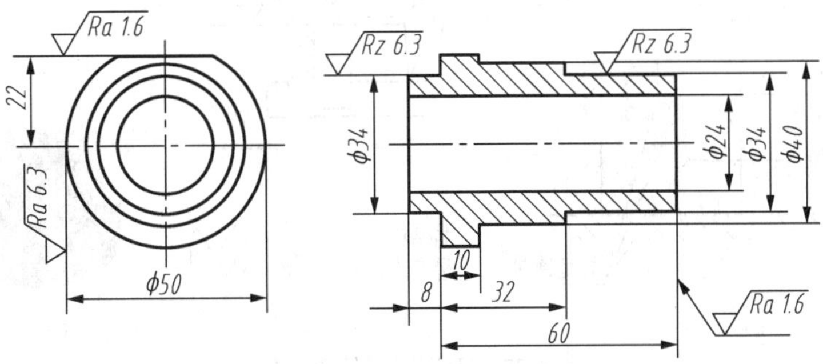


图 6-35 表面结构要求标注在圆柱特征的延长线上

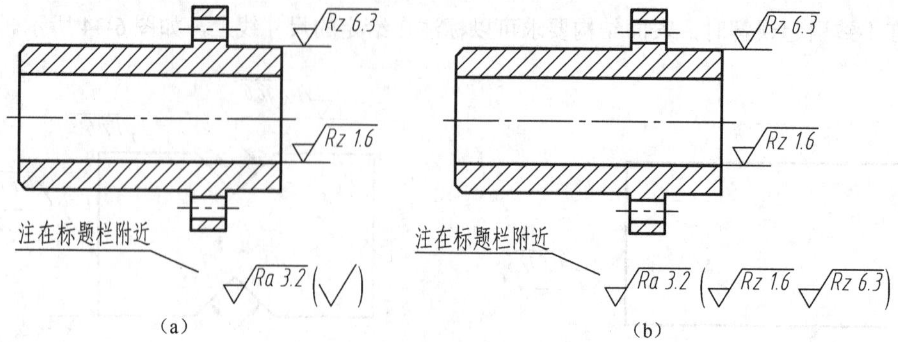


图 6-36　大多数表面有相同表面结构要求的简化注法

# 第四节　零件常见工艺结构

零件的结构形状，根据它在机器中的作用来决定的。除了满足设计要求而外，还要考虑在零件加工、测量、装配过程所提出一系列工艺要求，使零件具有合理的工艺结构。下面介绍一些常见的工艺结构。

## 一、铸造工艺对结构的要求

1．起模斜度和铸造圆角

在铸造零件毛坯时，为了便于在砂型中取出木模，一般沿着起模方向设计出起模斜度（通常为 1∶20，约 3°），如图 6-37（a）所示。铸造零件的起模斜度在图中可不画出，不标注，必要时，可在技术要求中用文字说明，如图 6-37（b）所示。

为便于铸件造型时起模，防止铁水冲坏转角处，冷却时产生缩孔和裂缝，将铸件的转角处制成圆角，此种圆角称为铸造圆角，如图 6-37（c）所示。圆角尺寸通常较小，一般为 R2～R5，在零件图上可省略不画。圆角尺寸常在技术要求中统一说明，如“全部圆角 R3”或“未注圆角 R4”等，而不必一一在图样中注出，如图 6-37（b）所示。

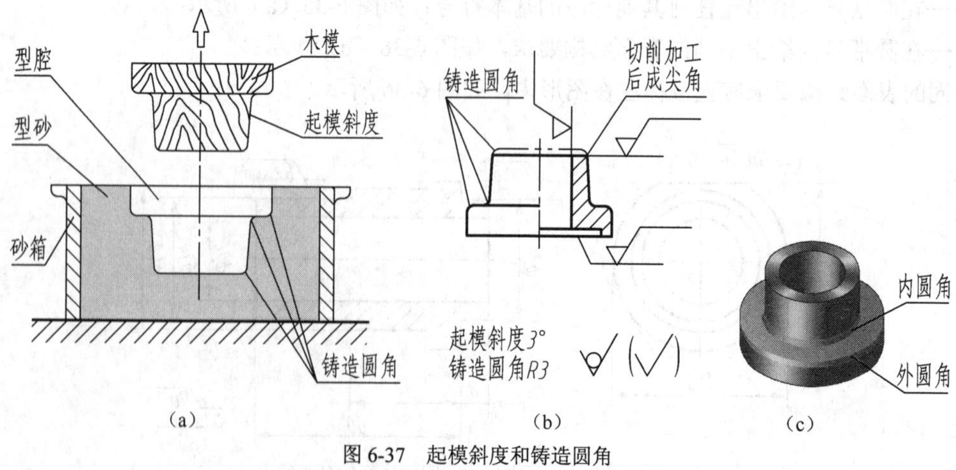


图 6-37　起模斜度和铸造圆角

2．过渡线

由于铸件表面的转角处有圆角，因此其表面产生的交线不清晰。为了看图时便于区分不同的表面，在图中仍然画出理论上的交线，但两端不与轮廓线接触，此线称为过渡线。过渡线用细实线绘制。图 6-38 所示为两圆柱面相交的过渡线画法。

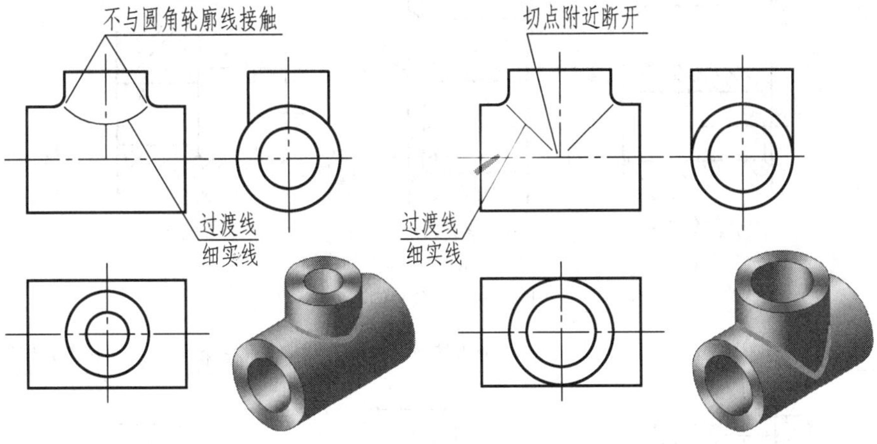


（a）　　　　（b）

图 6-38　圆柱面相交的过渡线画法

3．铸件壁厚

铸件的壁厚不宜相差太大，如壁厚不均匀，铁水冷却速度不同，会产生缩孔和裂纹，应采取措施避免，如图 6-39 所示。

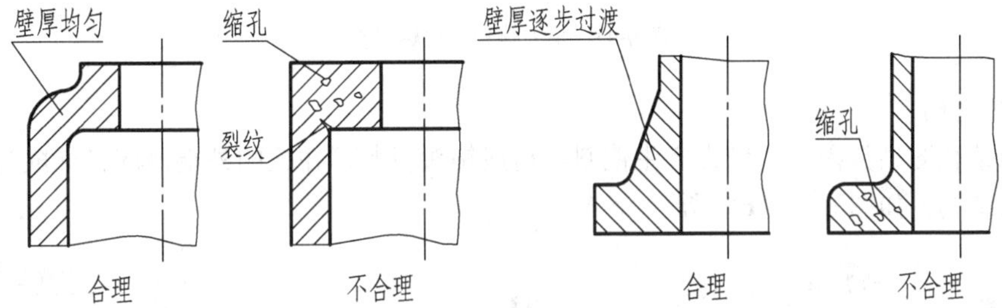


（a）　　　　（b）

图 6-39　铸件壁厚的处理

## 二、机械加工工艺结构

1．倒角和圆角

为便于安装和安全，在轴或孔的端部，一般都加工成倒角；为避免应力集中产生裂纹，在轴肩处往往加工成圆角过渡，称为倒圆。倒角和圆角的标注如图 6-40 所示。

2．退刀槽和砂轮越程槽

在车削内孔、车削螺纹和磨削零件表面时，为便于退出刀具或使砂轮可以稍越过加工面，常在待加工面的末端预先制出退刀槽或砂轮越程槽。退刀槽的尺寸可按“槽宽×槽深”或“槽宽×直径”的形式标注，如图 6-41（a）、（b）所示。砂轮越程槽的尺寸可按“槽宽×槽深”的形式标注，如图 6-41（c）所示。

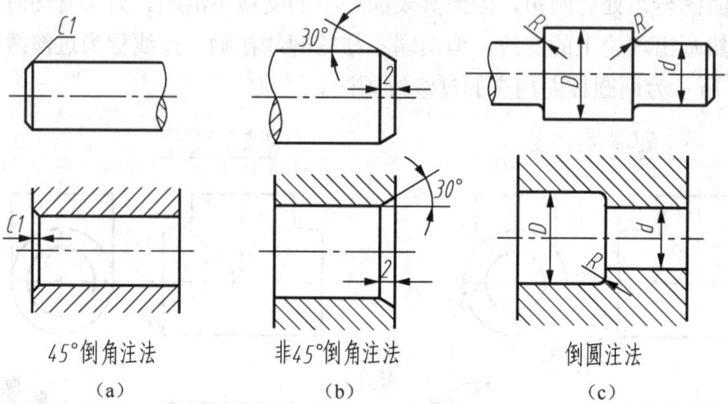


图 6-40 倒角与倒圆

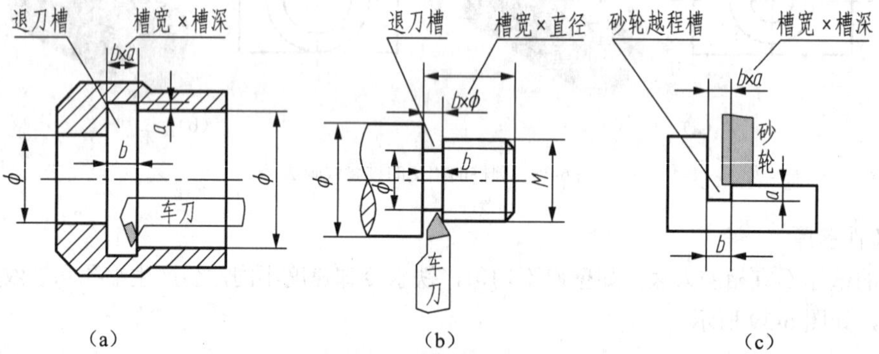


图 6-41 退刀槽和砂轮越程槽

3．钻孔结构

为避免钻孔时钻头因单边受力产生偏斜，造成钻头折断，在孔的外端面应设计成与钻头行进方向垂直的结构，如图 6-42（c）所示。

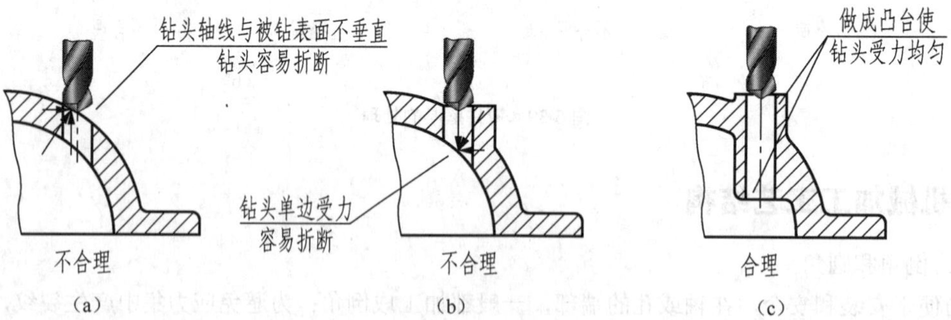


图 6-42 钻孔结构

4．凸台和凹坑

为使零件的某些装配表面与相邻零件接触良好，也为了减少加工面积，常在零件加工面处作出凸台、锪平成凹坑和凹槽，如图 6-43 所示。

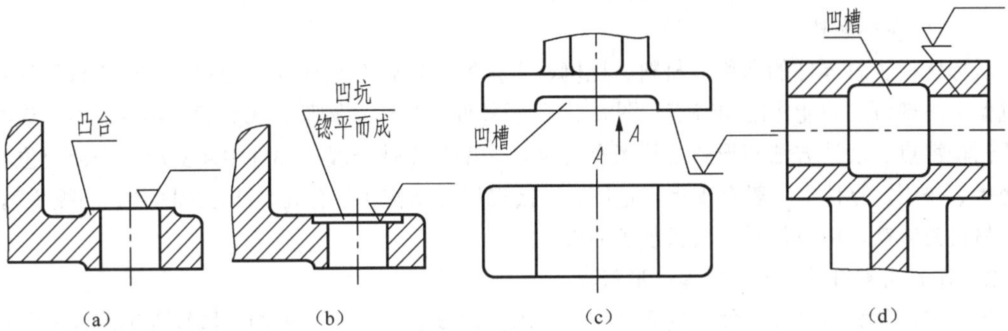


图 6-43　凸台和凹坑

# 第五节　读零件图

## 一、读零件图的方法和步骤

零件的种类很多，按其结构形状，大致可分为轴套、轮盘、叉架、箱体等四种类型。现以图 6-44 所示刹车支架为例，来说明读零件图的方法和步骤。

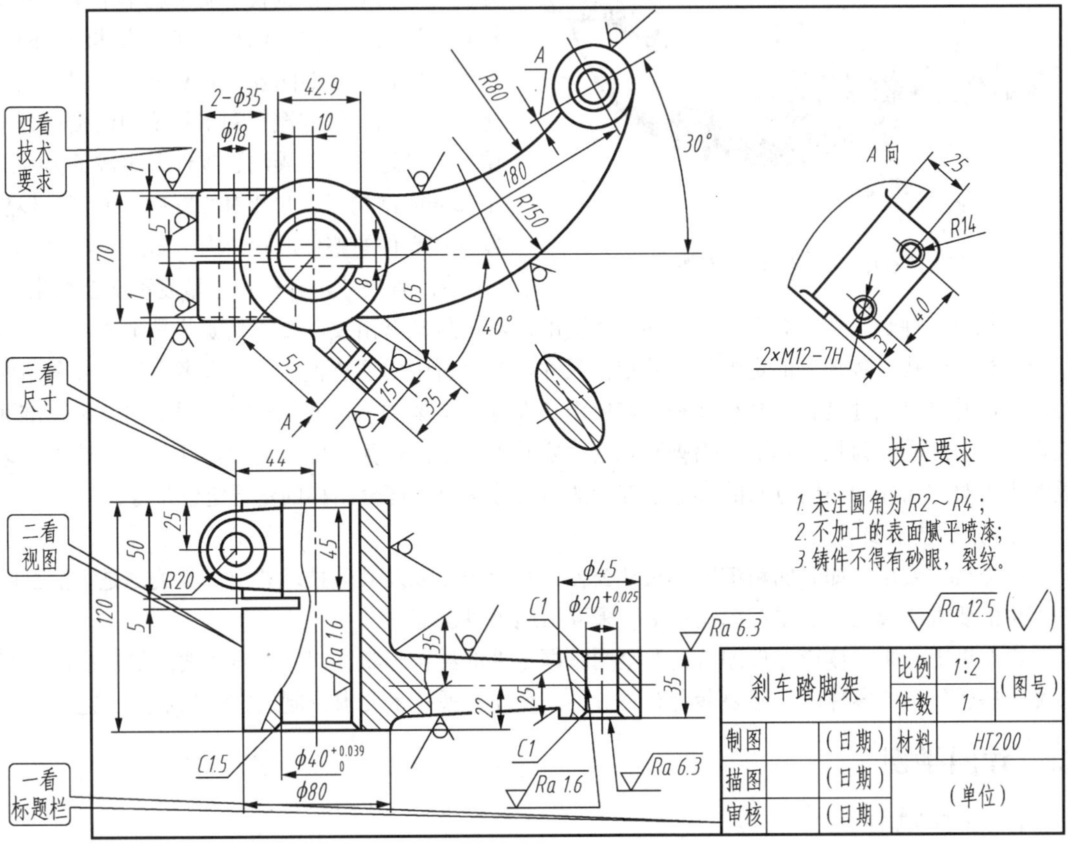


图 6-44　刹车踏脚架零件图

1．首先看标题栏

从标题栏了解零件的名称、材料、比例、重量等，结合对全部视图的浏览，初步认识该零件在机器中的部位、功能作用和特点。图 6-41 所示零件为刹车踏脚架，属叉架类零件。再从该类零件的结构特点、表达方法和形式去思考和想象。叉架类零件一般在部件中起支承、安装定位和传递力量等作用，零件上一般有支承、定位、连接实体等结构（带有孔、凸台或凹台、肋板等）。零件的材料为铸铁，由铸件经局部机加工而成。

2．分析视图和形体，想象零件形状

视图和形体分析是读零件图的重要一环。看图时要首先找到主视图。围绕主视图弄清各个视图的名称、投影方向、剖切位置、表达的形体结构。以形成对零件整体轮廓的初步概念，然后应用形体分析法或线面分析法进行仔细分析。这类零件由于加工位置多变，在选择主视图时，主要考虑工作位置和形状特征。叉架类零件常常需要两个或两个以上的基本视图，并且要用局部视图、剖视图等表达零件的细部结构。逐步对应，最后综合想象出零件的整体形状。在进行形体分析时，要把零件分成若干部分，按各自投影关系逐一对照分析、对刹车踏脚架大致可分为踏板位置、连接板、支承孔、连接孔结构四部分。两个基本视图表明了这四部分的结构形状、大小和相对位置。

叉架类零件结构形状通常较为复杂。图 6-44 所示零件为刹车踏脚架零件图共有四个视图，即两个基本视图、一个移出断面图和一个局部斜视图。两个基本视图表达了踏脚架的外形结构，俯视图的两处局部剖视表明了刹车踏脚架的支撑孔和连接孔的内部结构。连接实体的截面结构形状用移出断面图表达，A 向局部斜视图表达了刹车踏脚架与汽车刹车系统的连接孔分布情况。经过分析，弄清了零件各组成部分及细小部分的结构形状和相对位置后，就可逐步想象出该零件的整体形状结构，如图 6-45 所示。

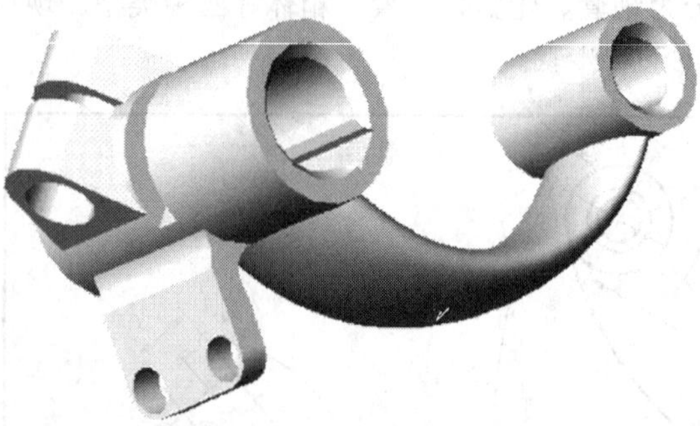

图 6-45　刹车踏脚架实体图

3．看尺寸，分析尺寸精度和配合要求

先找出零件长、宽、高三个方向的尺寸基准，然后从基准出发，搞清楚哪些是主要尺寸。再用形体分析法找出各部分的定形尺寸和定位尺寸。在分析中要注意检查是否有多余的尺寸和遗漏的尺寸，并检查尺寸是否符合设计和工艺要求。在标注叉架类零件的尺寸时，通常用安装基准面或零件的对称面作为尺寸基准。踏脚座就选用安装板左端面作为长度方向的尺寸基准，选用安装板的水平对称面作为高度方向的尺寸基准。然后再分析每一部分结构的定形定位尺寸。

4．分析技术要求

读懂技术要求，如表面粗糙度、尺寸公差、几何公差以及其他技术要求。其关键是弄清楚哪些部位的要求比较高，以便考虑在加工时采取措施予以保证。

综合以上分析，读懂零件图就是要全面掌握零件的结构形状、尺寸、技术要求等。有时为了读懂一些较复杂的零件图，还要参考有关资料，全面掌握技术要求、制造方法和加工工艺。

## 二、读图举例

1．轴套类零件

轴套类零件的基本形状是同轴回转体，沿轴线方向通常有轴肩、倒角、螺纹、退刀槽、键槽等结构要素。此类零件主要是在车床或磨床上加工。如图 6-46 所示齿轮从动轴零件图，带着以下问题按零件图读图步骤去看图：①视图表达方法有哪些？②每个视图分别要哪个部位的形状？③轴向和径向的尺寸基准？各定位尺寸？④技术要求（尺寸精度、表面粗糙度）？⑤键槽的定形尺寸、定位尺寸？⑥退刀槽的尺寸？

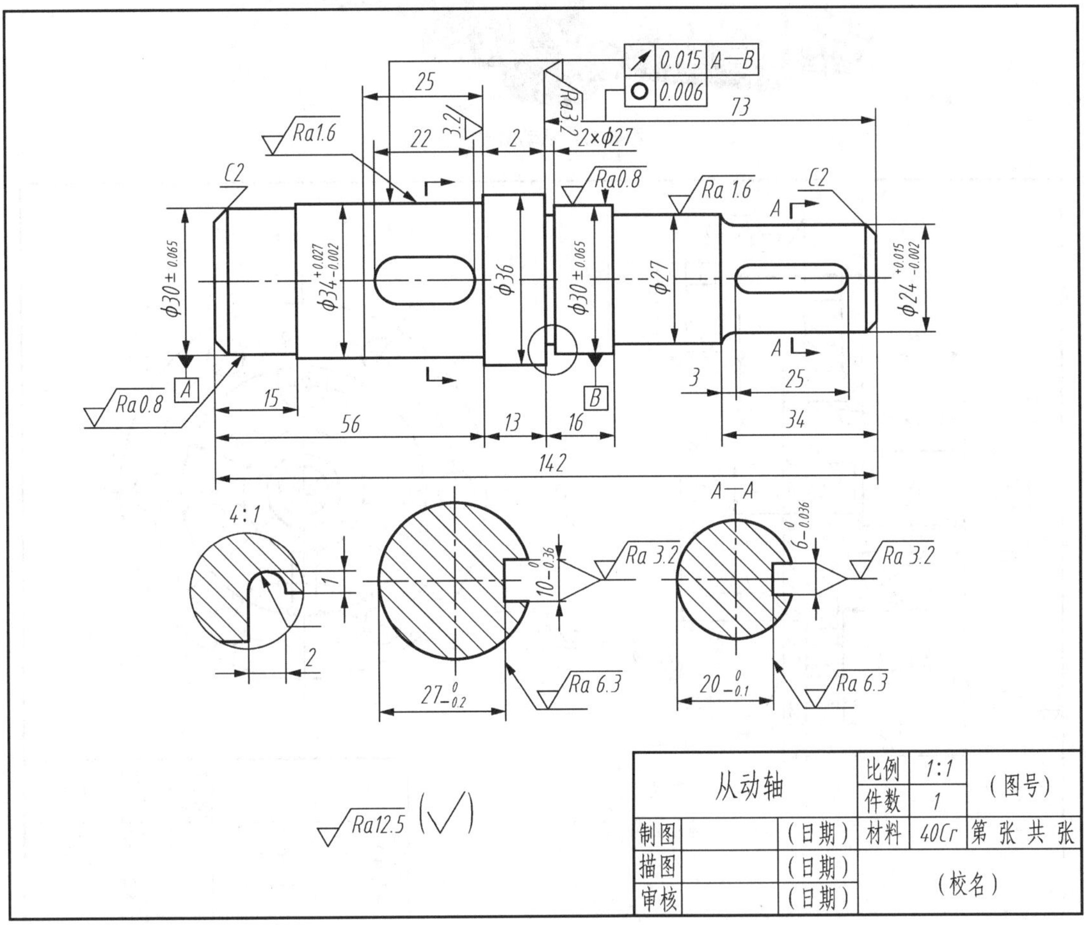


图 6-46 齿轮从动轴零件图

（1）视图选择分析

按加工位置，轴线水平放置作为主视图，便于加工时图物对照，并反映轴向结构形状。为了表示键槽的深度，选择两个移出剖面，有一处局部放大图是为表达 2mm 圆弧槽。实物结构如图 6-47 所示。其主视图的选择一般按加工位置原则，即轴线水平放置。投射方向最好选择反映键槽等形状特征最明显、最清楚的方位。对轴上一些键槽、孔、退刀槽等结构一般增加断面图、局部视图、局部放大图等其他视图辅助表达。

（2）尺寸标注分析

轴的径向尺寸基准是轴线，可标注出各段轴的直径；轴向尺寸基准常选择重要的端面及轴肩。

2．盘盖类零件

轮类零件一般通过键、销与轴联接来传递扭矩；盘类零件（见图 6-48）可起支承、定位和密封等作用。盘盖类零件的结构特点是轴向尺寸小而径向尺寸大，零件的主体多数是由共轴回转体构成，也有主体形状是矩形，并在径向分布有螺孔或光孔、销孔等。主要是在车床上加工。

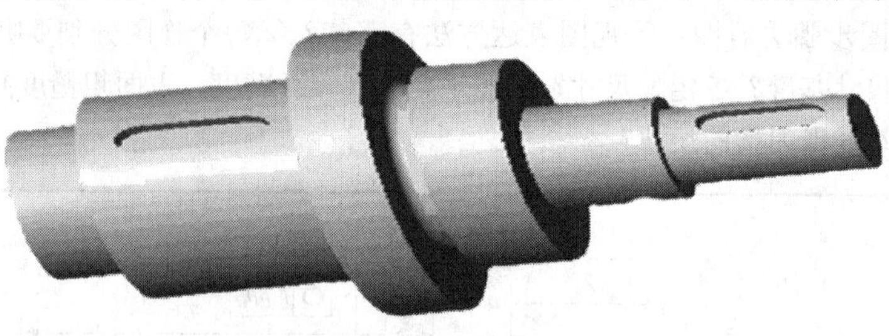

图 6-47　从动轴实体图

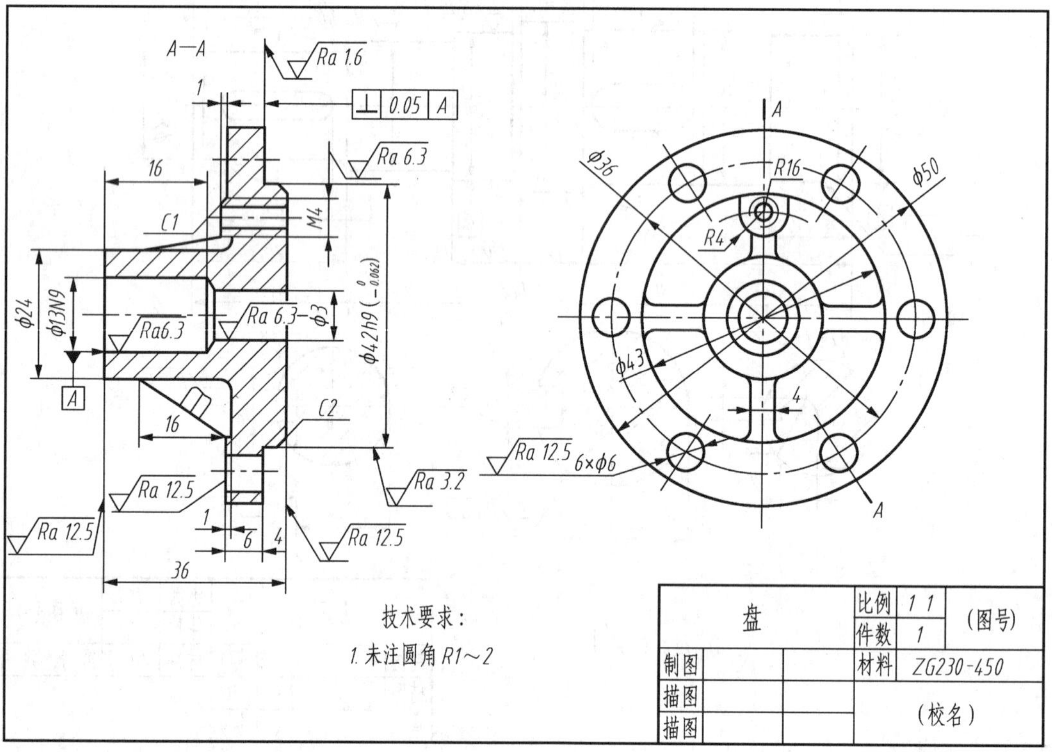


图 6-48　盘盖类零件图

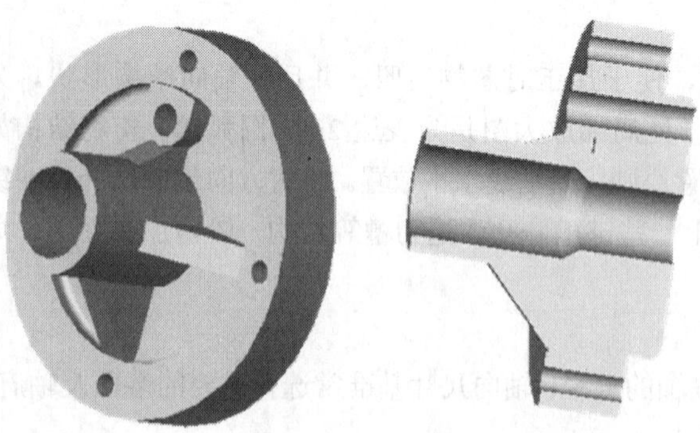

图 6-49　盘盖立体图

（1）视图选择分析

盘盖类零件（见图 6-49）一般选择两个视图，一个是轴向剖视图，另一个是径向视图。

图中所示端盖的主视图是以加工位置和表达轴向结构形状特征为原则选取的，采用全剖视，表达端盖的轴向结构层次。

（2）尺寸标注分析

端盖主视图的左端面为零件长度方向尺寸基准，轴孔等直径尺寸都是以轴线为基准标注的。

3．箱体类零件

箱体类零件是机器或部件的主体部分，用来支承定位、容纳、安装、保护运动零件或其他零件。这类零件的形状、结构较复杂，加工工序较多。一般均按工作位置和形状特征选择主视图。应根据实际情况适当采取剖视、剖面、局部视图和斜视图等多种形式，以清晰地表达零件内外形状。带着以下问题按零件图读图步骤去看图：①表达方法？②基本形状？③尺寸基准？④定位尺寸？⑤有多少尺寸公差要求较严格的？⑥形位公差框格含义？⑦表面粗糙度？⑧螺纹孔个数？⑨主视图上的圆的投影对应左视图在哪里？

（1）视图选择分析

箱体类零件通常以最能反映其形状特征及结构间相对位置的一面作为主视图的投射方向。以自然安装位置或工作位置作为主视图的安放位置，主视图采用各种剖视及其不同的剖切方法表达主要结构，投影方向应反映形状特征。以阀体为例，阀体的主视图按工作位置选取，采用全剖视，清楚地表达内腔的结构；其他视图的选择，由于箱体类零件内外结构都比较复杂，通常需多个基本视图表达，各个视图也常需采用适当的剖切方法。对于基本视图难以表达清楚的局部结构，可选用局部视图或断面图等表达。如图 6-50 所示，右端圆法兰上有通孔，从 *B* 向局部视图中可知 3 个孔的分布情况，左视图采用局部剖视；俯视图采用半剖表达内外结构，局部剖表示螺孔结构及其深度。读图过程中以主视图为主，结合其他视图表达的部分想出整个零件的形体，如图 6-51 所示。

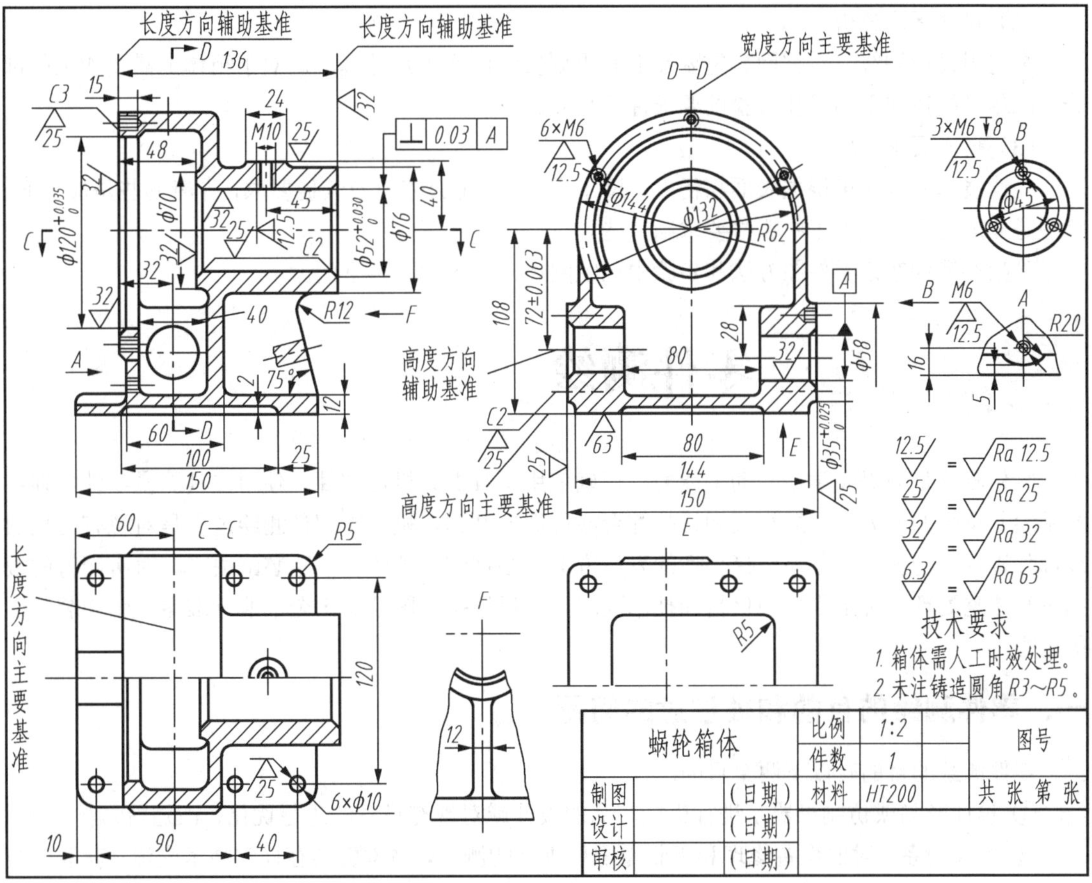


图 6-50 涡轮减速箱箱体零件图

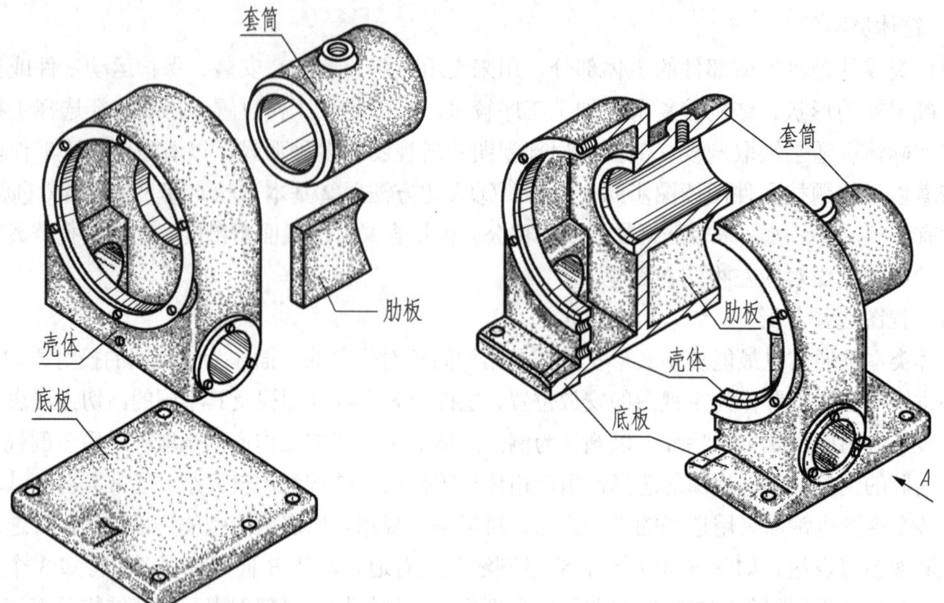


图 6-51 涡轮减速箱实物图

（2）尺寸标注分析

常选用设计轴线、对称面、重要端面和重要安装面作为尺寸基准。对于箱体上需要加工的部分，应尽可能按便于加工和检验的要求标注尺寸。

（3）技术要求分析

在读技术要求时可根据表面粗糙度、尺寸公差、形位公差以及其他要求，弄清哪些是加工面，哪些是非加工面，在加工中哪些要求高一些。

叉架类零件在读零件图方法和步骤中已经阐述，这里就不再举例。

## 第六节 零件测绘

零件测绘是为提高学生的动手能力，正确使用工具拆卸机器部件，使用量具测量零件，训练徒手绘制草图的能力，掌握相关知识的综合应用而展开的。机械零部件测绘过程是对现有的机器或部件进行实物拆卸测量，选择合适的表达方案，根据装配草图和实际装配关系，对所测得的数据进行圆整处理，确定零件的材料和技术要求，最后根据草图绘制出全部非标准零件图和装配图的过程。

### 一、零件测绘的目的和须注意的问题

零件测绘的目的有以下两个目的。

① 设计产品或仿制机器：进行机械产品的设计或对现有设备的进行优化、改造等。

② 维修设备：对旧设备修理和更新零配件进行的测绘，技术资料存档与技术交流：获取完整的技术资料和图纸。

画零件草图的工作，一般是在现场，以目测比例、徒手画图来完成。由于零件草图是绘制零件工作图的依据，所以，绘制零件草图和工作图一样，必须有图框、标题栏、视图和尺寸等，基本做到图样正确、清晰、线型分明、图面整洁、技术要求完全。零件测绘时，必须注意以下几个问题。

① 制造时产生的误差、缺陷或使用过程中产生的磨损，如对称图形不对称、圆形不圆，以及砂眼、缩孔、裂纹等不应照画。对于零件上的非主要尺寸，应四舍五入圆整为整数，并应选择标准尺寸系列中的数据。

② 零件上的标准结构要素，如倒角、圆角、退刀槽、键槽、螺纹等尺寸，需查阅有关标准来确定。

③ 对一些主要尺寸，不能单纯靠测量得到，还必须通过设计计算来校验，如一对啮合齿轮的中心距等。

## 二、零件测绘的一般方法和步骤

1．了解和分析测绘对象

为了把被测零件准确完整地表达出来，应先对被测零件进行认真地分析，了解零件的类型，在机器中的作用，所选用的材料及大致的加工方法。

2．拟定视图表达方案

3．目测徒手画零件草图

（1）确定绘图比例并定位布局。根据零件大小、视图数量、现有图纸大小，确定适当的比例。粗略确定各视图应占的图纸面积，在图纸上作出主要视图的作图基准线，中心线。注意留出标注尺寸和画其他补充视图的地方。

（2）详细画出零件内、外结构和形状，检查、加深有关图线。注意各部分结构之间的比例应协调。

（3）选基准，合理标注尺寸，先画所有尺寸线和尺寸界线，然后集中测量、注写各个尺寸，箭头最后统一画。

（4）注写技术要求，确定零件的材料、及热处理等要求。

（5）最后检查、修改全图并填写标题栏，完成草图。

4．绘制零件图

将零件草图整理、修改后画成正式的零件工作图。在画零件工作图时，要对草图进一步检查和校对，对于零件上标准结构，查表并正确注出尺寸。用仪器或计算机画出零件工作图。画出零件工作图后，整个零件测绘的工作就完成。

## 三、零件尺寸的测量工具和测量方法

零件尺寸的测量工具和测量方法如表 6-5 所示。

表 6–5　　测量工具和测量方法

| 名称 | 测 量 工 具 | 测量方法和实例 |
|---|---|---|
| 直尺 |  | 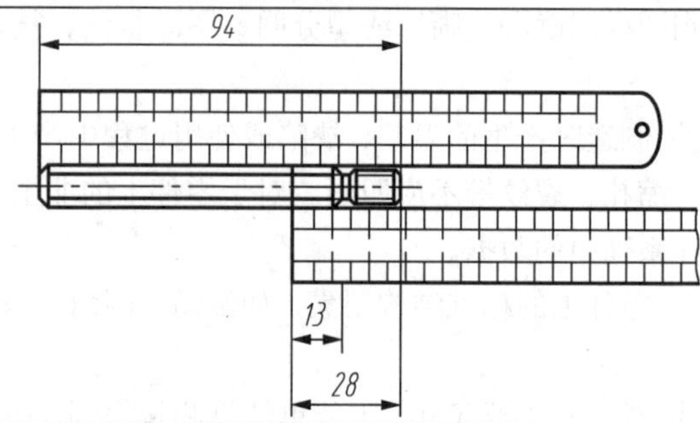 |
| 游标卡尺 | 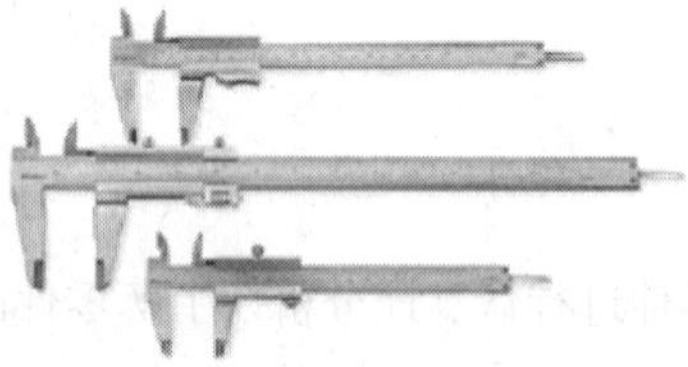 | 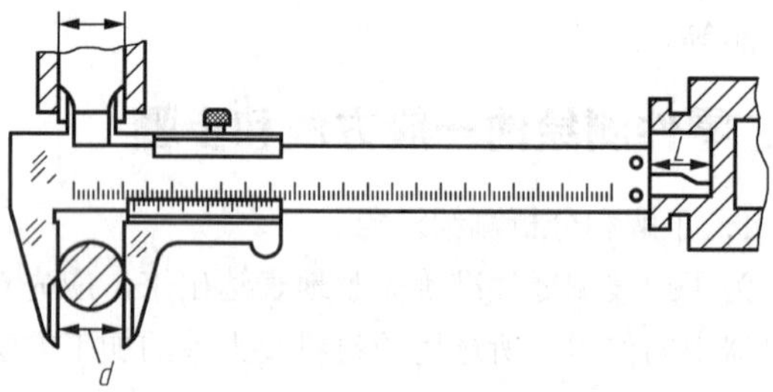 |
| 内外卡钳 | 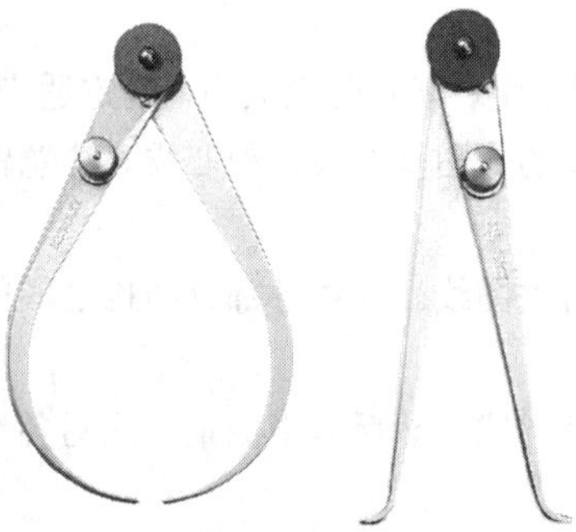 | 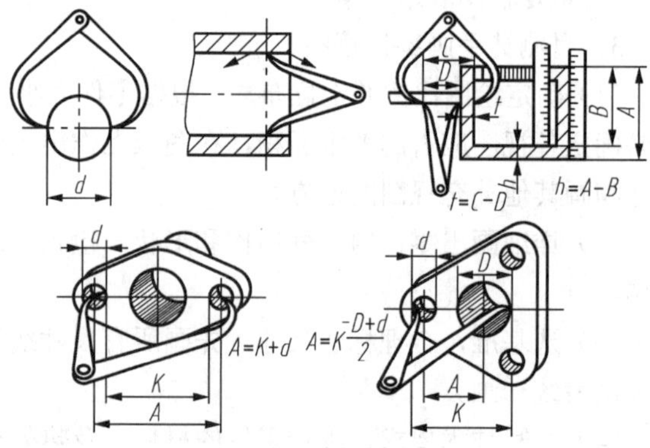 |
| 外径千分尺 | 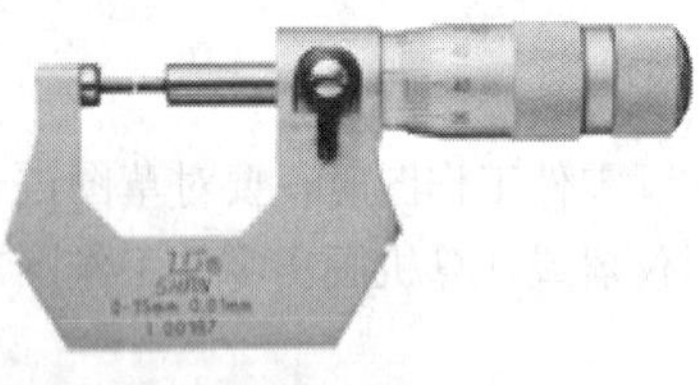 | 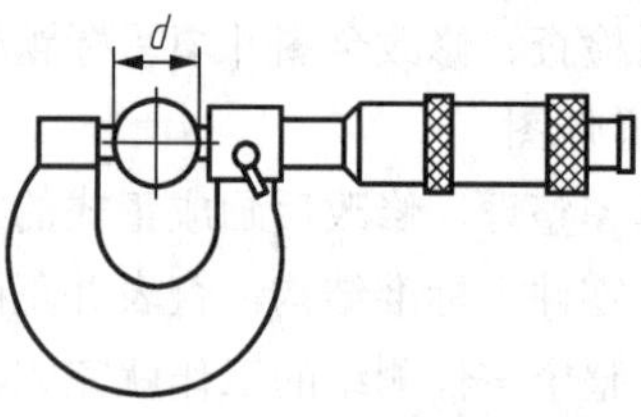 |
| 螺纹规 | 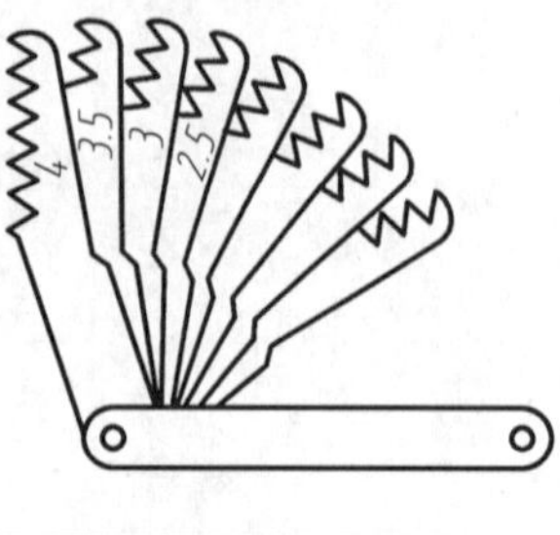 | 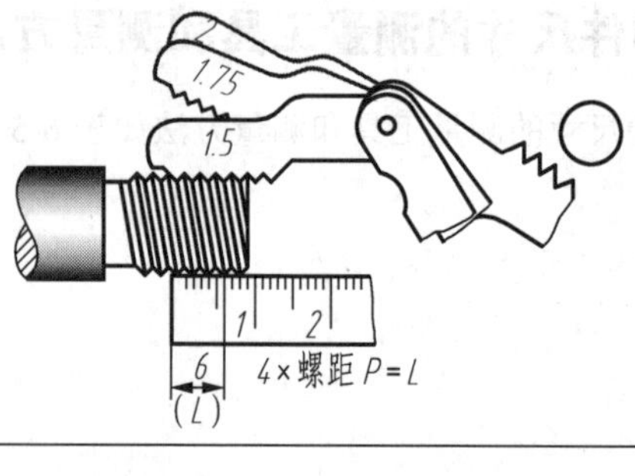 |

续表

| 名称 | 测 量 工 具 | 测量方法和实例 |
|---|---|---|
| 圆角规 | 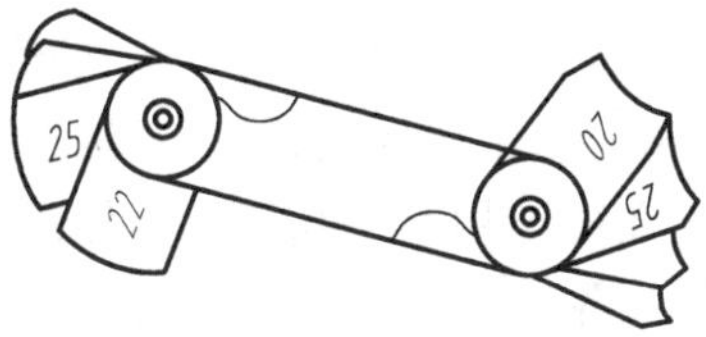 | 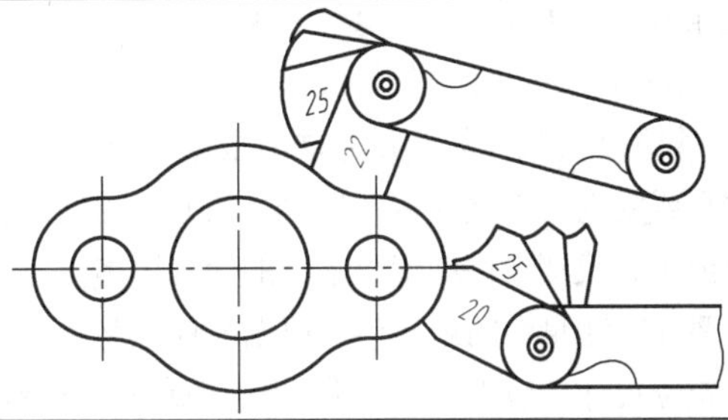 |
| 万能量角器 | 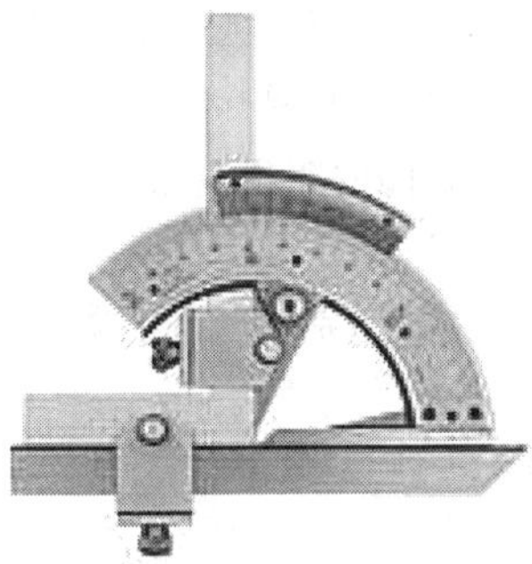 | 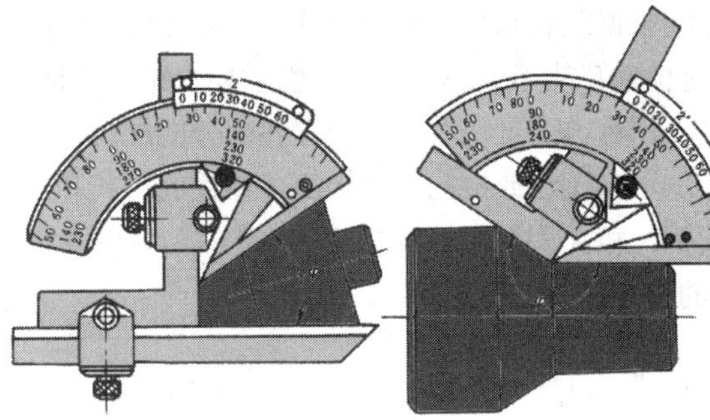 |

## 四、零件测绘实例

在零件测绘过程中，常遇到各种阀体、泵体、基座、机箱等壳（箱）体类零件。现以如图 6-48 所示的壳体为例，讲述零件测绘过程。

1．零件的用途及结构分析

测绘前，除了要分析和了解零件的结构特点外，还有必要掌握其工艺性，这样才能对零件的几何形体做到全面、正确的分析和表达，从而画出符合要求的零件工作图。

壳体类零件主要用途是容纳、支承和安装机器的其他工作零件。所以，壳体类零件的结构特点是内部一般为中空结构，外表面上有复杂多变的外形，如凸台，安装孔、螺纹连接孔、油孔、各种形状的沟槽，形成各种情形的相贯线和截交线。毛坯一般为铸件，要求壁厚均匀，设有铸造圆角，不得有裂纹、砂眼等缺陷。结构是四种典型零件中最为复杂的一种，但大体有工作、安装和连接三部分结构。材料大多选用铸铁，加工表面一般比较多而分散，定位精度、安装配合精度比较高。如图 6-52 所示，箱体上底板上有 4 个安装孔，有凹坑结构，四个侧面上各有各种用途的孔，大小不一，位置精度要求高，有些与盖体连接的螺纹孔。其余没有配合的内外表面大多为毛坯面。

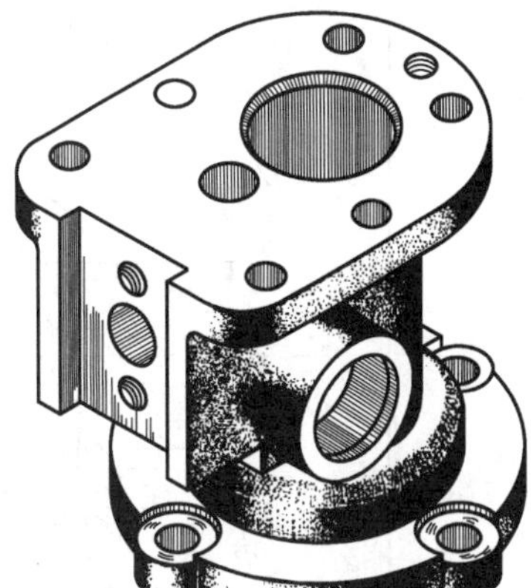

图 6-52 壳体

2．零件测绘步骤

壳（箱）体类零件结构形状相对比较复杂，面多，测绘过程相对比较繁琐，时间较长，其具体的测绘步骤如下：

① 对测绘的壳（箱）体进行结构和工艺分析，确定零件的尺寸基准。应遵循基准统一原则以

减少误差。明确指出选定的基准，标出代号，长、宽、高的基准分别如图 6-49 所示。

② 确定零件的表达方案，画出零件草图。并根据形体分析和工艺分析，画出零件全部几何形体的定形和定位尺寸的尺寸界限和尺寸线。

③ 根据画好的每一条尺寸线仔细进行测量，把尺寸标注零件草图上。

壳（箱）体各尺寸的测量方法应根据各部位的形状和精度要求来选择，对于一般要求的线性尺寸，可用钢尺或钢卷尺直接量取，如壳（箱）体的外形和壁厚等；对于安装阶梯孔深、齿轮轴孔等可用游标卡尺或千分尺测量。精度要求高的应采用多点测量法，对于孔径产生磨损的情况，为保证测绘准确可靠，要选取测量中的最小值。根据零件工艺特点，一般先标注各基本形体的定形尺寸，再标注定位尺寸，定位尺寸一般直接从基准标出。如遇到不能直接测量的尺寸，可利用工具进行间接测量。

④ 根据配合部位的配合性质，用类比法或查资料确定尺寸公差和形位公差。本壳体中主要是齿轮定位轴孔的形位公差和配合性质要求比较严格。重要的配合尺寸都要标出尺寸公差。

⑤ 用粗糙度量块对比或根据各部分的配合性质确定各加工表面的粗糙度数值。

⑥ 用类比法或检测法确定箱体零件的材料和热处理硬度。

⑦ 与相关零件的结构尺寸核对无误后，完成零件草图。待装配图完成后再根据零件草图绘制标准的零件图，如图 6-53 所示。

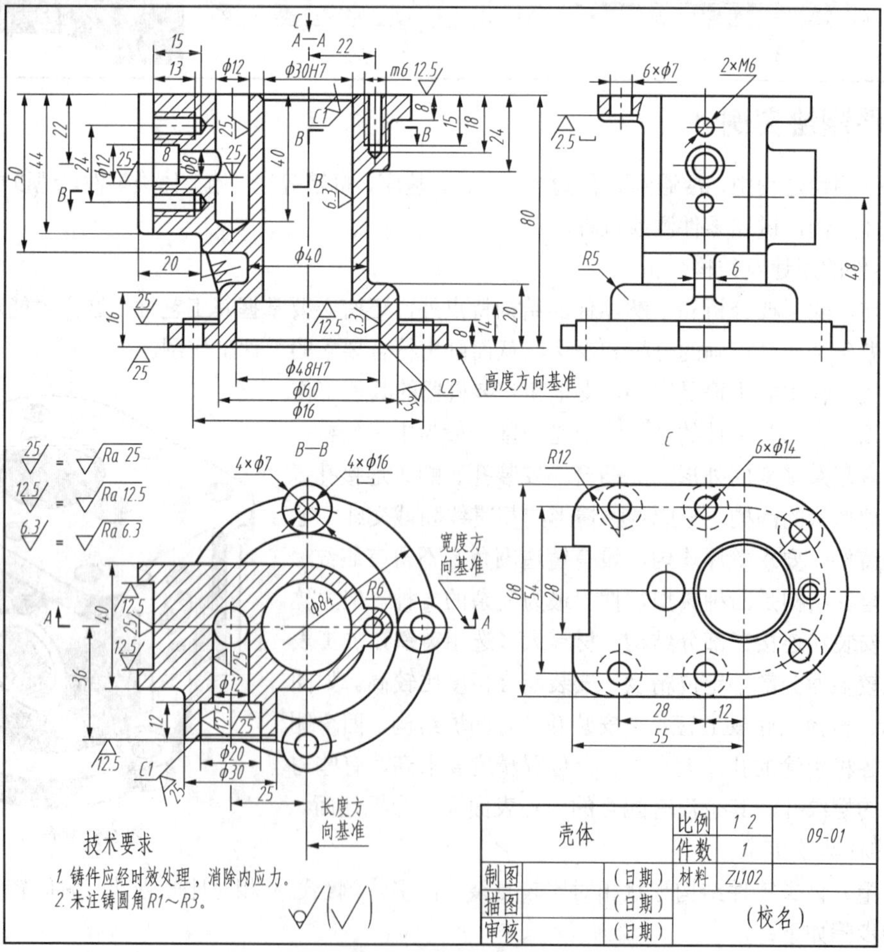


图 6-53 壳体零件图

第七章 7 汽车装配图

一辆汽车或一个汽车部件，都是由若干零件按一定的装配关系和技术要求装配而成。这些要求最终是通过装配工艺来保证的。若装配不当，以昂贵的代价制造出的高精度的合格零件也不一定能装配出合格的汽车。因此，装配是保证汽车质量的重要环节，而一张合格的装配图则是汽车装配的根本技术保障文件。在汽车各部件的安装和维修过程中，都需根据装配图进行装配、维修和检验。因此，读懂装配图，是一名汽车维修工人所必备的基本技能。

汽车装配的特点是零件种类多、数量大、作业内容复杂。如图 7-1 所示，一个发动机装配体就有缸体、活塞、连杆、曲轴、轴承、发片、缸盖等几十种零件。

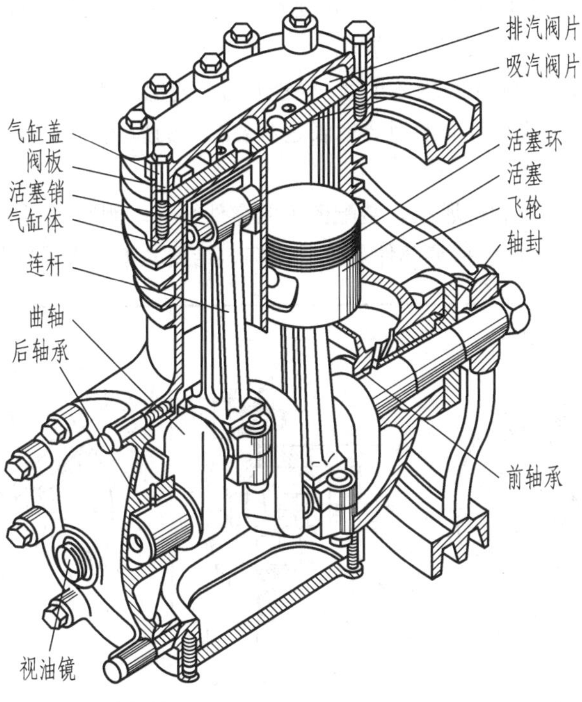


图 7-1　发动机装配体

**教学目的**

（1）了解零件图的作用及其主要内容。

（2）熟练掌握装配图的视图表达方式、尺寸注法及标题栏、明细表的填写。

（3）熟练掌握读装配图的要求、方法和步骤。掌握汽车部件装配图的识读。

**学习难点**

（1）合理表达各种复杂难易程度的装配图。

（2）掌握各个零件之间的相对位置、装配关系，能根据装配图正确拆装机器或部件。

# 第一节 装配图的基本知识

表达装配体（机器或部件）及其组成部分的连接、装配关系的图样称为装配图。装配图是使用和维修中了解机器或部件工作原理、结构性能，从而决定操作、保养、拆装和维修方法的依据。图 7-2 所示为转子油泵的装配图，一张完整的装配图必须包含以下四部分内容。

① 一组视图。用一组视图完整、清晰、准确地表达出机器的工作原理、各零件的相对位置及装配关系、连接方式和重要零件的形状结构。

② 必要的尺寸。标出装配体的总体尺寸、性能尺寸、装配尺寸、安装尺寸以及其他重要尺寸。

③ 技术要求。用文字或符号简明扼要地表达对装配体的质量、装配、检测、调整和安装、使用等方面的要求。

④ 零件的序号、明细栏和标题栏。装配图中的零件编号。明细栏用于说明每个零件的名称、代号、数量和材料等。标题栏包括零部件名称、比例、绘图、审核人员的签名等。

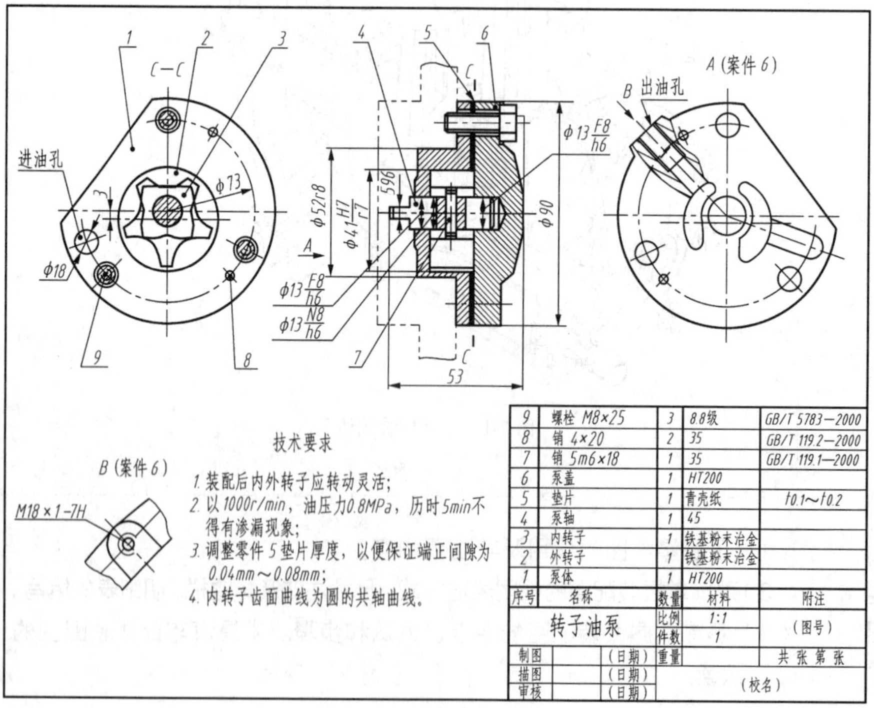


图 7-2 转子油泵装配图

# 第二节　装配图的视图表达方式

零件图上的各种表达方法，如视图、剖视图、断面图、局部放大图等，在装配图中都同样适用。但由于装配图和零件图所需要表达的重点不同，因此装配图有一些特定的规定画法和特殊画法。

## 一、装配图的规定画法

1．接触面、装配面和剖面线的画法

接触面、配合面和剖面线的画法如图 7-3 所示。

相邻两零件的接触表面和基本尺寸相同的两配合表面只画一条线（认为接触良好无间隙）；两零件的不接触表面和基本尺寸不同的非配合表面画成两条线，即使间隙很小，也必须用夸大画法画出间隙。

2．剖面线的画法

在装配图中，同一个零件的所有的剖视图、断面图的剖面线应保持方向（倾斜角度）和间隔一致。相邻两零件的剖面线则必须不同，即剖面线方向相反，或方向相同但间隔不同。如图 7-3 所示。

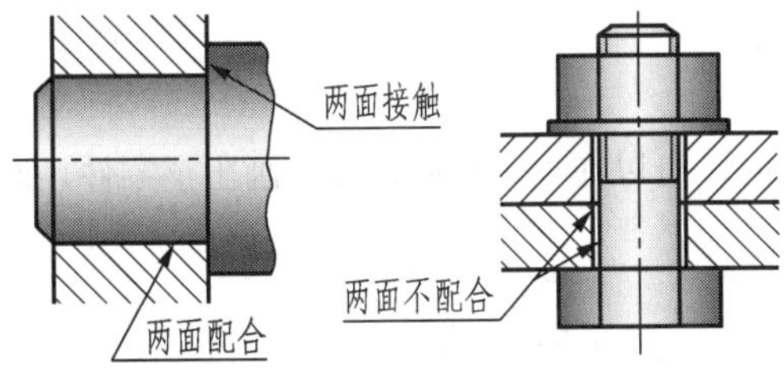

图 7-3　接触面、配合面和剖面线的画法

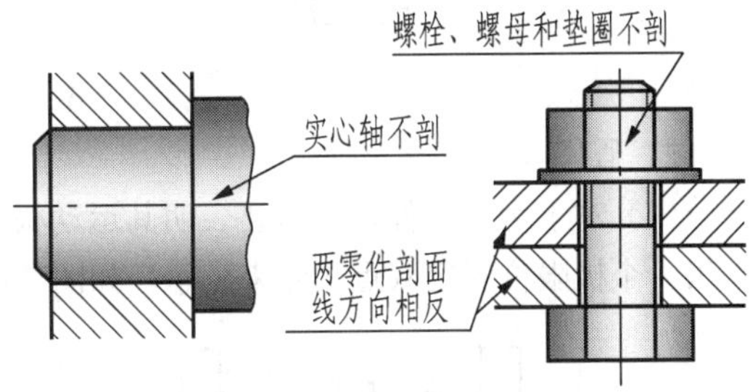

图 7-4　实心件和标准件的画法

3．实心件和某些标准件的画法

实心件和标准件的画法如图 7-4 所示。

在装配图的剖视图中，若剖切平面通过实心零件（如轴、杆等）和标准件（如螺栓、螺母、销、键等）的对称平面或基本轴线时，这些零件按不剖绘制。

## 二、装配图的特殊画法

1．拆卸画法

拆卸画法有以下两种情况。

（1）如果有些零件在其他视图上已经表示清楚，而又遮住了需要表达的零件时，则可将其拆卸掉不画，为了避免读图时产生误解，可对拆卸画法加以说明，在图上加注“拆去零件××”等。如图 7-5 所示，俯视图中拆除了油杯。

（2）在装配图中，为了表示内部结构，可假想沿着某些零件的结合面剖开。对沿结合面剖开的零件，则不画剖面线。如图 7-5 所示，沿轴承盖与轴承座的结合面剖切，拆去上面部分，以表达轴衬与轴承座孔的装配情况。沿轴承盖与轴承座的结合面剖切的画法，俯视图表达了轴衬与轴承座孔的装配情况。

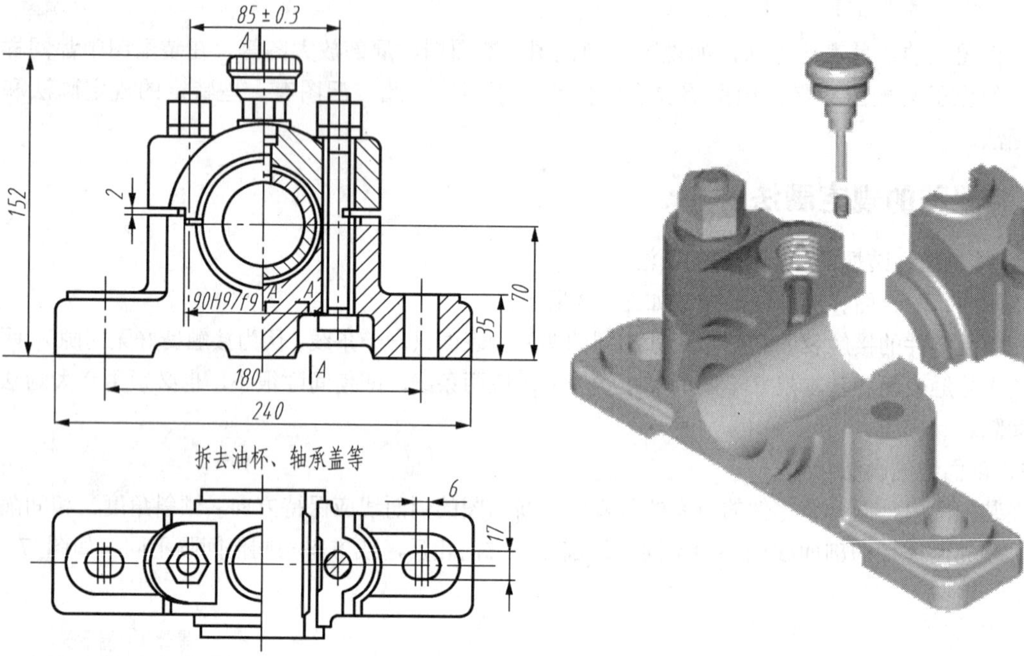


图 7-5 拆卸画法

2．假想画法

（1）对于运动零件，当需要表明其运动极限位置时，可以在一个极限位置上画出该零件，而在另一个极限位置用双点画线来表示。如图 7-6 所示。

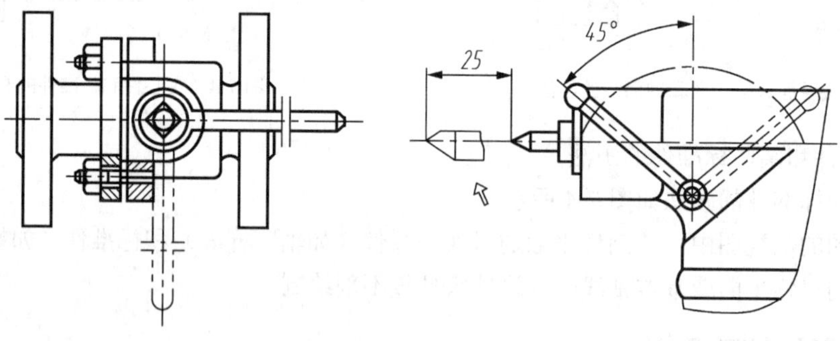


(a) (b)

图 7-6 运动零件的假想画法

（2）为了表明本部件与其他相邻部件或零件的装配关系，但不属于本装配体的零件或部件，可用双点画线画出该件的轮廓线。如图 7-7（b）所示当需要表达钻具、夹具中所夹持工件的位置情况时，可用双点划线画出所夹持工件的外形轮廓。

3．简化和夸大画法

在装配图中，对于一些薄片零件、细小结构、微小间隙等，若按其实际尺寸很难画出，或难以明确表示时，可不按其实际尺寸作图，采用简化省略或适当地夸大画出。常见有以下三种情形。

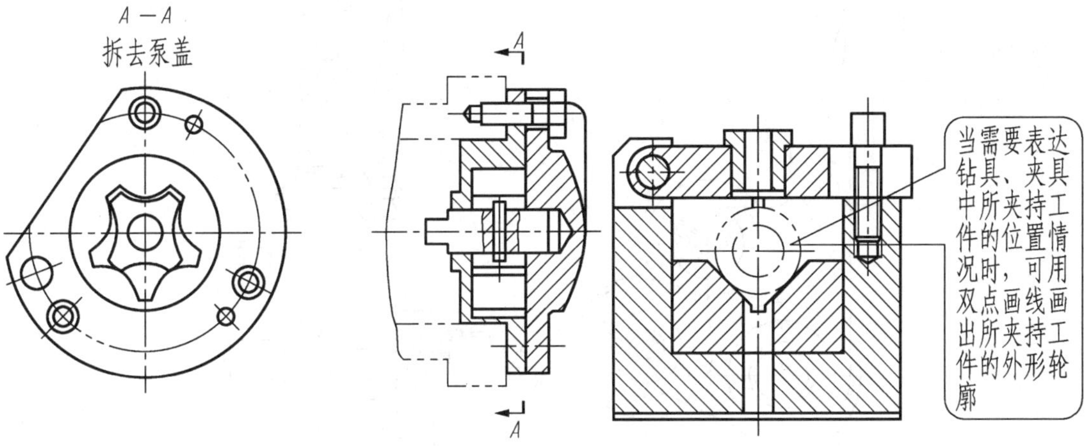


（a）　　（b）

图 7-7　假想画法

（1）在装配图中，对于零件上的一些工艺结构，如小圆角、倒角、退刀槽和砂轮越程槽等可以省略不画，如图 7-8（a）所示。

（2）在装配图中，对若干相同的零件组如螺栓、螺钉连接等，可以仅详细地画出一处或几处，其余只需用点画线表示其位置，或用其他符号表示，如图 7-8（b）所示。

（3）滚动轴承的简化画法。

4．展开画法

为了表达传动机构的传动路线和装配关系，可假想按传动顺序沿轴线剖切，然后依次将各剖切平面展开在一个平面上，画出其剖视图。此时应在展开图的上方注明“×-×展开”字样，如图 7-9 所示。

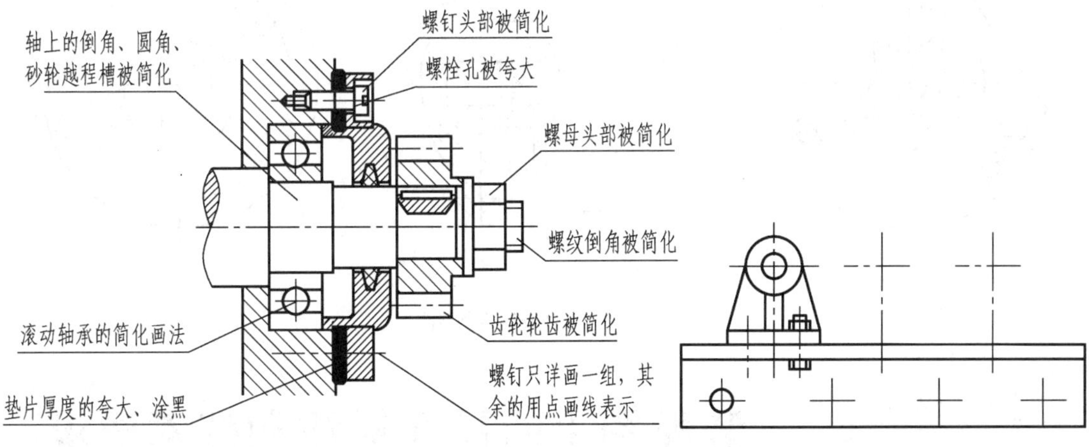


（a）　　（b）

图 7-8　简化和夸大画法

5．单独表示某个零件

在装配图中，当某个零件的形状未表达清楚，或对理解装配关系有影响时，可另外单独画出该零件的某一视图，如图 7-10 所示。

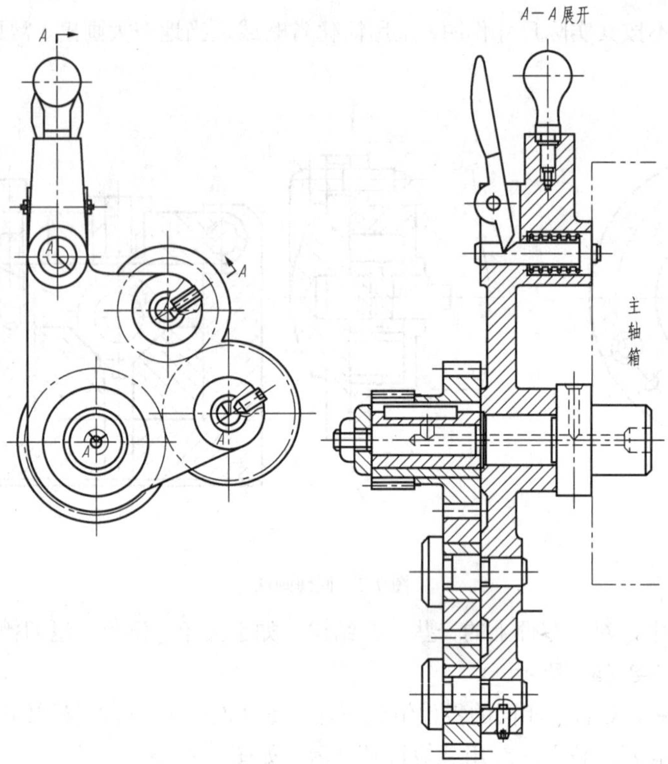


图 7-9 展开画法

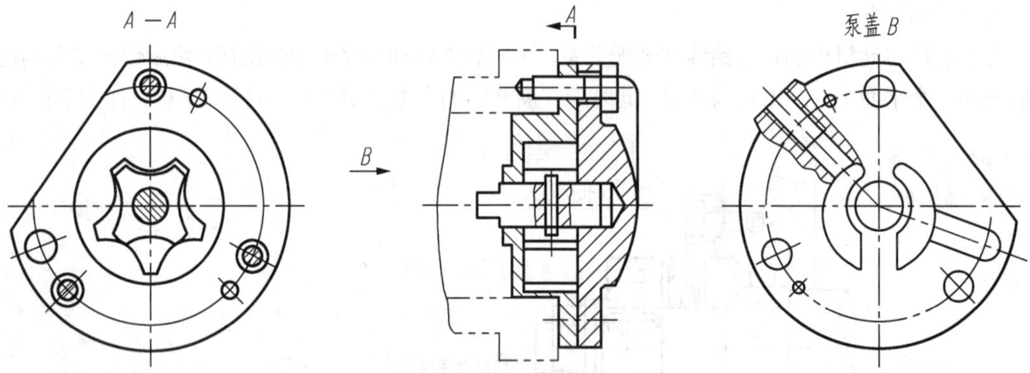


图 7-10 单独表达某个零件

# 第三节 装配图上的尺寸标注和技术要求

## 一、装配图上的尺寸标注

1．性能（规格）尺寸

表示装配体工作性能和规格大小的尺寸。如图 7-11 所示球阀通孔的直径 $\phi 20$，与液体流量有关。

2．装配尺寸

表示装配体中各零件之间相互配合关系和相对位置的尺寸，这种尺寸是保证装配体装配性能和质量的尺寸。如图 7-11 所示球阀的阀体与阀盖的配合尺寸 $\phi$50H11/h11，阀杆与填料压紧套的配合尺寸 $\phi$14H11/d11 等。

3．安装尺寸

表示将装配体安装到地基上或与其他部件相连接时所需的尺寸，如图 7-11 所示球阀两侧管接头尺寸 M36×2。

4．外形尺寸

装配图需要标出部件或机器的外形轮廓总体尺寸，为机器的包装和安装所占空间大小提供尺寸依据。如图 7-11 所示整个球阀装配体的外形尺寸长宽高分别为 115×75×121.5。

5．其他重要尺寸

在机器或部件的装配中，经常有些重要的结构尺寸、运动极限位置尺寸等需要标注，如图 7-11 所示扳手的长度尺寸 160，安装定位尺寸 84 等。

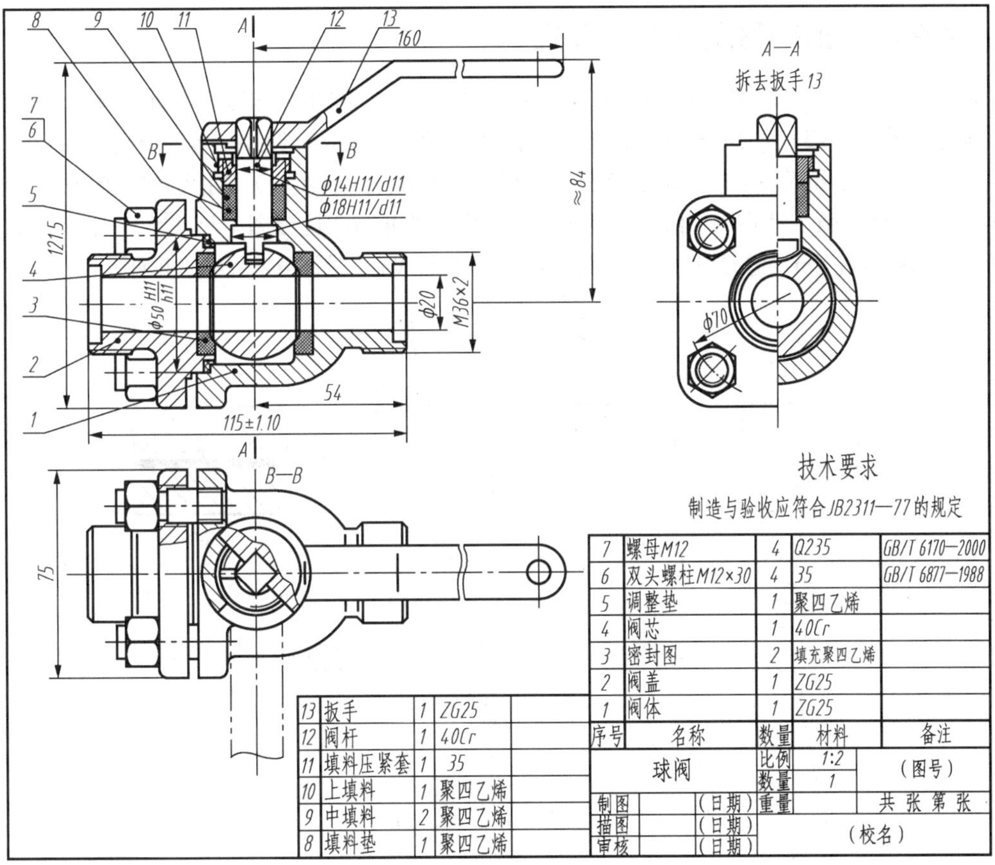


| 序号 | 名称 | 数量 | 材料 | 备注 |
|---|---|---|---|---|
| 13 | 扳手 | 1 | ZG25 | |
| 12 | 阀杆 | 1 | 40Cr | |
| 11 | 填料压紧套 | 1 | 35 | |
| 10 | 上填料 | 1 | 聚四乙烯 | |
| 9 | 中填料 | 2 | 聚四乙烯 | |
| 8 | 填料垫 | 1 | 聚四乙烯 | |
| 7 | 螺母M12 | 4 | Q235 | GB/T 6170—2000 |
| 6 | 双头螺柱M12×30 | 4 | 35 | GB/T 6877—1988 |
| 5 | 调整垫 | 1 | 聚四乙烯 | |
| 4 | 阀芯 | 1 | 40Cr | |
| 3 | 密封图 | 2 | 填充聚四乙烯 | |
| 2 | 阀盖 | 1 | ZG25 | |
| 1 | 阀体 | 1 | ZG25 | |

| 球阀 | | 比例 | 1:2 | （图号） |
|---|---|---|---|---|
| | | 数量 | 1 | |
| 制图 | （日期） | 重量 | | 共　张　第　张 |
| 描图 | （日期） | | | （校名） |
| 审核 | （日期） | | | |

图 7-11　球阀装配图

## 二、装配图上的技术要求

装配图中的技术要求是用文字或符号在装配图中说明对机器或部件的性能、装配、检验、使用等方面的要求或条件。主要包括零件装配过程中的质量要求，以及在检验、调试过程中的特殊要求等。具体包含以下内容。

（1）装配体装配后应达到的性能要求。

（2）装配过程中的注意事项和特殊加工要求。

（3）检验、试验方面的要求。

（4）使用要求。如对装配体的维护、保养方面的要求及操作使用时应注意的事项等。

上述内容在每一张图上不一定都要注全，应根据装配体的需要来确定。编写装配图中的技术要求时，可参阅同类产品的图样，根据具体情况确定。技术要求中的文字注写应准确、简练，一般注写在明细栏的上方或图纸下方空白处。如果内容很多，也可另写成技术要求文件作为图纸的附件。

# 第四节 装配图中零、部件的序号及明细栏

## 一、零件序号的编写及其标注形式

装配图中每种零（部）件都必须编写序号。同一装配图中相同的零（部）件只允许编一个序号且一般只标注一次，零（部）件的序号应与明细栏中的序号一致。此外同一装配图中编注序号的形式应一致。

零（部）件序号标注形式一般应有三部分组成：带圆点（或箭头）的指引线、水平线（或圈）和序号数字。序号数字写在水平线上（或小圆内），字体的号数应比该图中尺寸数字大一号或二号。同一装配图中编注序号的形式应一致。其标注的基本形式有如图 7-12 所示的几种。

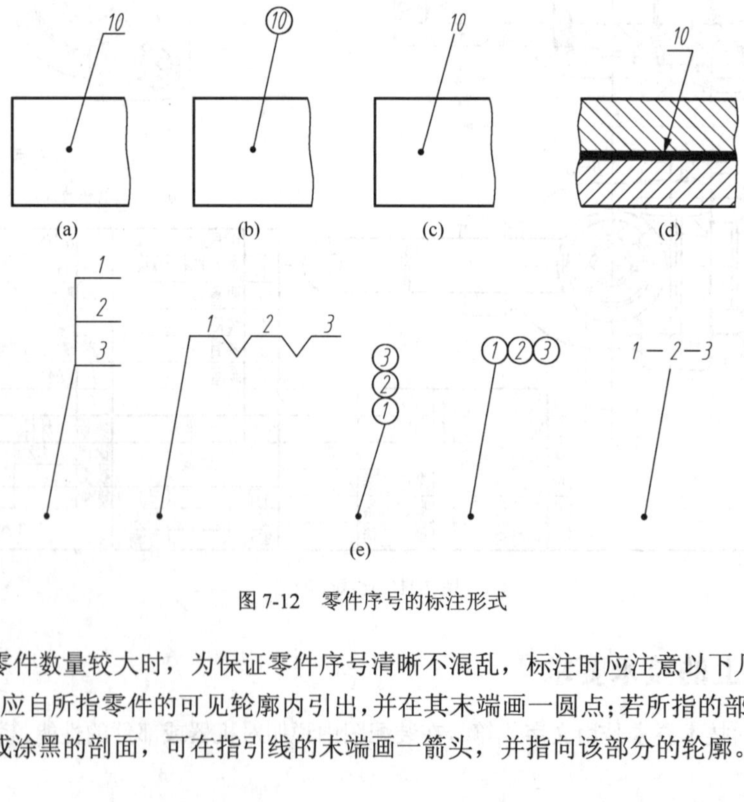


图 7-12 零件序号的标注形式

当装配体零件数量较大时，为保证零件序号清晰不混乱，标注时应注意以下几点。

① 指引线应自所指零件的可见轮廓内引出，并在其末端画一圆点；若所指的部分不宜画圆点，如很薄的零件或涂黑的剖面，可在指引线的末端画一箭头，并指向该部分的轮廓。

② 指引线通过有剖面线的区域时，要尽量不与剖面线平行，指引线之间不允许相交，必要时指引线可画成折线，但只允许折一次。

③ 如果是紧固件组或装配关系清楚的零件组，可以采用公共指引线，如图 7-12（e）所示。

④ 应将序号在视图的外围按水平或垂直方向排列整齐，并按顺时针或逆时针方向顺序依次编号，不得跳号，如无法连续排列时，可只在某个图形周围的水平或竖直方向顺次整齐排列，不得跳号。先画出需要编号零件的指引线和横线，检查无重复、无遗漏时，再统一填写序号。

## 二、明细栏的画法和填写

明细栏是装配部件全部零件的详细目录，表中填有零件的序号、名称、数量、材料、备注。明细栏画在标题栏的上方，应先编零件序号再填明细栏。画明细栏的时候注意以下几点：

① 明细栏和标题栏的分界线是粗实线，明细栏的外框竖线是粗实线，明细栏的横线和内部竖线均为细实线（包括最上一条横线）。关于标题栏的格式，如图 7-13 所示。

② 序号应自下而上顺序填写，如向上延伸位置不够，可以在标题栏紧靠左边自下而上延续。如图 7-14 所示。

③ 装配图中每种零、部件都必须编写序号。同一装配图中相同的零、部件只编一个序号，且一般只标注一次。明细栏中的序号应与装配图上编号一致，即一一对应。

④ 在明细栏的备注这一栏中，一般填写附加说明或常用件的主要参数，如齿轮的模数、齿数、相关国标号等。

⑤ 螺栓、螺母、垫圈、键、销等标准件的标记分两部分填入明细栏。标准代号填入备注这一栏，其余规格尺寸等填在名称这一栏。

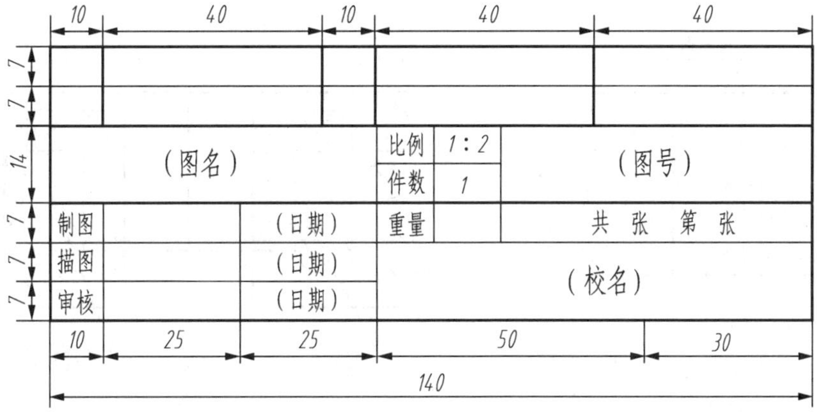


图 7-13　明细栏的画法

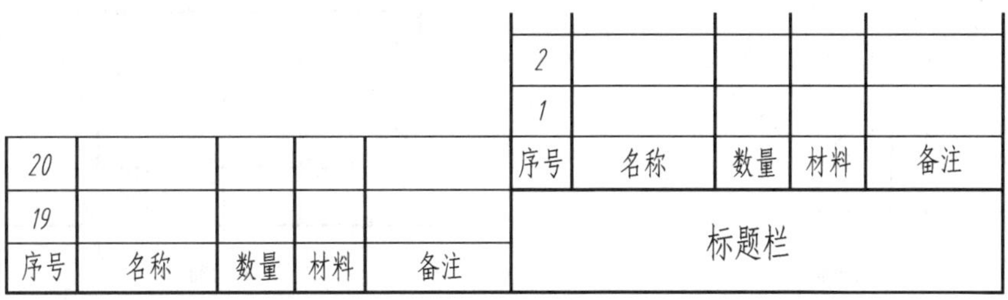


图 7-14　明细栏的填写

# 第五节 装配工艺结构简介

常见装配结构的合理性要求有配合面与接触面的结构、螺纹连接的合理结构、轴向零件的固定结构、防松结构、密封防漏结构等。

## 一、配合面和接触面的合理结构

（1）两配合零件在转角处不应设计成相同的圆角，否则既影响接触面之间的良好接触，又不易加工，轴肩面和孔端面相接触时，如图 7-15 所示，应在轴的根部切槽，或在孔边倒角，以保证轴肩与孔的端面接触良好。

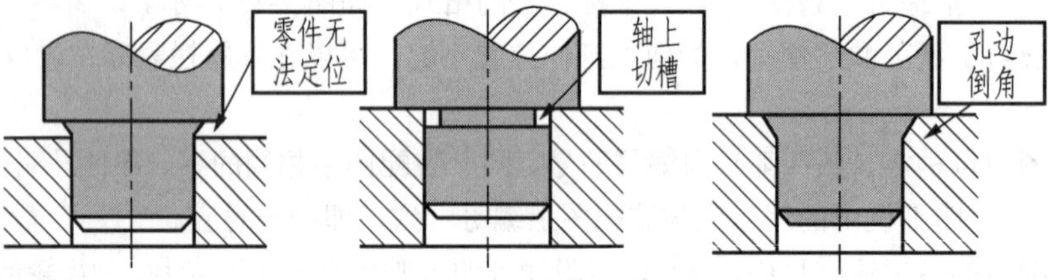


图 7-15 配合面结构

（2）两零件装配时，如图 7-16 所示，在同一方向上（横向、竖向或径向），只能有一对接触面，这样既能保证接触良好，又能降低加工要求，否则将造成加工困难，并且也不会同时接触。

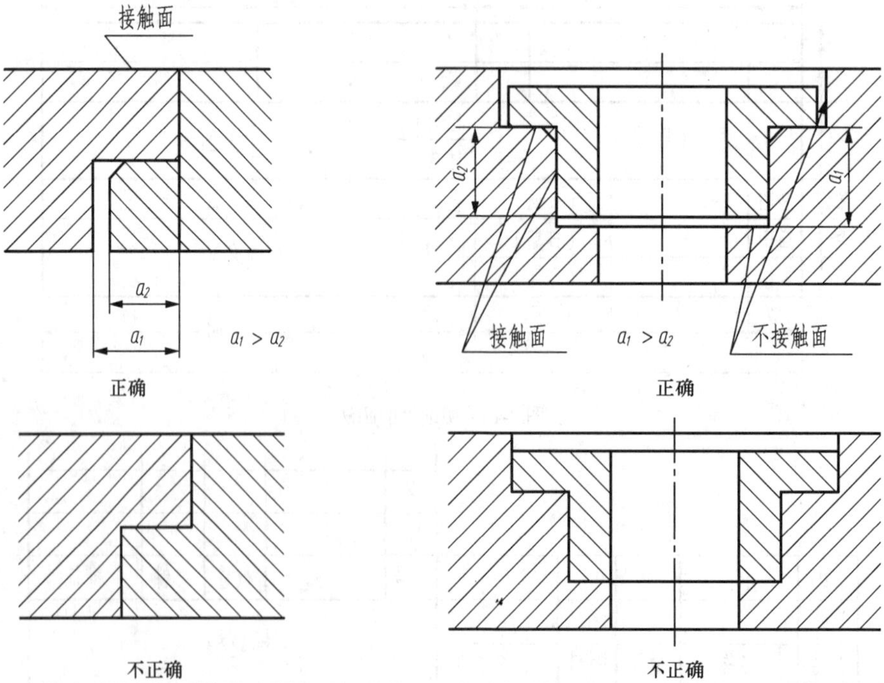


图 7-16 接触面结构

（3）为保证接触良好，接触面需经机械加工。合理的减少加工面积，可降低加工费用、改善接触情况。如图 7-17 所示，与螺杆根部或螺母接触的零件表面通常设计成沉孔或凸台结构，大大减小接触面的加工面积。

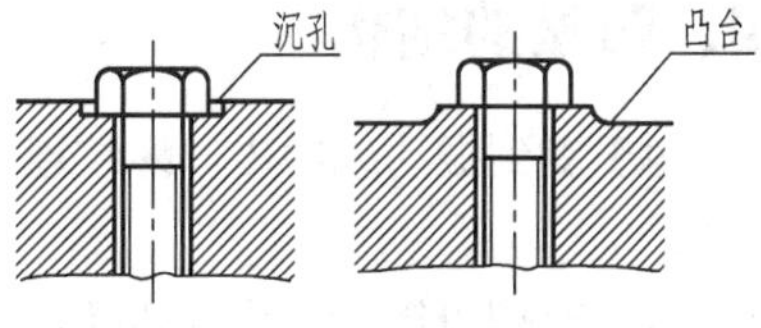


图 7-17　接触面结构

## 二、方便拆装的合理结构

零件的结构设计应考虑维修、安装、拆卸的方便。如图 7-18 所示螺纹连接件结构，为了便于拆装，必须留出扳手的活动空间和装、拆螺栓的空间。

常见的需要注意的结构有以下几种。

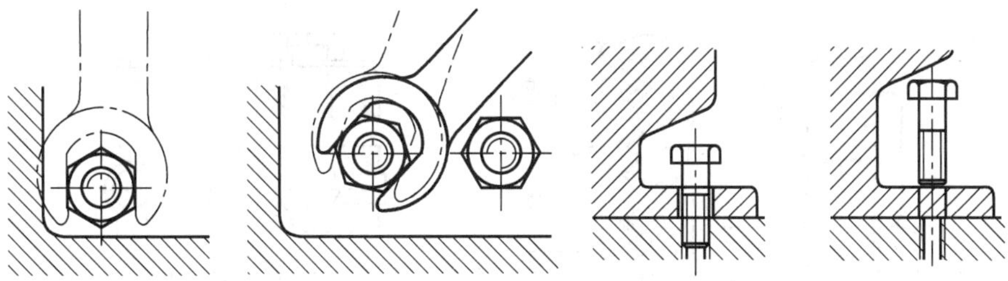

(a) 不合理　(b) 合理　(c) 不合理　(d) 合理

图 7-18　螺纹件拆装结构

## 三、轴向零件的固定结构

为防止滚动轴承等轴上的零件产生轴向窜动，必须采用一定的结构来固定。常用的固定结构方法如下。

（1）用轴肩固定，如图 7-19（a）所示。

（2）用弹性挡圈固定，如图 7-19（b）所示。

（3）用轴端挡圈固定，如图 7-19（c）所示。

（4）用圆螺母及止动垫圈固定，如图 7-19（d）所示。

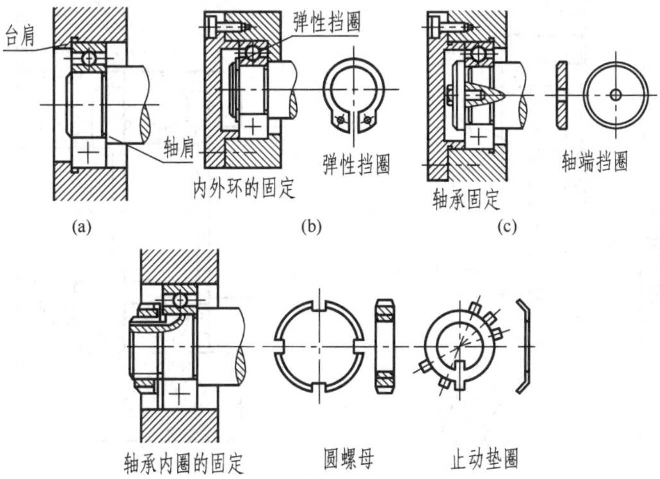


(a)　(b)　(c)

(d)

图 7-19　轴承安装轴向固定结构

## 四、防松的结构

由于受到振动或冲击，螺纹连接间可能发生松动，在某些机构中需要防松。几种常用的防松结构：

（1）双螺母锁紧：依靠两螺母拧紧后，螺母之间产生的轴向力，使螺母牙与螺栓牙之间的摩擦力增大而防止螺母自动松脱，如图 7-20（a）所示。

（2）止动垫圈防松：这种装置常用来固定安装在轴端部的零件，如图 7-19（d）所示。

（3）止动垫片锁紧：螺母拧紧后弯倒止动垫片的止动边即可锁紧螺母，如图 7-20（b）所示。

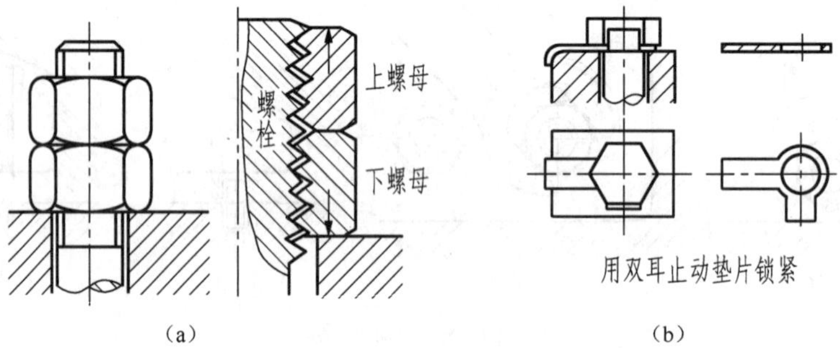


图 7-20 常见防松结构

## 五、密封防漏的结构

为防止机器内部液体外漏同时防止外部灰尘侵入，通常采用密封防漏措施（见图 7-21）。滚动轴承需要润滑也必须进行密封，防止外部的灰尘和水分进入轴承，同时也防止轴承的润滑剂渗漏。

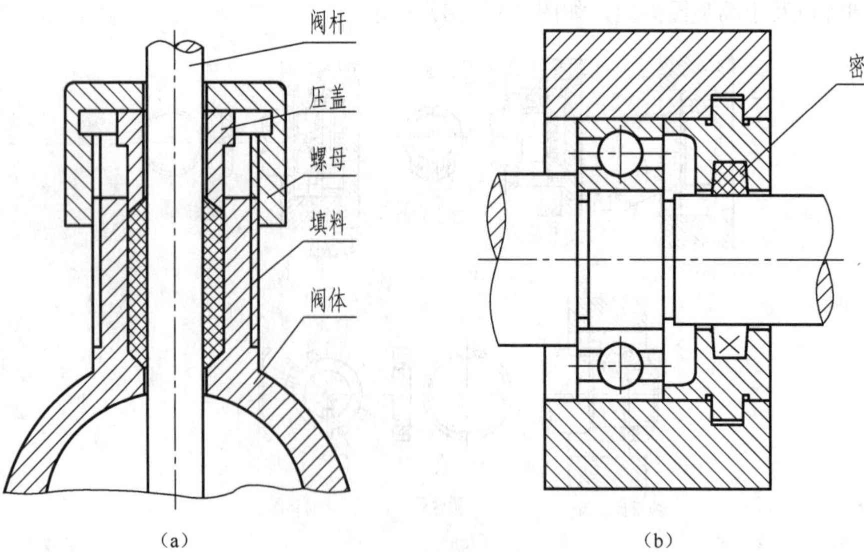


图 7-21 常见密封防漏结构

# 第六节 读装配图

## 一、读装配图的目的和要求

（1）了解装配体的名称、用途、性能、结构和工作原理。

（2）读懂各主要零件的结构形状及其在装配体中的功用。零件的结构形状主要由零件的作用、和其他零件有装配关系、铸造或机械加工的工艺要求等因素确定。

（3）了解各零件之间的装配关系、连接方式，了解装、拆顺序及其相关技术要求和操作方法等。

（4）系统的润滑、防漏原理和构造。

## 二、读装配图的步骤和方法

读装配图的步骤一般有以下五个步骤。

1．概括了解

看标题栏了解装配体的名称，对于复杂机器或部件可通过说明书或参考资料了解其构造、工作原理和用途。看零件编号和明细栏，了解零件的名称、数量和它在图中的位置。

2．分析视图

分析各视图的名称及投影方向，弄清剖视图、断面图的剖切位置，从而了解各视图的表达意图和重点。

3．分析装配关系、传动关系和工作原理

分析装配主线，弄清各零件间相互配合的要求，以及零件间的定位、连接方式、密封等问题。再进一步搞清运动零件与非运动零件的相对运动关系。

4．分析零件、读懂零件的结构形状

5．总结归纳

在对机器或部件的工作原理、装配关系和各零件的结构形状进行分析之后。还应对所注尺寸和技术要求进行分析研究，了解装配图反映的设计意图和装配工艺性能等，并弄清各零件的拆装顺序。经归纳总结，加深对机器或部件的全面认识，读懂装配图。读图过程中具体方法如下。

（1）凭目测或借助三角板、分规，从主视图入手，根据装配干线，找出零件在各视图中的投影。

（2）由各零件剖面线方向、间隔分清零件轮廓。

（3）由装配图上的配合代号，了解零件的配合关系。

（4）根据常见结构的表达识别零件，如齿轮、轴承等。

（5）根据零件序号，对照明细表找出零件在装配图中的位置和范围。

（6）利用零件对称、回转等结构特点，及两零件接触面形状应大致相同来想象零件的结构形状。

## 三、读装配图举例

现以图 7-22 所示汽车发动机活塞连杆的装配图为例读图。

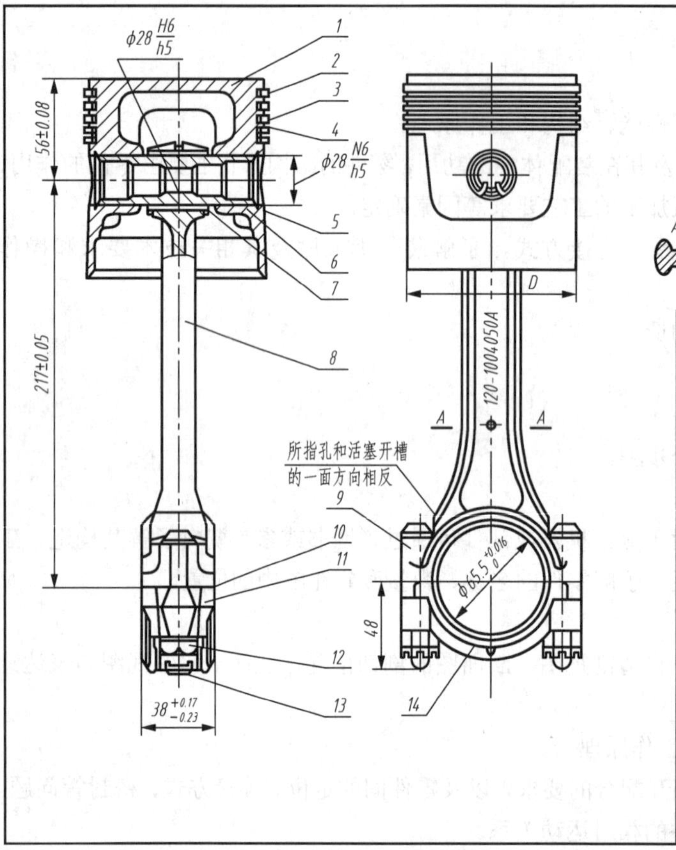


| 序号 | 名称 | 数量 | 材料 | 备注 |
|---|---|---|---|---|
| 14 | 连杆轴瓦 | 2 | 巴氏合金 | |
| 13 | 开口销 | 2 | 45 | GB/T91 |
| 12 | 连杆螺母 | 2 | 35 | GB/T6178 |
| 11 | 连杆盖 | 1 | 40 | |
| 10 | 调整垫片 | | 08 | 数量视需要 |
| 9 | 连杆螺栓 | 2 | 40Cr | |
| 8 | 连杆 | 1 | 40 | |
| 7 | 连杆衬套 | 1 | QSn4-4-2.5 | |
| 6 | 活塞销 | 1 | 40Cr | 渗碳 |
| 5 | 锁环 | 2 | 65Mn | |
| 4 | 油环 | 1 | QT 700-2 | |
| 3 | 中活塞环 | 2 | QT 700-2 | |
| 2 | 上活塞环 | 1 | QT 700-2 | |
| 1 | 活塞 | 1 | ZL 7 | |

| 活塞连杆总成 | | 比例 | 1:1 | (图号) |
|---|---|---|---|---|
| | | 件数 | | |
| 班级 | (学号) | 重量 | 共 张 第 张 | |
| 制图 | (日期) | (校名) | | |
| 审核 | (日期) | | | |

图 7-22 活塞连杆装配图

1．概括了解

由标题栏知，该部件是活塞连杆总成；由明细栏知道它共有 14 种 20 个零件，其中连杆螺母和开口销是标准件外，其余十二种零件都为非标准件。从图中所注零件的规格、尺寸，结合对汽车构造的相关知识和有关资料，可了解活塞连杆的用途、适用条件和规格。

2．分析视图

该图样共采用三个图形，两个基本视图和一个连杆杆身的移出断面图。主视图采用了局部剖视图，显示了活塞内部的结构和活塞、活塞销和衬套等的装配关系。左视图表达了连杆总装配的左向外形。

3．分析装配关系、传动关系和工作原理

由活塞连杆装配图和汽车构造的有关知识可知其装配关系和工作原理：连杆小头通过活塞销和活塞相连，连杆大头和曲轴的连杆轴颈相连。活塞在燃气推动在气缸内作重复运动，通过连杆带动曲轴作旋转运动，如图 7-23 所示。

4．分析零件的结构形状

4．分析零件的结构形状

根据装配图，分析零件在部件中的作用，并通过构形分析确定零件各部分的形状，先分析主要零件：活塞、连杆、活塞销和活塞环，再分析配套零件轴瓦、衬套、螺栓、螺帽等。

（1）由明细栏中的零件序号，从装配图中找到该零件所在位置。

（2）利用投影分析，根据零件的剖面线倾斜方向和间隔，确定零件在各视图中的轮廓范围，并可大致了解到各零件的简单形体。

（3）综合分析，确定零件的实际结构形状，如图 7-24 所示。

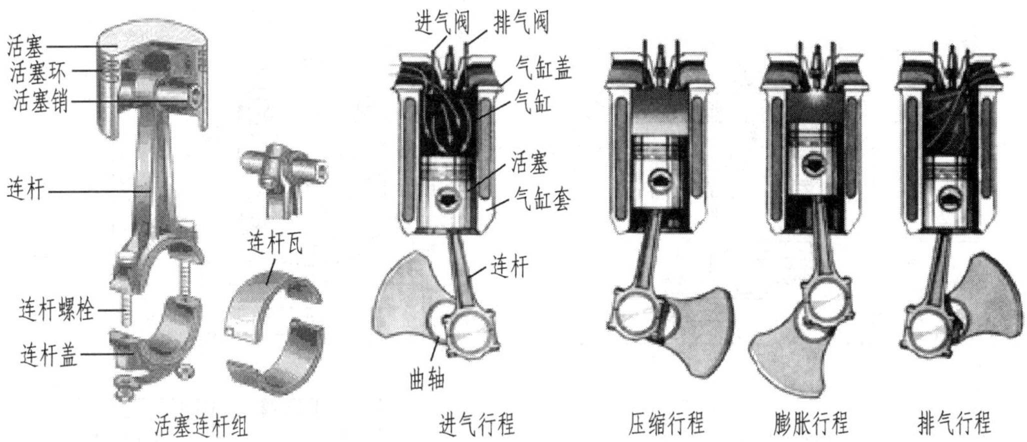


图 7-23　活塞连杆结构及其工作行程图

图 7-24　活塞连杆总成

5．总结归纳

在对活塞连杆的工作原理、装配关系和各零件的结构形状进行分析之后。还应读懂所注尺寸和技术要求，并弄清各零件的拆装顺序。经归纳总结，加深对汽车发动机活塞连杆总成的全面认识。

# 第七节 由装配图拆画零件图

由装配图拆画零件图，是机械设计和机械维修时经常遇到的问题。在识读装配图的学习过程中拆画零件图，常常是检查是否真正读懂装配图的手段。

现以如图 7-25 所示齿轮泵装配图拆画泵体为例，介绍装配图拆画零件图的方法和步骤。

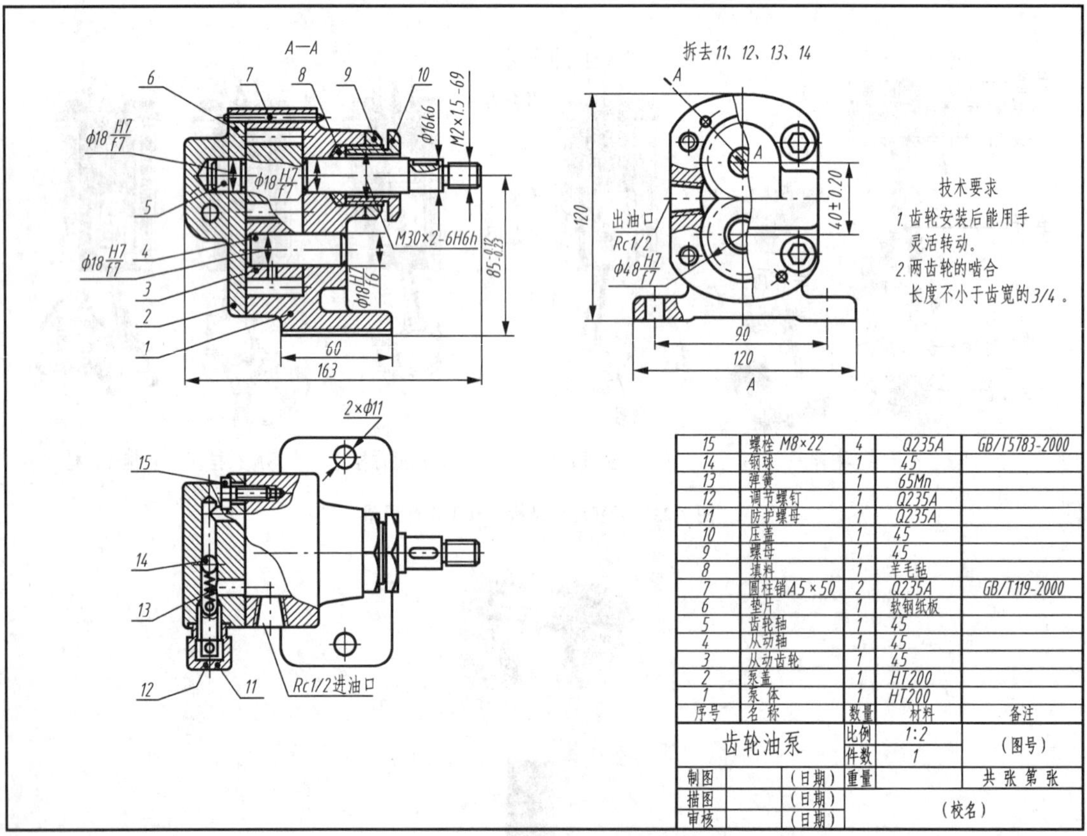


| 序号 | 名称 | 数量 | 材料 | 备注 |
|---|---|---|---|---|
| 15 | 螺栓 M8×22 | 4 | Q235A | GB/T5783-2000 |
| 14 | 钢球 | 1 | 45 | |
| 13 | 弹簧 | 1 | 65Mn | |
| 12 | 调节螺钉 | 1 | Q235A | |
| 11 | 防护螺母 | 1 | Q235A | |
| 10 | 压盖 | 1 | 45 | |
| 9 | 螺母 | 1 | 45 | |
| 8 | 填料 | 1 | 羊毛毡 | |
| 7 | 圆柱销A5×50 | 2 | Q235A | GB/T119-2000 |
| 6 | 垫片 | 1 | 软钢纸板 | |
| 5 | 齿轮轴 | 1 | 45 | |
| 4 | 从动轴 | 1 | 45 | |
| 3 | 从动齿轮 | 1 | 45 | |
| 2 | 泵盖 | 1 | HT200 | |
| 1 | 泵体 | 1 | HT200 | |

| 齿轮油泵 | 比例 | 1:2 | （图号） |
|---|---|---|---|
| | 件数 | 1 | |
| 制图 （日期） | 重量 | | 共 张 第 张 |
| 描图 （日期） | | | （校名） |
| 审核 （日期） | | | |

图 7-25 齿轮泵

1．读懂装配图

（1）概括了解

齿轮泵是机器中输送润滑油的部件。由泵体、泵盖、齿轮、密封零件及标准件等 15 种零件组成。装配图由三个基本视图表达，主视图为全剖视图，表达齿轮泵各零件之间的装配关系。左视图沿垫片与泵体的结合面剖开，并拆去 11、12、13、14 等零件，表达油泵的外部形状和齿轮的啮合情况，及吸、压油的工作原理。俯视图表达泵盖的安全装置组成及工作情况。

（2）了解装配关系和工作原理

工作原理：动力带动主动齿轮轴 1 转动，从而带动从动齿轮 8 及从动轴 9 转动，齿轮左边形成真空，润滑油在大气压力作用下自油管进入泵体，填满齿间，然后被带到出油孔处，把油压入输油管，送往各润滑管路中。当输油孔的油压超过额定压力时，弹簧压紧的钢球 14 被顶开，使高低压通道相通，润滑油在泵体内循环，起到安全保护作用。旋转调节螺钉 12，可以改变弹簧 13 的压缩量，调节弹簧压力，控制油压。

装配关系：泵体 1 与泵盖 2 由圆锥销定位，用四个螺栓 6 连接。泵内的一对互相啮合的齿轮用泵体支撑，用填料 8、压盖 10 及螺母密封。从动齿轮 3 滑装在从动轴 4 上，从动轴 4 压配在泵体的轴孔中。

（3）分析尺寸。齿轮轴与泵盖、泵体支撑处的配合尺寸是 $\phi$18H7/f7，齿轮的齿顶圆与泵体的内腔表面的配合尺寸为 $\phi$48H7/f7。40±0.02 是两啮合齿轮的中心距，90 是泵的安装尺寸。

2．拆画零件图

（1）零件的表达。从装配图的主、左视图上分离出泵体的视图轮廓，由于泵体的部分投影被其他零件遮盖，所以如图 7-26 所示，是一幅不完整的图形。

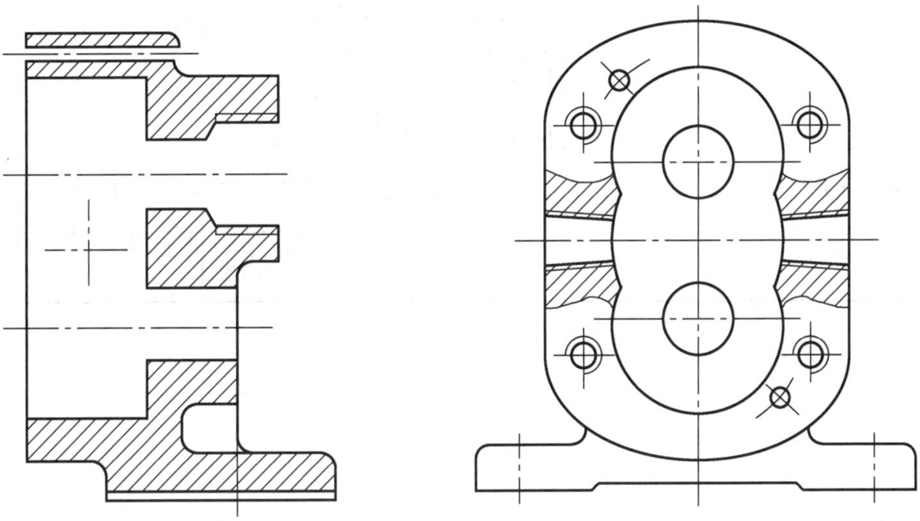

图 7-26　齿轮泵体

然后根据泵体的作用以及其他零件的装配关系，按投影关系补齐视图中所缺的图线。泵体的主视图仍可采用装配图主视图的表达方案，符合其工作位置，表达泵体的内外结构形状。左视图与装配图中的左视图基本一致。补画出右视图，表示泵体右端凸缘的形状。画出俯视图的前后对称的一半，表达地板的形状和螺孔的深度。

（2）尺寸标注。装配图上已标注的尺寸，可以直接注到零件图上。对于配合尺寸可注出极限尺寸偏差数值。对于标准结构，应查阅有关手册。零件上不重要的或非配合尺寸，可从装配图上按比例量取。

（3）注写技术要求。零件上注写的表面粗糙度、极限与配合、形位公差以及热处理等技术要求，根据泵体在油泵中作用和要求确定。如：泵体空腔内表面与传动齿轮配合，精度较高，所以，表面粗糙度选用 0.8，而螺孔要求较低，选用 6.3。为保证两齿轮的均匀啮合，两齿轮轴的轴线有平行度的要求。一般情况下，技术要求可参考同类产品确定。

最后填写标题栏，得到如图 7-27 所示齿轮泵体的零件图。

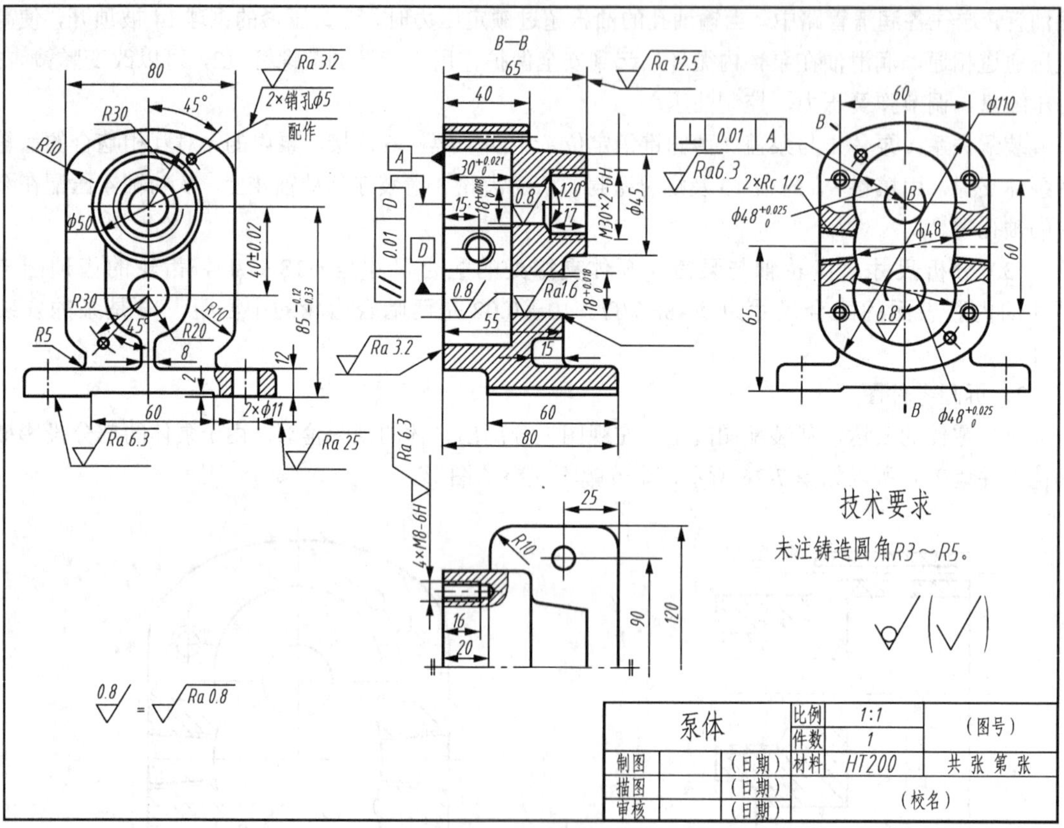


图 7-27 齿轮泵体零件图

# 第八章 8 展开图和焊接图

在汽车上很多零件都是钣金件，如侧外门、顶篷盖、行李箱盖等，如图 8-1 所示，这些零件在生产制造过程中必须先在金属板上画出展开图，然后下料、加工成型，最后焊接、咬口或铆接而成。

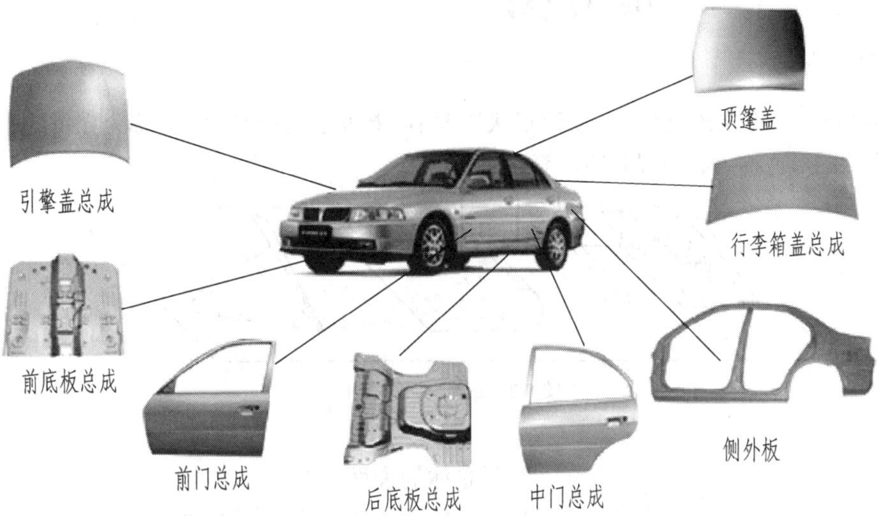


图 8-1　汽车钣金件

**教学目的**

（1）掌握一般位置直线求解实长的方法。
（2）掌握零件展开图的作图方法。
（3）了解焊接图中焊缝的表达方法和标注方法。

**学习重点**

（1）运用旋转法和三角形法求线段实长。
（2）绘制零件的展开图。
（3）读懂焊接图中的焊接标注含义。

**学习难点**

（1）运用旋转法和三角形法求线段实长。

（2）绘制零件的展开图。

# 第一节　展开图

如图 8-2 所示，将立体表面，按实际形状和大小，摊平在一个平面上，称为立体的表面展开。展开后所得的图形，称为表面展开图，简称展开图。

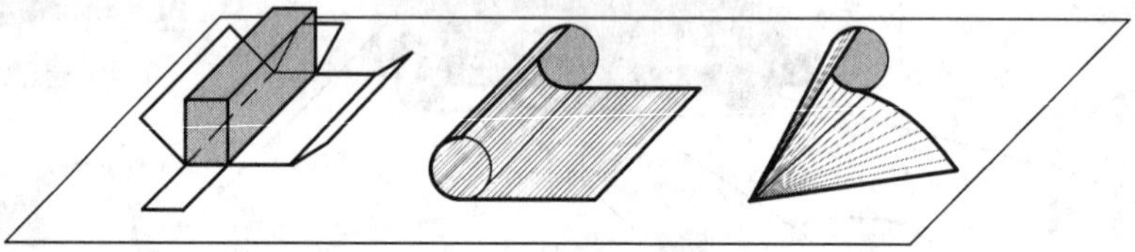

图 8-2　立体表面的展开

立体表面
- 可展表面
  - 平面立体的表面
  - 曲面立体中的圆柱面和圆锥面
- 不可展表面　球面和螺旋面等

生产实际中，绘制立体的表面展开图有以下两种方法。

（1）计算法。利用数学方法计算出展开图上各点的坐标后，再按点的坐标绘出制件的展开图。但由于需要相应的硬件和软件支持，故在应用上受到一定的局限。

（2）图解法。为加工制件的传统方法，即按投影理论手工绘出制件的展开图。虽然此方法作图不够准确、效率也比较低，但简便灵活，易于掌握，是目前普遍采用的方法。

## 一、绘制展开图基础知识

常用方法有三角形法和旋转法。

1．三角形法

如图 8-3（a）所示，$AB$ 为一般位置直线。过 $B$ 点作直线 $BA_0 // ab$，三角形 $ABA_0$ 为一直角三角形。其斜边 $AB$ 为实长，即为所求，直角边 $A_0B = ab$（水平投影），另一直角边 $AA_0=Z_A-Z_B$。因此根据上述分析便可求得 $AB$ 直线的实长。

作图步骤：

① 过 $a$ 点做 $ab$ 的垂线，在垂线上量取 $Z_A-Z_B$ 得 $A_1$ 点。

② $bA_1$ 的连线即为 $AB$ 线段的实长，如图 8-3（b）所示。

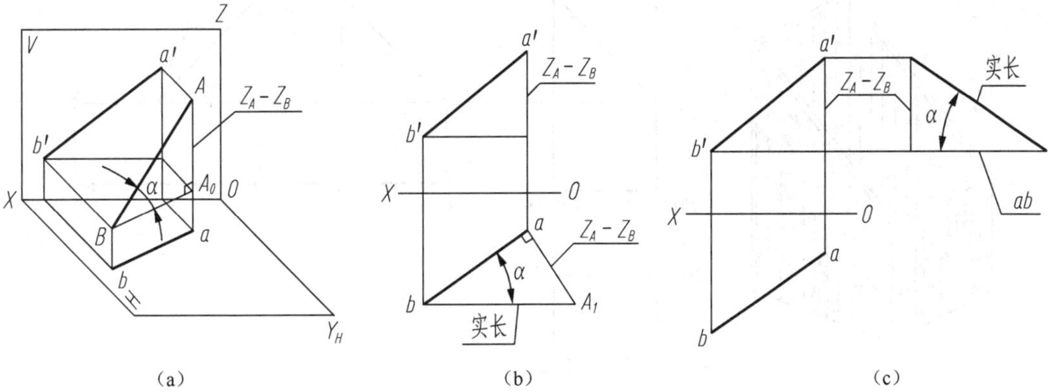


图 8-3 直角三角形法

2．旋转法

由于与投影面平行的直线在所平行的投影面上的投影反映实长，因此可采用图 8-4 所示的旋转法求一般位置直线的实长。即以通过直线一端点（如 $A$ 点）的铅垂线为轴线，将其旋转至与 $V$ 面平行的位置后，直线的正面投影便可反映实长。

如图 8-4（a）所示，由于旋转轴经过了端点 $A$，故 $A$ 点的位置在直线的旋转过程中保持不变。而 $B$ 点绕旋转轴旋转的轨迹为一圆，该圆的水平投影反映实形，正面投影成一直线。

## 二、平面立体制件的表面展开

表面规整的平面立体如棱柱、棱锥的展开较为简单。

1．斜口四棱柱管

如图 8-5（a）、（b）所示为一斜口四棱柱管。由于两面视图反映出各棱线的实长，因而可直接根据投影图绘出展开图，四棱柱管的展开图如图 8-5（c）所示。

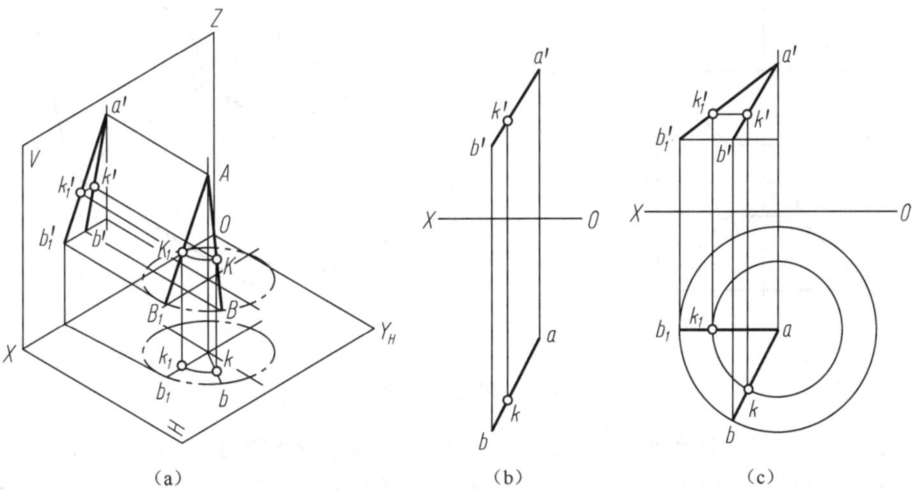


图 8-4 旋转法

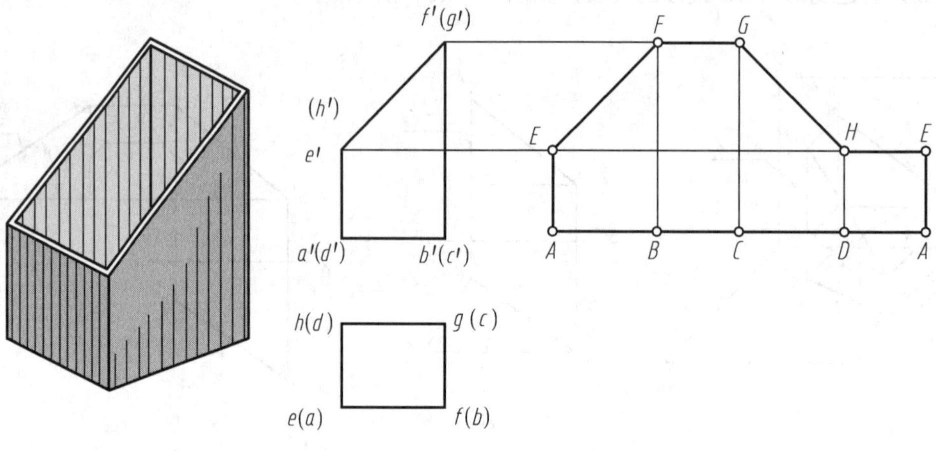


（a） （b） （c）

图 8-5 斜口四棱柱管的表面展开

2．四棱台管

如图 8-6 所示为四棱台吸尘罩，若将其四根棱线延长交于一点 *S*，则形成一个四棱锥面，即由四个全等的等腰三角形组成。要求其展开图，只需求出一个三角形的实形，再作处理即可。

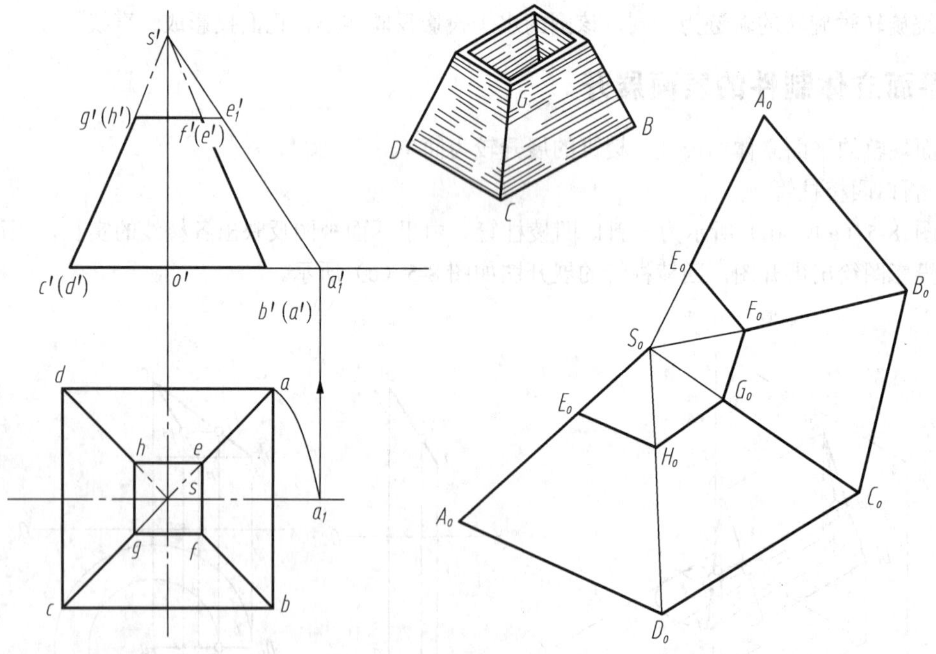


图 8-6 四棱台管的展开

方法及步骤：（1）求取棱线实长。以 *s* 为圆心，*sa* 为半径画圆与水平对称轴交于 $a_1$，过 $a_1$ 作铅垂线交过 $a'$作的水平线于 $a_1'$，连接 $s'a_1'$即得三角形腰 *SA* 的实长。再过 $e'$作水平线与 $s'a_1'$交得 $e_1'$，即可求得棱线 AE 的实长。

（2）作等腰三角形。作腰 $S_0A_0=S_0B_0=s'a_1'$，底 $A_0B_0=ab$ 的等腰三角形 $S_0A_0B_0$；同理，作出另外三个。

（3）截取棱线实长。在各腰上分别截取四棱台棱线的实长，使 $A_0E_0=a_1'e_1'$、……得 $E_0$、$F_0$、……

（4）顺次连接各点

顺次连接 $E_0$、$F_0$、$G_0$、$H_0$、$E_0$，得展开图。

## 三、曲面立体制件的展开面

1．圆柱表面的展开

如图 8-7 所示，圆柱表面的展开图为一矩形，矩形的一组对边为圆柱上、下底圆的周长，另一组对边为圆柱素线的实长。

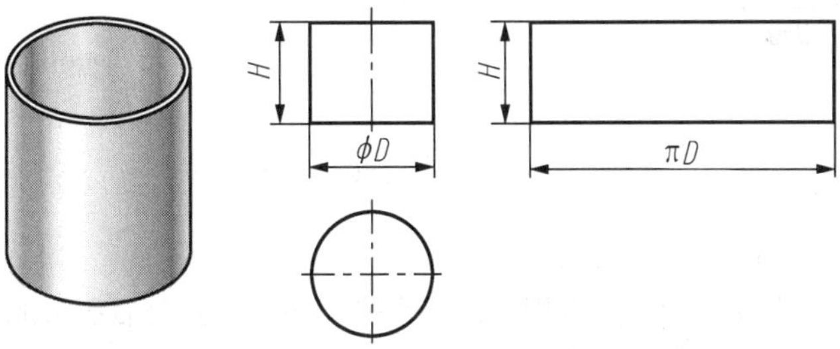


图 8-7 圆管的展开

2．斜切圆柱面的展开

如图 8-8 所示圆管斜切后，表面上的素线高度有差异，其展开方法步骤如下：

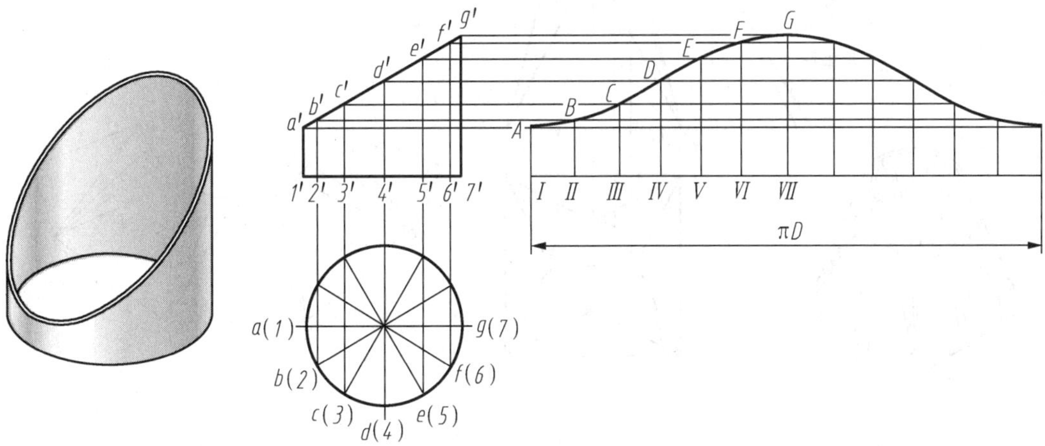


图 8-8 斜切圆柱面的展开

（1）将俯视图的圆周十二等分，并在主视图上画出各分点的素线长度。

（2）在展开图中按周长展开圆周成直线，并将其十二等分。

（3）量取实长，过各等分点 *I*、*II*、*III*、……作铅垂线，在各铅垂线上量取其素线的实长，分别得端点 *A*、*B*、*C*、……。

（4）曲线连接，用光滑的曲线依次连接 *A*、*B*、*C*、……各点，即得斜口圆柱管的展开图。

3．圆锥表面的展开

圆锥的表面展开为一扇形，如图 8-9 所示为圆锥的两面投影图及其展开图。

画圆锥的展开图时，可先计算出圆锥展开后的扇形角，然后根据扇形角和圆锥素线的长度，画出圆锥的展开图。

在展开图中，扇形的圆心为圆锥的中心，扇形半径等于圆锥的素线长度 $L$，扇形的弧长等于圆锥底圆的圆周 $\pi D$。

设扇形角为$\theta$，则有：

$$\frac{\theta}{\pi D}=\frac{360}{2\pi L},$$

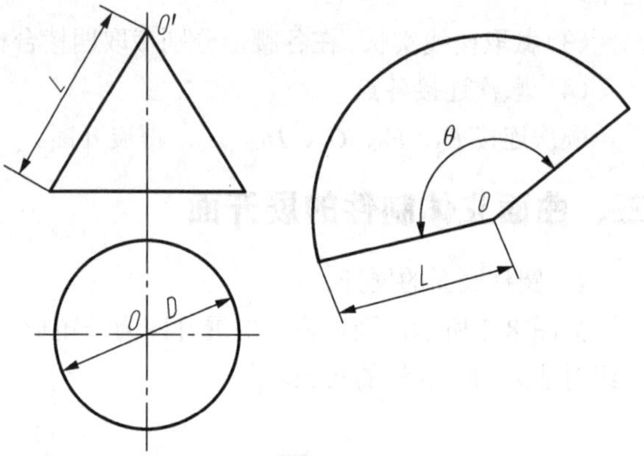

图 8-9 圆锥表面展开

得

$$\theta=\frac{D}{L}\times 180$$

4．圆方变形管展开图

如图 8-10 所示，圆方变形管接头可视为由 4 个平面截切一圆台后所形成。为简化作图，用直线代替了截平面与圆角相交的曲线。画展开图时，将视图中的四个圆角分为若干小三角形，用近似方法依次求得其实形。作图步骤如下：

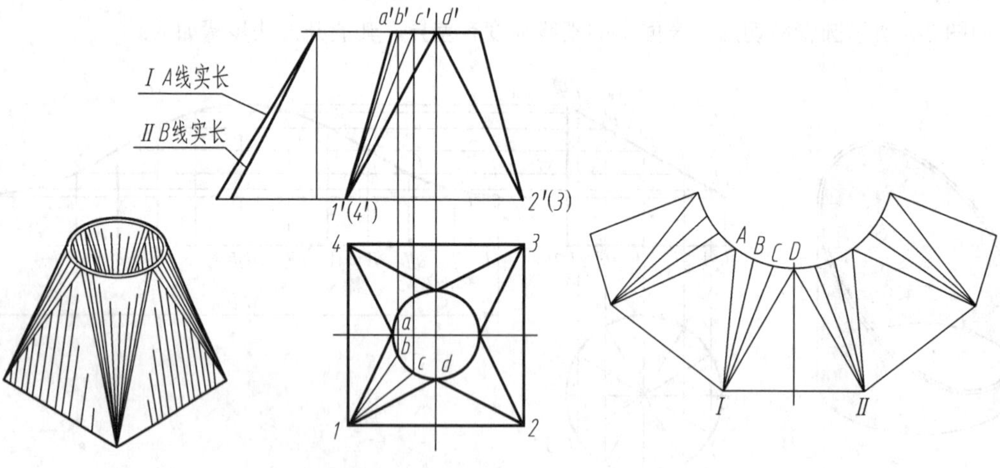

(a) (b) (c)

图 8-10 圆方变形管的展开

（1）将圆口 1/4 圆弧的俯视图分成三份，得点为 $b$、$c$，图中 $1a$、$1b$、$1c$、$1d$ 为锥面上的素线 $IA$、$IB$、$IC$、$ID$ 的水平投影，锥面素线图中 $IA=ID$，$IC=IB$，利用直角三角形法求得线段的实长。

（2）如图 8-10（c）所示，在展开图上取 $I\,II$=12，分别以 $I$、$II$为圆心，$IA$ 线实长为半径画弧，交于 $D$ 点，得 $I\ II D$ 三角形；再以 $D$、$I$ 为圆心，分别以 $cd$ 和 $IIB$ 实长为半径画弧，交于 $C$ 点，得 $ICD$ 三角形。同样的方法可依次做出各三角形 $IBC$、$IAB$。

（3）光滑连接 $A$、$B$、$C$、$D$ 等点即得展开图如图，如图 8-10（c）所示。

# 第二节　焊接图

焊接是将需要连接的金属零件在连接处局部加热至熔化或半熔化状态后，用加压或在其间用熔化的金属填充等方法，使零件连接为一整体。常用的焊接方法有电弧焊、气焊等，焊接是不可拆的连接。

焊接图是供焊接加工所用的图样，它除了将焊接件的结构表达清楚以外，还应将焊缝的位置、接头形式及其尺寸等有关焊接的内容表示清楚。图样上的焊缝可采用技术制图方法表示，为了简化图样上焊缝，一般采用焊缝符号和焊接方法的数字代号来表示。

## 一、焊缝的表达方法

常见的焊接接头型式有对接接头、T 形接头、角接接头和搭接接头等，如图 8-11 所示。

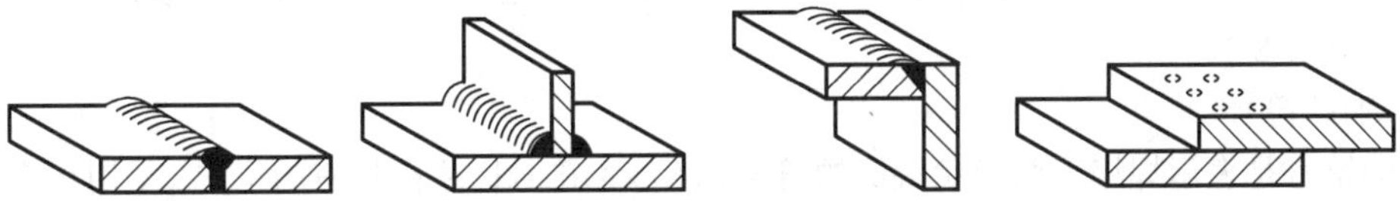

图 8-11　焊接的连接型式

在图样中简易地绘制焊缝时，可用视图、剖视图和断面图表示，也可用轴测图示意地表示，如图 8-11 所示，通常还应同时标注焊缝符号。

（1）在视图中，可见焊缝通常用一组与轮廓线垂直的细实线段（允许徒手画）或圆弧线段。在垂直于焊缝的剖视图或断面图中，画出焊缝的剖面形状并涂黑。如图 8-12 所示。

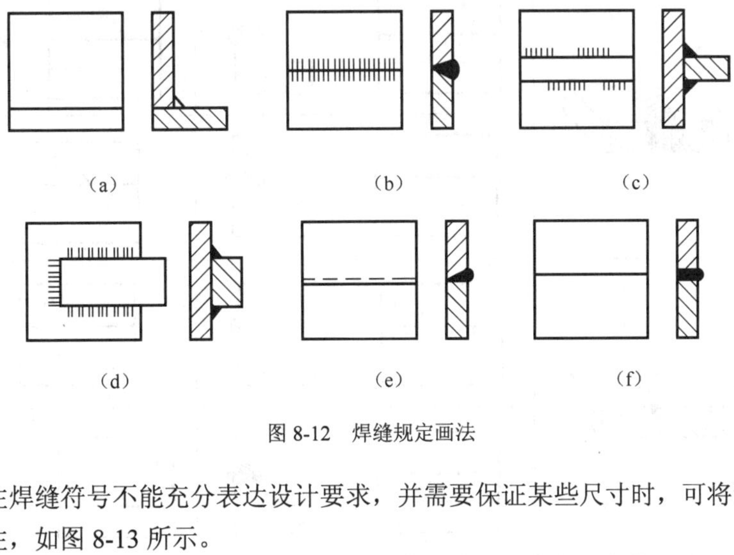


图 8-12　焊缝规定画法

（2）当标注焊缝符号不能充分表达设计要求，并需要保证某些尺寸时，可将该焊缝部位放大表示并进行标注，如图 8-13 所示。

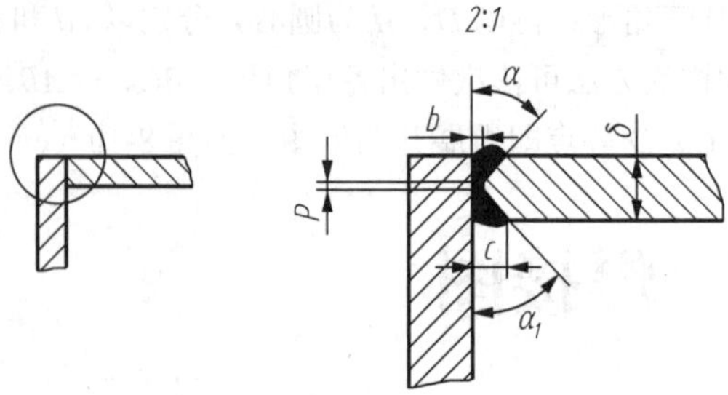


图 8-13 焊缝放大图

## 二、焊缝符号及标注方法

工件经焊接后所形成的接缝称为焊缝。焊缝的型式主要有对接焊缝、角焊缝和点焊缝。

焊缝符号标注中有许多要素，其中焊缝基本符号和指引线构成了焊缝的基本要素，属于必须标注的内容。除焊缝基本要素外，在必要时还应加注其他辅助要素，如辅助符号、补充符号、焊缝尺寸符号及焊接工艺等内容。

1．焊缝的基本符号

焊缝的基本符号是表示焊缝横截面形状的符号，采用近似于焊缝横剖面形状的符号，用粗实线画出，见表 8-1。

2．辅助符号

辅助符号是表示焊缝表面形状特征的符号，随基本符号标注在相应的位置上。用粗实线绘制，见表 8-2。

3．补充符号

补充符号是为了补充说明焊缝的某些特征而采用的符号，用粗实线绘制，如果需要可随基本符号标注在相应的位置上，见表 8-3。

表 8–1 常用焊缝的基本符号、图示法和标注法

| 名称 | 符号 | 示意图 | 图示法 | 标注法 |
|---|---|---|---|---|
| I 形焊缝 | ‖ | 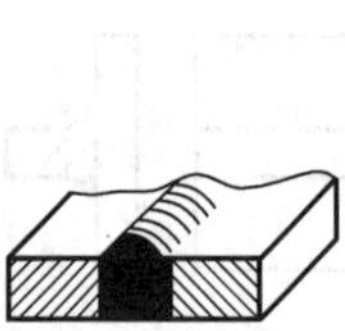 | 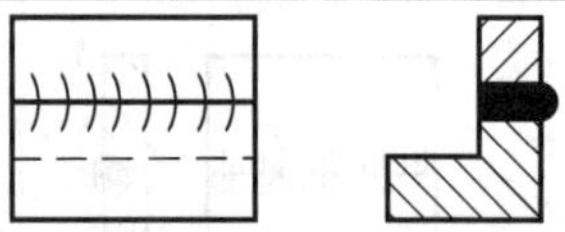 | 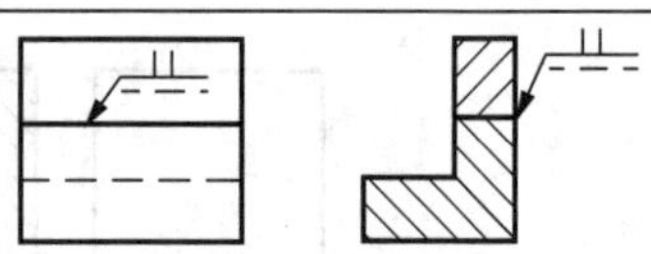 |
| | | | 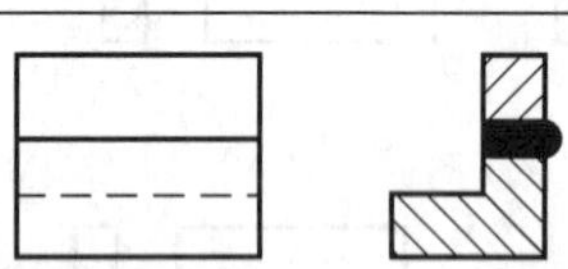 | 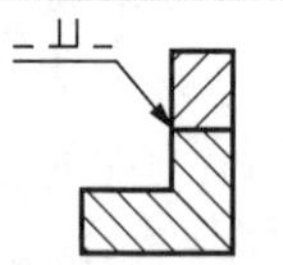 |
| V 形焊缝 | V | 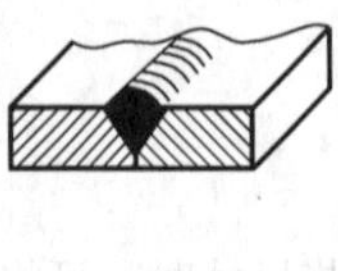 | 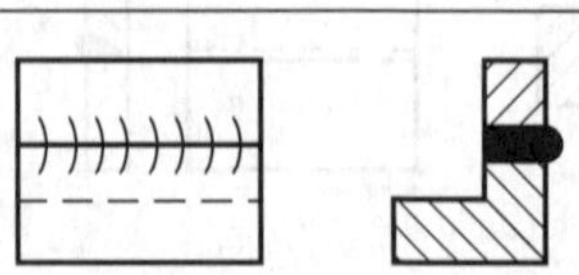 | 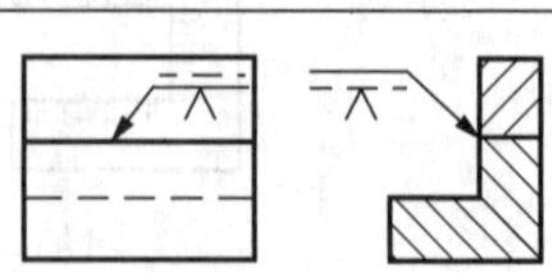 |
| | | | 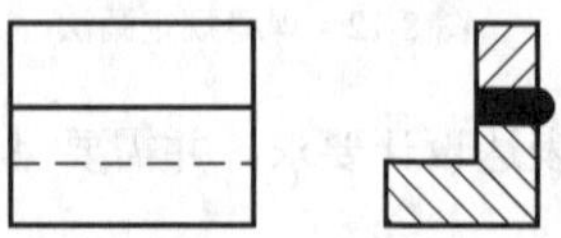 | 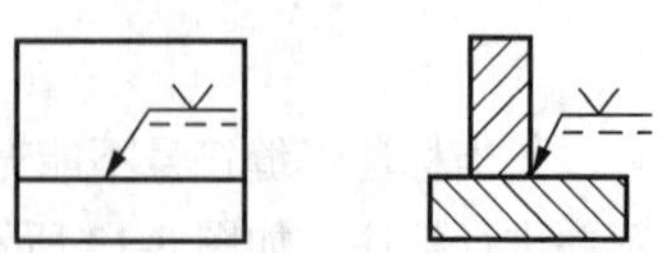 |

续表

| 名称 | 符号 | 示意图 | 图示法 | 标注法 |
|---|---|---|---|---|
| 角焊缝 | ⊿ | 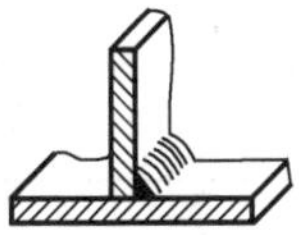 | 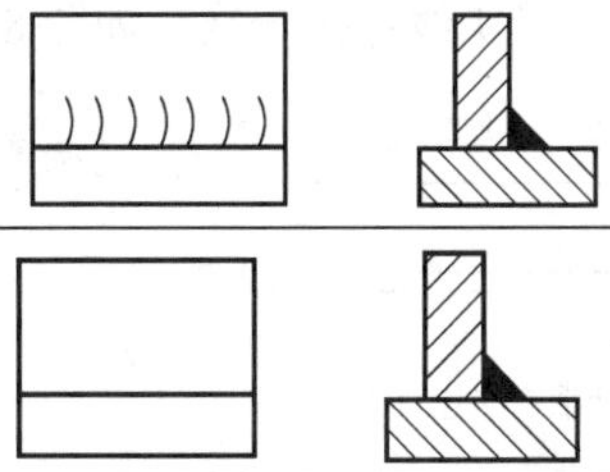 | 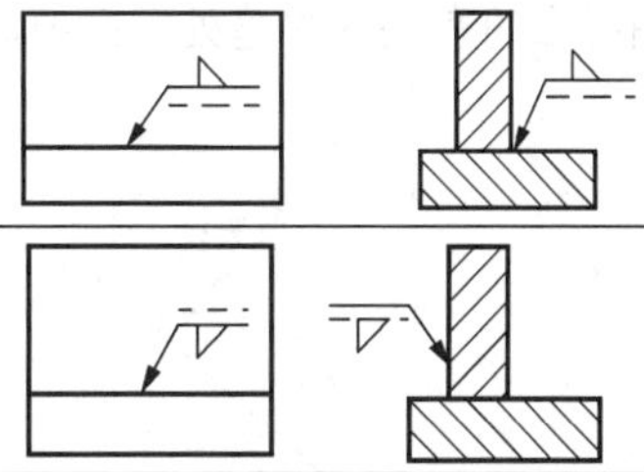 |
| 点焊缝 | ○ | 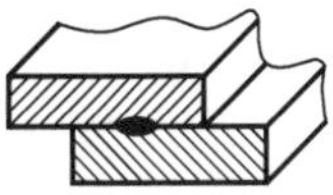 | 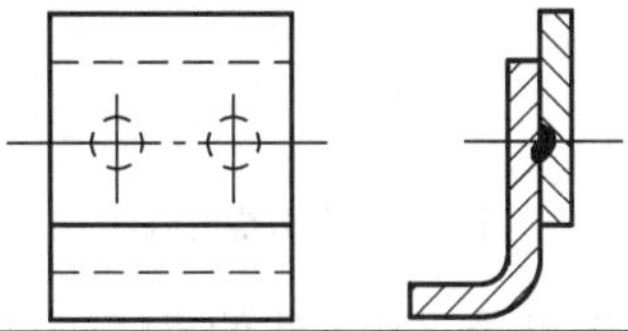 | 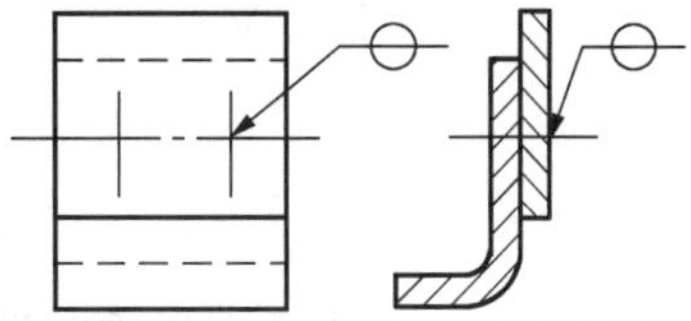 |

表 8-2　　辅助符号及标注示例

| 名　称 | 符　号 | 焊缝形式 | 标注示例 | 说　明 |
|---|---|---|---|---|
| 平面符号 | — |  | 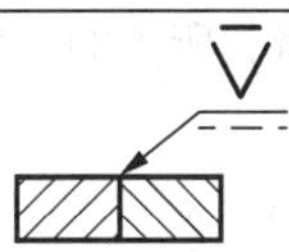 | 表示 V 形对称焊缝表面平齐（一般经过加工） |
| 凹面符号 | ⌣ | 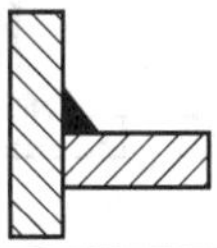 |  | 表示角焊缝表面凹陷 |
| 凸面符号 | ⌢ |  | 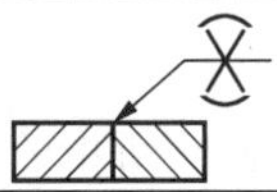 | 表示双面 V 形对接焊缝表面突起 |

表 8-3　　补充符号及标注示例

| 名　称 | 符　号 | 焊缝形式 | 标注示例 | 说　明 |
|---|---|---|---|---|
| 带垫板符号 | ▭ |  | 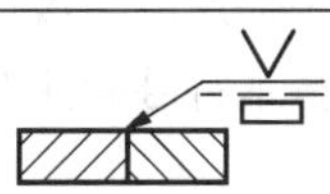 | 表示 V 形焊缝的背面底部有垫板 |
| 三角焊缝符号 | ⊏ | 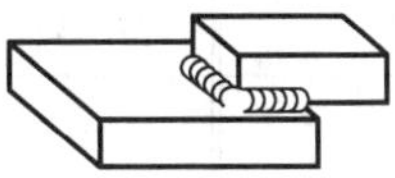 | 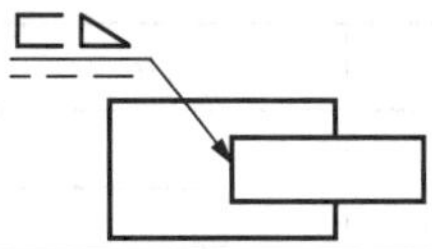 | 工件三面施焊，为角焊缝 |
| 周围焊缝符号 | ○ | 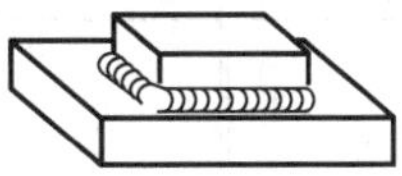 | 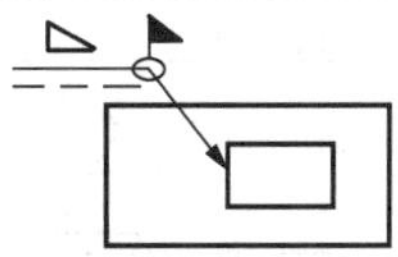 | 表示在现场沿工件周围施焊，为角焊缝 |
| 现场符号 |  | | | |
| 尾部符号 | < |  | 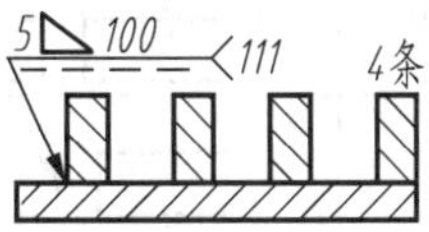 | 111 表示用手工电弧焊，有 4 条相同的角焊缝，焊缝高为 5，长为 100 |

4．焊缝的指引线及其在图样上的位置

指引线一般由箭头线和两条基准线组成，如图 8-14（a）所示。箭头线用来将整个符号指到图样上的有关的焊缝处，必要时允许箭头线弯折一次，如图 8-14（b）所示。

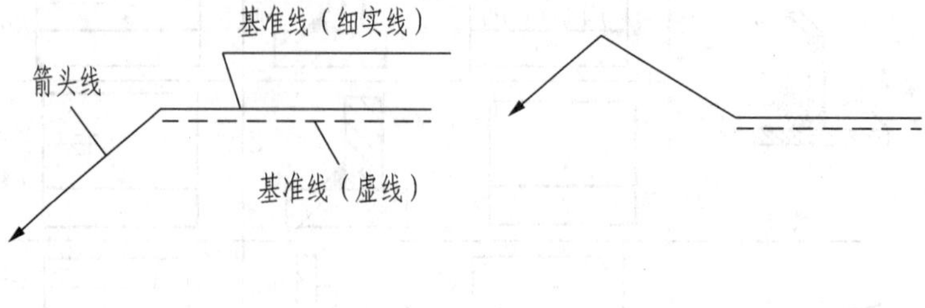


（a）　　（b）

图 8-14　指引线的画法

基准线上下用来标注有关的焊缝符号，基准线的虚线既可画在基准实线的上侧，也可画在基准实线的下侧。基准线一般应与图样的底边相平行。

基本符号相对基准线的位置的规定如下：

（1）如果焊缝在箭头所指的一侧，基本符号标在基准线的实线一侧，如图 8-15（a）所示；

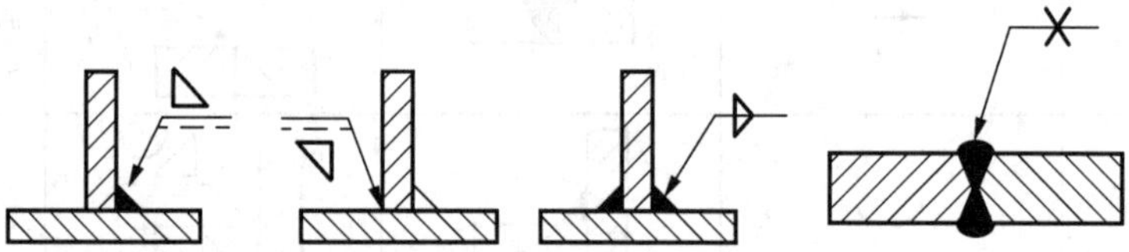

（a）　　（b）　　（c）　　（d）

图 8-15　基准符号与基准线位置

（2）如果焊缝不在箭头所指的一侧，基本符号标在基准线的虚线一侧，如图 8-15（b）所示；

（3）标注对称焊缝及双面焊缝时，可不加虚线，如图 8-15（c）、（d）所示。

5．焊缝尺寸符号

焊缝尺寸指的是工件厚度、坡口角度、根部间隙等参数值，焊缝尺寸一般不标注，在需要时才标注，标注时，随基本符号标注在规定的位置上。常用的焊缝尺寸符号如表 8-4 所示。

表 8-4　常用的焊缝尺寸符号

| 符　号 | 名　称 | 示　意　图 | 符　号 | 名　称 | 示　意　图 |
|---|---|---|---|---|---|
| $\delta$ | 工件厚度 | 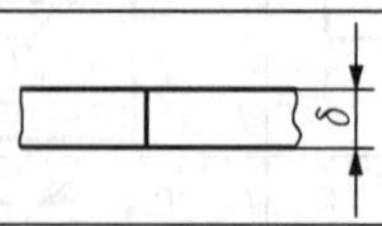  | $c$ | 焊缝宽度 | 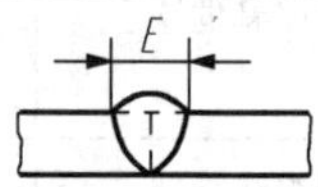  |
| $\alpha$ | 坡口角度 | 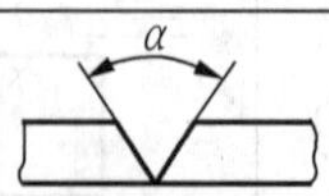  | $R$ | 根部半径 | 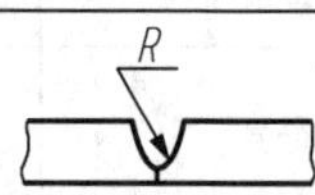  |
| $b$ | 根部间隙 | 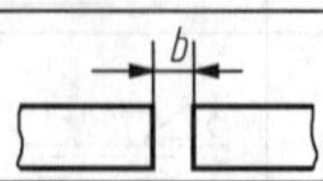  | $l$ | 焊缝长度 | 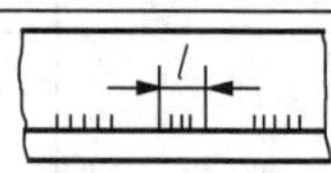  |
| $\rho$ | 钝边 | 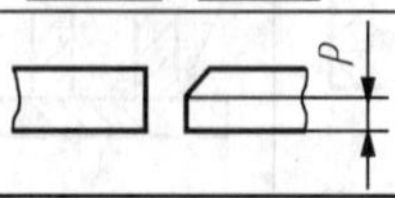  | $n$ | 符号段数 | 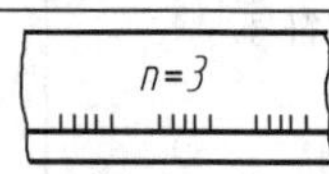  |

## 三、焊缝标注

表 8-5 焊缝标注示例

| 接头形式 | 焊缝形式 | 标注示例 | 说明 |
|---|---|---|---|
| 对接接头 | 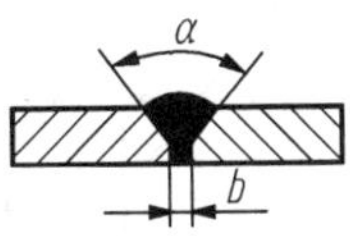 | 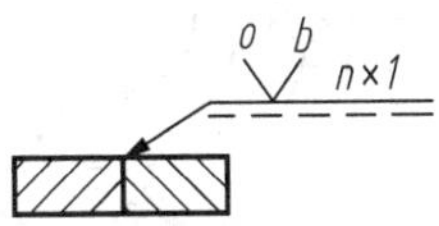 | 表示 V 形焊缝的坡口角度为$\alpha$，根部间隙为 $b$，有 $n$ 段长度为 1 的焊缝 |
| T 形接头 | 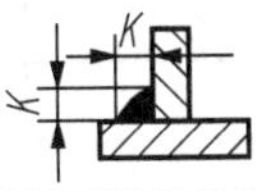 | 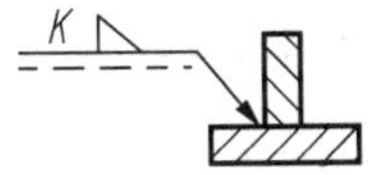 | 表示单面角焊缝，焊角高度为 $K$ |
| | 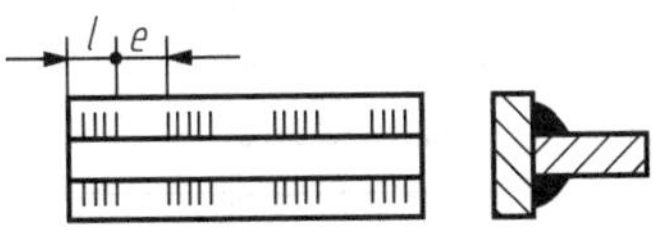 | 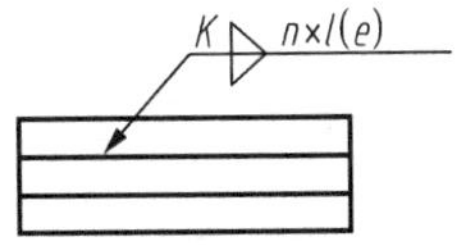 | 表示 $n$ 段长度为 $l$ 的双面断续角焊缝，间隙为 $e$，焊角高为 $K$ |
| | 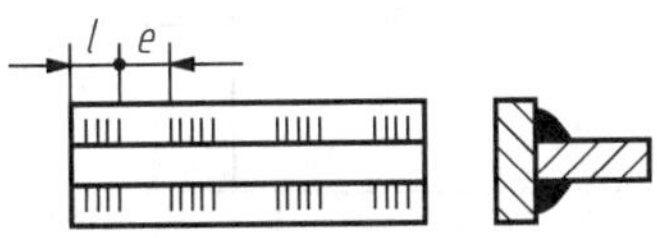 | 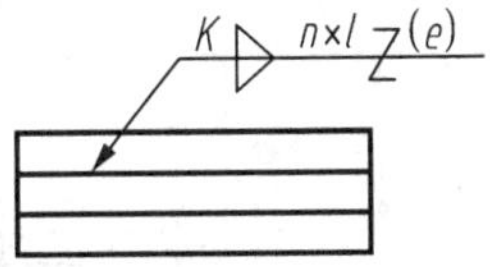 | 表示有 $n$ 段长度为 $l$ 的双面交错断续角焊缝，间隔为 $e$，焊角高为 $K$ |
| 角接接头 | 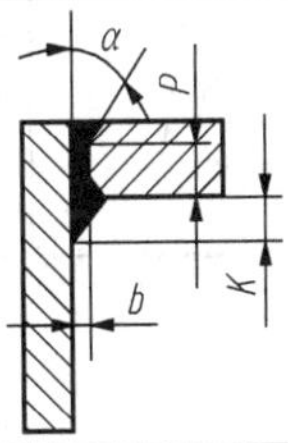 | 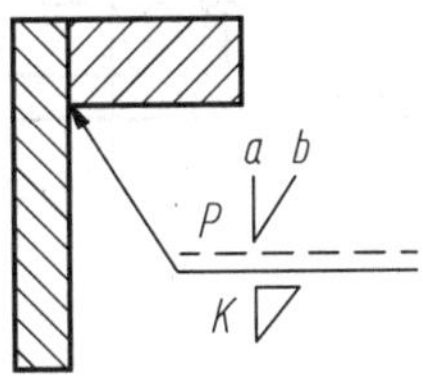 | 表示为双面焊接，上面为单边 V 形焊缝，下面为角焊缝 |
| 搭接接头 | 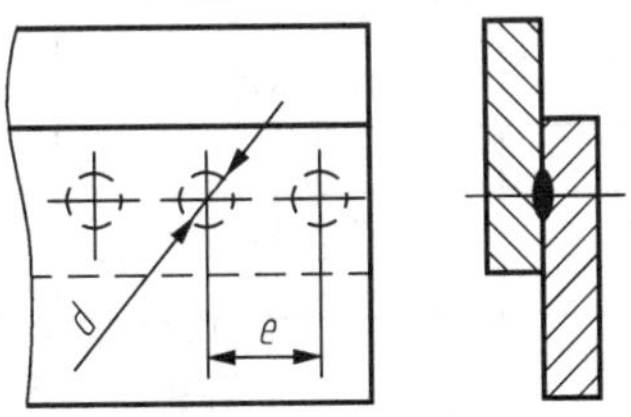 | 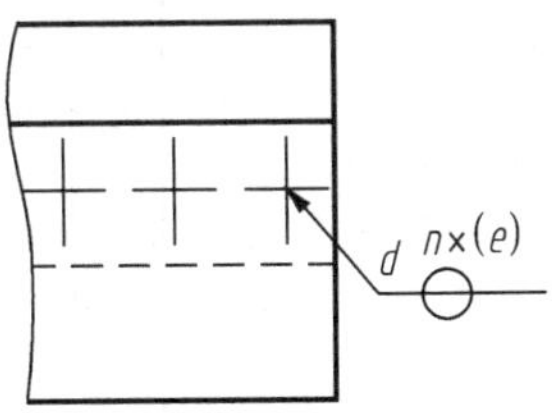 | 表示有 $n$ 个焊点的点焊，焊核直径为 $d$，焊点的间隔为 $e$ |

## 四、焊接图示例

图 8-16 所示为连管支架焊接图，图中除了一般零件图中应具有的内容外，还有与焊接有关的说明、标注和每个构件的明细栏。

如图 8-16 所示连管支架由四个构件组成，底板与支撑板焊接，支撑板与圆管焊接均采用双面角焊焊缝，焊角高为 10，圆管与支撑法兰采用带钝边单边 V 形焊缝，坡口角度为 60°，钝边为 2，根部间隙为 2。

在技术要求里提出了相关的焊接要求，构件明细栏格式与装配图的零件明细栏基本相同。

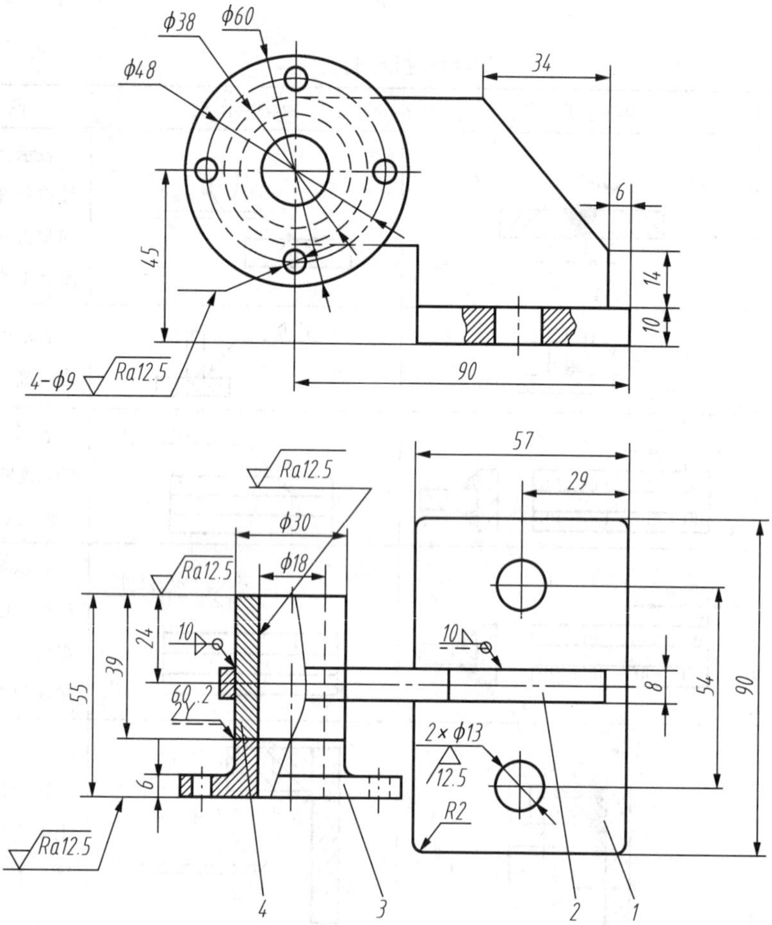


技术要求

1.未注圆角R3

2.焊缝采用手工电弧焊接，焊条J422

3.所有焊缝表面不允许有未熔合缺陷

| 序号 | 代号 | 名　称 | 数量 | 材　料 | 备　注 |
|---|---|---|---|---|---|
| 4 | | 圆　管 | 1 | Q235A | |
| 3 | | 底　板 | 1 | Q235A | |
| 2 | | 支承板 | 1 | Q235A | |
| 1 | | 支承法兰 | 1 | Q235A | |

| 连管支架 | | 比例 | 1:1 | （图号） |
|---|---|---|---|---|
| | | 件数 | 1 | |
| 制图 | （学号） | 重量 | 共　张　第　张 | |
| 描图 | （日期） | （校名） | | |
| 审核 | （日期） | | | |

图 8-16　连管支架焊接图

# 附　　录

## 1．螺纹

附表 1　普通螺纹直径、螺距与公差带（摘自 GB/T 192、193、196、197—2003）　单位：mm

$D$——内螺纹大径

$d$——外螺纹大径

$D_2$——内螺纹中径

$d_2$——外螺纹中径

$D_1$——内螺纹小径

$d_1$——外螺纹小径

$P$——螺距

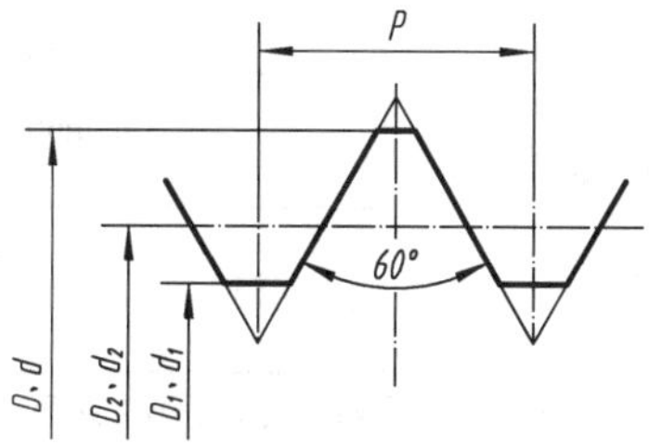


标记示例：

M10-6g（粗牙普通外螺纹、公称直径 $d$=M10、右旋、中径及大径公差带均为 6g、中等旋合长度）

M10×1-6H-LH（细牙普通内螺纹、公称直径 $D$=M10、螺距 $P$=1、中径及小径公差带均为 6H、中等旋合长度、左旋）

| 公称直径 $D$、$d$ | | | 螺距 $P$ | |
|---|---|---|---|---|
| 第一系列 | 第二系列 | 第三系列 | 粗牙 | 细牙 |
| 4 | — | — | 0.7 | 0.5 |
| 5 | — | — | 0.8 | |
| 6 | — | — | 1 | 0.75 |
| | 7 | — | | |
| 8 | — | — | 1.25 | 1、0.75 |
| 10 | — | — | 1.5 | 1.25、1、0.75 |
| 12 | — | — | 1.75 | 1.25、1 |
| — | 14 | — | 2 | 1.5、1.25、1 |
| — | — | 15 | — | 1.5、1 |
| 16 | — | — | 2 | |
| — | 18 | — | 2.5 | 2、1.5、1 |
| 20 | — | — | | |
| — | 22 | — | | |
| 24 | — | — | 3 | |
| — | — | 25 | — | |

续表

<table>
<tr><th colspan="3">公称直径 D、d</th><th colspan="6">螺 距 P</th></tr>
<tr><th>第一系列</th><th>第二系列</th><th>第三系列</th><th colspan="3">粗 牙</th><th colspan="3">细 牙</th></tr>
<tr><td>—</td><td>27</td><td>—</td><td colspan="3">3</td><td colspan="3"></td></tr>
<tr><td>30</td><td>—</td><td>—</td><td colspan="3" rowspan="2">3.5</td><td colspan="3">(3)、2、1.5、1</td></tr>
<tr><td>—</td><td>33</td><td>—</td><td colspan="3">(3)、2、1.5</td></tr>
<tr><td>—</td><td>—</td><td>35②</td><td colspan="3">—</td><td colspan="3">1.5</td></tr>
<tr><td>36</td><td>—</td><td>—</td><td colspan="3" rowspan="2">4</td><td colspan="3" rowspan="2">3、2、1.5</td></tr>
<tr><td>—</td><td>39</td><td>—</td></tr>
<tr><td colspan="2" rowspan="2">普通螺纹</td><td>中等</td><td>(5g6g)<br>(5h6h)</td><td>[*6g]，*6e<br>6h，*6f</td><td>(7e6e)<br>(7g6g)<br>(7h6h)</td><td>*5H<br>(5G)</td><td>[*6H]<br>*6G</td><td>*7H<br>(7G)</td></tr>
<tr><td>粗糙</td><td>—</td><td>8g，(8e)</td><td>(9e8e)<br>(9g8g)</td><td>—</td><td>7H，(7G)</td><td>8H<br>(8G)</td></tr>
</table>

注：1. 优先选用第一系列，其次是第二系列，第三系列尽可能不用；括号内尺寸尽可能不用。

2. 大量生产的紧固件螺纹，推荐采用带方框的公差带；带*的公差带优先选用，括号内的公差带尽可能不用。

3. 两种精度选用原则：中等——一般用途；粗糙——对精度要求不高时采用。

附表 2　　梯形螺纹

直径与螺距系列和公称尺寸（GB/T 5796.2—2005，GB/T 5796.3—2005）

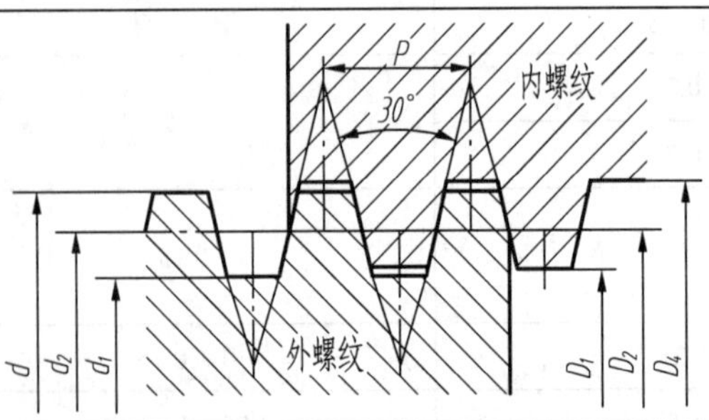


标记示例

公称直径 $d$=40，导程 $Ph$=14，螺距 $P$=7，中径公差带代号 8e，长旋合长度的双线左旋梯形螺纹：

Tr40×14(P7)－8e－L－LH

mm

| 公称直径 $d$ | | 螺距 $P$ | 中径 $d_2=D_2$ | 大径 $D_4$ | 小 径 | |
|---|---|---|---|---|---|---|
| 第一系列 | 第二系列 | | | | $d_1$ | $D_1$ |
| 8 | | 1.5 | 7.25 | 8.30 | 6.20 | 6.50 |
| | 9 | 1.5 | 8.25 | 9.30 | 7.20 | 7.50 |
| | | 2 | 8.00 | 9.50 | 6.50 | 7.00 |
| 10 | | 1.5 | 9.25 | 10.30 | 8.20 | 8.50 |
| | | 2 | 9.00 | 10.50 | 7.50 | 8.00 |
| | 11 | 2 | 10.00 | 11.50 | 8.50 | 9.00 |
| | | 3 | 9.50 | 11.50 | 7.50 | 8.00 |
| 12 | | 2 | 11.00 | 12.50 | 9.50 | 10.00 |
| | | 3 | 10.50 | 12.50 | 8.50 | 9.00 |

续表

| 公称直径 $d$ | | 螺距 $P$ | 中径 $d_2=D_2$ | 大径 $D_4$ | 小　径 | |
|---|---|---|---|---|---|---|
| 第一系列 | 第二系列 | | | | $d_1$ | $D_1$ |
| | 14 | 2 | 13.00 | 14.50 | 11.50 | 12.00 |
| | | 3 | 12.50 | 14.50 | 10.50 | 11.00 |
| 16 | | 2 | 15.00 | 16.50 | 13.50 | 14.00 |
| | | 4 | 14.00 | 16.50 | 11.50 | 12.00 |
| | 18 | 2 | 17.00 | 18.50 | 15.50 | 16.00 |
| | | 4 | 16.00 | 18.50 | 13.50 | 14.00 |
| 20 | | 2 | 19.00 | 20.50 | 17.50 | 18.00 |
| | | 4 | 18.00 | 20.50 | 15.50 | 16.00 |
| | 22 | 3 | 20.50 | 22.50 | 18.50 | 19.00 |
| | | 5 | 19.50 | 22.50 | 16.50 | 17.00 |
| | | 8 | 18.00 | 23.00 | 13.00 | 14.00 |
| 24 | | 3 | 22.50 | 24.50 | 20.50 | 21.00 |
| | | 5 | 21.50 | 24.50 | 18.50 | 19.00 |
| | | 8 | 20.00 | 25.00 | 15.00 | 16.00 |
| | 26 | 3 | 24.50 | 26.50 | 22.50 | 23.00 |
| | | 5 | 23.50 | 26.50 | 20.50 | 21.00 |
| | | 8 | 22.00 | 27.00 | 17.00 | 18.00 |
| 28 | | 3 | 26.50 | 28.50 | 24.50 | 25.00 |
| | | 5 | 25.50 | 28.50 | 22.50 | 23.00 |
| | | 8 | 24.00 | 29.00 | 19.00 | 20.00 |
| | 30 | 3 | 28.50 | 30.50 | 26.50 | 27.00 |
| | | 6 | 27.00 | 31.00 | 23.00 | 24.00 |
| | | 10 | 25.00 | 31.00 | 19.00 | 20.00 |
| 32 | | 3 | 30.50 | 32.50 | 28.50 | 29.00 |
| | | 6 | 29.00 | 33.00 | 25.00 | 26.00 |
| | | 10 | 27.00 | 33.00 | 21.00 | 22.00 |
| | 34 | 3 | 32.50 | 34.50 | 30.50 | 31.00 |
| | | 6 | 31.00 | 35.00 | 27.00 | 28.00 |
| | | 10 | 29.00 | 35.00 | 23.00 | 24.00 |
| 36 | | 3 | 34.50 | 36.50 | 32.50 | 33.00 |
| | | 6 | 33.00 | 37.00 | 29.00 | 30.00 |
| | | 10 | 31.00 | 37.00 | 25.00 | 26.00 |
| | 38 | 3 | 36.50 | 38.50 | 34.50 | 35.00 |
| | | 7 | 34.50 | 39.00 | 30.00 | 31.00 |
| | | 10 | 33.50 | 39.00 | 27.00 | 28.00 |
| 40 | | 3 | 38.50 | 40.50 | 32.50 | 37.00 |
| | | 7 | 36.50 | 41.00 | 32.00 | 33.00 |
| | | 10 | 35.00 | 41.00 | 29.00 | 30.00 |

附表 3　　非密封管螺纹（GB/T 7307—2001）

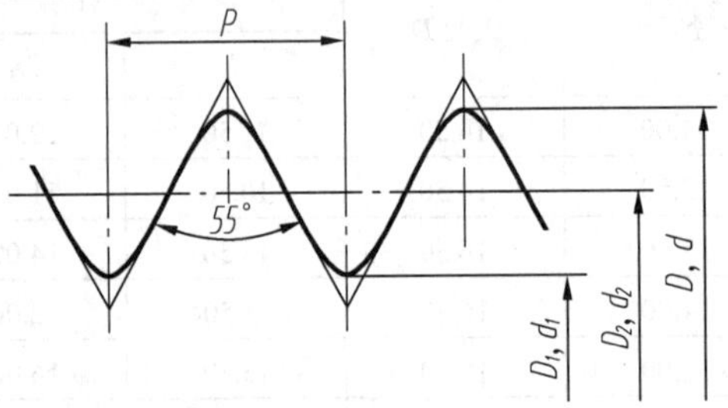


标记示例

尺寸代号 $1\frac{1}{2}$ 的左旋内螺纹：G$1\frac{1}{2}$ −LH

尺寸代号 $1\frac{1}{2}$ 的 B 级外螺纹：G$1\frac{1}{2}$ B

mm

| 尺寸代号 | 每 25.4mm 内所包含的牙数 $n$ | 螺距 $P$ | 基本直径 | |
|---|---|---|---|---|
| | | | 大径 $D=d$ | 小径 $D_1=d_1$ |
| 1/8 | 28 | 0.907 | 9.728 | 8.566 |
| 1/4 | 19 | 1.337 | 13.157 | 11.445 |
| 3/8 | 19 | 1.337 | 16.662 | 14.950 |
| 1/2 | 14 | 1.814 | 20.955 | 18.631 |
| 5/8 | 14 | 1.814 | 22.911 | 20.587 |
| 3/4 | 14 | 1.814 | 26.441 | 24.117 |
| 7/8 | 14 | 1.814 | 30.201 | 27.887 |
| 1 | 11 | 2.309 | 33.249 | 30.291 |
| $1\frac{1}{8}$ | 11 | 2.309 | 37.897 | 34.939 |
| $1\frac{1}{4}$ | 11 | 2.309 | 41.910 | 38.952 |
| $1\frac{1}{2}$ | 11 | 2.309 | 48.803 | 44.845 |
| $1\frac{3}{4}$ | 11 | 2.309 | 53.746 | 50.788 |
| 2 | 11 | 2.309 | 59.614 | 56.656 |
| $2\frac{1}{4}$ | 11 | 2.309 | 65.710 | 62.752 |
| $2\frac{1}{2}$ | 11 | 2.309 | 75.184 | 72.226 |
| $2\frac{3}{4}$ | 11 | 2.309 | 81.534 | 78.576 |
| 3 | 11 | 2.309 | 87.884 | 84.926 |

附表 4　　　　　　　　　　　　**螺栓**

六角头螺栓—C 级（GB/T 5780—2000），六角头螺栓—A 和 B 级（GB/T 5782—2000）

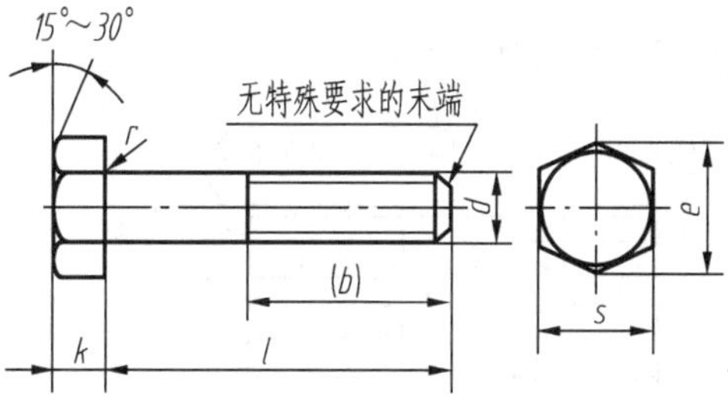


（GB/T 5780—2000）

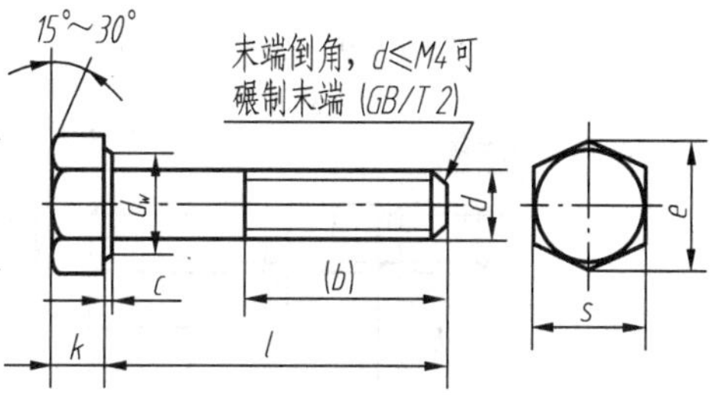


（GB/T 5782—2000）

标记示例

螺纹规格 $d$=M12、公称长度 $l$=80、性能等级为 8.8 级、表面氧化、A 级的六角头螺栓：

螺柱 GB/T 5780　M12 × 80

mm

| 螺纹规格 $d$ | | | M3 | M4 | M5 | M6 | M8 | M10 | M12 | M16 | M20 | M24 | M30 |
|---|---|---|---|---|---|---|---|---|---|---|---|---|---|
| $b$ 参考 | $l$≤125 | | 12 | 14 | 16 | 18 | 22 | 26 | 30 | 38 | 46 | 54 | 66 |
| | 125＜ $l$≤200 | | 18 | 20 | 22 | 24 | 28 | 32 | 36 | 44 | 52 | 60 | 72 |
| | $l$≤200 | | 31 | 33 | 35 | 37 | 41 | 45 | 49 | 57 | 65 | 73 | 85 |
| $c$ | | | 0.4 | 0.4 | 0.5 | 0.5 | 0.6 | 0.6 | 0.6 | 0.8 | 0.8 | 0.8 | 0.8 |
| $d_w$ | 产品等级 | A | 4.57 | 5.88 | 6.88 | 8.88 | 11.63 | 14.63 | 16.63 | 22.49 | 28.19 | 33.61 | — |
| | | B、C | 4.45 | 5.74 | 6.74 | 8.74 | 11.47 | 14.47 | 16.47 | 22 | 27.7 | 33.25 | 42.75 |
| $e$ | 产品等级 | A | 6.01 | 7.66 | 8.79 | 11.05 | 14.38 | 17.77 | 20.03 | 26.75 | 33.53 | 39.98 | — |
| | | B、C | 5.88 | 7.50 | 8.63 | 10.89 | 14.20 | 17.59 | 19.85 | 26.17 | 32.95 | 39.55 | 50.85 |
| $k$ 公称 | | | 2 | 2.8 | 3.5 | 4 | 5.3 | 6.4 | 7.5 | 10 | 12.5 | 15 | 18.7 |
| $r$ | | | 0.1 | 0.2 | 0.2 | 0.25 | 0.4 | 0.4 | 0.6 | 0.6 | 0.8 | 0.8 | 1 |
| $s$ 公称 | | | 5.5 | 7 | 8 | 10 | 13 | 16 | 18 | 24 | 30 | 36 | 46 |
| $l$（商品规格范围） | | | 20～30 | 25～40 | 25～50 | 30～60 | 40～80 | 45～100 | 50～120 | 65～160 | 80～200 | 90～240 | 110～300 |
| $l$ 系列 | | | 12，16，20，25，30，35，40，45，50，55，60，65，70，80，90，100，110，120，130，140，150，160，180，200，220，240，260，260，280，300，320，340，360 | | | | | | | | | | |

注：1．A 级用于 $d$≤24 和 $l$≤10$d$ 或≤150 的螺栓；B 级用于 $d$>24 和 $l$>10d 或>150 的螺栓。

2．螺纹规格 $d$ 范围：GB/T 5780 为 M5～M64；GB/T 5782 为 M1.6～M64。

3．公称长度 $l$ 范围：GB/T 5780 为 25～500；GB/T 5782 为 12～500。

附表 5　　双头螺柱

双头螺柱——$b_m = 1d$（GB/T 897—1988）、双头螺柱——$b_m = 1.25d$（GB/T 898—1988）、

双头螺柱——$b_m = 1.5d$（GB/T 899—1988）、双头螺柱——$b_m = 2d$（GB/T 900—1988）

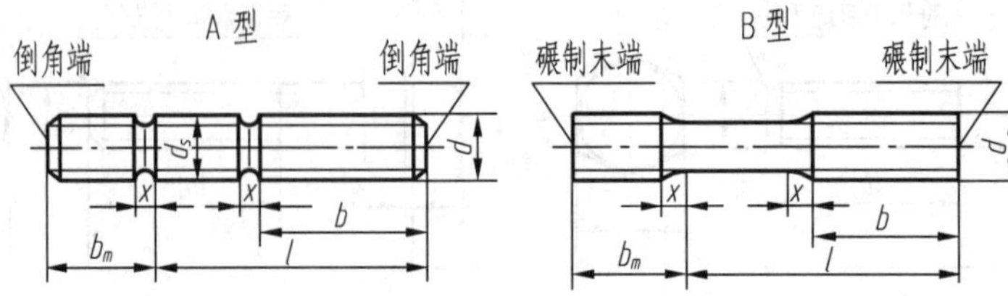


标记示例

两端均为粗牙普通螺纹、$d = 10$、$l = 50$、性能等级为 4.8 级、B 型、$b_m = 1d$ 的双头螺柱：

螺柱 GB/T 897　M10 × 50

旋入机体一端为粗牙普通螺纹、旋螺母一端为螺距 $P = 1$ 的细牙普通螺纹、$d = 10$、$l = 50$、性能等级为 4.8 级、A 型、$b_m = 1d$ 的双头螺柱：

螺柱　GB/T 897　AM10—M10 × 1 × 50

mm

| 螺纹规格 $d$ | | M5 | M6 | M8 | M10 | M12 | M16 | M20 | M24 | M30 | M36 | M42 |
|---|---|---|---|---|---|---|---|---|---|---|---|---|
| $b_m$（公称） | GB/T897 | 5 | 6 | 8 | 10 | 12 | 16 | 20 | 24 | 30 | 36 | 42 |
| | GB/T898 | 6 | 8 | 10 | 12 | 15 | 20 | 25 | 30 | 38 | 45 | 52 |
| | GB/T899 | 8 | 10 | 12 | 15 | 18 | 24 | 30 | 36 | 45 | 54 | 65 |
| | GB/T900 | 10 | 12 | 16 | 20 | 24 | 32 | 40 | 48 | 60 | 72 | 84 |
| $d_s$(max) | | 5 | 6 | 8 | 10 | 12 | 16 | 20 | 24 | 30 | 36 | 42 |
| $x$(max) | | 2.5$P$ | | | | | | | | | | |
| $\frac{l}{b}$ | | $\frac{16 \sim 22}{10}$ | $\frac{20 \sim 22}{10}$ | $\frac{20 \sim 22}{12}$ | $\frac{25 \sim 28}{14}$ | $\frac{25 \sim 30}{16}$ | $\frac{30 \sim 38}{20}$ | $\frac{35 \sim 40}{25}$ | $\frac{45 \sim 50}{30}$ | $\frac{60 \sim 65}{40}$ | $\frac{65 \sim 75}{45}$ | $\frac{65 \sim 80}{50}$ |
| | | $\frac{25 \sim 50}{16}$ | $\frac{25 \sim 30}{14}$ | $\frac{25 \sim 30}{16}$ | $\frac{30 \sim 38}{16}$ | $\frac{32 \sim 40}{20}$ | $\frac{40 \sim 55}{30}$ | $\frac{45 \sim 65}{35}$ | $\frac{55 \sim 75}{45}$ | $\frac{70 \sim 90}{50}$ | $\frac{80 \sim 110}{60}$ | $\frac{85 \sim 110}{70}$ |
| | | | $\frac{32 \sim 75}{18}$ | $\frac{32 \sim 90}{22}$ | $\frac{40 \sim 120}{26}$ | $\frac{45 \sim 120}{30}$ | $\frac{60 \sim 120}{38}$ | $\frac{70 \sim 120}{46}$ | $\frac{80 \sim 120}{54}$ | $\frac{95 \sim 120}{60}$ | $\frac{120}{78}$ | $\frac{120}{90}$ |
| | | | | | $\frac{130}{32}$ | $\frac{130 \sim 180}{36}$ | $\frac{130 \sim 200}{44}$ | $\frac{130 \sim 200}{52}$ | $\frac{130 \sim 200}{60}$ | $\frac{130 \sim 200}{72}$ | $\frac{130 \sim 200}{84}$ | $\frac{130 \sim 200}{96}$ |
| | | | | | | | | | | $\frac{210 \sim 250}{85}$ | $\frac{210 \sim 300}{91}$ | $\frac{210 \sim 300}{109}$ |
| $l$ | | 16，(18)，20，(22)，25，(28)，30，(32)，35 (38)，40，45，50，(55)，60，(65)，70，(75)，80，(85)，90，(95) 100，110，120，130，140，150，160，170，180，190，200，210，220，220，240，250，280，300 | | | | | | | | | | |

注：$P$ 是粗牙螺纹的螺距。

## 附表 6　　螺钉

### 6.1　开槽圆柱头螺钉（GB/T 65—2000）

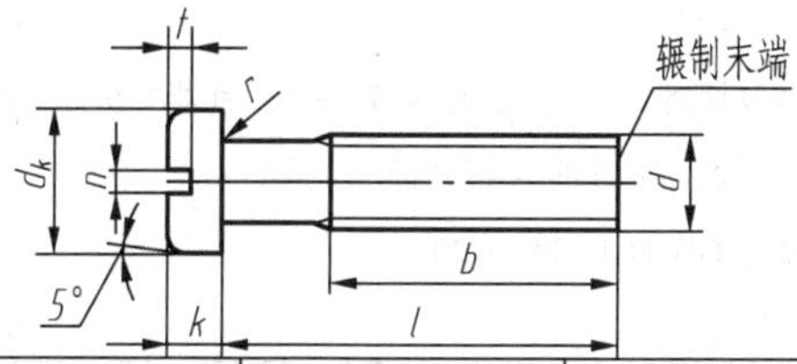


标记示例

螺纹规格 $d$ = M5、公称长度 $l$ = 20、性能等级为 4.8 级、不经表面处理的 A 级开槽圆柱头螺钉：

螺钉 GB/T65　M5 × 20

mm

| 螺纹规格 $d$ | M4 | M5 | M6 | M8 | M10 |
|---|---|---|---|---|---|
| $P$（螺距） | 0.7 | 0.8 | 1 | 1.25 | 1.5 |
| $b$ | 38 | 38 | 38 | 38 | 38 |
| $d_k$ | 7 | 8.5 | 10 | 13 | 16 |
| $k$ | 2.6 | 3.3 | 3.9 | 5 | 6 |
| $n$ | 1.2 | 1.2 | 1.6 | 2 | 2.5 |
| $r$ | 0.2 | 0.2 | 0.25 | 0.4 | 0.4 |
| $t$ | 1.1 | 1.3 | 1.6 | 2 | 2.4 |
| 公称长度 $l$ | 5～40 | 6～50 | 8～60 | 10～80 | 12～80 |
| $l$ 系列 | 5，6，8，10，12，(14)，16，20，25，30，35，40，45，50，(55)，60，(65)，70，(75)，80 | | | | |

注：1．公称长度 $l$≤40 的螺钉，制出全螺纹。

2．螺纹规格 $d$ = M1.6～M10；公称长度 $l$ = 2～80。

3．括号内的规格尽可能不采用。

### 6.2　开槽盘头螺钉（GB/T 67—2008）

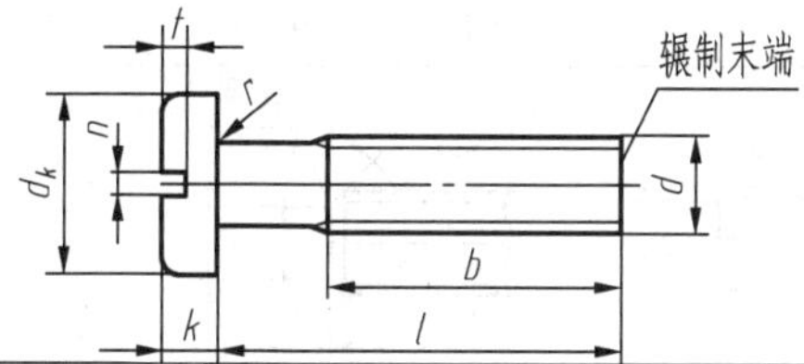


标记示例

螺纹规格 $d$ = M5、公称长度 $l$ = 20、性能等级为 4.8 级、不经表面处理的 A 级开槽盘头螺钉：

螺钉 GB/T67　M5 × 20

mm

| 螺纹规格 $d$ | M1.6 | M2 | M2.5 | M3 | M4 | M5 | M6 | M8 | M10 |
|---|---|---|---|---|---|---|---|---|---|
| $P$（螺距） | 0.35 | 0.4 | 0.45 | 0.5 | 0.7 | 0.8 | 1 | 1.25 | 1.5 |
| $b$ | 25 | 25 | 25 | 25 | 38 | 38 | 38 | 38 | 38 |
| $d_k$ | 3.2 | 4 | 5 | 5.6 | 8 | 9.5 | 12 | 16 | 20 |
| $k$ | 1 | 1.3 | 1.5 | 1.8 | 2.4 | 3 | 3.6 | 4.8 | 6 |
| $n$ | 0.4 | 0.5 | 0.6 | 0.8 | 1.2 | 1.2 | 1.6 | 2 | 2.5 |
| $r$ | 0.1 | 0.1 | 0.1 | 0.1 | 0.2 | 0.2 | 0.25 | 0.4 | 0.4 |
| $t$ | 0.35 | 0.5 | 0.6 | 0.7 | 1 | 1.2 | 1.4 | 1.9 | 2.4 |
| 公称长度 $l$ | 2～16 | 2.5～20 | 3～25 | 4～30 | 5～40 | 6～50 | 8～60 | 10～80 | 12～80 |
| $l$ 系列 | 2，2，5，3，4，5，6，8，10，12，(14)，16，20，25，30，35，40，45，50，(55)，60，(65)，70，(75)，80 | | | | | | | | |

注：1．M1.6～M3 的螺钉，公称长度 $l$≤30 的，制出全螺纹，M4～M10 的螺钉，公称长度 $l$≤40 的，制出全螺纹。

2．括号内的规格尽可能不采用。

6.3 开槽沉头螺钉（GB/T 68—2000）

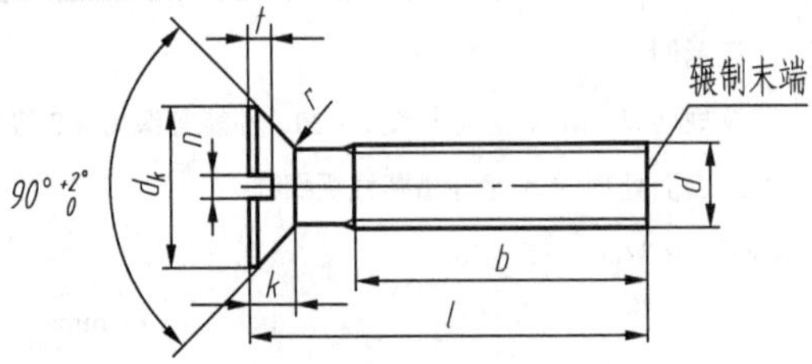


标记示例

螺纹规格 $d$ = M5、公称长度 $l$ = 20、性能等级为 4.8 级、不经表面处理的 A 级开槽沉头螺钉：

螺钉 GB/T68 M5 × 20

mm

| 螺纹规格 $d$ | M1.6 | M2 | M2.5 | M3 | M4 | M5 | M6 | M8 | M10 |
|---|---|---|---|---|---|---|---|---|---|
| $P$（螺距） | 0.35 | 0.4 | 0.45 | 0.5 | 0.7 | 0.8 | 1 | 1.25 | 1.5 |
| $b$ | 25 | 25 | 25 | 25 | 38 | 38 | 38 | 38 | 38 |
| $d_k$ | 3.6 | 4.4 | 5.5 | 6.3 | 9.4 | 10.4 | 12.6 | 17.3 | 20 |
| $k$ | 1 | 1.2 | 1.5 | 1.65 | 2.7 | 2.7 | 3.3 | 4.65 | 5 |
| $n$ | 0.4 | 0.5 | 0.6 | 0.8 | 1.2 | 1.2 | 1.6 | 2 | 2.5 |
| $r$ | 0.4 | 0.6 | 0.6 | 0.8 | 1 | 1.3 | 1.5 | 2 | 2.5 |
| $t$ | 0.5 | 0.6 | 0.75 | 0.85 | 1.3 | 1.4 | 1.6 | 2.3 | 2.6 |
| 公称长度 $l$ | 2.5～16 | 3～20 | 4～25 | 5～30 | 6～40 | 8～50 | 8～60 | 10～80 | 12～80 |
| $l$ 系列 | 2，5，3，4，5，6，8，10，12，(14)，16，20，25，30，35，40，45，50，(55)，60，(65)，70，(75)，80 | | | | | | | | |

注：1. M1.6～M3 的螺钉，公称长度 $l$≤30 的，制出全螺纹；M4～M10 的螺钉，公称长度 $l$≤45 的，制出全螺纹。

2. 括号内的规格尽可能不采用。

| 6.4 开槽锥端紧定螺钉（GB/T 71—1985） | 开槽平端紧定螺钉（GB/T 73—1985） | 开槽长圆柱端紧定螺钉（GB/T 75—1985） |
|---|---|---|

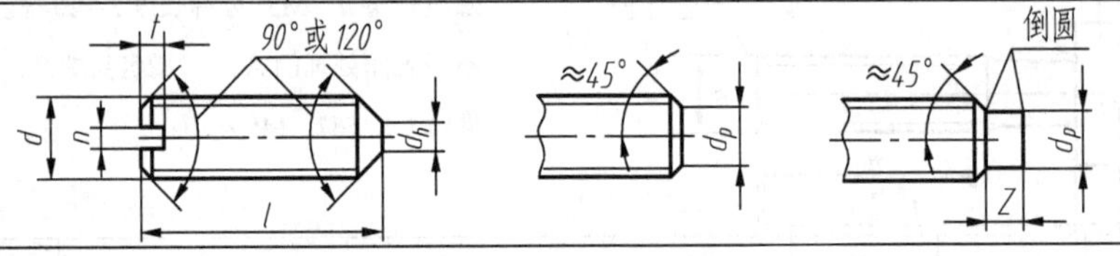


标记示例

螺纹规格 $d$ = M5、公称长度 $l$ = 12、性能等级为 14H 级、表面氧化的开槽长圆柱端紧定螺钉：

螺钉 GB/T75 M5 × 12

mm

| 螺纹规格 $d$ | M1.6 | M2 | M2.5 | M3 | M4 | M5 | M6 | M8 | M10 | M12 |
|---|---|---|---|---|---|---|---|---|---|---|
| $P$（螺距） | 0.35 | 0.4 | 0.45 | 0.5 | 0.7 | 0.8 | 1 | 1.25 | 1.5 | 1.75 |
| $n$ | 0.25 | 0.25 | 0.4 | 0.4 | 0.6 | 0.8 | 1 | 1.2 | 1.6 | 2 |
| $l$ | 0.74 | 0.74 | 0.95 | 1.05 | 1.42 | 1.63 | 2 | 2.5 | 3 | 3.6 |
| $d_1$ | 0.16 | 0.2 | 0.25 | 0.3 | 0.4 | 0.5 | 1.5 | 2 | 2.5 | 3 |
| $d_p$ | 0.8 | 1 | 1.5 | 2 | 2.5 | 3.5 | 4 | 5.5 | 7 | 8.5 |
| $z$ | 1.05 | 1.25 | 1.5 | 1.75 | 2.25 | 2.75 | 3.25 | 4.3 | 5.3 | 6.3 |

续表

| 螺纹规格 $d$ | | M1.6 | M2 | M2.5 | M3 | M4 | M5 | M6 | M8 | M10 | M12 |
|---|---|---|---|---|---|---|---|---|---|---|---|
| $l$ | GB/T 71—1985 | 2～8 | 3～10 | 3～12 | 4～16 | 6～20 | 8～25 | 8～30 | 10～40 | 12～50 | 14～60 |
| | GB/T 73—1985 | 2～8 | 2～10 | 2.5～12 | 3～16 | 4～20 | 5～25 | 6～30 | 8～40 | 10～50 | 12～60 |
| | GB/T 75—1985 | 2.5～8 | 3～10 | 4～12 | 5～16 | 6～20 | 8～25 | 10～30 | 10～40 | 12～50 | 14～60 |
| $l$ 系列 | | 2,2.5,3,4,5,6,8,10,12,(14),16,20,25,30,35,40,45,50,(55),60 | | | | | | | | | |

注：1. $l$ 为公称长度。

2. 括号内的规格尽可能不采用。

## 2. 常用键与销

附表 7　　键

7.1　键平键和键槽的断面尺寸（GB/T 1095—2003）

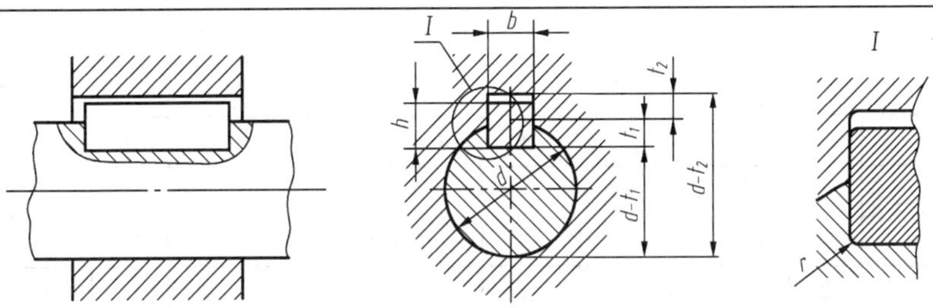


mm

| 键尺寸 $b\times h$ | 键槽 | | | | | | | | | | | |
|---|---|---|---|---|---|---|---|---|---|---|---|---|
| | 宽度 $b$ | | | | | | 深度 | | | | 半径 $r$ | |
| | 基本尺寸 | 极限偏差 | | | | | 轴 $t_1$ | | 毂 $t_2$ | | | |
| | | 正常连接 | | 紧密连接 | 松连接 | | 基本尺寸 | 极限偏差 | 基本尺寸 | 极限偏差 | | |
| | | 轴 N9 | 毂 JS9 | 轴和毂 P9 | 轴 H9 | 毂 D10 | | | | | min | max |
| 2×2 | 2 | −0.004 | ±0.0125 | −0.006 | +0.0250 | +0.060 | 1.2 | +0.10 | 1.0 | +0.10 | 0.08 | 0.16 |
| 3×3 | 3 | −0.029 | | −0.031 | | +0.020 | 1.8 | | 1.4 | | | |
| 4×4 | 4 | 0 | ±0.015 | −0.012 | +0.0300 | +0.078 | 2.5 | +0.10 | 1.8 | +0.10 | | |
| 5×5 | 5 | −0.030 | | −0.042 | | +0.030 | 3.0 | | 2.3 | | 0.16 | 0.25 |
| 6×6 | 6 | | | | | | 3.5 | | 2.8 | | | |
| 8×7 | 8 | 0 | ±0.018 | −0.015 | +0.036 | +0.098 | 4.0 | +0.20 | 3.3 | +0.20 | | |
| 10×8 | 10 | −0.036 | | −0.051 | 0 | +0.040 | 5.0 | | 3.3 | | 0.25 | 0.40 |
| 12×8 | 12 | | | | | | 5.0 | | 3.3 | | | |
| 14×9 | 14 | 0 | ±0.0215 | −0.018 | +0.0430 | +0.120 | 5.5 | | 3.8 | | | |
| 16×10 | 16 | −0.043 | | −0.061 | | +0.050 | 6.0 | | 4.3 | | | |
| 18×11 | 18 | | | | | | 7.0 | | 4.4 | | | |
| 20×12 | 20 | | | | | | 7.5 | | 4.9 | | 0.40 | 0.60 |
| 22×14 | 22 | 0 | ±0.026 | −0.022 | +0.0520 | +0.149 | 9.0 | | 5.4 | | | |
| 25×14 | 25 | −0.052 | | −0.074 | | 0.065 | 9.0 | | 5.4 | | | |
| 28×16 | 28 | | | | | | 10.0 | | 6.4 | | | |

7.2 普通型平键（GB/T 1096—2003）

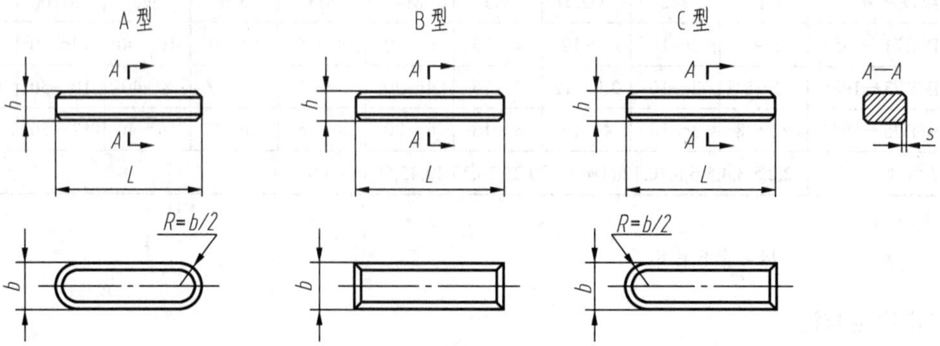


标记示例

宽度 $b=16$mm，高度 $h=10$mm，长度 $L=100$mm，普通 A 型平键的标记为：

GB/T 1096　键 16 × 10 × 100

Mm

| | | | | | | | | | | | | | | | |
|---|---|---|---|---|---|---|---|---|---|---|---|---|---|---|---|
| 宽度 $b$ | 公称尺寸 | | 2 | 3 | 4 | 5 | 6 | 8 | 10 | 12 | 14 | 16 | 18 | 20 | 22 |
| | 极限偏差（h8） | | 0<br>−0.014 | | 0<br>−0.018 | | | 0<br>−0.022 | | 0<br>−0.027 | | | | 0<br>−0.033 | |
| 高度 $h$ | 公称尺寸 | | 2 | 3 | 4 | 5 | 6 | 7 | 8 | 8 | 9 | 10 | 11 | 12 | 14 |
| | 极限偏差 | 矩形（h11） | — | | — | | | 0<br>−0.090 | | | | | 0<br>−0.110 | | |
| | | 方形（h8） | 0<br>−0.014 | | 0<br>−0.018 | | | — | | | | | — | | |
| 例角或倒圆 $s$ | | | 0.16～0.25 | | | 0.25～0.40 | | | 0.40～0.60 | | | | | 0.60～0.80 | |
| 长度 $L$ | | | | | | | | | | | | | | | |
| 公称尺寸 | 极限偏差（h14） | | | | | | | | | | | | | | |
| 6 | 0<br>−0.36 | | | | — | — | — | — | — | — | — | — | — | — | — |
| 8 | | | | | | — | — | — | — | — | — | — | — | — | — |
| 10 | | | | | | | — | — | — | — | — | — | — | — | — |
| 12 | 0<br>−0.43 | | | | | | — | — | — | — | — | — | — | — | — |
| 14 | | | | | | | | — | — | — | — | — | — | — | — |
| 16 | | | | | | | | — | — | — | — | — | — | — | — |
| 18 | | | | | 标 | | | | — | — | — | — | — | — | — |
| 20 | 0<br>−0.52 | | | | | | | | — | — | — | — | — | — | — |
| 22 | | | — | | | 准 | | | | — | — | — | — | — | — |
| 25 | | | — | | | | | | | — | — | — | — | — | — |
| 28 | | | — | | | | 长 | | | | — | — | — | — | — |

续表

| 宽度 *b* | 公称尺寸 | 2 | 3 | 4 | 5 | 6 | 8 | 10 | 12 | 14 | 16 | 18 | 20 | 22 |
|---|---|---|---|---|---|---|---|---|---|---|---|---|---|---|
| | 极限偏差（h8） | 0<br>−0.014 | | 0<br>−0.018 | | | 0<br>−0.022 | | 0<br>−0.027 | | | | 0<br>−0.033 | |
| 32 | 0<br>−0.62 | — | | | | | | | | — | — | — | — | — |
| 36 | | — | | | | | 度 | | | | — | — | — | — |
| 40 | | — | — | | | | | | | | — | — | — | — |
| 45 | | — | — | | | | | 范 | | | | — | — | — |
| 50 | | — | — | — | | | | | | | | | — | — |
| 56 | 0<br>−0.74 | — | — | — | | | | | 围 | | | | | — |
| 63 | | — | — | — | — | | | | | | | | | |
| 70 | | — | — | — | — | | | | | | | | | |
| 80 | | — | — | — | — | — | | | | | | | | |

## 附表 8　　销

8.1　销　圆柱销（GB/T 11.9—2000）—不淬硬钢和奥氏体不锈钢

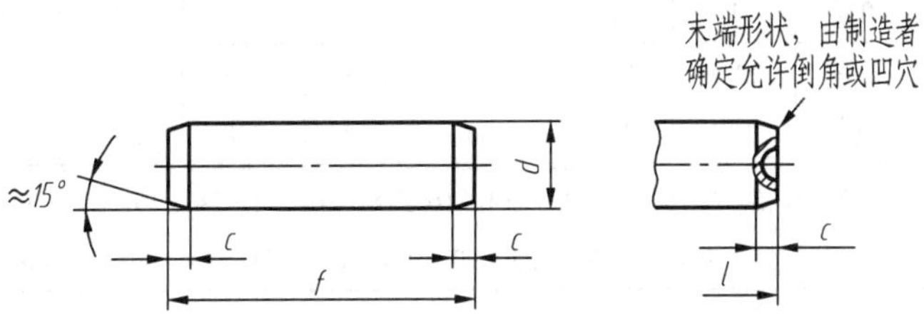


标 记 示 例

公称直径 *d* = 6、公差为 m6、公称长度 *l* = 30、材料为钢、不经淬火、不经表面处理的圆柱销：

销　GB/T 119.1　6m6 × 30

mm

| 公称直径 *d*（m6/h8） | 0.6 | 0.8 | 1 | 1.2 | 1.5 | 2 | 2.5 | 3 | 4 | 5 |
|---|---|---|---|---|---|---|---|---|---|---|
| *c*≈ | 0.12 | 0.16 | 0.20 | 0.25 | 0.30 | 0.35 | 0.40 | 0.50 | 0.63 | 0.80 |
| *l*（商品规格范围公称长度） | 2～6 | 2～8 | 4～10 | 4～12 | 4～16 | 6～20 | 6～24 | 8～30 | 8～40 | 10～50 |
| 公称直径 *d*（m6/h8） | 6 | 8 | 10 | 12 | 16 | 20 | 25 | 30 | 40 | 50 |
| *c*≈ | 1.2 | 16 | 2.0 | 2.5 | 3.0 | 3.5 | 4.0 | 5.0 | 6.3 | 8.0 |
| *l*（商品规格范围公称长度） | 12～60 | 14～80 | 18～95 | 22～140 | 26～180 | 35～200 | 50～200 | 60～200 | 80～200 | 95～200 |
| *l* 系列 | 2，3，4，5，6，8，10，12，14，16，18，20，22，24，26，28，30，32，35，40，45，50，55，60，65，70，75，80，85，90，95，100，120，140，160，180，200 | | | | | | | | | |

注：1. 材料用钢时，硬度要求为 125～245HV30，用奥氏体不锈钢 A1（GB/T 3098.6）时，硬度要求为 210～280HV30。

2. 公差 m6：$Ra$≤0.8μm；公差 h8：$Ra$≤1.6μm。

8.2 圆柱销（GB/T 117—2000）

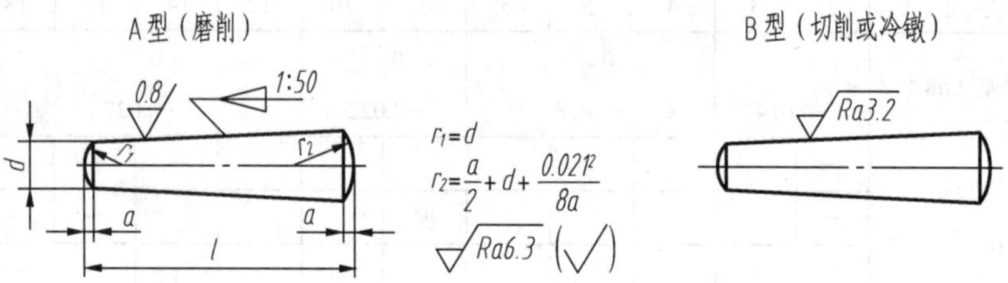


标 记 示 例

公称直径 $d=100$、公称长度 $l=60$、材料为 35 钢、热处理硬度 28～38HRC、表面氧化处理的 A 型圆锥销：

销 GB/T 117 10×60

mm

| *d*（公称） | 0.6 | 0.8 | 1 | 1.2 | 1.5 | 2 | 2.5 | 3 | 4 | 5 |
|---|---|---|---|---|---|---|---|---|---|---|
| *a*≈ | 0.08 | 0.1 | 0.12 | 0.16 | 0.2 | 0.25 | 0.3 | 0.4 | 0.5 | 0.63 |
| *l*（商品规格范围公称长度） | 4～8 | 5～12 | 6～16 | 6～20 | 8～24 | 10～35 | 10～35 | 12～45 | 14～55 | 18～60 |
| *d*（公称） | 6 | 8 | 10 | 12 | 16 | 20 | 25 | 30 | 40 | 50 |
| *a*≈ | 0.8 | 1 | 1.2 | 1.6 | 2 | 2.5 | 3 | 4 | 5 | 6.3 |
| *l*（商品规格范围公称长度） | 22～90 | 22～120 | 26～160 | 32～180 | 40～200 | 45～200 | 50～200 | 55～200 | 60～200 | 65～200 |
| *l* 系列 | 2，3，4，5，6，8，10，12，14，16，18，20，22，24，26，28，30，32，35，40，45，50，55，60，65，70，75，85，85，90，95，100，120，140，160，180，200 | | | | | | | | | |

## 3．常用滚动轴承

附表 9 深沟球轴承（GB/T 276—1994）

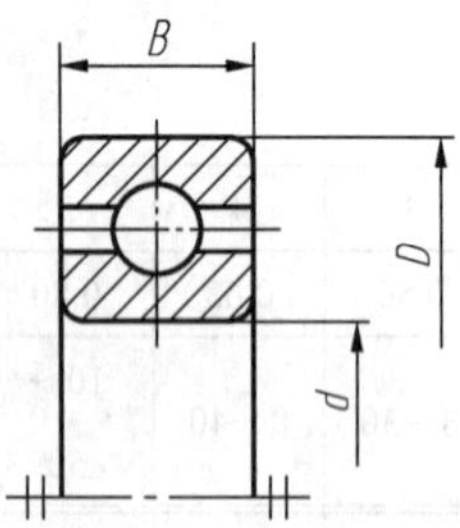


*6000* 型

（*0000* 型）

标 记 示 例

滚动轴承 6012 GB/T 276—1994

| 轴承代号 | | 尺寸/mm | | | 轴承代号 | | 尺寸/mm | | |
|---|---|---|---|---|---|---|---|---|---|
| 新 | 旧 | *d* | *D* | *B* | 新 | 旧 | *d* | *D* | *B* |
| 01 尺寸系列（旧：特轻（1）系列） | | | | | 03 尺寸系列（旧：中窄（3）系列） | | | | |
| 6000 | 100 | 10 | 26 | 8 | 6300 | 300 | 10 | 35 | 11 |
| 6001 | 101 | 12 | 28 | 8 | 6301 | 301 | 12 | 37 | 12 |
| 6002 | 102 | 15 | 32 | 9 | 6302 | 302 | 15 | 42 | 13 |
| 6003 | 103 | 17 | 35 | 10 | 6303 | 303 | 17 | 47 | 14 |

续表

| 轴承代号 | | 尺寸/mm | | | 轴承代号 | | 尺寸/mm | | |
|---|---|---|---|---|---|---|---|---|---|
| 新 | 旧 | *d* | *D* | *B* | 新 | 旧 | *d* | *D* | *B* |
| 01 尺寸系列（旧：特轻（1）系列） | | | | | 03 尺寸系列（旧：中窄（3）系列） | | | | |
| 6004 | 104 | 20 | 42 | 12 | 6304 | 304 | 20 | 52 | 15 |
| 6005 | 105 | 25 | 47 | 12 | 6305 | 305 | 25 | 62 | 17 |
| 6006 | 106 | 30 | 55 | 13 | 6306 | 306 | 30 | 72 | 19 |
| 6007 | 107 | 35 | 62 | 14 | 6307 | 307 | 35 | 80 | 21 |
| 6008 | 108 | 40 | 68 | 15 | 6308 | 308 | 40 | 90 | 23 |
| 6009 | 109 | 45 | 75 | 16 | 6309 | 309 | 45 | 100 | 25 |
| 6010 | 110 | 50 | 80 | 16 | 6310 | 310 | 50 | 110 | 27 |
| 6011 | 111 | 55 | 90 | 18 | 6311 | 311 | 55 | 120 | 29 |
| 6012 | 112 | 60 | 95 | 18 | 6312 | 312 | 60 | 130 | 31 |
| 6013 | 113 | 65 | 100 | 18 | 6313 | 313 | 65 | 140 | 33 |
| 6014 | 114 | 70 | 110 | 20 | 6314 | 314 | 70 | 150 | 35 |
| 6015 | 115 | 75 | 115 | 20 | | | | | |
| 6016 | 116 | 80 | 125 | 22 | | | | | |
| 02 尺寸系列（旧：轻窄（2）系列） | | | | | 04 尺寸系列（旧：重窄（4）系列） | | | | |
| 6200 | 200 | 10 | 30 | 9 | 6403 | 403 | 17 | 62 | 17 |
| 6201 | 201 | 12 | 32 | 10 | 6404 | 404 | 20 | 72 | 19 |
| 6202 | 202 | 15 | 35 | 11 | 6405 | 405 | 25 | 80 | 21 |
| 6203 | 203 | 17 | 40 | 12 | 6406 | 406 | 30 | 90 | 23 |
| 6204 | 204 | 20 | 47 | 14 | 6407 | 407 | 35 | 100 | 25 |
| 6205 | 205 | 25 | 52 | 15 | 6408 | 408 | 40 | 110 | 27 |
| 6206 | 206 | 30 | 62 | 16 | 6409 | 409 | 45 | 120 | 29 |
| 6207 | 207 | 35 | 72 | 17 | 6410 | 410 | 50 | 130 | 31 |
| 6208 | 208 | 40 | 80 | 18 | 6411 | 411 | 55 | 140 | 33 |
| 6209 | 209 | 45 | 85 | 19 | 6412 | 412 | 60 | 150 | 35 |
| 6210 | 210 | 50 | 90 | 20 | 6413 | 413 | 65 | 160 | 37 |
| 6211 | 211 | 55 | 100 | 21 | 6414 | 414 | 70 | 180 | 42 |
| 6212 | 212 | 60 | 110 | 22 | 6415 | 415 | 75 | 190 | 45 |
| 6213 | 213 | 65 | 120 | 23 | 6416 | 416 | 80 | 200 | 48 |
| 6214 | 214 | 70 | 125 | 24 | 6417 | 417 | 85 | 210 | 52 |
| 6215 | 215 | 75 | 130 | 25 | 6418 | 418 | 90 | 225 | 54 |
| 6216 | 216 | 80 | 140 | 26 | 6420 | 420 | 100 | 250 | 58 |
| 6217 | 217 | 85 | 150 | 28 | | | | | |
| 6218 | 218 | 90 | 160 | 30 | | | | | |
| 6219 | 219 | 95 | 170 | 32 | | | | | |

4．极限偏差

附表 10　　　　优先及常用轴公差带及其极限

| 代号 | | a | b | c | d | e | f | g | h | | | | | |
|---|---|---|---|---|---|---|---|---|---|---|---|---|---|---|
| 公称尺寸（mm） | | 公差 | | | | | | | | | | | | |
| 大于 | 至 | 11 | 11 | *11 | *9 | 8 | *7 | *6 | 5 | *6 | *7 | 8 | *9 | 10 |
| — | 3 | −270<br>−330 | −140<br>−200 | −60<br>−120 | −20<br>−45 | −14<br>−28 | −6<br>−16 | −2<br>−8 | 0<br>−4 | 0<br>−6 | 0<br>−10 | 0<br>−14 | 0<br>−25 | 0<br>−40 |
| 3 | 6 | −270<br>−345 | −140<br>−215 | −70<br>−145 | −30<br>−60 | −20<br>−38 | −10<br>−22 | −4<br>−12 | 0<br>−5 | 0<br>−8 | 0<br>−12 | 0<br>−18 | 0<br>−30 | 0<br>−48 |
| 6 | 10 | −280<br>−370 | −150<br>−240 | −80<br>−170 | −40<br>−76 | −25<br>−47 | −13<br>−28 | −5<br>−14 | 0<br>−6 | 0<br>−9 | 0<br>−15 | 0<br>−22 | 0<br>−36 | 0<br>−58 |
| 10 | 14 | −290 | −150 | −95 | −50 | −32 | −16 | −6 | 0 | 0 | 0 | 0 | 0 | 0 |
| 14 | 18 | −400 | −260 | −205 | −93 | −59 | −34 | −17 | −8 | −11 | −18 | −27 | −43 | −70 |
| 18 | 24 | −300 | −160 | −110 | −65 | −40 | −20 | −7 | 0 | 0 | 0 | 0 | 0 | 0 |
| 24 | 30 | −430 | −290 | −240 | −117 | −73 | −41 | −20 | −9 | −13 | −21 | −33 | −52 | −84 |
| 30 | 40 | −310<br>−470 | −170<br>−330 | −120<br>−280 | −80<br>−142 | −50<br>−89 | −25<br>−50 | −9<br>−25 | 0<br>−11 | 0<br>−16 | 0<br>−25 | 0<br>−39 | 0<br>−62 | 0<br>−100 |
| 40 | 50 | −320<br>−480 | −180<br>−340 | −130<br>−290 | | | | | | | | | | |
| 50 | 65 | −340<br>−530 | −190<br>−380 | −140<br>−330 | −100<br>−174 | −60<br>−106 | −30<br>−60 | −10<br>−29 | 0<br>−13 | 0<br>−19 | 0<br>−30 | 0<br>−46 | 0<br>−74 | 0<br>−120 |
| 65 | 80 | −360<br>−550 | −200<br>−390 | −150<br>−340 | | | | | | | | | | |
| 80 | 100 | −380<br>−600 | −220<br>−440 | −170<br>−390 | −120<br>−207 | −72<br>−126 | −36<br>−71 | −12<br>−34 | 0<br>−15 | 0<br>−22 | 0<br>−35 | 0<br>−54 | 0<br>−87 | 0<br>−140 |
| 100 | 120 | −410<br>−630 | −240<br>−460 | −180<br>−400 | | | | | | | | | | |
| 120 | 140 | −460<br>−710 | −260<br>−510 | −200<br>−450 | −145<br>−245 | −85<br>−148 | −43<br>−83 | −14<br>−39 | 0<br>−18 | 0<br>−25 | 0<br>−40 | 0<br>−63 | 0<br>−100 | 0<br>−160 |
| 140 | 160 | −520<br>−770 | −280<br>−530 | −210<br>−460 | | | | | | | | | | |
| 160 | 180 | −580<br>−830 | −310<br>−560 | −230<br>−480 | | | | | | | | | | |
| 180 | 200 | −660<br>−950 | −340<br>−630 | −240<br>−530 | −170<br>−285 | −100<br>−172 | −50<br>−96 | −15<br>−44 | 0<br>−20 | 0<br>−29 | 0<br>−46 | 0<br>−72 | 0<br>−115 | 0<br>−185 |
| 200 | 225 | −740<br>−1030 | −380<br>−670 | −260<br>−550 | | | | | | | | | | |
| 225 | 250 | −820<br>−1110 | −420<br>−710 | −280<br>−570 | | | | | | | | | | |
| 250 | 280 | −920<br>−1240 | −480<br>−800 | −300<br>−620 | −190<br>−320 | −110<br>−191 | −56<br>−108 | −17<br>−49 | 0<br>−23 | 0<br>−32 | 0<br>−52 | 0<br>−81 | 0<br>−130 | 0<br>−210 |
| 280 | 315 | −1050<br>−1370 | −540<br>−860 | −330<br>−650 | | | | | | | | | | |
| 315 | 355 | −1200<br>−1560 | −600<br>−960 | −360<br>−720 | −210<br>−350 | −125<br>−214 | −62<br>−119 | −18<br>−54 | 0<br>−25 | 0<br>−36 | 0<br>−57 | 0<br>−89 | 0<br>−140 | 0<br>−230 |
| 355 | 400 | −1350<br>−1710 | −680<br>−1040 | −400<br>−760 | | | | | | | | | | |
| 400 | 450 | −1500<br>−1900 | −760<br>−1160 | −440<br>−840 | −230<br>−385 | −135<br>−232 | −68<br>−131 | −20<br>−60 | 0<br>−27 | 0<br>−40 | 0<br>−63 | 0<br>−97 | 0<br>−155 | 0<br>−250 |
| 450 | 500 | −1650<br>−2050 | −840<br>−1240 | −480<br>−880 | | | | | | | | | | |

注：带“*”者为优先选用的轴公差带。

偏差（摘自 GB/T 1800.2—2009）　　单位：μm

| | | js | k | m | n | p | r | s | t | u | v | x | y | z |
|---|---|---|---|---|---|---|---|---|---|---|---|---|---|---|
| 等级 | | | | | | | | | | | | | | |
| *11 | 12 | 6 | *6 | 6 | *6 | *6 | 6 | *6 | 6 | *6 | 6 | 6 | 6 | 6 |
| 0<br>−60 | 0<br>−100 | ±3 | +6<br>0 | +8<br>+2 | +10<br>+4 | +12<br>+6 | +16<br>+10 | +20<br>+14 | — | +24<br>+18 | — | +26<br>+20 | — | +32<br>+26 |
| 0<br>−75 | 0<br>−120 | ±4 | +9<br>+1 | +12<br>+4 | +16<br>+8 | +20<br>+12 | +23<br>+15 | +27<br>+19 | — | +31<br>+23 | — | +36<br>+28 | — | +43<br>+35 |
| 0<br>−90 | 0<br>−150 | ±4.5 | +10<br>+1 | +15<br>+6 | +19<br>+10 | +24<br>+15 | +28<br>+19 | +32<br>+23 | — | +37<br>+28 | — | +43<br>+34 | — | +51<br>+42 |
| 0<br>−110 | 0<br>−180 | ±5.5 | +12<br>+1 | +18<br>+7 | +23<br>+12 | +29<br>+18 | +34<br>+23 | +39<br>+28 | — | +44<br>+33 | — | +51<br>+40 | — | +61<br>+50 |
| | | | | | | | | | — | | +50<br>+39 | +56<br>+45 | — | +71<br>+60 |
| 0<br>−130 | 0<br>−210 | ±6.5 | +15<br>+2 | +21<br>+8 | +28<br>+15 | +35<br>+22 | +41<br>+28 | +48<br>+35 | — | +54<br>+41 | +60<br>+47 | +67<br>+54 | +76<br>+63 | +86<br>+73 |
| | | | | | | | | | +54<br>+41 | +61<br>+48 | +68<br>+55 | +77<br>+64 | +88<br>+75 | +101<br>+88 |
| 0<br>−160 | 0<br>−250 | ±8 | +18<br>+2 | +25<br>+9 | +33<br>+17 | +42<br>+26 | +50<br>+34 | +59<br>+43 | +64<br>+48 | +76<br>+60 | +84<br>+68 | +96<br>+80 | +110<br>+94 | +128<br>+112 |
| | | | | | | | | | +70<br>+54 | +86<br>+70 | +97<br>+81 | +113<br>+97 | +130<br>+114 | +152<br>+136 |
| 0<br>−190 | 0<br>−300 | ±9.5 | +21<br>+2 | +30<br>+11 | +39<br>+20 | +51<br>+32 | +60<br>+41 | +72<br>+53 | +85<br>+66 | +106<br>+87 | +121<br>+102 | +141<br>+122 | +163<br>+144 | +191<br>+172 |
| | | | | | | | +62<br>+43 | +78<br>+59 | +94<br>+75 | +121<br>+102 | +139<br>+120 | +165<br>+146 | +193<br>+174 | +229<br>+210 |
| 0<br>−220 | 0<br>−350 | ±11 | +25<br>+3 | +35<br>+13 | +45<br>+23 | +59<br>+37 | +73<br>+51 | +93<br>+71 | +113<br>+91 | +146<br>+124 | +168<br>+146 | +200<br>+178 | +236<br>+214 | +280<br>+258 |
| | | | | | | | +76<br>+54 | +101<br>+79 | +126<br>+104 | +166<br>+144 | +194<br>+172 | +232<br>+210 | +276<br>+254 | +332<br>+310 |
| 0<br>−250 | 0<br>−400 | ±12.5 | +28<br>+3 | +40<br>+15 | +52<br>+27 | +68<br>+43 | +88<br>+63 | +117<br>+92 | +147<br>+122 | +195<br>+170 | +227<br>+202 | +273<br>+248 | +325<br>+300 | +390<br>+365 |
| | | | | | | | +90<br>+65 | +125<br>+100 | +159<br>+134 | +215<br>+190 | +253<br>+228 | +305<br>+280 | +365<br>+340 | +440<br>+415 |
| | | | | | | | +93<br>+68 | +133<br>+108 | +171<br>+146 | +235<br>+210 | +277<br>+252 | +335<br>+310 | +405<br>+380 | +490<br>+465 |
| 0<br>−290 | 0<br>−460 | ±14.5 | +33<br>+4 | +46<br>+17 | +60<br>+31 | +79<br>+50 | +106<br>+77 | +151<br>+122 | +195<br>+166 | +265<br>+236 | +313<br>+284 | +379<br>+350 | +454<br>+425 | +549<br>+520 |
| | | | | | | | +109<br>+80 | +159<br>+130 | +209<br>+180 | +287<br>+258 | +339<br>+310 | +414<br>+385 | +499<br>+470 | +604<br>+575 |
| | | | | | | | +113<br>+84 | +169<br>+140 | +225<br>+196 | +313<br>+284 | +369<br>+340 | +454<br>+425 | +549<br>+520 | +669<br>+640 |
| 0<br>−320 | 0<br>−520 | ±16 | +36<br>+4 | +52<br>+20 | +66<br>+34 | +88<br>+56 | +126<br>+94 | +190<br>+158 | +250<br>+218 | +347<br>+315 | +417<br>+385 | +507<br>+475 | +612<br>+580 | +742<br>+710 |
| | | | | | | | +130<br>+98 | +202<br>+170 | +272<br>+240 | +382<br>+350 | +457<br>+425 | +557<br>+525 | +682<br>+650 | +822<br>+790 |
| 0<br>−360 | 0<br>−570 | ±18 | +40<br>+4 | +57<br>+21 | +73<br>+37 | +98<br>+62 | +144<br>+108 | +226<br>+190 | +304<br>+268 | +426<br>+390 | +511<br>+475 | +626<br>+590 | +766<br>+730 | +936<br>+900 |
| | | | | | | | +150<br>+114 | +244<br>+208 | +330<br>+294 | +471<br>+435 | +566<br>+530 | +696<br>+660 | +856<br>+820 | +1036<br>+1000 |
| 0<br>−400 | 0<br>−630 | ±20 | +45<br>+5 | +63<br>+23 | +80<br>+40 | +108<br>+68 | +166<br>+126 | +272<br>+232 | +370<br>+330 | +530<br>+490 | +635<br>+595 | +780<br>+740 | +960<br>+920 | +1140<br>+1100 |
| | | | | | | | +172<br>+132 | +292<br>+252 | +400<br>+360 | +580<br>+540 | +700<br>+660 | +860<br>+820 | +1040<br>+1000 | +1290<br>+1250 |

附表 11 优先及常用孔公差带及其极限

| 代号 | | A | B | C | D | E | F | G | H | | | | | |
|---|---|---|---|---|---|---|---|---|---|---|---|---|---|---|
| 公称尺寸（mm） | | 公差 | | | | | | | | | | | | |
| 大于 | 至 | 11 | 11 | *11 | *9 | 8 | *8 | *7 | 6 | *7 | *8 | *9 | 10 | *11 |
| — | 3 | +330<br>+270 | +200<br>+140 | +120<br>+ 60 | +45<br>+20 | +28<br>+14 | +20<br>+ 6 | +12<br>+2 | +6<br>0 | +10<br>0 | +14<br>0 | +25<br>0 | +40<br>0 | +60<br>0 |
| 3 | 6 | +345<br>+270 | +215<br>+140 | +145<br>+70 | +60<br>+30 | +38<br>+20 | +28<br>+10 | +16<br>+4 | +8<br>0 | +12<br>0 | +18<br>0 | +30<br>0 | +48<br>0 | +75<br>0 |
| 6 | 10 | +370<br>+280 | +240<br>+150 | +170<br>+80 | +76<br>+40 | +47<br>+25 | +35<br>+13 | +20<br>+5 | +9<br>0 | +15<br>0 | +22<br>0 | +36<br>0 | +58<br>0 | +90<br>0 |
| 10 | 14 | +400<br>+290 | +260<br>+150 | +205<br>+95 | +93<br>+50 | +59<br>+32 | +43<br>+16 | +24<br>+6 | +11<br>0 | +18<br>0 | +27<br>0 | +43<br>0 | +70<br>0 | +110<br>0 |
| 14 | 18 | | | | | | | | | | | | | |
| 18 | 24 | +430<br>+300 | +290<br>+160 | +240<br>+110 | +117<br>+65 | +73<br>+40 | +53<br>+20 | +28<br>+7 | +13<br>0 | +21<br>0 | +33<br>0 | +52<br>0 | +84<br>0 | +130<br>0 |
| 24 | 30 | | | | | | | | | | | | | |
| 30 | 40 | +470<br>+310 | +330<br>+170 | +280<br>+120 | +142<br>+80 | +89<br>+50 | +64<br>+25 | +34<br>+9 | +16<br>0 | +25<br>0 | +39<br>0 | +62<br>0 | +100<br>0 | +160<br>0 |
| 40 | 50 | +480<br>+320 | +340<br>+180 | +290<br>+130 | | | | | | | | | | |
| 50 | 65 | +530<br>+340 | +380<br>+190 | +330<br>+140 | +174<br>+100 | +106<br>+60 | +76<br>+30 | +40<br>+10 | +19<br>0 | +30<br>0 | +46<br>0 | +74<br>0 | +120<br>0 | +190<br>0 |
| 65 | 80 | +550<br>+360 | +390<br>+200 | +340<br>+150 | | | | | | | | | | |
| 80 | 100 | +600<br>+380 | +440<br>+220 | +390<br>+170 | +207<br>+120 | +125<br>+72 | +90<br>+36 | +47<br>+12 | +22<br>0 | +35<br>0 | +54<br>0 | +87<br>0 | +140<br>0 | +220<br>0 |
| 100 | 120 | +630<br>+410 | +460<br>+240 | +400<br>+180 | | | | | | | | | | |
| 120 | 140 | +710<br>+460 | +510<br>+260 | +450<br>+200 | +245<br>+145 | +148<br>+85 | +106<br>+43 | +54<br>+14 | +25<br>0 | +40<br>0 | +63<br>0 | +100<br>0 | +160<br>0 | +250<br>0 |
| 140 | 160 | +770<br>+520 | +530<br>+280 | +460<br>+210 | | | | | | | | | | |
| 160 | 180 | +830<br>+580 | +560<br>+310 | +480<br>+230 | | | | | | | | | | |
| 180 | 200 | +950<br>+660 | +630<br>+340 | +530<br>+240 | +285<br>+170 | +172<br>+100 | +122<br>+50 | +61<br>+15 | +29<br>0 | +46<br>0 | +72<br>0 | +115<br>0 | +185<br>0 | +290<br>0 |
| 200 | 225 | +1030<br>+740 | +670<br>+380 | +550<br>+260 | | | | | | | | | | |
| 225 | 250 | +1110<br>+820 | +710<br>+420 | +570<br>+280 | | | | | | | | | | |
| 250 | 280 | +1240<br>+920 | +800<br>+480 | +620<br>+300 | +320<br>+190 | +191<br>+110 | +137<br>+56 | +69<br>+17 | +32<br>0 | +52<br>0 | +81<br>0 | +130<br>0 | +210<br>0 | +320<br>0 |
| 280 | 315 | +1370<br>+1050 | +860<br>+540 | +650<br>+330 | | | | | | | | | | |
| 315 | 355 | +1560<br>+1200 | +960<br>+600 | +720<br>+360 | +350<br>+210 | +214<br>+125 | +151<br>+62 | +75<br>+18 | +36<br>0 | +57<br>0 | +89<br>0 | +140<br>0 | +230<br>0 | +360<br>0 |
| 355 | 400 | +1710<br>+1350 | +1040<br>+680 | +760<br>+400 | | | | | | | | | | |
| 400 | 450 | +1900<br>+1500 | +1160<br>+760 | +840<br>+440 | +385<br>+230 | +232<br>+135 | +165<br>+68 | +83<br>+20 | +40<br>0 | +63<br>0 | +97<br>0 | +155<br>0 | +250<br>0 | +400<br>0 |
| 450 | 500 | +2050<br>+1650 | +1240<br>+840 | +880<br>+480 | | | | | | | | | | |

注：带“*”者为优先选用的孔公差带。

偏差（摘自 GB/T 1800.2—2009）　　　　单位：μm

| | JS | | K | | | M | N | | P | | R | S | T | U |
|---|---|---|---|---|---|---|---|---|---|---|---|---|---|---|
| 等级 | | | | | | | | | | | | | | |
| 12 | 6 | 7 | 6 | *7 | 8 | 7 | 6 | *7 | 6 | *7 | 7 | *7 | 7 | *7 |
| +100<br>0 | ±3 | ±5 | 0<br>−6 | 0<br>−10 | 0<br>−14 | −2<br>−12 | −4<br>−10 | −4<br>−14 | −6<br>−12 | −6<br>−16 | −10<br>−20 | −14<br>−24 | — | −18<br>−28 |
| +120<br>0 | ±4 | ±6 | +2<br>−6 | +3<br>−9 | +5<br>−13 | 0<br>−12 | −5<br>−13 | −4<br>−16 | −9<br>−17 | −8<br>−20 | −11<br>−23 | −15<br>−27 | — | −19<br>−31 |
| +150<br>0 | ±4.5 | ±7 | +2<br>−7 | +5<br>−10 | +6<br>−16 | 0<br>−15 | −7<br>−16 | −4<br>−19 | −12<br>−21 | −9<br>−24 | −13<br>−28 | −17<br>−32 | — | −22<br>−37 |
| +180<br>0 | ±5.5 | ±9 | +2<br>−9 | +6<br>−12 | +8<br>−19 | 0<br>−18 | −9<br>−20 | −5<br>−23 | −15<br>−26 | −11<br>−29 | −16<br>−34 | −21<br>−39 | — | −26<br>−44 |
| +210<br>0 | ±6.5 | ±10 | +20<br>−11 | +60<br>−15 | +10<br>−23 | 0<br>−21 | −11<br>−24 | −7<br>−28 | −18<br>−31 | −14<br>−35 | −20<br>−41 | −27<br>−48 | — | −33<br>−54 |
| | | | | | | | | | | | | | −33<br>−54 | −40<br>−61 |
| +250<br>0 | ±8 | ±12 | +3<br>−13 | +7<br>−18 | +12<br>−27 | 0<br>−25 | −12<br>−28 | −8<br>−33 | −21<br>−37 | −17<br>−42 | −25<br>−50 | −34<br>−59 | −39<br>−64 | −51<br>−76 |
| | | | | | | | | | | | | | −45<br>−70 | −61<br>−86 |
| +300<br>0 | ±9.5 | ±15 | +4<br>−15 | +9<br>−21 | +14<br>−32 | 0<br>−30 | −14<br>−33 | −9<br>−39 | −26<br>−45 | −21<br>−51 | −30<br>−60 | −42<br>−72 | −55<br>−85 | −76<br>−106 |
| | | | | | | | | | | | −32<br>−62 | −48<br>−78 | −64<br>−94 | −91<br>−121 |
| +350<br>0 | ±11 | ±17 | +4<br>−18 | +10<br>−25 | +16<br>−38 | 0<br>−35 | −16<br>−38 | −10<br>−45 | −30<br>−52 | −24<br>−59 | −38<br>−73 | −58<br>−93 | −78<br>−113 | −111<br>−146 |
| | | | | | | | | | | | −41<br>−76 | −66<br>−101 | −91<br>−126 | −131<br>−166 |
| +400<br>0 | ±<br>12.5 | ±20 | +4<br>−21 | +12<br>−28 | +20<br>−43 | 0<br>−40 | −20<br>−45 | −12<br>−52 | −36<br>−61 | −28<br>−68 | −48<br>−88 | −77<br>−117 | −107<br>−147 | −155<br>−195 |
| | | | | | | | | | | | −50<br>−90 | −85<br>−125 | −119<br>−159 | −175<br>−215 |
| | | | | | | | | | | | −53<br>−93 | −93<br>−133 | −131<br>−171 | −195<br>−235 |
| +460<br>0 | ±<br>14.5 | ±23 | +5<br>−24 | +13<br>−33 | +22<br>−50 | 0<br>−46 | −22<br>−51 | −14<br>−60 | −41<br>−70 | −33<br>−79 | −60<br>−106 | −105<br>−151 | −149<br>−195 | −219<br>−265 |
| | | | | | | | | | | | −63<br>−109 | −113<br>−159 | −163<br>−209 | −241<br>−287 |
| | | | | | | | | | | | −67<br>−113 | −123<br>−169 | −179<br>−225 | −267<br>−313 |
| +520<br>0 | ±16 | ±26 | +5<br>−27 | +16<br>−36 | +25<br>−56 | 0<br>−52 | −25<br>−57 | −14<br>−66 | −47<br>−79 | −36<br>−88 | −74<br>−126 | −138<br>−190 | −198<br>−250 | −295<br>−347 |
| | | | | | | | | | | | −78<br>−130 | −150<br>−202 | −220<br>−272 | −330<br>−382 |
| +570<br>0 | ±18 | ±28 | +7<br>−29 | +17<br>−40 | +28<br>−61 | 0<br>−57 | −26<br>−62 | −16<br>−73 | −51<br>−87 | −41<br>−98 | −87<br>−144 | −169<br>−226 | −247<br>−304 | −369<br>−426 |
| | | | | | | | | | | | −93<br>−150 | −187<br>−244 | −273<br>−330 | −414<br>−471 |
| +630<br>0 | ±20 | ±31 | +8<br>−32 | +18<br>−45 | +29<br>−68 | 0<br>−63 | −27<br>−67 | −17<br>−80 | −55<br>−95 | −45<br>−108 | −103<br>−166 | −209<br>−272 | −307<br>−370 | −467<br>−530 |
| | | | | | | | | | | | −109<br>−172 | −229<br>−292 | −337<br>−400 | −517<br>−580 |

# 参 考 文 献


[1] 胡建生．机械制图[M]．北京：化学工业出版社，2007．

[2] 董迪晶．汽车机械制图[M]．北京：中国劳动社会保障出版社，2010．

[3] 魏文杲．汽车工程制图[M]．北京：人民邮电出版社，2008．

[4] 马英，张莉萍．汽车机械制图[M]．北京：电子工业出版社，2011．

[5] 杨惠英，王玉坤．机械制图[M]．北京：清华大学出版社，2007．

[6] 金大鹰．机械制图[M]．北京：机械工业出版社，2000．

[7] 焦永和，林宏．画几何及工程制图[M]．北京：北京理工大学出版社，2003．

[8] 左宗义，冯异平．工程制图[M]．广州：华南理工大学出版社，2003．

[9] 方剑烽．汽车机械制图[M]．北京：电子工业出版社，2011．

[10] 朱秀琳．汽车机械基础[M]．北京：电子工业出版社，2005．